Beck-Wirtschaftsberater

Der Buchführungs-Ratgeber

Beck-Wirtschaftsberater

Der Buchführungs-Ratgeber

Grundlagen und Beispiele

von Erich Herrling
und Claus Mathes

5., überarbeitete und erweiterte Auflage

Deutscher Taschenbuch Verlag

Im Internet:

dtv.de

beck.de

Originalausgabe
Deutscher Taschenbuch Verlag GmbH & Co. KG,
Friedrichstraße 1a, 80801 München
© 2006. Redaktionelle Verantwortung: Verlag C.H.Beck oHG
Druck und Bindung: C.H.Beck'sche Buchdruckerei, Nördlingen
(Adresse der Druckerei: Wilhelmstraße 9, 80801 München)
Satz: Fotosatz Otto Gutfreund GmbH, Darmstadt
Graphik: Hoffmanns Text Office München
Umschlaggestaltung: Agentur 42 (Fuhr & Partner), Mainz
ISBN (10): 3-423-05836-6 (dtv)
ISBN (10): 3-406-53714-6 (C.H. Beck)
ISBN (13): 978-3-423-05836-0 (dtv)
ISBN(13): 978-3-406-53714-1 (C.H. Beck)

Vorwort zur 5. Auflage

Für viele, die bereits in irgendeiner Art und Weise mit Buchführung befasst waren, erscheint die Buchhaltung als ein „Buch mit sieben Siegeln". Manch leidgeplagter Schüler wagt den Ausspruch: „Das kapiere ich nie." Auch Erwachsene, die bisher nichts mit Buchführung zu tun hatten, plötzlich aber im Kleinbetrieb des Ehemanns (der Ehefrau) die Buchhaltung erledigen sollen, stehen vor einer scheinbar unlösbaren Aufgabe.

Ziel dieses Buches ist es, Buchführung Schritt für Schritt verständlich zu machen. Am Beispiel eines kleinen Industrieunternehmens aus der Fahrradbranche werden Inventar, Bilanz und grundlegende Buchungen erläutert. Die Kenntnis buchhalterischer Grundzusammenhänge, die anhand konkreter Beispiele mit den herkömmlichen Instrumenten „Hauptbuchkonto (T-Konto)" und „Buchungssatz" vermittelt werden, bildet die Voraussetzung für das Verständnis der automatisierten Vorgänge innerhalb eines computerunterstützten Finanzbuchhaltungsprogramms. Es genügt nicht, nur ein Programm bedienen zu können, man sollte die ablaufenden Vorgänge auch verstehen. Wer die Grundlagen beherrscht, wird damit keine Probleme haben.

Buchführung ist heute wesentlicher Bestandteil der rechnungsmäßigen Steuerung eines Unternehmens, des Controlling. Das Buch beginnt deshalb mit der Einführung in den Sinn und Aufbau des Controlling und den Grundsätzen der Buchführung und Bilanzierung. Buchungen auf „Warenkonten" werden nach dem Prinzip „Vom Leichten zum Schweren" schrittweise bis hin zu relativ komplexen Buchungen unter Berücksichtigung von Skonto an stets erweiterten durchgängigen Beispielen gezeigt. Durchgängig wird praxisgerecht (auf Personenkonten) und EDV-gerecht gebucht.

Einen wesentlichen Teil betrieblicher Buchungen machen Personalkosten aus. Das Spektrum reicht von der Ermittlung der Abzüge über vermögenswirksame Leistungen bis hin zur Buchung von Vorschüssen. Schließlich führt der Buchungskreislauf eines Geschäftsjahres mit den Abschlussbuchungen zur Bilanz. Grundprinzipien der Abschreibung und Bewertung in handelsrechtlicher und steuerrechtlicher Hinsicht sind Grundlagen für den Abschluss und dessen Verständnis. Schließlich werden die Grundlagen der Einnahmenüberschussrechnung behandelt. Abschließend werden anschauliche Einblicke in das Arbeiten mit Buchhaltungsprogrammen und mit Integrierter Unternehmenssoftware gegeben. An Beispielen wird in die Grundgedanken einer Orientierung an Geschäftsprozessen eingeführt. Ein Glossar buchhalterischer Grundbegriffe gibt eine Übersicht. Im anschließenden Anhang sind für die Buchführung wesentliche gesetzliche Vorschriften wiedergegeben. Interessante Internet-Adressen ermöglichen eine intensive Beschäftigung mit diversen Themen aus dem Rechnungswesen.

Wir sind zuversichtlich, dass Sie nach Durcharbeiten des Bandes zu der Einsicht kommen: „Buchführung ist doch ganz einfach. Außerdem macht sie Spaß."

Für Anregungen und Kritik sind wir dankbar.

Die Verfasser

Inhaltsübersicht

Inhaltsverzeichnis

Abkürzungsverzeichnis

AB	Anfangsbestand
Abb.	Abbildung
Abs.	Absatz
Abschn.	Abschnitt
AfA	Absetzung für Abnutzung
AG	Aktiengesellschaft
AO	Abgabenordnung
BGA	Betriebs- und Geschäftsausstattung
bzw.	beziehungsweise
c	Cent
ca.	circa
d. J.	des Jahres
EBK	Eröffnungsbilanzkonto
EDV	Elektronische Datenverarbeitung
EPK	Ereignisgesteuerte Prozessketten
ERP	Enterprise Resource Planning
EStG	Einkommensteuergesetz
EStR	Einkommensteuer-Richtlinien
etc.	et cetera (usw.)
Eur	Euro
f.	folgende
ff.	fortfolgende
FIBU	Finanzbuchhaltung
fifo	first in – first out
Ford.	Forderung
Ford. a. L. u. L.	Forderungen aus Lieferungen und Leistunen
GAAP	Generally Accepted Accounting Principles
GmbH	Gesellschaft mit beschränkter Haftung
GoB	Grundsätze ordnungsmäßiger Buchführung
GoBS	Grundsätze ordnungsmäßiger DV-gestützter Buchführungssysteme
GuV	Gewinn- und Verlustkonto
GWG	Geringwertige Wirtschaftsgüter

H	Haben
HGB	Handelsgesetzbuch
IAS	International Accounting Standards
IFRS	International Financial Reporting Standards
i. S. d.	im Sinne des
incl.	inclusive
IUS	Integrierte Unternehmenssoftware
KG	Kommanditgesellschaft
Kap.	Kapitel
LStDV	Lohnsteuer-Durchführungsverordnung
lifo	last in – first out
lt.	laut
MwSt.	Mehrwertsteuer
S	Soll
SBK	Schlussbilanzkonto
TEur	Tausend Euro
u. a.	unter anderem
USt	Umsatzsteuer
UStG	Umsatzsteuergesetz
UStDV	Umsatzsteuer-Durchführungsverordnung
usw.	und so weiter
Verb.	Verbindlichkeit
Verb a. L. u. L.	Verbindlichkeiten aus Lieferungen und Leistungen
vgl.	vergleiche
z. B.	zum Beispiel

1. Aufbau und Grundlagen der Buchführung

1.1 Rechnungswesen und Controlling

Uli Heckmann, ein Inhaber und Gründer der Fahrradfabrik Heckmann KG, macht einen Rundgang durch seinen Betrieb. Fast mit Wehmut denkt er daran, wie er in den Gründerjahren alles noch fest „im Griff" hatte, er kannte alle Kunden und Lieferanten, wusste, von wem er noch Geld zu bekommen und an wen er zu zahlen hatte. Mit einem Blick in die Montagehalle und das Lager sah er früher, ob alles gut „lief" oder ob eine geschäftliche Flaute herrschte. Diesen Überblick kann Herr Heckmann heute nicht mehr haben. Die Produktion hat sich ausgedehnt und die KG besitzt außer dem Verwaltungs- und Produktionsgebäude ein weiteres Lager außerhalb des ursprünglichen Betriebsgeländes. Eine größere Zahl von kaufmännischen Angestellten, Fachtechnikern und Auslieferungsfahrern bemühen sich um den Erfolg des Unternehmens. Herrn Heckmann drängen sich viele Fragen auf:

- Wie erfolgreich war wohl das letzte Geschäftsjahr?
- Welche Steuern sind zum nächsten Termin zu zahlen?
- Wie kann man auf die Öffnung des Marktes in Europa reagieren?
- Reichen die eigenen Mittel des Unternehmens aus?
- Warum bieten Konkurrenten einige Artikel billiger an?
- Wie wird sich die nächste Tariferhöhung auf die Kosten auswirken?
- Wie wird sich eine neu gestartete Werbemaßnahme auf den Erfolg auswirken?

Herr Heckmann vereinbart einen Termin mit Frau Schall, der Leiterin des Rechnungswesens, um Unterlagen für die Beantwortung seiner Fragen zu erhalten. Frau Schall ist geprüfte Bilanzbuchhalterin und Mitglied im regionalen Controller-Club.

Das Rechnungswesen eines Unternehmens ist dessen „Informationszentrale". Es muss so organisiert sein, dass es den vielfältigsten Informationsansprüchen genügen kann. Die Funktion des **Controlling** (engl. to control = steuern) liegt weniger darin, Daten zur Überwachung als zur Planung und Steuerung zu liefern. Nach *Wöhe* (Einführung in die Allgemeine Betriebswirtschaftslehre, München, div. Jahrgänge) kann man unter Controlling eine Entscheidungs-

und Führungshilfe sehen, mittels derer das Unternehmen in allen seinen Bereichen und Ebenen in Bezug auf das Ergebnis geplant, gesteuert und überwacht werden soll. In vielen Unternehmen wird diese Aufgabe, den Datenfluss entsprechend zu steuern und der Unternehmungsleitung die „richtigen" Informationen zu liefern, als eine spezielle Funktion angesehen, die an einen „Controller" übertragen werden kann.

Im betrieblichen Rechnungswesen werden alle Geld- und Leistungsströme mengen- und wertmäßig erfasst und überwacht. Durch den Einsatz von EDV-Anlagen und entsprechender Programme können Daten ohne nochmalige Erfassung nach mehreren Gesichtspunkten und Zielsetzungen ausgewertet werden. Nach den verschiedenen Zielsetzungen gliedert man das Rechnungswesen herkömmlich in die vier Bereiche:

(1) **Buchführung und Bilanz** = zeitbezogene Rechnung.

Sie erfüllt in erster Linie eine **Dokumentationsaufgabe** durch die zeitlich und sachlich geordnete Aufzeichnung aller Geschäftsfälle aufgrund von Belegen.

Nach außen hin erfüllt die Buchführung auch die Rechenschaftslegungs- und Informationsaufgabe, indem sie über die Vermögens-, Schulden- und Erfolgslage des Unternehmens informiert. Daran sind die Eigner oder Teilhaber, die Finanzbehörden des Staates, Kreditgeber, Kunden, Lieferanten, Beschäftigte, letztlich alle, die mit dem Unternehmen zu tun haben, interessiert.

(2) **Kosten- und Leistungsrechnung** = zeit- und stückbezogene Rechnung.

Mit Hilfe der Gegenüberstellung der Kosten der erstellten Leistung mit den erzielten Erlösen kann die **Wirtschaftlichkeit** des Betriebsprozesses kontrolliert werden. Ferner ist dieser Bereich des Rechnungswesens die Grundlage für die **Kalkulation** der Angebotspreise.

(3) **Betriebswirtschaftliche Statistik** = Vergleichsrechnung.

Die Statistik dient den anderen Bereichen des Rechnungswesens. Mit ihrer Hilfe können betriebliche Tatbestände und Entwicklungen mittels Kennzahlen und Beziehungszahlen im Zeitverlauf, nach dem Verfahren, nach Soll-Ist-Vorgaben oder mit anderen Betrieben verglichen werden.

(4) **Planungsrechnung** = Vorschaurechnung.
In der Planungsrechnung wird die erwartete betriebliche Entwicklung geschätzt. Sie ist Grundlage für die Absatz-, Produktions- und Finanzentscheidungen.

Elemente des Rechnungswesens

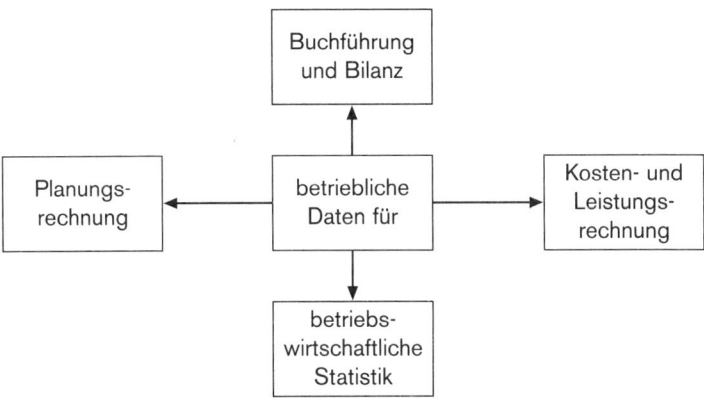

Den Erfolg des letzten Geschäftsjahres wird Herr Heckmann aus dem Jahresabschluss entnehmen können. Davon ist auch die Höhe der zu zahlenden Ertragsteuer abhängig. Die laufenden Steuerzahlungen sind in der Finanzierungsplanung enthalten. Den Vergleich der eigenen Mittel mit anderen Unternehmen ermöglicht die Betriebsstatistik; mit Hilfe der Kostenrechnung können die Fragen nach der Rentabilität des Lagers und der Angebotskalkulation beantwortet werden, ebenso die Auswirkung einer Tariferhöhung. Den Erfolg der Werbemaßnahmen und den Einfluss des Europäischen Freihandelsraumes wird er mit Hilfe der Planungsrechnung in den „Griff" bekommen wollen.

1.2 Gesetzliche Grundlagen und Grundsätze ordnungsmäßiger Buchführung (GoB)

Die Buchführung spiegelt nach außen das gesamte Unternehmensgeschehen wider. Der Staat, die Eigner und die Gläubiger eines Unternehmens haben ein Interesse daran, dass die rechnungsmäßigen Grundlagen eines Unternehmens ordnungsgemäß sind. Wer Gläubiger schädigt, weil seine Buchführung nicht in Ordnung war, macht sich strafbar! Aus diesem Grund gebieten nicht nur der wirtschaftliche Zweck, sondern auch Gesetze Form und Inhalt der Buchführung.

Die **Abgabenordnung** (AO) gilt als das steuerliche „Grundgesetz" zur Regelung des Steuerwesens. Sie enthält neben den Vorschriften für das Besteuerungsverfahren, das Steuerstrafwesen und die Zuständigkeit der Finanzämter in ihren §§ 140 ff. Hinweise für die Buchführung. Nach § 145 AO muss die Buchführung auch für steuerliche Zwecke geeignet sein. Danach muss sie so beschaffen sein, dass sie einem sachverständigen Dritten innerhalb angemessener Zeit einen Überblick über die Geschäftsvorfälle und über die Lage des Unternehmens vermitteln kann. Die Geschäftsvorfälle müssen sich in ihrer Entstehung und Abwicklung verfolgen lassen. Wegen der Ähnlichkeit der Einzelvorschriften mit denen des Handelsgesetzbuches verzichten wir auf die Einzeldarstellung. Weitere steuerrechtliche Rahmenbedingungen für die Buchführung finden sich im Einkommensteuergesetz, Körperschaftsteuergesetz, Umsatzsteuergesetz sowie in den entsprechenden Durchführungsverordnungen und Richtlinien (vgl. Anhang). Für Kaufleute sind die handelsrechtlichen Vorschriften maßgebend, insbesondere das Dritte Buch des **Handelsgesetzbuches** über Handelsbücher (§§ 238–342 e).

Der erste Abschnitt (§§ 238–263 HGB) des Dritten Buches enthält Vorschriften, die für alle Kaufleute gelten. Dazu gehören die Buchführungspflicht, die Führung von Handelsbüchern, das Inventar, die Pflicht zur Aufstellung des Jahresabschlusses, die Bewertung von Vermögensteilen und Schulden und die Aufbewahrungspflichten. Der zweite und dritte Abschnitt enthält darüber hinausgehende Vorschriften für Kapitalgesellschaften und Genossenschaften, der vierte Abschnitt für Kreditinstitute und Versicherungsunternehmen, insbesondere für die Gliederung, Prüfung und Veröffentlichung des Jahresabschlusses.

Die in den Gesetzen, Verordnungen und sonstigen Bestimmungen einschließlich des Handelsbrauches enthaltenen Regelungen für die Buchführung von Unternehmen nennt man **Grundsätze ordnungs-**

mäßiger Buchführung (GoB). In den §§ 238 f. HGB wird auf diese ausdrücklich verwiesen.

Die GoB haben folgenden Hauptinhalt:

- Die Buchführung muss so beschaffen sein, dass sie einem sachverständigen Dritten innerhalb angemessener Zeit einen Überblick über die Geschäftsvorfälle und über die Lage des Unternehmens vermitteln kann; sie muss also klar und übersichtlich sein.

- Die Geschäftsvorfälle müssen sich in ihrer Entstehung und Abwicklung verfolgen lassen, daraus folgt: **Keine Buchung ohne Beleg!**

- Von allen Schriftstücken, die mit der Buchführung zusammenhängen, müssen Kopien aufbewahrt werden.

  10 Jahre Aufbewahrungspflicht gilt beispielsweise für:
  Inventare, Handels- und Steuerbilanzen, Gewinn- und Verlustrechnungen, Haupt-, Grund- und Nebenbücher, Anlage- und Vermögenskarteien, Grundstücksverzeichnisse, Kontenkarten, Kontenpläne, Fahrtenbücher, einschlägige Arbeitsanweisungen und Organisationsunterlagen, Buchungsbelege, Rechnungen, Quittungen, Lieferscheine, Frachtbriefe, Bankbelege, Verträge, Lohnlisten, Reisekostenabrechnungen, Lohnkonten.

  6 Jahre gelten für: Handels- und Geschäftskorrespondenz, (vgl. § 257 HGB und Seiten 6 ff.).

- Bei der Führung der Handelsbücher und bei den sonst erforderlichen Aufzeichnungen haben sich Kaufleute einer lebenden Sprache zu bedienen (§ 239 Abs. 1 HGB). Der Jahresabschluss ist in deutscher Sprache und in Euro aufzustellen.

- Die Bedeutung von Abkürzungen, Ziffern, Buchstaben oder Symbolen muss im Einzelfall eindeutig festgelegt sein.

- Die Eintragung in Büchern und die sonstigen erforderlichen Aufzeichnungen müssen vollständig, zeitgerecht und geordnet vorgenommen werden (§ 239 Abs. 2 HGB).

- Die Bücher sind ständig auf dem Laufenden zu halten. Die Eintragungen haben unverzüglich, vollständig und richtig zu erfolgen.

- Eine Eintragung oder Aufzeichnung darf nicht in der Weise verändert werden, dass der ursprüngliche Inhalt nicht mehr feststellbar ist. Bereits gebuchte Vorgänge dürfen nicht unleserlich gemacht oder ausradiert werden; Eintragungen dürfen nicht mit Bleistift vorgenommen werden (§ 239 Abs. 3 HGB).

- Einnahmen und Ausgaben der Kasse sollen täglich festgehalten werden.

Aufbewahrungsfristen nach § 147 Abgabenordnung

- **Frist 6 Jahre (Aufbewahrung bis Ende des sechsten Jahres seit Erfassung):** Abtretungserklärungen, Angebote, Angestelltenversicherung (Unterlagen), Anträge auf Arbeitnehmersparzulage, Bankbürgschaften, Betriebskostenrechnung, Betriebsprüfungsberichte, Bewertungsunterlagen, Einheitswertunterlagen, Geschäftsberichte, Geschäftsbriefe, Geschenknachweise, Grundbuchauszüge, Handelsbriefe, Handelsregisterauszüge, Jahresabschlusserläuterungen, Mahnbescheide, Registrierkassenstreifen.

- **Frist 10 Jahre (Aufbewahrung bis Ende des zehnten Jahres seit Erfassung):** Abrechnungsunterlagen, Akkreditive, Aktenvermerke (sofern Buchungsunterlagen), Änderungsnachweis bei der EDV-Buchführung, Angestelltenversicherung (Belege), Anlagevermögensbücher und -karteien, Arbeitsanweisungen für die EDV-Buchführung, Ausgangsrechnungen, Außendienstabrechnungen, Bankbelege, Beitragsabrechnungen für Sozialversicherungsträger, Belege mit Buchfunktion, Betriebsabrechnungsbögen, Bewirtungsunterlagen, Bilanzen (Jahresbilanzen), Bilanzunterlagen, Buchungsanweisungen, Darlehensunterlagen, Dauerauftragsunterlagen, Debitorenlisten, Depotauszüge, Einfuhrbelege, Eingangsrechnungen, Essenmarken-Abrechnungen, Exportunterlagen, Fahrtkostenerstattungsunterlagen, Finanzberichte, Frachtbriefe, Gehaltslisten, Gewinn- und Verlust-Rechnung (Jahresrechnung), Grundstücksverzeichnis (Inventar), Gutschriftsanzeigen, Handelsbücher, Hauptabschlussübersicht, Investitionszulage (Belege), Journale für Hauptbuch und Kontokorrent, Kalkulationsunterlagen, Kassenberichte, Kassenbücher und -blätter, Kassenzettel, Kontenpläne und Kontenplanänderungen, Kontenregister, Kontoauszüge, Kreditunterlagen, Lagerbuchführungen, Lieferscheine, Lohnbelege, Lohnlisten, Magnetbänder mit Buchfunktion, Mietunterlagen, Nachnahmebelege, Nebenbücher, Organisationsunterlagen EDV-Buchführung, Pachtunterlagen, Preislisten, Protokolle, Prozessakten, Quittungen, Rechnungen (Offene-Posten-Buchhaltung), Rechnungen (sofern keine Offene-

Posten-Buchhaltung), Reisekostenabrechnungen, Repräsentationsaufwendungen (Unterlagen), Sachkonten, Saldenbilanzen, Schadensunterlagen, Scheck- und Wechselunterlagen, Schriftwechsel, Speicherbelegungsplan der EDV-Buchführung, Spendenbescheinigungen, Steuerunterlagen, Telefonkostennachweise, Überstundenlisten, Verbindlichkeiten (Zusammenstellung), Verkaufsbücher, Vermögensverzeichnis, Vermögenswirksame Leistungen (Unterlagen), Versand- und Frachtunterlagen, Versicherungspolicen, Verträge, Wareneingangs- und -ausgangsbücher, Wechsel, Zahlungsanweisungen, Zollbelege, Zwischenbilanz (bei Gesellschafterwechsel oder Umstellung des Wirtschaftsjahrs).

Ergänzt werden die GoB durch die **Grundsätze ordnungsmäßiger DV-gestützter Buchführungssysteme (GoBS)**. Darin werden Regelungen für die Buchung mit elektronischen Datenträgern beschrieben, zum Beispiel über Belegaufbereitung und Belegfunktion, Buchung, Kontrolle und Abstimmung, Datensicherung, Dokumentation und Prüfbarkeit, Aufbewahrung und Sicherung der Datenträger und die Wiedergabe der auf Datenträgern geführten Unterlagen (Bundessteuerblatt I 1978, S. 250 und § 239 Abs. 4 HGB und Schreiben des Bundesfinanzministeriums vom 7. 11. 1995). Weiterhin gehören hierzu die **Grundsätze zum Datenzugriff und zur Prüfbarkeit digitaler Unterlagen (GDPdU)** durch die Finanzverwaltung gemäß § 177 AO.

Die beschriebenen Vorschriften gelten für alle Kaufleute, gleich welcher Branche sie angehören und wie groß das Unternehmen ist.

1.3 Inventur, Inventar und Bilanz

1.3.1 Gesetzliche Vorschriften

Bei der Heckmann KG fragt ein Kunde an, ob das Bike Sonderausführung „Run" in Farbe 012 auf Lager sei. Der Sachbearbeiter befragt mittels der Warennummer über den Bildschirm die Lagerverwaltung und erkennt, dass noch 1 Stück vorhanden ist und sagt dem Kunden zu. Als dieser das Fahrrad abholen will, stellt sich zum Ärger des Kunden heraus, dass es schon seit einiger Zeit beschädigt ist und die Lagerverwaltung dies noch nicht „ausgebucht" hat.

Was in Karteien festgehalten ist, muss von Zeit zu Zeit tatsächlich dahin gehend überprüft werden, ob der errechnete Bestand mit dem tatsächlichen Bestand übereinstimmt. Für Unternehmen hat der Gesetzgeber diese Überprüfung vorgeschrieben.

Die **Inventur** (lat. invenire = ausfindig machen) ist eine Bestandsaufnahme aller Vermögensteile und aller Schulden des Unternehmens, die dabei jeweils **einzeln** nach ihrer Art, Menge und ihrem Wert zu einem bestimmten Zeitpunkt zu erfassen sind. Nach § 240 HGB und §§ 140 f. AO ist jeder Kaufmann verpflichtet, Vermögen und Schulden bei Gründung oder Übernahme, Auflösung oder Veräußerung und für den Schluss eines jeden Geschäftsjahres festzustellen. Die Ergebnisse der Inventur werden zunächst im **Inventar** festgehalten, aus dem letztlich die **Bilanz** erstellt wird. Die Methoden der Bewertung wollen wir ausführlicher in Kap. 7.2 behandeln.

Inventur = mengenmäßige Erfassung und Bewertung in Euro

Die **körperliche Inventur** durch Zählen, Messen und Wiegen kann bei körperlichen Vermögensgegenständen z. B. wie folgt durchgeführt werden:

- Waren werden in Listen ihrer Art nach festgehalten oder es wird verglichen, ob vorhandene Lagerlisten noch stimmen. Bestimmte Vorräte können auch geschätzt werden, bei der Heckmann KG beispielsweise die Zahl der in kleineren Behältern sortierten Dichtungsringe.
- Für die systematische Erfassung der Betriebs- und Geschäftsausstattung hat die Heckmann KG seit längerem jedes Stück mit einer Inventarnummer bezeichnet. Für die Gegenstände jedes Raumes wird ein gesondertes Verzeichnis erstellt. Der Wert der Gegenstände wird unter Berücksichtigung der Abschreibung (vgl. hierzu im einzelnen Kap. 7.1) ermittelt.

Die **Buchinventur** erfasst alle nichtkörperlichen Gegenstände. Forderungen an Kunden, Guthaben bei Banken, Verbindlichkeiten an Lieferanten und an Banken können nur wertmäßig aufgrund von buchhalterischen Aufzeichnungen festgestellt werden; deren Richtigkeit wird durch Kontoauszüge oder Saldenbestätigungen nachgewiesen. Grundsätzlich muss die Inventur am Schluss eines Geschäftsjahres, dem so genannten Abschlussstichtag oder **Bilanzstichtag** durchgeführt werden. Wenn durch organisatorische Maßnahmen gesichert ist, dass eine Wertfortschreibung oder Wertrückrechnung jeweils auf den Abschlussstichtag möglich ist, sind folgende Vereinfachungsverfahren für die Inventur zulässig:

- **Zeitnahe Stichtagsinventur:** Nach Abschnitt 30 Abs. 1 EStR können Vermögensgegenstände innerhalb einer Frist von 10 Tagen vor oder nach dem Abschlussstichtag aufgenommen werden.

- **Permanente Inventur** setzt eine während des ganzen Geschäftsjahres vorhandene Bestandsbuchführung voraus, in der alle Mengenbewegungen laufend erfasst werden. Dann genügt es, wenn mindestens einmal jährlich der tatsächlich vorhandene Bestand mit dem Buchbestand verglichen wird.

  Das Wesen der permanenten Inventur besteht darin, dass ein am Bilanzstichtag vorhandener buchmäßiger Bestand (Sollbestand) ohne gleichzeitige körperliche Bestandsaufnahme als tatsächlicher Bestand (Istbestand) zum Bilanzstichtag aufgenommen wird. Der Sollbestand gilt also ohne Nachprüfung als Istbestand (Abschn. 30 Abs. 2 EStR).

  Beim Anlagevermögen muss das Bestandsverzeichnis jeden Zugang und jeden Abgang daten- und wertmäßig ausweisen (vgl. Abschn. 31 Abs. 5 EStR). Beim Vorratsvermögen müssen alle Zugänge und Abgänge nach Tag, Art und Menge (Stückzahl, Gewicht oder Kubikinhalt) in Lagerbüchern nachgewiesen werden.

- **Zeitlich verlegte Inventur** nach § 241 Abs. 3 HGB ist innerhalb der ersten drei Monate vor oder der ersten zwei Monate nach dem Abschlussstichtag zulässig (Abschn. 30 Abs. 2 EStR).

  Der Wert des Bestands für den Bilanzstichtag muss durch ein Fortschreibungs- oder Rückrechnungsverfahren, das so genannte Wertnachweisverfahren, festgestellt werden. Der Unterschied zur permanenten Inventur besteht darin, dass die Bestandsveränderungen nur wertmäßig nachgewiesen zu werden brauchen.

- Die so genannte **Stichprobeninventur** ist für den Lagerbestand bei Anwendung mathematisch-statistischer Methoden nach § 241 Abs. 1 HGB zulässig.

Die so genannte geschichtete Stichprobeninventur ermöglicht es, die sehr lohnintensive Inventur und Bewertung erheblich zu rationalisieren. Dabei wird die körperliche Bestandsaufnahme und Bewertung auf einen bestimmten Prozentsatz der Wirtschaftsgüter beschränkt und dann „hochgerechnet".

Insbesondere für den Einzelhandel ermöglicht die Stichprobeninventur eine schnellere und einfachere Inventurabwicklung. Bei diesem Verfahren werden auch die Preise nach dem Zufallsprinzip ermittelt, z. B. wird nur jeder zehnte Preis notiert.

• **Festbewertung:** Vermögensgegenstände des Anlagevermögens und Roh-, Hilfs- und Betriebsstoffe von geringer Bedeutung und mit geringen Veränderungen brauchen nur alle drei Jahre aufgenommen zu werden (§ 240 Abs. 3 HGB).

1.3.2 Gliederung eines Inventars

Das Inventar ist ein ausführliches Verzeichnis der bewerteten Vermögensteile und Schulden eines Unternehmens. Die Differenz zwischen Vermögen und Schulden ergibt das Reinvermögen. Die Ermittlung des Reinvermögens ist nach Preiß nicht Gegenstand des Inventars, knüpft aber an das Inventar an.[1] Ausgehend von diesen Überlegungen könnte im folgenden Musterinventar der Punkt C auch herausgenommen und separat dargestellt werden.

Grundlegende Informationen

Formale Vorschriften zur Aufstellung des Inventars gibt der Gesetzgeber – im Gegensatz zur Bilanz – nicht. Aus diesem Grund muss das Inventar nicht aus einer großen Gesamtaufstellung bestehen. Die geordnete Ablage der Inventurunterlagen (z. B. Listen und Verzeichnisse) mit den entsprechenden Additionen kann als ausreichend betrachtet werden. Es hat sich aber durchaus bewährt, die Ergebnisse der Inventur nochmals in einer verdichteten und überschaubaren Form zusammenzufassen. Aufgrund des engen Zusammenhangs zur Bilanz – die später behandelt wird – verwenden wir für die Aufstellung des Inventars das für die Bilanz vorgegebene Be-

---

1 Vgl. Preiß, Peter: Didaktik des wirtschaftsinstrumentellen Rechnungswesens, München; Wien 1999, S. 196 f.

griffssystem. Um das Beispiel-Inventar verstehen zu können, gilt es zunächst einige Begriffe zu klären.

Grundbegriffe im Inventar

- **Anlagevermögen:** Vermögen, das dem Unternehmen **langfristig** dient. Maschinen beispielsweise bleiben in der Regel über mehrere Jahre im Unternehmen.
  - Fuhrpark: Beim Fuhrpark handelt es sich um die Fahrzeuge (PKW; LKW) des Unternehmens.
  - Betriebs- und Geschäftsausstattung: Es handelt sich in erster Linie um Einrichtungsgegenstände wie z. B. Möbel und Computer. Stehen diese Gegenstände in der Produktionshalle, spricht man von **Betriebsausstattung**; stehen sie in der kaufmännischen Verwaltung (z. B. im Personalbüro oder in der Werbeabteilung) spricht man von **Geschäftsausstattung**.
- **Umlaufvermögen:** Vermögen, das sich durch die Geschäftstätigkeit **häufig ändert**. So ändert sich z. B. der Kassenbestand mehrmals täglich, nämlich nach jedem baren Zahlungsvorgang.
  - Rohstoffe: Sie werden nach der Bearbeitung oder Verarbeitung **Hauptbestandteil** des fertigen Erzeugnisses. Bei der Herstellung von Fahrrädern ist Alu ein Rohstoff. Bei der Herstellung eines Stuhles ist Holz der Rohstoff.
  - Hilfsstoffe: Sie sind **Nebenbestandteile** des hergestellten Produkts, die verbraucht werden, um das Produkt herzustellen. Bei der Herstellung von Fahrrädern kann Farbe als Hilfsstoff betrachtet werden. Bei der Herstellung eines Stuhles sind Schrauben und Leim typische Hilfsstoffe.
  - Betriebsstoffe: Sie dienen dazu, die Maschinen zu „betreiben". Sie sind **kein Bestandteil** des hergestellten Produkts. Für die Maschinen, mit denen die Fahrradrahmen hergestellt werden, sind z. B. Schmierstoffe notwendig.
  - Fertigerzeugnisse: Es sind vom Industriebetrieb aus den Rohstoffen und Hilfsstoffen selbst hergestellte Erzeugnisse, die dann an die Kunden verkauft werden. Im Beispiel sind die hergestellten Fahrräder die Fertigerzeugnisse.
  - Handelswaren: Es handelt sich um fertige Erzeugnisse, die aber unser Industriebetrieb nicht selbst hergestellt hat. Es sind Wa-

ren, die unser Unternehmen eingekauft hat und unverändert an Kunden weiterverkauft. Angenommen, eine Fahrradfabrik stellt Fahrräder her und verkauft außerdem Fahrradhelme, die sie bei einem Helmhersteller einkauft. Die Fahrräder sind Fertigerzeugnisse, und die Helme stellen Handelsware dar.

– Forderungen aus Lieferungen und Leistungen: Angenommen, wir haben am 15. September an einen Kunden Fertigerzeugnisse auf Rechnung geliefert. Wir gewähren dem Kunden bis zum 15. Oktober Zeit, die Rechnung zu bezahlen. Heute sei der 16. September. Dies bedeutet, dass der Kunde die Ware bereits hat, wir haben aber noch kein Geld. Da der Kunde die Rechnung noch bezahlen muss, haben wir von ihm noch Geld zu bekommen oder – ausgedrückt – Geld „zu fordern". Wir haben eine Forderung an den Kunden. Die Forderung besteht so lange, bis der Kunde die Rechnung bezahlt hat. Die Forderung beruht auf unserer **Lieferung** vom 15. September, weshalb man diese Forderungen auch **Forderungen aus Lieferungen und Leistungen** nennt.

Häufig wird folgende Abkürzung verwendet: Ford. a. L. u. L. = Forderungen aus Lieferungen und Leistungen.

• **Verbindlichkeiten:** Verbindlichkeiten sind Schulden, die wir haben.

– Verbindlichkeiten gegenüber Kreditinstituten: Es sind Schulden, die wir bei Banken oder Sparkassen (= Kreditinstitute) haben. Es können **Darlehensschulden**, d. h. Schulden aus einem längerfristigen Bankkredit oder so genannte **Hypothekenschulden**, d. h. Schulden aus einem langfristigen Bankkredit, bei dem als Sicherheit ein Grundstück dient, sein. Möglich wäre auch, dass wir unser Konto – nach vorheriger Absprache mit der Bank – überzogen haben. In diesem Fall spricht man von einem **„Kontokorrentkredit"** (Kontokorrent = „laufende Rechnung"). Haben Privatpersonen einen solchen Kredit, bezeichnet man ihn häufig als „Dispokredit".

– Verbindlichkeiten aus Lieferungen und Leistungen: Angenommen, wir haben am 15. September bei einem Lieferanten Rohstoffe auf Rechnung eingekauft. Die Rohstoffe wurden geliefert, der Lieferant gewährt uns aber bis zum 15. Oktober Zeit, die

Rechnung zu bezahlen. Heute ist der 16. September. Dies bedeutet für uns, dass wir beim Lieferanten noch Schulden – oder anders ausgedrückt „Verbindlichkeiten" – haben. Diese bestehen so lange, bis wir die Rechnung bezahlt haben. Die Schulden beruhen auf einer **Lieferung** von Rohstoffen, weshalb man diese Schulden auch **Verbindlichkeiten aus Lieferungen und Leistungen** nennt

Häufig wird folgende Abkürzung verwendet: Verb. a. L. u. L. = Verbindlichkeiten aus Lieferungen und Leistungen

Reihenfolge im Inventar

Um mehrere Unternehmen leichter miteinander vergleichen zu können, bietet es sich an, eine einheitliche Reihenfolge der Positionen zu wählen. Es ist Folgendes zu beachten:

- Zunächst werden das Vermögen, dann die Schulden und schließlich das Eigenkapital in Staffelform (untereinander) dargestellt. Wie auf Seite 10 bereits ausgeführt, kann die Ermittlung des Eigenkapitals auch außerhalb des Inventars erfolgen.
- Innerhalb des Vermögens wird danach geordnet, wie schnell etwas zu Geld gemacht werden kann. Vermögensposten, die schwerer zu Geld zu machen sind, stehen am Anfang. Aus diesem Grunde kommt zunächst das Anlagevermögen und dann das Umlaufvermögen. Innerhalb des Anlagevermögens kommt z. B. ein Gebäude weiter oben, weil es nicht so schnell zu Geld gemacht werden kann wie z. B. ein Fahrzeug (Fuhrpark).
Innerhalb des Umlaufvermögens ist sicherlich der Kassenbestand am leichtesten „zu Geld zu machen", indem das Geld aus der Kasse genommen wird. Es ist ja Geld. Folglich müsste der Kassenbestand innerhalb des Umlaufvermögens am Ende stehen. Allerdings hat es sich abweichend von der Regel eingebürgert, zunächst den Kassenbestand und dann erst das Guthaben bei Banken aufzulisten. Von der Logik her könnte man aber auch erst das Guthaben bei Banken und dann erst den Kassenbestand auflisten.
- Die Schulden gliedert man nach der Art der Schulden in Schulden bei Kreditinstituten und Schulden aus Lieferungen und Leistungen bei Lieferanten. Man könnte auch von einer Ordnung nach der Fälligkeit oder dem Rückzahlungszeitpunkt sprechen.

Zunächst kommen langfristige Schulden und dann erst kurzfristige, d. h. solche, für die man weniger Zeit für die Rückzahlung hat. Ein Bankdarlehen kann z. B. über mehrere Jahre laufen, während Schulden bei einem Lieferanten in der Regel innerhalb von spätestens 30 Tagen zu zahlen sind.

Das folgende Beispiel zeigt ein Inventar. Die erste Zahlenspalte ist für die Auflistung von Einzelbeträgen vorgesehen, während die hintere Zahlenspalte die jeweiligen Summen enthält.

Beispiel für ein Inventar:
Inventar zum 31. Dezember 200X
der Fahrradfabrik Uli Heckmann KG, Humpisstraße 11,
88212 Ravensburg

A. Vermögen

	Eur	Eur
I. Anlagevermögen		
1. Grundstücke		
– Humpisstraße 15	175 000,00	
– Heinkelstraße 13	125 000,00	300 000,00
2. Gebäude		
– Fabrikgebäude Humpisstraße 15	429 450,00	
– Verwaltungsgebäude Heinkelstraße 13	675 000,00	1 104 450,00
3. Maschinen lt. Einzelinventarliste 1		749 800,00
4. Fuhrpark lt. Einzelinventarliste 2		144 550,00
5. Betriebs- und Geschäftsausstattung		
– Lagereinrichtung lt. Einzelinventarliste 3	45 600,00	
– Verwaltungseinrichtung lt. Einzelinventarliste 4	29 275,00	
– EDV-Anlagen lt. Einzelinventarliste 5	20 725,00	95 600,00
II. Umlaufvermögen		
1. Rohstoffe lt. Einzelinventarliste 6		400 750,00
2. Hilfsstoffe lt. Einzelinventarliste 7		168 450,00
3. Betriebsstoffe lt. Einzelinventarliste 8		47 620,00
4. Fertigerzeugnisse lt. Einzelinventarliste 9		777 200,00

5. Forderungen aus Lieferungen und
   Leistungen
   – Fahrradgroßhandlung
   BIG OHG, Ulm   12 125,00
   – Fahrrad Krämer e. Kfm.,
   Baienfurt   9 550,00
   – Bike Dannewitz, Stuttgart   11 900,00   33 575,00
6. Kasse lt.
   Einzelinventarverzeichnis 10   1 250,00
7. Guthaben bei Banken
   – Guthaben Volksbank Weingarten   5 900,00
   – Guthaben Kreissparkasse
   Ravensburg   28 780,00   34 680,00

Summe des Vermögens   **3 857 925,00**

B. Schulden
1. Verbindlichkeiten gegenüber
   Kreditinstituten
   – Darlehen bei der Volksbank
   Weingarten   890 600,00
   – Darlehen bei der Kreissparkasse
   Ravensburg   123 145,00   1 013 745,00
2. Verbindlichkeiten aus Lieferungen
   und Leistungen
   – Stahlfabrik EMU AG, Essen   55 150,00
   – Stahl Krumm GmbH, Duisburg   47 350,00   102 500,00

Summe der Schulden   **1 116 245,00**

C. Ermittlung des Reinvermögens
   (Eigenkapitals)
   Summe des Vermögens   3 857 925,00
   – Summe der Schulden   1 116 245,00
   = Reinvermögen (Eigenkapital)   **2 741 680,00**

Aufgaben

(1) Erstellen Sie das Inventar der Textilfabrik Berger OHG zum 31.12. 200X auf der Grundlage der folgenden ungeordneten Informationen. Die Zahlen stellen Euro-Beträge dar:
Überlegen Sie zunächst, wie Sie vorgehen, da die folgenden Informationen nicht geordnet sind, und beschreiben Sie in einigen Sätzen Ihr Vorgehen! Erstellen Sie erst dann das Inventar!

- Darlehen bei der Kreissparkasse Ravensburg in Höhe von 525 000,00
- Darlehen bei der Dresdner Bank Ravensburg in Höhe von 645 000,00
- Betriebsstoffe lt. Einzelinventarliste 4: 90 000,00
- Grundstück mit Fabrik- und Verwaltungsgebäude Heinkelstraße 15 im Wert von 650 000,00. Der Grundstücksanteil beträgt 200 000,00.
- Kassenbestand: 25 900,00
- Maschinen lt. Einzelinventarliste 1: 330 000,00
- LKW mit dem Kennzeichen: RV-CM-888: 122 000,00
- PKW mit dem Kennzeichen: RV-MC-228: 58 000,00
- Textilstoffe lt. Einzelinventarliste 2: 280 000,00
- Bankguthaben bei der Kreissparkasse Ravensburg in Höhe von 78 700,00 und bei der Dresdner Bank Ravensburg in Höhe von 64 200,00
- Faden und Knöpfe lt. Einzelinventarliste 3: 70 000,00
- Fertigerzeugnisse: Damenoberbekleidung lt. Einzelinventarliste 5: 353 000,00 und Herrenoberbekleidung lt. Einzelinventarliste 6: 428 000,00
- Verbindlichkeiten bei Lieferant Fied & Co. Meckenbeuren in Höhe von 197 000,00 und bei Lieferant Emut GmbH Heidelberg in Höhe von 153 000,00 und bei Völk AG in Biberach in Höhe von 119 300,00.
- Von folgenden Kunden sind Rechnungen in der entsprechenden Höhe noch nicht bezahlt worden:
  - Modehaus Body e. Kfm. aus Aulendorf in Höhe von 32 800,00
  - Boutique Melanie KG aus Meersburg in Höhe von 118 700,00
  - Outdoor Trunk OHG aus Friedrichshafen in Höhe von 28 300,00
- Regale, Tische und Stühle sowie EDV-Geräte lt. Einzelinventarverzeichnis 7: 124 000,00

(2) Erstellen Sie auf der Grundlage der folgenden ungeordneten Daten das Inventar der Öko-Box KG zum 31. 12. 200X. Die Zahlen stellen Euro-Beträge dar! Hinweis: Die Öko-Box KG stellt Kunststoffboxen im Spritzgussverfahren aus Kunststoffgranulat her.

- Schulden bei Lieferant Fridrich Klug, Tübingen in Höhe von 2 000,00
- Schulden bei Lieferant Kugler & Co., München in Höhe von 6 000,00
- Zwei Spritzgussmaschinen im Wert von je 500 000,00
- 1 000 Kilogramm Kunststoffgranulat. Ein Kilogramm kostete 2,50.
- Guthaben bei der Commerzbank Ravensburg: 2 000 000,00
- 100 fertig hergestellte Kunststoffboxen. Die Herstellkosten pro Box betrugen 1,90.
- 100 Liter Farbe für insgesamt 80,00
- Kassenbestand: 9 000,00
- Darlehen bei der Deutschen Bank Ravensburg: 893 840,00
- Forderung an Rupprecht OHG Nonnenhorn in Höhe von 5 000,00

- Grundstück mit Gebäude St.-Gallus-Weg 13: 650 000,00. Der Grundstücksanteil beträgt 200 000,00.
- Betriebs- und Geschäftsausstattung lt. Einzelinventarliste 1: 110 000,00
- Fuhrpark lt. Einzelinventarliste 2: 125 000,00
- Schmieröl für Maschinen: 70,00

(3) Lösen Sie das folgende Kreuzworträtsel! Beachten Sie dabei, dass „ä",. „ö" oder „ü" nicht als „ae", „oe" oder „ue" zu schreiben sind, sondern als „ä", „ö" oder „ü"!

Kreuzworträtsel

Waagrecht

3. Schulden
4. Produkte, die ein Industriebetrieb ohne Bearbeitung weiterverkauft
6. Bestandsverzeichnis
8. Position, unter der Rechnungen an Kunden zusammengefasst werden, die noch nicht bezahlt sind
11. Anderer Ausdruck für Reinvermögen
12. Vermögen, das sich durch die Geschäftstätigkeit laufend ändert

Senkrecht
1. Position, unter der der PC erscheint, der in der Personalabteilung steht
2. Hauptbestandteil eines Produkts
5. Vermögen, das dem Unternehmen langfristig dient
7. Position, unter der ein LKW im Bestandsverzeichnis erscheint
9. Nebenbestandteil eines Produkts
10. Bestandsaufnahme

Lösungen

Zu Aufgabe (1): Inventar zum 31. Dezember 200X der Textilfabrik Berger OHG (vgl. S. 16 f.)

A. Vermögen	Eur	Eur
I. Anlagevermögen		
1. Grundstücke		200 000,00
– Heinkelstraße 15		
2. Gebäude		450 000,00
– Fabrik- und Verwaltungsgebäude Heinkelstraße 15		
3. Maschinen lt. Einzelinventarliste 1		330 000,00
4. Fuhrpark		
– LKW: RV-CM-888	122 000,00	
– PKW: RV-MC-228	58 000,00	180 000,00
5. Betriebs- und Geschäftsausstattung lt. Einzelinventarliste 7		124 000,00
II. Umlaufvermögen		
1. Rohstoffe lt. Einzelinventarliste 2		280 000,00
2. Hilfsstoffe lt. Einzelinventarliste 3		70 000,00
3. Betriebsstoffe lt. Einzelinventarliste 4		90 000,00
4. Fertigerzeugnisse		
– Damenoberbekleidung lt. Einzelinventarliste 5	353 000,00	
– Herrenoberbekleidung lt. Einzelinventarliste 6	428 000,00	781 000,00
5. Forderungen aus Lieferungen und Leistungen		
– Modehaus Body e. Kfm., Aulendorf	32 800,00	
– Boutique Melanie KG, Meersburg	118 700,00	
– Outdoor Trunk, Friedrichshafen	28 300,00	179 800,00
6. Kasse		25 900,00
7. Guthaben bei Banken		

– Guthaben Kreissparkasse Ravensburg	78 700,00	
– Guthaben Dresdner Bank Ravensburg	64 200,00	142 900,00
Summe des Vermögens		**2 853 600,00**

B. Schulden

1. Verbindlichkeiten gegenüber Kreditinstituten

– Darlehen bei der Kreissparkasse Ravensburg	525 000,00	
– Darlehen bei der Dresdner Bank Ravensburg	645 000,00	1 170 000,00

2. Verbindlichkeiten aus Lieferungen und Leistungen

– Fied & Co., Meckenbeuren	197 000,00	
– Emut GmbH, Heidelberg	153 000,00	
– Völk AG, Biberach	119 300,00	469 300,00
Summe der Schulden		**1 639 300,00**

C. Ermittlung des Reinvermögens

Summe des Vermögens	2 853 600,00
– Summe der Schulden	1 639 300,00
= Reinvermögen (Eigenkapital)	**1 214 300,00**

Zu Aufgabe (2): Inventar zum 31. Dezember 200X der Öko-Box KG (vgl. S. 16 f.)

A. Vermögen

	Eur	Eur
I. Anlagevermögen		
1. Grundstücke		200 000,00
– St.-Gallus-Weg 13		
2. Gebäude		450 000,00
– St.-Gallus-Weg 13 –		
3. Maschinen		1 000 000,00
– 2 Spritzgussmaschinen		
4. Fuhrpark lt. Einzelinventarliste 2		125 000,00
5. Betriebs- und Geschäftsausstattung lt. Einzelinventarliste 1		110 000,00
II. Umlaufvermögen		
1. Rohstoffe		2 500,00
– 1000 kg Granulat		
2. Hilfsstoffe		80,00
– 100 l Farbe		

3. Betriebsstoffe		70,00
4. Fertigerzeugnisse		190,00
– 100 Kunststoffboxen		
lt. Einzelinventarliste 4		
5. Forderungen aus Lieferungen		
und Leistungen		5 000,00
– Rupprecht OHG		
6. Kasse		9 000,00
7. Guthaben bei Banken		
– Guthaben Commerzbank		
Ravensburg		2 000 000,00
Summe des Vermögens		**3 901 840,00**
B. Schulden		
1. Verbindlichkeiten gegenüber		
Kreditinstituten		893 840,00
– Darlehen bei der Deutschen Bank		
Ravensburg		
2. Verbindlichkeiten aus Lieferungen		
und Leistungen		
– Fridrich Klug Tübingen	2 000,00	
– Kugler & Co. München	6 000,00	8 000,00
Summe der Schulden		**901 840,00**
C. Ermittlung des Reinvermögens		
Summe des Vermögens		3 901 840,00
– Summe der Schulden		901 840,00
= Reinvermögen (Eigenkapital)		**3 000 000,00**

Zu Aufgabe (3): Kreuzworträtsel (vgl. S. 17)

Waagrecht

3. Schulden
4. Produkte, die ein Industriebetrieb ohne Bearbeitung weiter verkauft
6. Bestandsverzeichnis
8. Position, unter der Rechnungen an Kunden zusammengefasst werden, die noch nicht bezahlt sind
11. Anderer Ausdruck für Reinvermögen
12. Vermögen, das sich durch die Geschäftstätigkeit laufend ändert

Senkrecht

1. Position, unter der der PC erscheint, der in der Personalabteilung steht.
2. Hauptbestandteil eines Produkts
5. Vermögen, das dem Unternehmen langfristig dient
7. Position, unter der ein LkW im Bestandsverzeichnis erscheint

Zu Aufgabe (3): Kreuzworträtsel (vgl. S. 17)

9. Nebenbestandteil eines Produkts

10. Bestandsaufnahme

1.3.3 Erfolgsermittlung durch Eigenkapitalvergleich

Der Erfolg, also ein Gewinn oder Verlust, kann insgesamt als die Veränderung des Reinvermögens innerhalb eines Geschäftsjahres ermittelt werden. Dabei sind nur die betriebsbedingten Veränderungen zu berücksichtigen. Die Vorgehensweise wird an einem vereinfachten Beispiel aufgezeigt:

Einfache Buchungsbeispiele einer Musikband

Ausgangssituation: Klaus, Thomas und Bruno haben Anfang des Jahres 200X eine Band mit dem Namen „Firestones" gegründet. Instrumente im Wert von 10 000,00 Eur, die der Band geschenkt wurden, stellen das Startkapital dar.

Beispiel 1: Im Jahre 200X sind der Band folgende Gelder zugeflossen:

- Gage für das Konzert in der Oberschwabenhalle in Ravensburg am 20. März 200X:
  3 000,00 Eur
- Gage für ein Konzert in Oberzell am 20. Juli 200X: 2 000,00 Eur
- Klaus hat im Lotto gewonnen und schenkt der Band am 20. September 200X: 6 000,00 Eur.

Da die Band vom Veranstalter jeweils abgeholt wurde, sind keine Fahrtkosten enstanden.

Am Ende des ersten Geschäftsjahrs 200X will die Band wisssen, ob sich die Gründung und der Einsatz der 10 000,00 Eur für Instrumente gelohnt hat.

(A) Die Band macht folgende Rechnung auf:

Eigenkapital am 31. 12. 200X:

10 000,00 + 3 000,00 + 2 000,00 + 6 000,00 =	21 000,00 Eur
– Eigenkapital am 1. 1. 200X:	– 10 000,00 Eur
= Eigenkapitalmehrung = Erfolg	= 11 000,00 Eur

Thomas meint: „Da lügen wir uns ja ganz schön an!"

Entscheiden und begründen Sie, ob Sie Thomas zustimmen!

(B) Berechnen Sie den Erfolg der Band in Eur!

Beispiel 2: Im nächsten Geschäftsjahr 200Y hat die Band am 5. 1. in Ulm (Gage: 4 000,00 Eur) und am 20. 4. in Frankfurt (Gage: 6 000,00 Euro) gespielt. Fahrtkosten sind nicht entstanden. Am 17. 5. hat Klaus 3 000,00 Eur mit dem Einverständnis der anderen Band-Mitglieder aus der Band-Kasse genommen, um sich einen neuen Fernseher zu kaufen.

(A) Berechnen Sie den Erfolg der Band am 31. 12. 200Y! Das Eigenkapital am 1. 1. 200Y entspricht dem Endkapital am 31. 12. 200X aus Beispiel 1.

(B) Begründen Sie stichwortartig Ihren Rechenweg!

Lösungen und Erläuterungen zu den Beispielen

Beispiel 1:

(A) Thomas ist zuzustimmen, da das Geldgeschenk in Höhe von 6 000,00 Eur zwar das Eigenkapital der Band erhöht hat, aber nichts mit dem Erfolg der Band zu tun hat! Die 6 000,00 Eur müssen abgezogen werden, wenn man den Erfolg der Band berechnen will.

(B) Eigenkapital am 31. 12. 200X:

	21 000,00 Eur
	(10 000 + 3 000 +
	2 000 + 6 000)
– Eigenkapital am 1. 1. 200X	10 000,00 Eur
= Eigenkapitalmehrung	11 000,00 Eur
– Privateinlage	

(Geldgeschenk Klaus)	6 000,00 Eur
= Erfolg (Gewinn)	5 000,00 Eur

Beispiel 2:

(A) Eigenkapital am 31. 12. 200Y:	28 000,00 Eur
– Eigenkapital am 1. 1. 200Y	21 000,00 Eur
= Eigenkapitalmehrung	7 000,00 Eur
+ Privatentnahme (durch Klaus)	3 000,00 Eur
= Erfolg (Gewinn)	10 000,00 Eur

Erläuterung:

EK am 31. 12. 200Y: 21 000 + 4 000 + 6 000 – 3 000 = 28 000,00 Eur

(B) Ohne die Privatentnahme von Klaus hätte die Band am 31. 12. 200Y 3 000,00 Eur mehr Eigenkapital gehabt. Die Band hat ja 4 000,00 Eur (Ulm) und 6 000,00 Eur (Frankfurt) = 10 000,00 Eur durch ihre Musik eingenommen. Da die 3 000,00 Eur „vorzeitig" entnommen wurden, müssen sie jetzt addiert werden

Aufgaben

Aufgabe (1): Die Jeansfabrik „Blue Notes" weist im Inventar zum 31. 12. 200X ein Eigenkapital in Höhe von 48 0000,00 Eur aus. Am 31. 12. des Vorjahrs betrug das Eigenkapital 45 0000,00 Euro. Im Geschäftsjahr 200X hatte der Inhaber, Herr Schnell, 72 000,00 Eur aus der Geschäftskasse für eine private Urlaubsreise entnommen.

Berechnen Sie den Gewinn oder Verlust des Unternehmens zum 31. 12. 200X!

Aufgabe 2: Die Fahrradfabrik Klaus Barth e. Kfm. hat am Anfang des Geschäftsjahres ein Eigenkapital in Höhe von 59 0000,00 Eur. Am Ende des Geschäftsjahres betrugen laut Inventar das Vermögen 89 0000,00 Eur und die Schulden 21 0000,00 Eur. Während des Geschäftsjahres sind als Privatentnahmen 48 000,00 Eur und als Privateinlagen 25 000,00 Eur getätigt worden. Berechnen Sie den Erfolg des Unternehmens in Eur!

Lösungen zu den Aufgaben

Aufgabe (1):

Eigenkapital am 31. 12. 200X:	480 000,00 Eur
– Eigenkapital am 1. 1. 200X	450 000,00 Eur
= Eigenkapitalmehrung	30 000,00 Eur
+ Privatentnahme im Jahre 200X	72 000,00 Eur
= Erfolg (Gewinn)	102 000,00 Eur

Aufgabe (2):

In folgender Rechnung wird Eigenkapital mit „EK" abgekürzt:

EK am Jahresende	680 000,00 Eur
– EK am Jahresanfang	– 590 000,00 Eur
= Eigenkapitalmehrung	90 000,00 Eur
+ Privatentnahmen	+ 48 000,00 Eur
– Privateinlagen	– 25 000,00 Eur
= Erfolg (Gewinn)	113 000,00 Eur
Nebenrechnung:	
Vermögen am Jahresende:	890 000,00 Eur
– Schulden am Jahresende:	– 210 000,00 Eur
= Eigenkapital am Jahresende:	680 000,00 Eur

1.3.4 Vom Inventar zur Bilanz

Je größer ein Unternehmen ist, umso mehr steht es im Blickfeld der Öffentlichkeit. Diese ist daran interessiert, in die wirtschaftliche Lage eines Unternehmens Einblick nehmen zu können; das Wohlergehen vieler Menschen hängt oft vom Wohlergehen des Unternehmens ab. Aber auch kleine Unternehmen können ihre „Zahlen" nicht ganz verschweigen: Wer Kredit von Kreditinstituten, aber auch von Lieferanten oder von staatlichen Stellen erhalten will, muss seine „Vertrauenswürdigkeit" erst einmal dadurch beweisen, dass er seine wichtigsten wirtschaftlichen Verhältnisse offen legt. Zumindest verlangt diese der Staat für die Steuererhebung. Diese Offenlegung geschieht regelmäßig mit der Bilanz des Unternehmens.

Der Begriff der Bilanz als einer Ergebnisfeststellung ist auch in die Alltagssprache eingegangen: Man „zieht Bilanz" eines Handelns, macht die „Bilanz" eines vergangenen Kalenderjahres oder Jahrzehnts bis zur „Bilanz des Lebens".

Das Unternehmen kann sein Ergebnis in der Gesamtsumme auch aus dem Inventar ableiten. Für die Öffentlichkeit und selbst für eigene Zwecke ist diese Übersicht meistens zu umfangreich und zu sehr den Gegebenheiten des einzelnen Unternehmens angepasst. Der Gesetzgeber hat deshalb auch mit den Formvorschriften in Zusammenhang mit der Bilanzierungspflicht eine gewisse Vereinheitlichung geschaffen.

Die **Bilanz** ist eine verkürzte Fassung des Inventars in einer für alle Unternehmen einheitlichen Form. Sie wird ergänzt durch die **Gewinn- und Verlustrechnung** (vgl. hierzu Kap. 1.7 und 7.4.2) und bildet mit dieser zusammen den **Jahresabschluss**.

Allgemein gelten für die Aufstellung des Abschlusses folgende gesetzliche Regeln – die hier nur **auszugsweise** angegeben sind –, die durch die GoB ergänzt werden:

Abkürzungen:

HGB   =   Handelsgesetzbuch
AO   =   Abgabenordnung
EStR   =   Einkommensteuerrichtlinien
EGHGB =   Einführungsgesetz zum Handelsgesetzbuche

§ 242 HGB Pflicht zu Aufstellung. (1) Der Kaufmann hat zu Beginn seines Handelsgewerbes und für den Schluss eines jeden Geschäftsjahres einen das Verhältnis seines Vermögens und seiner Schulden darstellenden Abschluss (Eröffnungsbilanz, Bilanz) aufzustellen. (…)

§ 243 HGB Aufstellungsgrundsatz. (1) Der Jahresabschluss ist nach den Grundsätzen ordnungsmäßiger Buchführung aufzustellen.

(2) Er muss klar und übersichtlich sein.

(3) Der Jahresabschluss ist innerhalb der einem ordnungsmäßigen Geschäftsgang entsprechenden Zeit aufzustellen.

§ 244 HGB Sprache, Währungseinheit. Der Jahresabschluss ist in deutscher Sprache und in Euro aufzustellen.

§ 245 HGB Unterzeichnung. Der Jahresabschluss ist vom Kaufmann unter Angabe des Datums zu unterzeichnen. Sind mehrere persönlich haftende Gesellschafter vorhanden, so haben sie alle zu unterzeichnen.

§ 246 HGB Vollständigkeit. Verrechnungsverbot. (1) Der Jahresabschluss hat sämtliche Vermögensgegenstände, Schulden, (…) zu enthalten (…)

(2) Posten der Aktivseite dürfen nicht mit Posten der Passivseite (…) verrechnet werden.

§ 247 HGB Inhalt der Bilanz. (1) In der Bilanz sind Anlage- und das Umlaufvermögen, das Eigenkapital, die Schulden (…) gesondert auszuweisen und hinreichend aufzugliedern.

(2) Beim Anlagevermögen sind nur Gegenstände auszuweisen, die bestimmt sind, dauernd dem Geschäftsbetrieb zu dienen.

(3) (…)

§ 266 HGB Gliederung der Bilanz. (1) Die Bilanz ist in Kontenform aufzustellen. Dabei haben große und mittelgroße Kapitalgesellschaften (…) auf der Aktivseite die in Absatz 2 und auf der Passivseite die in Absatz 3 bezeichneten Posten gesondert und in der vorgeschriebenen Reihenfolge auszuweisen. Kleine Kapitalgesellschaften (. . .) brauchen nur eine verkürzte Bilanz aufzustellen (. . .).

(2) (. . .)

(3) (. . .)

§ 147 AO Ordnungsvorschriften für die Aufbewahrung von Unterlagen.

(1) Die folgenden Unterlagen sind geordnet aufzubewahren:

1. Bücher und Aufzeichnungen, Inventare, Jahresabschlüsse, Lageberichte, die Eröffnungsbilanz sowie die zu ihrem Verständnis erforderlichen Arbeitsanweisungen und sonstigen Organisationsunterlagen,

2. die empfangenen Handels-und Geschäftsbriefe,

3. Wiedergaben der abgesandten Handels- und Geschäftsbriefe,

4. Buchungsbelege

5. Sonstige Unterlagen, (. . .)

(2) Mit Ausnahme der Jahresabschlüsse und der Eröffnungsbilanz können die in Absatz 1 aufgeführten Unterlagen auch als Wiedergabe auf einem Bildträger oder auf anderen Datenträgern aufbewahrt werden, wenn dies den Grundsätzen ordnungsgemäßer Buchführung entspricht und sichergestellt ist, dass die Wiedergabe oder die Daten

1. mit den empfangenen Handels-oder Geschäftsbriefen und den Buchungsbelegen bildlich und mit den anderen Unterlagen inhaltlich übereinstimmen, wenn sie lesbar gemacht werden.

2. während der Dauer der Aufbewahrungsfrist verfügbar sind und jederzeit innerhalb einer angemessenen Frist lesbar gemacht werden können.

Sind die Unterlagen (. . .) auf Datenträgern hergestellt worden, können statt der Datenträger die Daten auch ausgedruckt aufbewahrt werden (. . .).

(3) Die in Absatz 1 Nr. 1 und 4 aufgeführten Unterlagen sind zehn Jahre, die sonstigen in Absatz 1 aufgeführten Unterlagen sechs Jahre aufzubewahren (. . .)

Formale Einzelheiten für die Aufstellung der Bilanz werden in Kapitel 7 behandelt.

Die Buchführung wurde früher tatsächlich in Büchern geführt. Da wir von links nach rechts schreiben, beginnen wir auch in einem Buch mit der linken Seite. Der Kaufmann früherer Zeiten schrieb in sein Buch erst einmal auf der linken Seite sein Vermögen auf. Die Übersichtlichkeit war gegeben, wenn er die Schulden auf die rechte Seite des Buches geschrieben hat. Das Reinvermögen konnte dann als so genannter **Saldo**[2] errechnet werden.

---

2 Abgeleitet aus lat. solidus = fest, ganz, vollständig.

Die Vermögenswerte auf der linken Seite der Bilanz werden „**Aktiva**" (lat. activus = tätig) genannt, die Schulden und das Reinvermögen auf der rechten Seite „**Passiva**" (lat. passivus = untätig).

Die Werte der Bilanz werden aus dem Inventar durch Verkürzung abgeleitet. Die Ergebnisse der Buchführung während des Geschäftsjahres (Soll-Werte) werden mit den Vorgaben der Bilanz (Ist-Werte) verglichen und im Rahmen der Abschlussarbeiten (vgl. Kap. 7) korrigiert.

Betrachtet man das Inventar der Fahrradfabrik Heckmann (siehe Kap. 1.3.2), wird offensichtlich, wie die Darstellung kompakter gemacht werden könnte:

- Bei der Betriebs- und Geschäftsausstattung könnte nur der Endbetrag angegeben werden, auf die Auflistung einzelner Teile (Lagereinrichtung, Verwaltungseinrichtung, EDV-Anlagen) könnte verzichtet werden.
- Bei den Forderungen a. L. u. L. könnte auf die Angabe der Namen der Kunden verzichtet und nur die Summe angegeben werden.
- Beim Bankguthaben könnte auf die Auflistung der einzelnen Banken verzichtet werden.
- Bei Angabe der Darlehensschulden könnte auf die einzelnen Banken verzichtet werden.
- Bei den Verbindlichkeiten a. L. u. L. könnte auf die Angabe der Lieferanten verzichtet werden und nur die Summe angegeben werden.

Im § 266 HGB wird für Kapitalgesellschaften (Kapitalgesellschaften sind GmbHs und AGs) eine Bilanzgliederung genau vorgeschrieben. Für Einzelunternehmen und Personengesellschaften (OHG, KG) wird keine detaillierte Bilanzgliederung festgelegt. Diese Unternehmen müssen lediglich die Gliederungspunkte beachten, die in § 247 HGB genannt werden. Um Bilanzen verschiedener Unternehmen besser miteinander vergleichen zu können und vor dem Hintergrund in der Praxis weit verbreiteter Finanzbuchhaltungsprogramme hat sich das – eigentlich nur für große Kapitalgesellschaften vorgeschriebene – Bilanzschema, wie es in § 266 HGB aufgeführt wird, allgemein durchgesetzt. Für unseren „Anfangsunterricht" in Buchhaltung verwenden wir die folgende **vereinfachte**

Bilanzgliederung, die an die Vorgaben des § 266 HGB angelehnt ist.[3]

Innerhalb der Bilanz ist die Reihenfolge der Positionen genau festgelegt und muss eingehalten werden! Die Anordnung der Positionen erfolgt nach denselben Gesichtspunkten wie beim Inventar (siehe Kap. 1.3.2).

Vereinfachte Bilanzgliederung

Aktiva	Passiva
A. **Anlagevermögen** Grundstücke und Gebäude Technische Anlagen und Maschinen Fuhrpark Betriebs- und Geschäftsausstattung B. **Umlaufvermögen** Vorräte Forderungen a. L. u. L. Flüssige Mittel	A. **Eigenkapital** B. **Verbindlichkeiten** Verbindlichkeiten gegenüber Kreditinstituten Verbindlichkeiten a. L. u. L.

Hinweis: In einigen Büchern findet man anstelle der Bezeichnung „Verbindlichkeiten" auch den Begriff „Fremdkapital". Da dieser Begriff bei Kapitalgesellschaften nicht erlaubt wäre, verwenden wir ihn ebenfalls nicht!

• Die rechte Seite der Bilanz gibt darüber Auskunft, woher das Kapital stammt (z. B. vom Unternehmer = Eigenkapital; von Banken = Verbindlichkeiten gegenüber Kreditinstituten). Es ist die Seite der **Mittelherkunft oder Finanzierung**.

• Die linke Seite der Bilanz gibt darüber Auskunft, wofür das Kapital verwendet wurde (z. B. für den Kauf von Grundstücken und Gebäuden, für den Kauf von Technischen Anlagen und Maschinen). Es ist die Seite der **Mittelverwendung oder Investierung**.

---

3 Abweichend von der HGB-Gliederung weisen wir z. B. die Position „Fuhrpark" aus Anschaulichkeitsgründen separat aus. Auf die Position „Rechnungsabgrenzungsposten" verzichten wir hier, da diese erst in Kap. 7.3 erläutert wird.

Im Vergleich zum Inventar sind einige „neue" Positionen hinzugekommen. Versuchen Sie für die folgenden Positionen aus dem Inventar der Fahrradfabrik Heckmann die richtige Bilanzposition zuzuordnen. Beachten Sie dabei, dass in der Bilanz verschiedene Positionen des Inventars zu einer Bilanzposition zusammengefasst werden. Tragen Sie in die rechten Spalte die Bilanzposition (siehe obiges Schema) ein:

(Hinweis: Die Überschriften im Inventar wurden weggelassen.)

Aufgabe zur Zuordnung von Inventarpositionen zu entsprechenden Bilanzpositionen

Beispiele aus dem Inventar der Fahrradfabrik Heckmann

(aus Kap. 1.3.2)	Bilanzposition

1. Grundstücke
  – Humpisstraße 15
  – Heinkelstraße 13
2. Gebäude
  – Fabrikgebäude
    Humpisstraße 15
  – Verwaltungsgebäude
    Heinkelstraße 13
3. Maschinen lt. Einzelinventarliste 1
4. Fuhrpark lt. Einzelinventarliste 2
5. Betriebs- und Geschäftsausstattung
  – Lagereinrichtung lt. Einzelinventarliste 3
  – Verwaltungseinrichtung lt. Einzelinventarliste 4
  – EDV-Anlagen lt. Einzelinventarliste 5	

1. Rohstoffe lt. Einzelinventarliste 6 2. Hilfsstoffe lt. Einzelinventarliste 7 3. Betriebsstoffe lt. Einzelinventarliste 8 4. Fertigerzeugnisse lt. Einzelinventarliste 9 5. Forderungen aus Lieferungen und Leistungen	

- Fahrradgroßhandlung
  BIG OHG, Ulm
- Fahrrad Krämer e. Kfm.,
  Baienfurt
- Bike Dannewitz, Stuttgart
6. Kasse lt. Einzelinventarver-
   zeichnis 10
7. Guthaben bei Banken
   - Guthaben Volksbank
     Weingarten
   - Guthaben Kreissparkasse
     Ravensburg

1. Verbindlichkeiten gegenüber
   Kreditinstituten
   - Darlehen bei der Volksbank
     Weingarten
   - Darlehen bei der Kreis-
     sparkasse Ravensburg
2. Verbindlichkeiten aus
   Lieferungen und Leistungen
   - Stahlfabrik EMU AG, Essen
   - Stahl Krumm GmbH, Duisburg

Reinvermögen

Lösungen zur Zuordnung von Inventarpositionen zu Bilanzpositionen (vgl. S. 29 f.)

Beispiele aus dem Inventar der Fahrradfabrik Heckmann
(aus Kap. 1.3.2)   **Bilanzposition**

1. Grundstücke
   - Humpisstraße 15
   - Heinkelstraße 13
2. Gebäude
   - Fabrikgebäude
     Humpisstraße 15
   - Verwaltungsgebäude
     Heinkelstraße 13

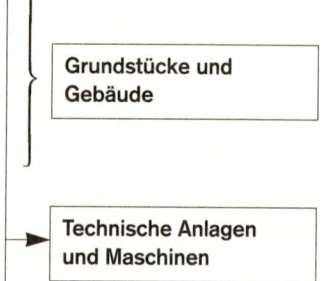

**Grundstücke und
Gebäude**

3. Maschinen lt. Einzelinventarliste 1

**Technische Anlagen
und Maschinen**

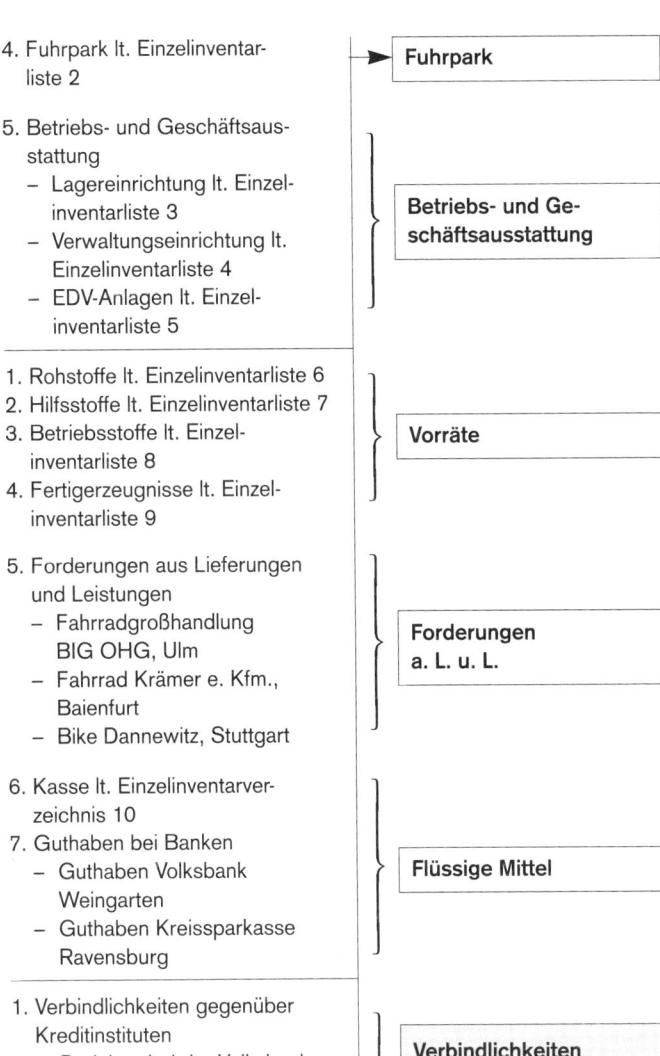

4. Fuhrpark lt. Einzelinventarliste 2

→ **Fuhrpark**

5. Betriebs- und Geschäftsausstattung
   - Lagereinrichtung lt. Einzelinventarliste 3
   - Verwaltungseinrichtung lt. Einzelinventarliste 4
   - EDV-Anlagen lt. Einzelinventarliste 5

Betriebs- und Geschäftsausstattung

1. Rohstoffe lt. Einzelinventarliste 6
2. Hilfsstoffe lt. Einzelinventarliste 7
3. Betriebsstoffe lt. Einzelinventarliste 8
4. Fertigerzeugnisse lt. Einzelinventarliste 9

Vorräte

5. Forderungen aus Lieferungen und Leistungen
   - Fahrradgroßhandlung BIG OHG, Ulm
   - Fahrrad Krämer e. Kfm., Baienfurt
   - Bike Dannewitz, Stuttgart

Forderungen a. L. u. L.

6. Kasse lt. Einzelinventarverzeichnis 10
7. Guthaben bei Banken
   - Guthaben Volksbank Weingarten
   - Guthaben Kreissparkasse Ravensburg

Flüssige Mittel

1. Verbindlichkeiten gegenüber Kreditinstituten
   - Darlehen bei der Volksbank Weingarten
   - Darlehen bei der Kreissparkasse Ravensburg

Verbindlichkeiten gegenüber Kreditinstituten

2. Verbindlichkeiten aus
   Lieferungen und Leistungen
   – Stahlfabrik EMU AG, Essen
   – Stahl Krumm GmbH, Duisburg

   } **Verbindlichkeiten a. L. u. L**

Reinvermögen ⟶ **Eigenkapital**

Aufgaben zur Bilanzerstellung

(1) Erstellen Sie aus dem Inventar der Textilfabrik Berger OHG (siehe Kap. 1.3.2) die Bilanz!

(2) Erstellen Sie aus dem Inventar der Öko-Box KG (siehe Kap.1.3.2) die Bilanz!

(3) Lösen Sie das folgende Kreuzworträtsel! Beachten Sie dabei, dass z. B. „ä" nicht als „ae", sondern als „ä" einzutragen wäre!

Kreuzworträtsel

Waagrecht

1. Bilanzposition, die vor Betriebs- und Geschäftsausstattung steht
4. Bestandsaufnahme
6. Bezeichnung der Vermögensseite
7. Bezeichnung für Positionen, die dem Unternehmen langfristig dienen

8. Bilanzposition für Roh-, Hilfs- und Betriebsstoffe
9. Bezeichnung der Seite, auf der die Verbindlichkeiten stehen

Senkrecht

1. Bilanzposition für Bankguthaben
2. Nebenbestandteile eines Produkts
3. Bezeichnung für noch nicht bezahlte Kunden-Rechnungen
4. Bestandsverzeichnis
5. Hauptbestandteil eines Produkts

Lösungen zu den Aufgaben zur Bilanzerstellung[4]

Zu Aufgabe (1):

Bilanz

Textilfabrik Berger OHG zum 31. 12. 200X (vgl. S. 18f. und 32)

Aktiva			Passiva	
A. Anlagevermögen			A. Eigenkapital	1 214 300,00
Grundstücke und			B. Verbindlichkeiten	
Gebäude		650 000,00	Verbindlichk. g. KI	1 170 000,00
Techn. Anlagen			Verbindlichk. a. L. u. L.	469 300,00
und Masch.		330 000,00		
Fuhrpark		180 000,00		
Betriebs- u. Geschäfts-				
ausst.		124 000,00		
B. Umlaufvermögen				
Vorräte		1 221 000,00		
Forderungen a. L. u. L.		179 800,00		
Flüssige Mittel		168 800,00		
		2 853 600,00		2 853 600,00

Ravensburg, den 5. Januar 200Y   *Berger, Maier*

---

4 Wir stellen hier vereinfachend – unabhängig von der Unternehmensform – nur eine Position „Eigenkapital" dar. Vgl. auch Kap. 1.7.2 und 7.4.2.

Zu Aufgabe (2):

Bilanz

Öko-Box KG zum 31. 12. 200X (vgl. S. 19f. und 32)

Aktiva				Passiva
A. Anlagevermögen		A. Eigenkapital		3 000 000,00
Grundstücke und		B. Verbindlichkeiten		
Gebäude	650 000,00	Verbindlichk. g. Kl		893 840,00
Techn. Anlagen		Verbindlichk. a. L. u. L.		8 000,00
und Masch.	1 000 000,00			
Fuhrpark	125 000,00			
Betriebs- u. Geschäfts-				
ausst.	110 000,00			
B. Umlaufvermögen				
Vorräte	2 840,00			
Forderungen a. L. u. L.	5 000,00			
Flüssige Mittel	2 009 000,00			
	3 901 840,00			3 901 840,00

Ravensburg, den 5. Januar 200Y   *Möller*

Zu Aufgabe (3): Kreuzworträtsel (v. S. 32)

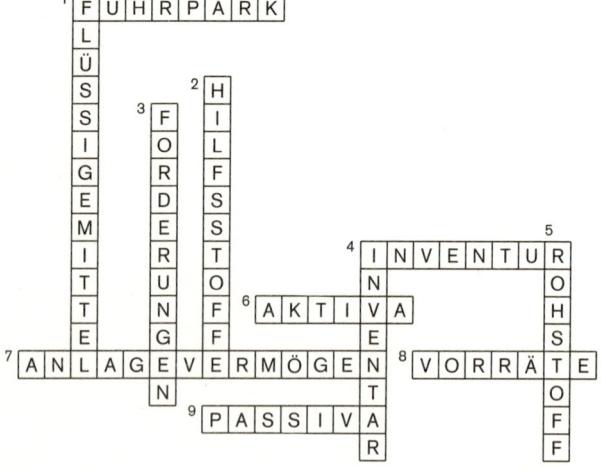

Waagrecht
1. Bilanzposition, die vor Betriebs- und Geschäftsausstattung steht
4. Bestandsaufnahme
6. Bezeichnung der Vermögensseite
7. Bezeichnung für Positionen, die dem Unternehmen langfristig dienen
8. Bilanzposition für Roh-, Hilfs- und Betriebsstoffe
9. Bezeichnung der Seite, auf der die Verbindlichkeiten stehen

Senkrecht
1. Bilanzposition für Bankguthaben
2. Nebenbestandteile eines Produkts
3. Bezeichnung für noch nicht bezahlte Kunden-Rechnungen
4. Bestandsverzeichnis
5. Hauptbestandteil eines Produkts

1.4 Änderungen durch Geschäftsfälle

Geschäftsfälle sind Vorgänge, die nach den GoB in der Buchführung eines Unternehmens erfasst werden müssen. Die laufende buchhalterische Erfassung der Geschäftsfälle führt schließlich wieder zu Soll-Beständen, die mit dem Inventar abgeglichen werden. Laufende Buchungen und Bilanz eines Unternehmens gehören zwingend zusammen. Die Buchhaltung kann jeder leicht verstehen, wenn er diesen Zusammenhang beachtet. Um ihn zu verstehen, könnte man auch davon ausgehen, dass ein Unternehmen bei Beginn der Geschäfte eine Anfangsbilanz erstellt und dann nach jedem Geschäftsfall untersucht, wie sich jetzt die in der Bilanz ausgewiesenen Bestände nach dessen Erfassung verändern müssten.[5] Dabei gelten bestimmte Gesetzmäßigkeiten, die Grundlage der laufenden Buchungen sind. Sie ergeben sich aus der für die Bilanz typischen Form der Darstellung auf zwei wertmäßig gleichen Seiten. Dies wollen wir anhand von vier typischen Geschäftsvorfällen zeigen.

Zunächst gehen wir von einer vereinfachten Bilanz in TEuro der Heckmann KG aus:

---

5 Formal bleibt die stichtagsbezogene Bilanz zum 31. 12 200X unverändert.

Vereinfachte Bilanz (inTEur)

Aktiva			Passiva
1. BGA u. Gebäude	2 395	1. Eigenkapital	2 742
2. Rohstoffe	1 394	2. Bankdarlehen	891
3. Forderungen	34	3. Verbindl. Lief.	104
4. Kasse	3	4. kurzfristige Kredite	123
5. Bank	34		
Summe	3 860	Summe	3860

(1) Geschäftsfall:

Wir[6] zahlen auf das Bankkonto 2 TEur ein.

Welche in der Ausgangsbilanz ausgeführten Bestände werden dadurch verändert?

Die Kasse nimmt um 2 TEur **ab**,

das Bankguthaben nimmt um 2 TEur **zu**.

Wie würde eine Bilanz aussehen, wenn das neue Inventurergebnis berücksichtigt worden ist?

Aktivtausch
(inTEur)

Aktiva			Passiva
1. BGA u. Gebäude	2 395	1. Eigenkapital	2 742
2. Rohstoffe	1 394	2. Bankdarlehen	891
3. Forderungen	34	3. Verbindl. Lief.	104
4. **Kasse (−2)**	1	4. kurzfr. Kredite	123
5. **Bank (+2)**	36		
Summe	3 860	Summe	3860

Ein Aktivposten wurde vermindert, der andere erhöht. Die Summe der Aktiva ist gleich geblieben; man nennt einen solchen Vorgang **Aktivtausch**.

Regel 1: Geschäftsfälle, deren buchhalterische Erfassung zwei Aktivposten betrifft, verändern nicht die Summe der Aktiva, da sich bei einer Erhöhung eines Aktivpostens ein anderer entsprechend vermindert und umgekehrt.

---

6 Mit „Wir" ist in der Buchführung immer der Betrieb selbst gemeint, in dem gebucht wird, in unseren Beispielfällen die Heckmann KG.

(2) Geschäftsfall:

Ein kurzfristiger Bankkredit über 50 TEur wird in ein langfristiges Bankdarlehen umgewandelt.

Änderung der Bilanzposten:

Kurzfristiger Bankkredit nimmt um 50 TEur **ab**, Bankdarlehen nehmen um 50 Tausend Eur **zu**.

Passivtausch

(inTEur)

Aktiva		Passiva	
1. BGA u. Gebäude	2 395	1. Eigenkapital	2 742
2. Rohstoffe	1 394	2. **Bankdarlehen (+50)**	**941**
3. Forderungen	34	3. Verbindl. Lief.	104
4. Kasse	1	4. **kurzfr. Kredite (–50)**	**73**
5. Bank	36		
Summe	3 860	Summe	3 860

Veränderung der Bestände: Ein Passivposten wurde vermindert, der andere erhöht. Die Summe der Passiva ist gleich geblieben; man nennt einen solchen Vorgang **Passivtausch**.

> **Regel 2:** Geschäftsfälle, deren buchhalterische Erfassung zwei Passivposten betrifft, führen zu keiner Veränderung der Summe der Passiva, da sich bei einer Erhöhung eines Passivpostens ein anderer entsprechend vermindert und umgekehrt.

(3) Geschäftsfall:

Wir kaufen Rohstoffe gegen offene Rechnung (auf Ziel) für 40 TEur.

Änderung der Bestände:

Rohstoffe (Vorräte) nehmen um 40 TEur **zu**, Verbindlichkeiten an Lieferanten nehmen um 40 TEur **zu**.

Aktiv-Passiv-Mehrung (in TEuro)

Aktiva		Passiva	
1. BGA u. Gebäude	2 395	1. Eigenkapital	2 742
2. **Rohstoffe (+ 40)**	**1 434**	2. Bankdarlehen	941
3. Forderungen	34	3. **Verbindl. Lief. (+ 40)**	**144**
4. Kasse	1	4. kurzfr. Kredite	73
5. Bank	36		
Summe	3 900	Summe	3 900

Veränderung: Ein Aktivposten und ein Passivposten wurden um denselben Betrag erhöht. Die Summe der Aktiva und der Passiva hat sich um denselben Betrag erhöht. Man nennt einen solchen Vorgang Aktiv-Passiv-Mehrung (oder Bilanzsummenerweiterung).

(4) Geschäftsfall:

Wir bezahlen eine Lieferantenrechnung über 3 TEur durch Banküberweisung. Änderung der Bestände:

Bank nimmt um 3 TEur **ab**, Verbindlichkeiten an Lieferanten nehmen um 3 TEur **ab**.

Aktiv-Passiv-Minderung (in TEuro)

Aktiva		Passiva	
1. BGA u. Gebäude	2 395	1. Eigenkapital	2 742
2. Rohstoffe	1 434	2. Bankdarlehen	941
3. Forderungen	34	3. **Verbindl. Lief. (– 3)**	141
4. Kasse	1	4. kurzfr. Kredite	73
5. **Bank (– 3)**	**33**		
Summe	3 897	Summe	3 897

Veränderung: Ein Aktivposten und ein Passivposten wurden um denselben Betrag vermindert. Die Summe der Aktiva und der Passiva hat sich um denselben Betrag verringert. Man nennt einen solchen Vorgang **Aktiv-Passiv-Minderung** (oder Bilanzsummenverminderung).

Regel 3: Geschäftsfälle, die sowohl einen Aktiv- wie einen Passivposten betreffen, können die Summe dieses Postens und die Gesamtsumme der Aktiva und Passiva immer nur in gleicher Richtung entweder erhöhen oder vermindern.

Betrachten wir einmal alle durch die Geschäftsfälle hervorgerufenen Veränderungen:

Die Differenz aus Zu- und Abnahmen auf der Aktiv- wie auf der Passivseite muss insgesamt gleich groß sein.

Die absolute Summe der Bewegungen als Zunahme auf der Aktivseite und Abnahme auf der Passivseite ist gleich der Summe der Abnahmen auf der Aktivseite und der Zunahmen auf der Passivseite (5 + 90 = 95; 53 + 42 = 95)

Aktivposten:	Abnahme	Zunahme
Kasse	– 2	
Bank		+ 2
Rohstoffe		+ 40
Bank	– 3	
Summe	– 5	+ 42 = + 37

Passivposten:	Abnahme	Zunahme
Bankdarlehen		+ 50
Kurzfr. Kredite	– 50	
Verbindl. Liefer.		+ 40
Verbindl. Liefer.	– 3	
Summe	– 53	+ 90 = + 37

Diese Erkenntnis ermöglicht bei laufenden Buchungen immer eine einfache Summenprobe, auch **Nullsummenprobe** genannt, da die Summe der Sollbuchungen immer gleich der Summe der Habenbuchungen sein muss. Wir behandeln dies im nächsten Kapitel.

> **Regel 4:** Buchungen von Geschäftsfällen führen immer zur Veränderung von mindestens zwei Bestandspositionen. Daraus ergibt sich immer eine „doppelte" Buchung.

Das ganze darauf aufgebaute Buchungssystem wird deshalb auch „Doppelte Buchführung" oder „Doppik" genannt. Von Doppik spricht man auch deshalb, weil der Gewinn durch Eigenkapitalvergleich und durch Saldierung der Aufwendungen und Erträge ermittelt werden kann (vgl. hierzu Kap. 1.3.3 und 1.7). Es ist das herkömmliche kaufmännische Buchungssystem.

1.5 Buchung auf Bestands- und Personenkonten

1.5.1 Das Hauptbuchkonto

Das Wort Konto stammt aus dem Italienischen: conto = Rechnung bzw. aus dem Lateinischen: computus = Berechnung. Ein Kaufmann früherer Zeit hat alle seine Geschäftsvorgänge in ein gebundenes Buch, das „Hauptbuch" eingetragen. Wie bereits bei der Bilanz beschrieben, hat man links mit dem Schreiben begonnen.

Wenn dies beispielsweise der Kassenbestand war, ergab es sich aus Gründen der leichteren manuellen Addition, die Zugänge zum Bestand dazuzuschreiben. Die Entnahmen wurden auf dem rechten Blatt des Buches untereinander festgehalten und dann in einer Summe erfasst.

Wurde schließlich berechnet, wie viel in der Kasse sein **sollte,** wurde der Unterschiedsbetrag zwischen der Summe auf der linken Seite und der rechten Seite errechnet, man **saldierte** oder zog den **Saldo**. Schrieb man den Saldo zu der summenmäßig kleineren Seite hinzu, musste sich auf beiden Seiten die gleiche Summe ergeben; man hatte so eine einfache Kontrollrechnung. Um eine Änderung der Eintragungen nach Abschluss eines Kontos zu verhindern, wurden nach dem Abschluss einer jetzt „Konto" genannten Doppelseite die leeren Stellen ausgestrichen. Volkstümlich nannte man diese Striche auch „Buchhalternase" oder „Buchhalterriegel". Teilweise wird in diesem Buch auf diese Formalie verzichtet.

In ähnlicher Form wurde auch – wie oben bereits gezeigt – die Bilanz geschrieben. Ursprünglich schrieb man bei Kundenkonten die Beträge, die man vom Kunden noch bekommen sollte, auf die linke Seite, was man bekommen hatte, auf die rechte Seite. Dies war der Ursprung der buchhalterischen Gewohnheit, die linke Seite eines Kontos mit **„Soll"** (S) und die rechte Seite mit **„Haben"** (H) zu bezeichnen. In einer modernen Buchhaltung werden die Konten nicht mehr in Buchform, sondern meistens nur noch als Datensatz in einer elektronisch gespeicherten Datei geführt. Für das Erlernen der Buchhaltung hat sich die althergebrachte und übersichtliche Form aber noch immer bewährt. Stellt man ein Konto in dieser Form dar, bezeichnet man es als ein „Hauptbuchkonto" oder volkstümlich wegen der Ähnlichkeit mit einem großen T auch als „T-Konto". Für das Konto „Kasse" ergibt sich dann nachfolgend gezeigte Form.

Soll		Hauptbuchkonto Kasse	Haben
Anfangsbestand	1000,00	Auszahlung Nr. 1	700,00
Zugang Nr. 1	100,00	Auszahlung Nr. 2	500,00
Zugang Nr. 2	800,00	Saldo	700,00
	1900,00		1900,00

Ist die Summe der Sollbuchungen größer als die der Habenbuchungen, ergibt sich ein Sollsaldo. Ist die Summe der Habenbuchungen größer als die der Sollbuchungen, ergibt sich ein
Habensaldo.

Beim formellen Abschluss eines T-Kontos wird ein Sollsaldo auf
der Habenseite eingesetzt, ein Habensaldo auf der Sollseite (vgl.
hierzu auch S. 51).

1.5.2 Eröffnen von Konten

Die Buchhaltung eines Unternehmens hat die Aufgabe, alle Geschäftsvorfälle laufend aufzuzeichnen. Jederzeit muss der aktuelle
Stand des Wertes der Vermögens- und Schuldposten der Bilanz
buchmäßig ermittelt werden können. Aus diesem Grunde wird für
alle Bilanzposten die Rechnung in Form eines Kontos geführt. Aus
manchen Bilanzpositionen werden mehrere Konten abgeleitet, um
noch differenziertere Informationen zu erhalten. Entscheidend für
das korrekte Buchen auf diesen Konten ist, von welcher Bilanzsei-
te sie abgeleitet wurden.

Aktive Bestandskonten oder Aktivkonten sind alle Konten, die aus
Bilanzpositionen abgeleitet wurden, die auf der Aktivseite der
Bilanz stehen.

Passive Bestandskonten oder Passivkonten sind alle Konten, die
aus Bilanzpositionen abgeleitet wurden, die auf der Passivseite der
Bilanz stehen.

Der Anfangsbestand (AB) eines Kontos steht immer auf der Seite,
auf der die entsprechende Position in der Bilanz geführt wird.

Betrachten wir die Bilanz der Heckmann KG, die aus den Inventurwerten (siehe Kap. 1.3.2) erstellt wurde (vereinfachte Bilanz):

Bilanz
Fahrradfabrik Uli Heckmann KG

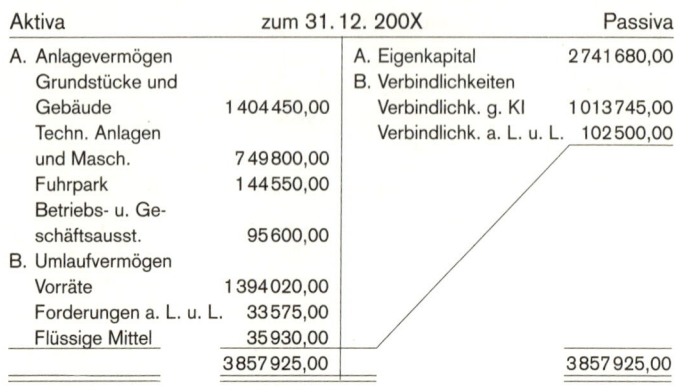

Aktiva		zum 31. 12. 200X		Passiva
A. Anlagevermögen			A. Eigenkapital	2 741 680,00
Grundstücke und			B. Verbindlichkeiten	
Gebäude	1 404 450,00		Verbindlichk. g. KI	1 013 745,00
Techn. Anlagen			Verbindlichk. a. L. u. L.	102 500,00
und Masch.	7 49 800,00			
Fuhrpark	1 44 550,00			
Betriebs- u. Ge-				
schäftsausst.	95 600,00			
B. Umlaufvermögen				
Vorräte	1 394 020,00			
Forderungen a. L. u. L.	33 575,00			
Flüssige Mittel	35 930,00			
	3 857 925,00			3 857 925,00

Ravensburg, den 5. Januar 200Y *Heckmann*

Betrachten wir zunächst exemplarisch nur die Positionen „Fuhrpark"
und „Verbindlichkeiten aus Lieferungen und Leistungen":

- Die Bilanzposition „Fuhrpark" steht auf der **linken** Seite der Bilanz.
  Folglich bekommt ein einzurichtendes Konto „Fuhrpark " ebenfalls den
  Anfangsbestand auf die **linke** Seite!
- Die Bilanzposition „Verbindlichkeiten aus Lieferungen und Leistung"
  steht auf der **rechten** Seite der Bilanz. Folglich bekommt ein einzurichtendes Konto „Verbindlichkeiten aus Lieferungen und Leistungen"
  den Anfangsbestand ebenfalls auf die **rechte** Seite!

Die so genannten Hauptbuchkonten sehen dann so aus:

Soll	Fuhrpark	Haben	Soll	Verbindlichk. a. L. u. L.	Haben
AB 144 550,00					AB 102 500,00

Die Bezeichnung der Kontenseiten mit „Soll" und „Haben" führt
häufig zu einem Verständnisproblem und zu falschen Buchungen,
da eine direkte Verbindung zum eigenen Bankkontoauszug hergestellt wird. Liest man seinen Kontoauszug des Bankkontos, dann
bedeutet dort „Soll" = „Minus (Belastung)" und „Haben" = „Plus
(Gutschrift)". Überträgt man diese Alltagserfahrung unkritisch
auf die eigene Buchhaltung, dann würde man den Anfangsbestand
auf dem Konto „Fuhrpark" im Haben und den Anfangsbestand
auf dem Konto „Verbindlichkeiten a. L. u. L." im Soll eintragen, was aber falsch wäre! Auf welcher Kontenseite der Anfangsbestand steht, hängt **ausschließlich** davon ab, auf welcher Seite in

der Bilanz die Bilanzposition steht, aus der das Konto abgeleitet wurde!

Um zu verstehen, warum die Bank im Soll bucht, wenn ich mein Konto überziehe, muss man sich in die Buchhaltung der Bank hineindenken: Überziehe ich mein Konto, dann hat die Bank **aus ihrer Sicht** eine Forderung an mich. Da das Konto „Forderungen" aus einer Bilanzposition abgeleitet wurde, die in der Bilanz links steht, bekommt auch das Konto „Forderungen" den Anfangsbestand links. Da die linke Seite eines Kontos auch „Soll-Seite" genannt wird, bucht die Bank im Soll, was auch im Kontoauszug so erscheint. Würde ich eine eigene Buchhaltung führen, würde **ich** die Kontoüberziehung auf einem Verbindlichkeitenkonto im Haben buchen, da die Position „Verbindlichkeiten" in der Bilanz auf der rechten Seite steht.

Besonderheiten bei der Kontoeröffnung

Beispiel zur Ableitung von Konten aus Bilanzpositionen

Auszug aus der Bilanz

Fahrradfabrik Uli Heckmann KG

Aktiva	zum 31.12. 200X	Passiva
Vorräte	1 394 020,00	
Flüssige Mittel	35 930,00	

Soll	Rohstoffe	Haben
AB 400 750,00		

Soll	Hilfsstoffe	Haben
AB 168 450,00		

Soll	Betriebsstoffe	Haben
AB 47 620,00		

Soll	Fertigerzeugnisse	Haben
AB 777 200,00		

Soll	Kasse	Haben
AB 1 250,00		

Soll	Bank	Haben
AB 34 680,00		

Anfangsbestände (Beträge) auf den Konten sind dem Inventar (siehe Kap. 1.3.2) entnommen!

Umgekehrt: Zahle ich Geld auf mein Girokonto ein, dann schuldet die Bank mir dieses Geld, da ich es ja irgendwann zurück haben möchte. Das heißt aus Sicht der Bank: Die Bank hat aus ihrer Sicht mir gegenüber „Verbindlichkeiten", die sie folgerichtig im Haben bucht (deshalb steht im Auszug aus dem von der Bank geführten Konto „Haben"), da ein entsprechendes Konto „Verbindlichkeiten" aus einer Bilanzposition abgeleitet wurde, die auf der rechten Seite der Bilanz steht.

Um richtig buchen zu können, ist die Assoziation „Soll = Minus" und „Haben = Plus" aus den Gedanken zu streichen. Entscheidend für die entsprechende Kontoseite sind ausschließlich die oben genannten Regeln!

Aus einigen Positionen in der Bilanz werden mehrere Konten abgeleitet. Exemplarisch verdeutlichen wir dies an den Positionen „Vorräte" und „Flüssige Mittel" (siehe Abb. auf der vorhergehenden Seite).

Merke: Aus der Bilanzposition „Vorräte" wird nicht ein Konto „Vorräte", sondern es werden mehrere Konten (Rohstoffe, Hilfsstoffe, Betriebsstoffe, Fertigerzeugnisse) abgeleitet.

Aus der Bilanzposition „Flüssige Mittel" wird nicht ein Konto „Flüssige Mittel" abgeleitet, sondern es werden mehrere Konten (Kasse, Bank) abgeleitet.

Entsprechend werden aus den folgenden Bilanzpositionen mehrere Konten abgeleitet:

Bilanzposition	Konten
Grundstücke und Gebäude	• Grundstücke • Gebäude
Technische Anlagen und Maschinen	• Technische Anlagen • Maschinen
Betriebs- und Geschäfts-ausstattung	• Betriebsausstattung • Geschäftsausstattung

1.5.3 Buchen auf Bestandskonten

Grundlegende Informationen

Alle Geschäftsfälle werden auf den entsprechenden Konten gebucht. Um die Buchungen richtig eintragen zu können, muss man wissen, auf welcher Kontenseite der entsprechende Vorgang einzutragen ist. **Dabei ist zu beachten, dass Soll nicht „Minus" und Haben nicht „Plus" bedeutet, wie die folgenden Beispiele noch zeigen werden und wie wir bereits ausgeführt haben. Entscheidend ist vielmehr die Überlegung, auf welcher Seite jeweils der Anfangsbestand (= AB) steht.**

Nehmen wir an, die Fahrradfabrik Heckmann kauft für die Personalabteilung einen neuen Farbmonitor für 510 Eur und zahlt ihn bar. Um diesen Vorgang korrekt buchen zu können, sind folgende Überlegungen anzustellen:

Grundsätzliche Überlegungen: Antworten für das Beispiel „Barkauf Farbmonitor"

(1) Welche Konten sind betroffen?
- Da eine Fahrradfabrik nicht mit Monitoren handelt, stellt der Monitor kein Fertigerzeugnis dar, sondern ist der Betriebs- und Geschäftsausstattung zuzuordnen.
  Unternehmen führen aber **nicht ein** Konto, sondern leiten aus der Bilanzposition „Betriebs- und Geschäftsausstattung" zwei Konten, nämlich „Betriebsausstattung" und „Geschäftsausstattung" ab. Da der Monitor für die kaufmännische Verwaltung bestimmt ist, handelt es sich um **Geschäftsausstattung**.
- Da der Monitor bar bezahlt wird, ist das Konto **„Kasse"** betroffen.

(2) Handelt es sich um ein aktives oder passives Bestandskonto?
- Das Konto „Geschäftsausstattung" ist aus der Bilanzposition „Betriebs- und Geschäftsausstattung" abgeleitet. Diese Position gehört zum Vermögen und steht in der Bilanz auf der **Aktiva**-Seite (= linke Seite). Folglich ist das Konto „Geschäftsausstattung" ein **aktives** Bestandskonto.
- Das Konto „Kasse" ist aus der Bilanzposition „Flüssige Mittel" abgeleitet. Diese Position gehört zum Vermögen und steht in der Bilanz auf der **Aktiva**-Seite (= linke Seite). Folglich ist das Konto „Kasse" ein **aktives** Bestandskonto.

(3) Handelt es sich um einen Zugang oder Abgang?
- Durch den Kauf des Monitors nimmt unsere Geschäftsausstattung **zu**.

45

- Da wir bar bezahlen, nimmt unsere Kassenbestand **ab**.

(4) **Auf welcher Kontenseite ist der Vorgang jeweils einzutragen (= zu buchen)?**

(a) **Wo steht auf dem Konto jeweils der Anfangsbestand?**

(b) **Auf welcher Kontenseite ist folglich zu buchen?**

- Da beides aktive Bestandskonten sind, die von Positionen abgeleitet sind, die **in der Bilanz auf der linken Seite** stehen, haben beide Konten auch jeweils den **Anfangsbestand** auf **der linken** Seite (auch Soll-Seite genannt).
- Da bei der Geschäftsausstattung der Monitor zur bisherigen Geschäftsausstattung hinzukommt, wird auf der Seite gebucht, auf der auch der Anfangsbestand steht, also auf der linken Seite. Der Monitor kommt ja zur bisherigen Geschäftsausstattung (= Anfangsbestand) hinzu.

  Durch die Barzahlung nimmt unser Kassenbestand ab. Würde man die 510 Eur auf die linke Seite – auf der auch der AB steht – buchen, würde dies bedeuten, dass etwas zum Kassenbestand hinzukommt. Das ist aber hier nicht der Fall. Der Abgang aus der Kasse muss folglich auf die andere Seite (= rechte Seite = Haben-Seite) gebucht werden.

Trägt man nun auf der richtigen Kontenseite ein, dann ist es zweckmäßig, vor die Zahl in Kurzform zu schreiben, worum es bei diesem Geschäftsfall ging. Diese Kurzform nennt man **„Buchungstext"**. Die Formulierung „Barkauf eines Farbmonitors" wäre für einen Eintrag auf den T-Konten zu lange. Der Vorgang ist stattdessen mit einem oder zwei Stichworten in abgekürzter Form zu beschreiben. Für den Buchungstext gibt es keine Vorschriften. Um die Arbeit am Anfang zu erleichtern, sind in der folgenden Liste „Buchungstexte" für sehr häufig vorkommende Geschäftsfälle aufgelistet:

Ausgewählte Buchungstexte

Buchungstexte in Kurzform

- **ER (Eingangsrechnung):** Rechnung, die wir von einem Lieferanten erhalten, d. h. Rechnung, die bei uns eingeht.
  Wir erhalten z. B. vom Lieferanten Rohstoffe und bekommen eine Rechnung, die wir aber nicht jetzt gleich, sondern **erst später bezahlen**.
- **AR (Ausgangsrechung):** Rechnung, die wir an einen Kunden schicken, d. h. Rechung, die von uns rausgeht.

Wir liefern dem Kunden z.B. Fertigerzeugnisse und schicken eine Rechnung mit, die der Kunde aber nicht gleich, sondern **erst später bezahlt**.

- **Übw ER** (**Überweisung** einer **Eingangsrechnung**): Wir überweisen (zahlen) eine bereits erhaltene Eingangsrechnung
- **Übw AR** (**Überweisung**seingang einer **Ausgangsrechnung**): Ein Kunde zahlt eine Rechnung, die er von uns bekommen hatte (= Ausgangsrechnung).
- **Bark** (**Barkauf**): Wir kaufen etwas (z. B. einen Monitor) und zahlen ihn nicht später, sondern **gleich bar**. (Das Bargeld stammt aus der Geschäftskasse)
- **Barvk** (**Barverkauf**): Wir verkaufen an einen Kunden z. B. Fertigerzeugnisse, die dieser aber nicht später, sondern **gleich bar bezahlt**.
- **Barabh** (**Barabhebung** vom Bankkonto): Das abgehobene Geld wird in die Geschäftskasse (= bar) gelegt.
- **Bareinz** (**Bareinzahlung**): Es wird Geld aus der Geschäftskasse (= bar) auf das Bankkonto eingezahlt.

Außerdem nummerieren wir alle Geschäftsfälle durch und tragen die Nummer des Geschäftsfalls ebenfalls auf dem Konto ein. Da der Barkauf des Farbmonitors unser erster Geschäftsfall ist, bekommt er die Nr. ①

Diese Nummerierung hilft uns, bei einem eventuell entstandenen Buchungsfehler leichter alle Buchungen nachprüfen zu können.

Die Buchungen des Geschäftsfalls können nun auf den Konten eingetragen werden:[7]

Soll	**Geschäftsausstattung**	Haben	Soll		**Kasse**	Haben
AB	50 000,00		AB	1 250,00		
① Bark	510,00				① Bark	510,00

(Anmerkung: Die erste Zeile auf dem Konto sollte nicht leer bleiben. Sie wurde hier nur leer gelassen, um eine optisch bessere Darstellung zu erhalten.)

Die Geschäftsausstattung hat zugenommen. Diese Zunahme haben wir auf der linken Seite (= Soll-Seite) gebucht. Die Zunahme ist ja positiv und nicht negativ. Man sieht, dass die Gleichung „Soll = Minus" nicht stimmt. Der Kassenbestand hat durch die Barzahlung

---

7 Die Anfangsbestände sind dem Inventar in Kap. 1.3.2 entnommen.

abgenommen. Diese Abnahme – die wir auf dem Konto „Kasse" im Haben (rechts) gebucht haben – ist sicher nicht „positiv". Man sieht die Gleichung „Haben = Plus" stimmt nicht.

> **Merke:** „Soll" ist nicht „Minus" und „Haben" ist nicht „Plus"!

Entscheidend für das richtige Buchen ist zunächst nur, auf welcher Seite (hier bei beiden Konten links) der Anfangsbestand steht. Daraus kann man logisch ableiten: Kommt etwas zum Anfangsbestand hinzu, steht es auf der Seite, auf der Anfangsbestand steht (hier: links). Eine Abnahme steht dann logischerweise auf der anderen Seite (hier: bei Kasse rechts).

Dies scheint auf den ersten Blick verwirrend zu sein. Schließlich sei es doch auf dem Kontoauszug so, dass „Soll = Minus" und „Haben = Plus" ist. Dies versteht man, wenn man sich **in die Buchhaltung der Bank** hinein denkt: Wir verweisen in diesem Zusammenhang auf unsere Ausführungen in Kap. 1.5.2., S. 43.

Aufgaben zum Buchen auf Bestandskonten

Aufgabe (1): Zeichnen Sie die Konten „Bank", „Kasse" und „Verbindlichkeiten a. L. u. L.", die die Fahrradfabrik Uli Heckmann KG führt, und tragen Sie die Anfangsbestände ein! Benutzen Sie dazu die Bilanz (Kap. 1.5.2) bzw. das Inventar (Kap. 1.3.2)!

Aufgabe (2):
(a) Beantworten Sie für folgenden Geschäftsfall bei der Heckmann KG die oben aufgeführten Fragen (siehe S. 45 f. „Grundsätzliche Überlegungen").
(b) Tragen Sie diesen Geschäftsfall Nr. 2 auf den entsprechenden Konten ein: „Der Buchhalter der Heckmann KG entnimmt 200 Eur aus der Geschäftskasse und zahlt sie auf das Bankkonto des Unternehmens ein."

Aufgabe (3):
(a) Beantworten Sie für folgenden Geschäftsfall bei der Heckmann KG die oben aufgeführten Fragen (siehe S. 45 f.. „Grundsätzliche Überlegungen").
(b) Tragen Sie diesen Geschäftsfall Nr. 3 auf den entsprechenden Konten ein: „Der Buchhalter der Heckmann KG überweist eine noch offene Rechnung bei einem Lieferanten in Höhe von 3 000 Eur."

Aufgabe (4): Ein(e) Teilnehmer(in) eines Buchführungskurses soll folgenden Geschäftsfall buchen „Der Buchhalter hebt 2 000 Eur vom Geschäftskonto ab und legt das Geld in die Geschäftskasse". Der (die) Kursteilnehmer(in) macht folgenden Vorschlag: „Auf dem Konto ‚Bank' ist im Soll (links) und auf dem Konto ‚Kasse' ist im Haben (rechts) zu buchen. Als Erklärung wird genannt: ‚Die Abhebung vom Bankkonto ist negativ, also minus, folglich ist auf dem Konto im Soll = Minus' zu buchen. Da das Geld in die Geschäftskasse kommt, nimmt diese zu. Das ist positiv, also Plus. Das Geld habe ich jetzt, folglich buchen auf dem Konto ‚Kasse' im Haben."

(a) Entscheiden Sie, ob die Buchung richtig ist!

(b) Nehmen Sie schriftlich ausführlich zu der gegebenen Begründung Stellung!

Lösungen zu den Aufgaben zum Buchen auf Bestandskonten

Aufgaben (1), (2b) und (3b)

Soll		Bank		Haben
AB	34 680,00	③ ÜbwER	3 000,00
② Bareinz 200,00			

Soll		Verbindlichk.a.L.u.L.		Haben
③ ÜbwER	3 000,00	AB	102 500,00

Soll		Kasse		Haben
AB	1 250,00	② Bareinz	200,00

Zu Aufgabe (2a):

• Welche Konten sind betroffen?

  Es sind die Konten „Bank" und „Kasse" betroffen.

• Handelt es sich um ein aktives oder passives Bestandskonto?

  Beide Konten sind aus der Bilanzposition „Flüssige Mittel" abgeleitet. Diese Position gehört zum Vermögen und steht in der Bilanz auf der Aktiva-Seite. Folglich sind beide Konten aktive Bestandskonten.

• Handelt es sich um einen Zugang oder Abgang?

  Durch Entnahme des Geldes aus der Kasse nimmt unser Kassenbestand ab.

  Durch die Einzahlung auf das Bankkonto nimmt unser Bankkonto zu.

• Auf welcher Kontenseite ist der Vorgang jeweils einzutragen? (Wo steht der AB und wo ist zu buchen?)

  Da beides aktive Bestandskonten sind, die aus einer Bilanzposition abgeleitet wurden, die in der Bilanz auf der linken Seite steht, haben sie auch den AB links (linke Seite = Soll-Seite).

• Das Bankkonto nimmt um 200 Eur zu, d. h., die 200 Eur kommen zum AB, der links steht, dazu. Diese Zunahme ist folglich auf dem Bankkonto links (= im Soll) einzutragen.

Die Geschäftskasse nimmt um 200 Eur ab. Diese Abnahme ist auf dem Konto „Kasse" auf der anderen Seite (also rechts), d. h. im Haben zu buchen. (Links würde bedeuten, dass die Kasse zunimmt.)

Zu Aufgabe (3a):
- Welche Konten sind betroffen?
  Es sind die Konten „Bank" (da eine Überweisung getätigt wird) und „Verbindlichkeiten a. L. u. L." (da eine Schuld bei einem Lieferanten bezahlt wird) betroffen.
- Handelt es sich um ein aktives oder passives Bestandskonto?
  Das Konto „Bank" ist aus der Bilanzposition „Flüssige Mittel" abgeleitet. Diese Position gehört zum Vermögen und steht in der Bilanz auf der Aktiva-Seite. Folglich ist das Konto „Bank" ein aktives Bestandskonto.
  Das Konto „Verbindlichkeiten a. L. u. L." ist aus der gleichnamigen Bilanzposition abgeleitet. Diese Position gehört zu den Schulden und steht in der Bilanz auf der Passiva-Seite. Folglich ist das Konto „Verbindlichk. a. L. u. L." ein passives Bestandskonto.
- Handelt es sich um einen Zugang oder Abgang?
  Durch die Überweisung des Geldes vom Bankkonto nimmt unser Bankkonto ab. Durch die Zahlung der ER nehmen unsere Verbindlichkeiten gegenüber Lieferanten ab.
  Da das Konto „Bank" ein aktives Bestandskonto ist, das aus einer Bilanzposition abgeleitet wurde, die in der Bilanz auf der linken Seite steht, hat es auch den AB links (linke Seite = Soll-Seite).
- Auf welcher Kontenseite ist der Vorgang jeweils einzutragen? (Wo steht der AB und wo ist zu buchen?)
  Da das Konto „Verbindlichk. a. L. u. L." ein passives Bestandskonto ist, das aus einer Bilanzposition abgeleitet wurde, die in der Bilanz auf der rechten Seite steht, hat es auch den AB rechts (rechte Seite = Haben-Seite).
  Das Bankkonto nimmt um 3 000 Eur ab, d. h., die 3 000 Eur gehen vom AB, der links steht, ab. Diese Abnahme ist folglich auf dem Bankkonto auf der anderen Seite, d. h. rechts (= im Haben) einzutragen.
  Die Verbindlichkeiten nehmen ebenfalls um 3 000 Eur ab. Diese Abnahme ist auf dem Konto „Verbindlichk. a. L. u. L." auf der anderen Seite (also links, denn der AB steht rechts), d. h. im Soll zu buchen. (Rechts würde bedeuten, dass die Verbindlichk. zunehmen.)

Zu Aufgabe (4):
(a) Die Buchung ist falsch! Auf dem Konto „Bank" ist rechts (im Haben) und auf dem Konto „Kasse" links (im Soll) zu buchen. Der (die) Kursteilnehmer(in) hat die Seiten vertauscht.
(b) Der (die) Kursteilnehmer(in) hat die Seiten vertauscht, weil er (sie) den Fehler gemacht hat, „Soll = Minus" und „Haben = Plus" zu setzen. Auf welcher Kontenseite zu buchen ist, hat aber mit „+" oder „−" nichts zu tun, sondern

richtet sich nur danach, wo der Anfangsbestand steht. Richtig sind folgende Überlegungen:

Beide Konten haben den Anfangsbestand links (Soll-Seite), weil sie aus einer Bilanzposition abgeleitet wurden, die in der Bilanz auf der linken Seite (= Aktiva) steht. Es sind aktive Bestandskonten. Kommt etwas zum Anfangsbestand hinzu, kommt es auf der Seite hinzu, auf der der Anfangsbestand steht. Die Zunahme des Kassenbestandes ist folglich auf dem Konto „Kasse" links, d. h. im Soll, zu buchen.

Da Geld vom Bankkonto abgehoben wird, nimmt das Bankkonto ab. Da dieses Konto auch den Anfangsbestand links hat, würden Zunahmen (die ja zum AB dazukommen) ebenfalls links gebucht. Abnahmen müssen dann logischerweise auf der anderen Seite gebucht werden. Auf dem Bankkonto ist folglich auf der rechten Seite, d. h. im Haben, zu buchen.

In vielen Buchführungsbüchern werden die Bestandskonten formal mit einem Abschlussbuchungssatz abgeschlossen. Als Gegenkonto für die Abschlussbuchungen dient in der Regel das Schlussbilanzkonto. Wir führen diese Abschlussbuchungen hier u.a. vor dem Hintergrund der Vorgehensweise beim Buchen mit einigen Finanzbuchhaltungsprogrammen nicht durch. Solche Finanzbuchhaltungsprogramme erstellen aus den Hauptbuchkonten eine vorläufige Bilanz. Diese stellt eine reine Auswertung von Zahlen dar; die Konten bleiben zunächst unverändert. Diese vorläufige Bilanz ist mit den Inventurwerten zu vergleichen; außerdem sind entsprechende Bewertungen vorzunehmen.

Wir schlagen folgende **Vorgehensweise** vor:

(1) Auf den Bestandskonten wird rechnerisch der Endbestand ermittelt, aber nicht auf dem Konto eingetragen.

(2) Der rechnerische Endbestand wird mit dem entsprechenden Inventurwert verglichen.

(3) Liegen Abweichungen vor, ist der rechnerische Wert durch eine entsprechende Buchung zu korrigieren.

(4) Der Inventurwert wird in die Bilanz übernommen.

Beispiel: Nehmen wir die Konten „Bank" und „Kasse" aus der Lösung zu Aufgabe 1, 2 b und 3 zum Buchen auf Bestandskonten (siehe oben). Außerdem liegen folgende Angaben vor:

Die Inventur am Jahresende erbrachte u. a. folgende Werte:

Bankguthaben 31 880 (Kontoauszug)
Kassenbestand 1 050 (Zählliste)

Die Inventurwerte sind mehrfach überprüft.

Vorgehen:

(1) Rechnerischer Endbestand auf den Konten ermitteln (rechnerische Werte):

„Bank": 34 680 + 200 – 3 000 = 31 880

„Kasse": 1 250 – 200 = 1 050

(2) Vergleich mit den Inventurwerten (= tatsächliche Werte):

„Bank": rechnerischer Wert = Inventurwert =   31 880

„Kasse": rechnerischert Wert = Inventurwert =   1 050

(3) In der Bilanz erscheint in der Position „Flüssige Mittel" der Wert:

32 930 (= 31 880 + 1 050)

Im folgenden Abschnitt besteht die Möglichkeit entsprechender Übungen. In Aufgabe 2 taucht das Problem einer Inventurdiffernz (Abweichung zwischen rechnerischem Endbestand und Inventurwert) auf.

1.5.4 Übungen zum Buchen auf Bestandskonten

Allgemeine Hinweise

Für die Buchungen von Geschäftsfällen auf den T-Konten benutzen Sie bitte die Buchungstexte (Abkürzungen) aus Kap. 1.5.3. Sollten andere Buchungstexte erforderlich sein, dann wählen Sie sinnvolle Abkürzungen, die Sie bei der Lösung entsprechend kurz erläutern!

Übung I

Die Schlussbilanz der Möbelfabrik Krämer GmbH zum 31. 12. 200X ist gleichzeitig die Eröffnungsbilanz zum 1. 1. 200Y. Sie enthält folgende Werte in Eur: (s. folgende Seite)

Aus der Inventur und dem Inventar zum 31. 12. 200X liegen Ihnen außerdem folgende Informationen vor:

• Grundstück: 100 000,00 Eur; Gebäude: 300 000,00 Eur
• Technische Anlagen sind nicht vorhanden, aber Maschinen im Wert von 300 000,00 Eur
• Betriebsausstattung: 30 000,00 Eur; Geschäftsausstattung: 70 000,00 Eur
• Rohstoffe: 400 000,00 Eur; Hilfsstoffe: 90 000,00 Eur; Betriebsstoffe: 10 000,00 Eur
• Kassenbestand: 5 000,00 Eur; Guthaben bei der Commerzbank Ulm 145 000,00 Eur.

Bilanz

Möbelfabrik Krämer GmbH

Aktiva		1. Jan. 2003		Passiva
A. Anlagevermögen		A. Eigenkapital	1 000 000,00	
Grundstücke und		B. Verbindlichkeiten		
Gebäude	400 000,00	Verbindlichk. g. KI	600 000,00	
Techn. Anlagen		Verbindlichk. a. L. u. L.	250 000,00	
und Masch.	300 000,00			
Fuhrpark	200 000,00			
Betriebs- u. Geschäfts-				
ausst.	100 000,00			
B. Umlaufvermögen				
Vorräte	500 000,00			
Forderungen a. L. u. L.	200 000,00			
Flüssige Mittel	150 000,00			
	1 850 000,00		1 850 000,00	

Aufgabe (1a): Buchen Sie die Anfangsbestände auf den Konten! Legen Sie für diesen Zweck entsprechende Konten an!

Während des Jahres 200Y kommen bei der Möbelfabrik Krämer GmbH folgende Geschäftsfälle vor:

Fall	Datum	Vorgang/Geschäftsfall
①	2. Januar	Der Kunde Möbelhaus New Trend zahlt eine Rechnung aus dem letzten Jahr in Höhe von 5 000,00 Eur durch Banküberweisung.
②	3. Januar	Der Buchhalter entnimmt 3 000,00 Eur aus der Geschäftskasse und zahlt sie auf das Bankkonto ein, auf dem sie sofort gutgeschrieben werden.
③	10. Januar	Die Möbelfabrik kauft Holz bei einem Sägewerk für 10 000,00 Eur ein. Sie erhält eine Rechnung, die innerhalb von 30 Tagen zu zahlen ist. Buchen Sie die **Rechnung!**
④	8. Februar	Die Möbelfabrik kauft einen neuen Personalcomputer für die Buchhaltung auf Rechnung ein: 3 000,00 Eur.
⑤	10. Februar	Die Rechnung für das Holz (siehe Fall Nr. 3) wird durch Banküberweisung bezahlt.

Fall	Datum	Vorgang/Geschäftsfall
⑥	20. Oktober	Die Möbelfabrik zahlt einen Kredit bei ihrer Bank in Höhe von 100 000,00 Eur durch Banküberweisung zurück.
⑦	10. November	Die Möbelfabrik kauft ein Regal für die Fabrikhalle für 500,00 Eur und zahlt es bar.

Bevor die einzelnen Geschäftsfälle auf den Konten gebucht werden, sind einige Vorüberlegungen anzustellen:

Aufgabe (1b): Beantworten Sie die folgenden Fragen zu den Geschäftsfällen ① bis ⑦!

Fall	Welche Konten sind betroffen?	Handelt es sich um ein aktives oder passives Bestandskonto?	Handelt es sich um einen Zugang oder Abgang?	Auf welcher Kontenseite ist zu buchen?
①				
②				
③				

Fall	Welche Konten sind betroffen?	Handelt es sich um ein aktives oder passives Bestandskonto?	Handelt es sich um einen Zugang oder Abgang?	Auf welcher Kontenseite ist zu buchen?
④				
⑤				
⑥				
⑦				

Aufgabe (2):

(a) Buchen Sie nun die Geschäftsfälle ① bis ⑦ auf den Konten!

(b) Errechnen Sie auf den Konten den jeweiligen Endbestand und vergleichen Sie ihn jeweils mit den unten angegebenen Inventurergebnissen! Die Inventurergebnisse wurden mehrfach überprüft!

(c) Erstellen Sie eine Bilanz zum 31. 12. 200Y (= Schlussbilanz)!

(d) Schauen Sie sich die Vorgänge des Jahres 200Y und die Schlussbilanz nochmals genau an, und beantworten Sie dann in einigen Sätzen die folgenden Teilaufgaben:

- Entscheiden und begründen Sie, ob das Jahr 200Y für die Möbelfabrik ein gutes oder schlechtes Jahr war!
- Versuchen Sie aus den Zahlen herauszufinden, ob die Möbelfabrik ein „gesundes" oder „krankes" Unternehmen ist!
- Als Unternehmensberater(in) sollen Sie der Möbelfabrik Ratschläge für das kommende Jahr geben. Nennen und erklären Sie zwei Vorschläge!

Ergebnisse der **Inventur** zum 31. 12. 200Y:

Grundstück	100 000,00 Eur
Gebäude	300 000,00 Eur
Maschinen	300 000,00 Eur
Fuhrpark	200 000,00 Eur
Betriebsausstattung	30 500,00 Eur
Geschäftsausstattung	73 000,00 Eur
Rohstoffe	410 000,00 Eur
Hilfsstoffe	90 000,00 Eur
Betriebsstoffe	10 000,00 Eur
Forderungen a. L. u. L.	195 000,00 Eur
Bankguthaben	43 000,00 Eur
Kassenbestand	1 500,00 Eur
Verbindlichkeiten g. KI	500 000,00 Eur
Verbindlichkeiten a. L. u. L.	253 000,00 Eur
Eigenkapital (Reinvermögen)	muss aus den Inventurwerten noch errechnet werden

Lösungen zu Übung I

Zu Aufgabe (1b):

Fall	Welche Konten sind betroffen?	Handelt es sich um ein aktives oder passives Bestandskonto?	Handelt es sich um einen Zugang oder Abgang?	Auf welcher Kontenseite ist zu buchen?
①	Bank	Aktives Bestandskonto	Zugang	Links (im Soll)
	Forderungen a. L. u. L	Aktives Bestandskonto	Abnahme	Rechts (im Haben)

Fall	Welche Konten sind betroffen?	Handelt es sich um ein aktives oder passives Bestandskonto?	Handelt es sich um einen Zugang oder Abgang?	Auf welcher Kontenseite ist zu buchen?
②	Kasse	Aktives Bestandskonto	Abgang	Rechts (im Haben)
	Bank	Aktives Bestandskonto	Zugang	Links (im Soll)
③	Rohstoffe	Aktives Bestandskonto	Zugang	Links (im Soll)
	Verbindlichkeiten a. L. u. L	Passives Bestandskonto	Zunahme	Rechts (im Haben)
④	Geschäftsausstattung	Aktives Bestandskonto	Zugang	Links (im Soll)
	Verbindlichkeiten a. L. u. L	Passives Bestandskonto	Zunahme	Rechts (im Haben)
⑤	Verbindlichkeiten a. L. u. L	Passives Bestandskonto	Abnahme	Links (im Soll)
	Bank	Aktives Bestandskonto	Abgang	Rechts (im Haben)
⑥	Verbindlichkeiten g. KI	Passives Bestandskonto	Abnahme	Links (im Soll)
	Bank	Aktives Bestandskonto	Abgang	Rechts (im Haben)
⑦	Betriebsausstattung	Aktives Bestandskonto	Zugang	Links (im Soll)
	Kasse	Aktives Bestandskonto	Abgang	Rechts (im Haben)

Zu Aufgaben (1a) und (2a):

Soll	Grundstücke	Haben		Soll	Geschäftsausstattung	Haben
AB	100 000,00			AB	70 000,00	
				④ ER	3 000,00	

Soll	Gebäude	Haben		Soll	Rohstoffe	Haben
AB	300 000,00			AB	400 000,00	
				③ ER	10 000,00	

Soll	Maschinen	Haben		Soll	Hilfsstoffe	Haben
AB	300 000,00			AB	90 000,00	

Soll	Fuhrpark	Haben		Soll	Betriebsstoffe	Haben
AB	200 000,00			AB	10 000,00	

Soll	Betriebsausstattung	Haben		Soll	Forderungen a. L. u. L.	Haben
AB	30 000,00			AB	200 000,00	① ÜbwAR	5 000,00
⑦ Bark	500,00					

Soll	Bank	Haben		Soll	Eigenkapital	Haben
AB	145 000,00	⑤ ÜbwER	10 000,00			AB	1 000 000,00
① ÜbwAR	5 000,00	⑥ Tilgung	100 000,00			
② Bareinz.	3 000,00				

Soll	Kasse	Haben		Soll	Verbindlichk. g. Kreditinstituten	Haben
AB	5 000,00	② Bareinz.	3 000,00	⑥ Tilgung	100 000,00	AB	600 000,00
		⑦ Bark	500,00			

Soll	Verbindlichk. a. L. u. L.	Haben
⑤ ÜbwER	10 000,00	AB	250 000,00
		③ ER	10 000,00
		④ ER	3 000,00

Hinweise zu Aufgabe (2b):
Es ist auf jedem Konto der Endbestand zu errechnen. Exemplarisch zeigen wir die Konten „Bank" und „Kasse":
Bank:
145 000,00 + 5 000,00 + 3 000,00 − 10 000,00 − 100 000,00 = **43 000,00**
Kasse:
5 000,00 − 3000,00 − 500,00 = **1 500,00**
Beide Werte sind mit den Inventurwerten (Bank: 43 000,00 und Kasse: 1 500,00) zu vergleichen. Da die auf den Konten errechneten Endbeträge mit den Inventurwerten übereinstimmen, sind keine Korrekturen notwendig. In der Bilanz erscheint in der Position „Flüssige Mittel" dann der Wert in Höhe von 44 500,00 (siehe Lösung zu Aufgabe 2 c). In dieser Aufgabe stimmen alle errechneten Endbestände mit den Inventurwerten überein. Folglich können Sie anhand der Inventurzahlen selbst überprüfen, ob Sie alles richtig gemacht haben.

Zu Aufgabe (2 c): (Auf die Unterschrift der Bilanz und auf Formalien wurde verzichtet)

Bilanz
Möbelfabrik Krämer GmbH

Aktiva		31. 12. 200Y	Passiva	
A. Anlagevermögen			A. Eigenkapital	1 000 000,00
Grundstücke und			B. Verbindlichkeiten	
Gebäude	400 000,00		Verbindlichk. g. KI	500 000,00
Techn. Anlagen			Verbindlichk. a. L. u. L.	253 000,00
und Masch.	300 000,00			
Fuhrpark	200 000,00			
Betriebs- u. Geschäfts-				
ausst.	103 500,00			
B. Umlaufvermögen				
Vorräte	510 000,00			
Forderungen a. L. u. L.	195 000,00			
Flüssige Mittel	44 500,00			
	1 753 000,00			1 753 000,00

Erläuterungen:
- Betriebs- u. Geschäftsausstattung 30 500,00 + 73 000,00 = 103 500,00
- Vorräte 410 000,00 + 90 000,00 + 10 000,00 = 510 000,00
- Flüssige Mittel 43 000,00 + 1 500,00 = 44 500,00

Zu Aufgabe (2d):

- Es wurden offenbar keine Möbel hergestellt, und es waren am Jahresanfang auch keine vorhanden (da keine Fertigerzeugnisse). Da keine Möbel (Fertigerzeugnisse) verkauft wurden, war das Jahr „schlecht".

- Da das Eigenkapital am Jahresende genauso hoch war wie am Jahresanfang, erfolgte keine Eigenkapitalmehrung. Es wurde kein Gewinn gemacht (Es war auch keine Privatentnahme erfolgt.)

- Im Jahre 200Y hat nur ein Kunde (Geschäftsfall 1) bezahlt. Am Jahresende sind aber noch Forderungen in Höhe von 195 000,00 Eur vorhanden, die offenbar aus dem Vorjahr stammen, da dieses Jahr nichts verkauft wurde. Scheinbar wurde keine Überwachung der Zahlungseingänge vorgenommen.

- Das Eigenkapital (1 000 000,00 Eur) ist höher als die Verbindlichkeiten bei Banken und Lieferanten (zusammen 753 000,00 Eur), was darauf hindeutet, dass das Unternehmen an sich „gesund" ist. Allerdings reichen die flüssigen Mittel (44 500,00 Eur) nicht aus, die Verbindlichkeiten bei Lieferanten (253 000,00 Eur) zu zahlen.

Ratschläge:

- Aus den Roh- und Hilfsstoffen, die ja ausreichend vorhanden sind, sollten auch Möbel hergestellt und der Verkauf eventuell durch Werbemaßnahmen angekurbelt werden. Bei der Herstellung sollte auf die Wünsche der Kunden geachtet und gegebenenfalls ein besonderes Design der Möbel eingeführt werden. Eine Präsentation der Möbel auf einer Messe wäre zweckmäßig.

- Bei den Kunden muss auf Zahlung der bei uns noch offenen Rechnungen (unsere Forderungen) gedrängt werden. Die Kunden sollten gemahnt werden. Erfolgt auf unsere Mahnungen keine Reaktion, sollten notfalls gerichtliche Schritte eingeleitet werden. Außerdem muss künftig früher reagiert und nicht erst ein ganzes Jahr gewartet werden. Da die Kunden in der Regel 30 Tage Zeit zum Zahlen haben, sollte bereits danach gemahnt werden. Vielleicht könnte man Skonto anbieten, wenn innerhalb von 10 Tagen gezahlt wird.

Übung II

Die Schlussbilanz der Fahrradfabrik Uli Heckmann KG zum 31. 12. 200X ist gleichzeitig die Eröffnungsbilanz zum 1. 1. 200Y und enthält folgende Werte in Eur. Auf Formalien wurde in der Bilanz verzichtet.

Bilanz
Fahrradfabrik Uli Heckmann KG

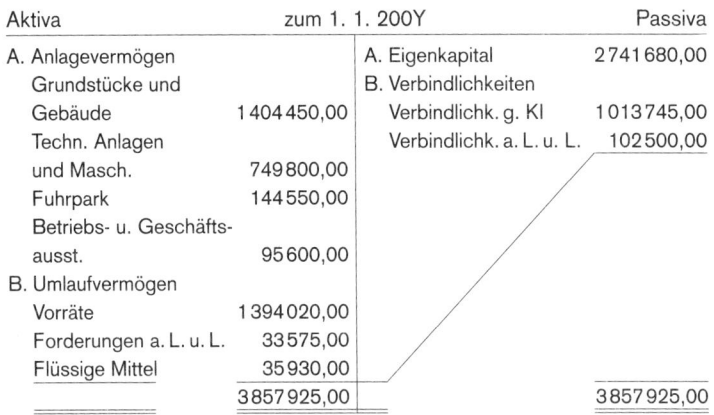

Aktiva	zum 1. 1. 200Y		Passiva
A. Anlagevermögen		A. Eigenkapital	2 741 680,00
Grundstücke und		B. Verbindlichkeiten	
Gebäude	1 404 450,00	Verbindlichk. g. KI	1 013 745,00
Techn. Anlagen		Verbindlichk. a. L. u. L.	102 500,00
und Masch.	749 800,00		
Fuhrpark	144 550,00		
Betriebs- u. Geschäfts-			
ausst.	95 600,00		
B. Umlaufvermögen			
Vorräte	1 394 020,00		
Forderungen a. L. u. L.	33 575,00		
Flüssige Mittel	35 930,00		
	3 857 925,00		3 857 925,00

Außerdem liegt Ihnen das Inventar zum 31. 12. 200X vor (siehe Kap. 1.3.2)!

Ergänzender Hinweis: Zur Betriebsausstattung gehört nur die Lagereinrichtung.

Aufgaben:

(1) Legen Sie alle Konten an, und buchen Sie die Anfangsbestände!

(2) Buchen Sie die Geschäftsfälle auf den Konten (Buchungstexte siehe S. 46 f.; andere Buchungstexte sind sinnvoll abzukürzen, und die Abkürzungen sind kurz zu erläutern)! Bevor Sie auf den Konten buchen, sollten Sie für sich die Fragen (siehe Kap. 1.5.3 und bei Übung I oben) jeweils beantworten!

(3) Errechnen Sie auf den Konten den jeweiligen Endbestand, und vergleichen Sie mit den unten angegebenen Werten aus der Inventur zum 31. 12. 200Y! Hinweis: Die Inventurwerte wurden mehrfach überprüft!

(4) Erstellen Sie eine Schlussbilanz zum 31. 12. 200Y!

(5) Schauen Sie sich die Geschäftsfälle nochmals genau an! In der Buchhaltung der Fahrradfabrik wurde etwas vergessen! Begründen Sie, was vergessen wurde, überlegen Sie, welche Konsequenzen das haben könnte, und unterbreiten Sie zwei konkrete Vorschläge, wie dies in der Zukunft verhindert werden könnte!

(6) Am Jahresende sind die Inhaber der Fahrradfabrik der Meinung, dass eine Maßnahme in diesem Jahr unnötig beziehungsweise verfrüht war. Schauen Sie sich die Geschäftsfälle nochmals an, und finden Sie heraus, wel-

che Maßnahme gemeint ist. Begründen Sie kurz, warum diese Maßnahme „unnötig" oder „verfrüht" war!

(7) Angenommen, ein Inhaber der Fahrradfabrik Heckmann KG, Herr Buck, würde am Jahresende folgende Aussagen treffen:

„Wir sind ein gesundes Unternehmen. Wie man an unserem Bankvermögen in Höhe von fast 600 000 Eur sieht, war es auch ein sehr erfolgreiches Jahr. Im Vergleich zum Jahresanfang wuchs unser Bankvermögen um rund das 16fache. Ich bin glücklich und freue mich über den Erfolg. Ich danke allen Mitarbeitern, die zu diesem hervorragenden Ergebnis beigetragen haben."
Stellen Sie sich vor, Sie sind der andere Inhaber der Fahrradfabrik, Herr Heckmann. Sie beabsichtigen, mit Herrn Buck über seine Rede zu sprechen. Notieren Sie sich stichwortartig, was Sie in dem Gespräch ansprechen werden.

Geschäftsfälle:

Fall	Datum	Vorgang/Geschäftsfall
①	2. Januar	Eine nicht mehr benötigte Maschine wird für 49 800,00 Eur auf Rechnung verkauft. Der Käufer bekommt von uns ein Zahlungsziel bis zum 18. Januar 200Y eingeräumt. Buchen Sie den Verkauf, d. h. die Ausgangsrechnung!
②	19. Januar	Der Käufer der Maschine (siehe Fall Nr. 1) zahlt durch Banküberweisung. Der eingegangene Betrag erscheint in unserem Kontoauszug.
③	10. Februar	Die Fahrradfabrik kauft Alurohre für 49 250,00 Eur auf Rechnung bei einem Lieferanten ein und erhält ein Zahlungsziel bis zum 20. März 200Y. Buchen Sie die **Rechnung!**
④	12. Februar	Ein Teil der Alurohre (siehe Fall 3) wurde in einer falschen Stärke geliefert. Der Lieferant holt diese Alurohre (Betrag: 9 250,00 Eur) wieder ab.
⑤	10. März	Vom Bankkonto des Unternehmen werden 1750,00 Eur abgehoben und in die Geschäftskasse gelegt.
⑥	20. Oktober	Die Fahrradfabrik verkauft einen gebrauchten PC, der in der Werbeabteilung stand, für 300,00 Eur gegen Barzahlung. Dieser Betrag entspricht seinem gegenwärtigen Wert.

| ⑦ | 10. November | Die Fahrradfabrik nimmt einen Kredit bei ihrer Hausbank in Höhe von 486 255,00 Eur auf. Der Betrag wird auf dem Bankkonto der Fahrradfabrik bereitgestellt. |
| ⑧ | 17. November | Die Fahrradfabrik kauft Schmierstoffe für ihre Maschinen für 500,00 Eur ein und erhält dafür eine Rechnung, für die sie 10 Tage Zeit hat, zu zahlen. Buchen Sie die Rechnung! |

Ergebnisse (in Eur) der Inventur zum 31. 12. 200Y:

Grundstück	300 000,00 Eur
Gebäude	1 104 450,00 Eur
Maschinen	700 000,00 Eur
Fuhrpark	144 550,00 Eur
Betriebsausstattung	45 600,00 Eur
Geschäftsausstattung	49 700,00 Eur
Rohstoffe	440 750,00 Eur
Hilfsstoffe	168 450,00 Eur
Betriebsstoffe	48 120,00 Eur
Fertigerzeugnisse	777 200,00 Eur
Forderungen a. L. u. L.	33 575,00 Eur
Bankguthaben	568 985,00 Eur
Kassenbestand	3 000,00 Eur
Verbindlichkeiten g. KI	1 500 000,00 Eur
Verbindlichkeiten a. L. u. L.	143 000,00 Eur
Eigenkapital (Reinvermögen)	muss aus den Inventurwerten noch errechnet werden

Lösungen zu Übung II

Zu Aufgaben (1) und (2):

Soll	Grundstücke	Haben		Soll	Geschäftsausstattung	Haben
AB	300 000,00			AB	50 000,00	⑥ Bavk 300,00

Soll	Gebäude	Haben		Soll	Rohstoffe	Haben
AB	1 104 450,00			AB	400 750,00	④ Falschlieferung
				③ ER	49 250,00	9 250,00

Soll	Maschinen	Haben
AB	749 800,00	① AR 49 800,00

Soll	Hilfsstoffe	Haben
AB	168 450,00	

Soll	Fuhrpark	Haben
AB	144 550,00	

Soll	Betriebsstoffe	Haben
AB	47 620,00	
⑧ ER	500,00	

Soll	Betriebsausstattung	Haben
AB	45 600,00	

Soll	Forderungen a. L. u. L.	Haben
AB	33 575,00	② ÜbwAR 49 800,00
① AR	49 800,00	

Soll	Bank	Haben
AB	34 680,00	⑤ Barabh. 1 750,00
② ÜbwAR	49 800,00	
⑦ Kredit	486 255,00	

Soll	Eigenkapital	Haben
		AB 2 741 680,00

Soll	Kasse	Haben
AB	1 250,00	
⑤ Barabh	1 750,00	
⑥ Barvk	300,00	

Soll	Verbindlichk. g. Kreditinstituten	Haben
		AB 1 013 745,00
		⑦ Kredit 486 255,00

Soll	Fertigerzeugnisse	Haben
AB	777 200,00	

Soll	Verbindlichk. a. L. u. L.	Haben
④ Falschlfg.	9 250,00	AB 102 500,00
		③ ER 49 250,00
		⑧ ER 500,00

Zu Aufgabe (3):

Mit Ausnahme der Konten „Kasse" und „Eigenkapital" stimmen die errechneten Endbestände auf den Konten mit den Inventurwerten zum Jahresende überein. Insofern können Sie Ihre Ergebnisse selbst vergleichen.

Beim Konto „Kasse" ergibt sich eine Differenz: Endbestand laut Konto „Kasse": 3 300,00 (1 250,00 + 1 750,00 + 300,00); laut Inventur beträgt der Kassenbestand aber nur 3 000,00. Das Konto „Kasse" muss den tatsächlichen Gegebenheiten (Inventur) angepasst werden, da ein Inventurfehler laut Aufgabenstellung ausgeschlossen werden kann. Da in der Kasse 300,00 Eur weniger vorhanden sind, muss ein Abgang gebucht werden. Da „Kasse" ein aktives Bestandskonto ist, muss der Abgang rechts (im Haben) gebucht werden.

Das Eigenkapital auf dem Konto „Eigenkapital" beträgt 2 741 680,00. Berechnet man das Eigenkapital aus den Inventurwerten, ergibt sich: Eigenkapital = Vermögen – Schulden = 4 384 380,00 – 1 643 000,00 = 2 741 380,00. Wir haben also tatsächlich 300,00 Eur weniger Eigenkapital. Auf dem Konto „Eigenkapital" ist ein Abgang in Höhe von 300,00 Eur zu buchen. Da es ein passives Bestandskonto ist, muss dieser Abgang links (im Soll) gebucht werden.

Die Konten „Kasse" und „Eigenkapital" haben nach dieser Korrekturbuchung folgendes Aussehen:

Soll		Kasse	Haben	Soll		Eigenkapital	Haben
AB		1 250,00	**Fehlbetrag** 300,00	**Fehlbetrag**	300,00	AB	2 741 680,00
⑤ Barabh		1 750,00					
⑥ Barvk		300,00					

Nach dieser Korrektur stimmen die rechnerischen Werte mit den Inventurwerten überein. Da uns 300,00 Eur am Jahresende in der Kasse fehlen, sind wir um 300,00 Eur „ärmer" geworden. Folgerichtig hat unser Eigenkapital um 300,00 Eur abgenommen.

Mögliche Ursachen für diese Inventurdifferenz:

• Diebstahl

• Verzählen an der Kasse

Größere Inventurdifferenzen sollten immer Anlass sein, Ursachenforschung zu betreiben. Mögliche Maßnahmen bei erheblichen Kassendifferenzen könnten sein:

• Kontrolle des Personals

• Kontrolle des Ablaufs an den Kassen

Bevor jedoch Schritte eingeleitet werden, sollte stets zunächst das Inventurergebnis nochmals überprüft werden, um einen Zählfehler auszuschließen.

Zu Aufgabe (4) (auf Formalien in der Bilanz wird verzichtet): (s. S. 66)

Erläuterungen:

• Grundstücke und Gebäude	300 000,00 + 1 104 450,00 = 1 404 450,00
• Betriebs- und Geschäfts-ausstattung	45 600,00 + 49 700,00 = 95 300,00
• Vorräte	440 750,00 + 168 450,00 + 48 120,00 + 777 200,00 = 1 434 520,00
• Flüssige Mittel	3 000,00 + 568 985,00 = 571 985,00

Auf die Unterschrift (Ort, Datum und Unterschrift) wurde verzichtet.

Bilanz

Fahrradfabrik Uli Heckmann KG

Aktiva	zum 31. 12. 200Y		Passiva
A. Anlagevermögen		A. Eigenkapital	2 741 380,00
Grundstücke und		B. Verbindlichkeiten	
Gebäude	1 404 450,00	Verbindlichk. g. KI	1 500 000,00
Techn. Anlagen		Verbindlichk. a. L. u. L.	143 000,00
und Masch.	700 000,00		
Fuhrpark	144 550,00		
Betriebs- u. Geschäfts-			
ausst.	95 300,00		
B. Umlaufvermögen			
Vorräte	1 434 520,00		
Forderungen a. L. u. L.	33 575,00		
Flüssige Mittel	571 985,00		
	4 384 380,00		4 384 380,00

Zu Aufgaben (5):

- Die Rechnung aus Fall ③ und ④ wurde nicht bezahlt, obwohl eine Zahlung bis zum 20. März erforderlich gewesen wäre. Da ein Teil der Rohstoffe (Fall ④) zurückgenommen wurde, hätten noch 40 000,00 Eur (49 250,00 Eur – 9 250,00 Eur) bis 20. März gezahlt werden müssen. Seltsam ist allerdings, dass die Fahrradfabrik vom Lieferanten nicht gemahnt wurde.
- **Mögliche Konsequenzen:** Unter Umständen leidet der Ruf der Fahrradfabrik („schlechte Zahlungsmoral"). Vielleicht reagiert der Lieferant auch in der Weise, dass er in Zukunft kein Zahlungsziel mehr gewährt. Vielleicht beliefert er die Fahrradfabrik nicht mehr.
- **Vorschläge:** Fällige Zahlungen in einen Terminkalender (oder entsprechendes Computer-Programm) eintragen, damit sie nicht vergessen werden. Zusätzlich könnte der Ordner mit unbezahlten Rechnungen in regelmäßigen Abständen durchgeschaut werden.

Zu Aufgabe (6):

Die Aufnahme des Bankkredits in Höhe von 486 255,00 Eur (Geschäftsfall ⑦) war offenbar in diesem Jahr unnötig, da das Geld nicht gebraucht wurde. Es wurden keine Investitionen getätigt und auch nach Aufnahme des Bankkredits nichts gekauft und auch keine Schulden bei Lieferanten gezahlt. Da für einen Kredit Zinsen gezahlt werden müssen, war die Entscheidung unwirtschaftlich.

Zu Aufgabe (7):

- Das Unternehmen war nicht erfolgreich. Das Eigenkapital am Ende des Jahres war sogar, durch einen Kassenfehlbetrag bedingt, niedriger als am Jahresanfang. Da keine Privatentnahmen oder Privateinlagen getätigt wurden, stellt diese Eigenkapitalminderung einen Verlust da. Im ganzen Jahr wurden keine Fertigerzeugnisse verkauft, obwohl Fertigerzeugnisse am Lager waren. Das Unternehmen war nicht erfolgreich. Herr Buck irrt sich!

- Das Bankguthaben wuchs zwar tatsächlich um ca. das 16fache, was aber nicht mit „Erfolg des Unternehmens" gleichgesetzt werden kann. Die Steigerung des Bankguthabens erfolgte in erster Linie durch die Aufnahme eines Bankkredits und nicht durch Einnahmen aus Verkäufen von Fahrrädern!

1.5.5 Buchungssätze

1494 erschien in Venedig die erste gedruckte Anleitung zur doppelten Buchführung von dem Franziskanermönch und Mathematiker Luca Pacioli in der „Summa de Arithmetica Geometria Proportioni et Proportionalita".

Auszüge aus Luca Pacioli:

„An den Anfang eines jeden Postens setzt man immer das Per, denn zuerst muss man den Schuldner anführen und dann unmittelbar seinen Gläubiger."
„Du musst wissen, dass von allen Posten, die du im Journal gebucht hast, im Hauptbuch immer je zwei zu bilden sind, nämlich einer im Soll und einer im Haben, deshalb heißt dort der Schuldner Per und der Gläubiger An. Von dem einen und dem anderen muss man je einen Posten bilden, wobei man denjenigen des Schuldners links und den des Gläubigers rechts setzt. Auf diese Weise sind immer alle Posten des besagten Hauptbuches miteinander verkettet, aber man darf nie etwas ins Soll setzen, das nicht auch ins Haben kommt, und ebenso darf man nie etwas ins Haben stellen, das mit demselben Betrag nicht auch ins Soll kommt."

Und zum Gewinn- und Verlust-Konto:

„So wirst du kurz und bündig sehen, ob du gewinnst oder verlierst und wie viel."

Für die Buchhaltung ist es zweckmäßig, sich in der Fachsprache kurz und eindeutig verständigen zu können. Aus diesem Grunde wurde der **Buchungssatz** eingeführt. Er zeigt in kürzester Form, welche Konten bei der Buchung eines Geschäftsfalles betroffen sind und auf welcher Seite des jeweiligen Kontos gebucht werden soll.

Bisher haben wir Geschäftsfälle auf den Konten eingetragen, d. h. gebucht. Am Jahresende wurde dann für jedes Konto der Endbestand errechnet und mit den Inventurwerten verglichen. Der Errechnung des Endbestandes auf einem Konto ist ein reiner Additions- bzw. Subtraktionsvorgang, der beim Buchen mit einem Finanzbuchhaltungsprogramm von diesem übernommen wird. Das manuelle Eintragen auf den Konten, wie wir es bisher ausschließlich vorgenommen haben, ist ebenfalls sehr zeitintensiv. Ein Buchhaltungsprogramm kann uns diese Arbeit ebenfalls abnehmen. Wir müssen dem Programm aber in irgendeiner Weise mitteilen, dass es z. B. auf dem Konto „Bank" 5 000,00 Eur im Soll (links) buchen soll. Diese Mitteilung sollte in möglichst knapper Form erfolgen. Eine Möglichkeit hierfür ist der so genannte Buchungssatz. Er drückt aus, auf welchen Konten (mit Angabe der jeweiligen Kontenseite) welche Beträge zu buchen sind.

Wir einigen uns auf folgenden Aufbau eines Buchungssatzes:

Nennen Sie zuerst das Konto, auf dem links (= im **Soll**) gebucht wird	Nennen Sie das Konto, auf dem rechts (= im **Haben**) gebucht wird	Nennen Sie den Betrag

Nehmen wir als Beispiel den Geschäftsfall „Barkauf eines neuen Farbmonitors für 510,00 Eur", der für die Personalabteilung bestimmt ist, der in Kapitel 1.5.3 ausführlich dargestellt wurde. Wir gehen wie folgt vor:

(1) **Überlegungen anstellen, auf welchen Konten und auf welchen Kontenseiten zu buchen ist.**

Die Überlegungen sind für unser Beispiel in Kapitel 1.5.3 dargestellt.

(2) **Die Überlegungen in Kurzform als Buchungssatz nach obigem Muster zusammenfassen.**

Der Buchungssatz lautet:

Soll	Haben	Buchungsbetrag
Geschäftsausstattung	Kasse	510,00 Eur

Man spricht auch „Geschäftsausstattung **an** Kasse"

Da wir in diesem Band immer in Eur buchen, wählen wir folgende Darstellung:

Soll	Haben	Buchungsbetrag in Eur
Geschäftsausstattung	Kasse	510,00

Aufgaben

(1): Formulieren Sie den Buchungssatz für den Geschäftsfall aus Kap. 1.5.3: „Der Buchhalter der Heckmann KG entnimmt 200 Eur aus der Geschäftskasse und zahlt sie auf das Bankkonto des Unternehmens ein. Der Betrag wird sofort gutgeschrieben und erscheint im Kontoauszug."

(2): Formulieren Sie Buchungssätze für die Geschäftsfälle ① bis ⑦ aus Übung I in Kap. 1.5.4 (S. 52).

(3): Formulieren Sie Buchungssätze für die Geschäftsfälle ① bis ⑧ aus Übung II in Kap. 1.5.4 (S. 62 f.).

Lösungen:

Aufgabe	Geschäfts-fall Nr.	Soll	Haben	Betrag (in Eur)
(1)		Bank	Kasse	200,00
(2)	①	Bank	Forderungen a. L. u. L.	5 000,00
	②	Bank	Kasse	3 000,00
	③	Rohstoffe	Verbindlich-keiten a. L. u. L.	10 000,00
	④	Geschäftsaus-stattung	Verbindlich-keiten a. L. u. L.	3 000,00
	⑤	Verbindlichkeiten a. L. u. L.	Bank	10 000,00
	⑥	Verbindlichkeiten g. Kreditinstituten	Bank	100 000,00
	⑦	Betriebsaus-stattung	Kasse	500,00
(3)	①	Forderungen a. L. u. L.	Maschinen	49 800,00
	②	Bank	Forderungen a. L. u. L.	49 800,00

Aufgabe	Geschäfts-fall Nr.	Soll	Haben	Betrag (in Eur)
	③	Rohstoffe	Verbindlich-keiten a. L. u. L.	49 250,00
	④	Verbindlichkeiten a. L. u. L.	Rohstoffe	9 250,00
	⑤	Kasse	Bank	1 750,00
	⑥	Kasse	Geschäftsaus-stattung	300,00
	⑦	Bank	Verbindlich-keiten g. Kredit-instituten	486 255,00
	⑧	Betriebsstoffe	Verbindlich-keiten a. L. u. L.	500,00

Nehmen wir an, die Fahrradfabrik Heckmann verkauft einen gebrauchten LKW für 20 000,00 Eur. Dieser Betrag entspricht auch seinem aktuellen Wert. Der Käufer zahlt 1 000,00 Eur bar und über den Restbetrag gibt er einen (Verrechnungs-) Scheck. Wie ist der Vorgang zu buchen?

Zunächst sind die Überlegungen – wie sie in Kap. 1.5.3 vorgestellt wurden – auf den Fall anzuwenden. Es wird deutlich, dass hier drei Konten betroffen sind. Bisher hatten wir aber nur Fälle, in denen zwei Konten vorkamen. Eine Möglichkeit besteht darin, zwei Buchungssätze zu machen:

Beispiel für einen zusammengesetzten Buchungssatz

Soll	Haben	Buchungsbetrag in Eur
Kasse	Fuhrpark	1 000,00
Bank	Fuhrpark	19 000,00

In jedem der beiden Buchungssätze kommt „Fuhrpark" vor. Man kann deshalb anstelle von zwei einfachen Buchungssätzen auch einen zusammengesetzten machen:

Soll	Haben	Buchungsbetrag in Eur Soll	Buchungsbetrag in Eur Haben
Kasse Bank		1 000,00 19 000,00	
	Fuhrpark		20 000,00 ◄

Man spricht hier auch von einer so genannten **Aufteilungsbuchung** (weil der Betrag von 20 000,00 Eur auf einer Kontenseite auf die Beträge 1 000,00 Eur und 19 000,00 Eur aufgeteilt wird). Häufig findet man auch den Ausdruck „**Splittbuchung**" (weil der Betrag von 20 000,00 Eur in Teilbeträge aufgesplittet wird). Die Splittung kann auf der Soll-Seite – wie in unserem Beispiel – oder auf der Haben-Seite erfolgen. Bucht man mit einem Finanzbuchhaltungsprogramm, ist es allerdings in der Regel **nicht** möglich, **auf beiden Seiten eine Splittung vorzunehmen**.

Bei einer Aufteilungsbuchung muss die **Summe der gebuchten Sollbeträge** (im Beispiel: 1 000,00 Eur + 19 000,00 Eur) der **Summe der gebuchten Haben-Beträge** (im Beispiel 20 000,00 Eur) **entsprechen**.

Aufgaben

Bilden Sie für folgende Geschäftsfälle bei der Fahrradfabrik Heckmann Buchungssätze!

(1) Der Kunde „Bike Shop Munz e. Kfm." zahlt eine Rechnung über 15 000,00 Eur, die er von uns erhalten hatte, zum Teil bar (800,00 Eur). Den Restbetrag hat er auf unser Bankkonto überwiesen. Der Betrag wurde unserem Konto bereits gutgeschrieben. Buchen Sie den Zahlungseingang!

(2) Heckmann kauft einen PC für die Einkaufabteilung für 3 000,00 Eur. Bar bezahlt er 300,00 Eur. Den Restbetrag bleibt er schuldig (Zahlungsziel: 10 Tage).

(3) Heckmann kauft Stahl für 40 000,00 Eur bei einem Lieferanten ein. Heckmann zahlt 10 000,00 Eur mit einem (Verrechnungs-)Scheck, und 30 000,00 Eur bleibt er schuldig (Zahlungsziel 30 Tage). Der Scheck wurde dem Konto von Heckmann bereits belastet.

Lösungen

Auf-gabe	Soll	Haben	Buchungsbetrag in Eur		*Kontrolle (Summe Soll = Summe Haben)*
			Soll	**Haben**	
(1)	Kasse		800,00		*800*
	Bank		14 200,00		*+ 14 200*
		Forderungen a. L. u. L.		15 000,00	*= 15 000*
(2)	Geschäfts-ausstattung		3 000,00		
		Kasse		300,00	*300*
		Verbindlichk. a. L. u. L.		2 700,00	*+ 2 700*
					= 3 000
(3)	Rohstoffe		40 000,00		
		Bank		10 000,00	*10 000*
		Verbindlichk. a. L. u. L.		30 000,00	*+ 30 000*
					= 40 000

1.5.6 Kontenrahmen und Kontenplan Teil 1

Grundlegende Informationen

Mit Zunahme des Geschäftsumfangs eines Unternehmens kann die Zahl der Konten so umfangreich werden, dass eine systematische Kontenzuordnung unbedingt notwendig wird. Um die Übersicht zu behalten, ist eine bestimmte Ordnung der Konten hilfreich, die in einem **Kontenrahmen** vorgenommen wird. Einen einheitlichen Kontenrahmen für alle Unternehmen kann es aufgrund der branchenspezifischen Besonderheiten nicht geben. So macht z. B. ein Konto „Rohstoffe" in einem Einzelhandelsunternehmen keinen Sinn, da es nicht mit Rohstoffen handelt und auch selbst keine Produkte herstellt. In einem Industrieunternehmen hingegen, das aus Rohstoffen (und Hilfsstoffen) ein Fertigerzeugnis herstellt, ist ein solches Konto unverzichtbar.

Jede Branche (Wirtschaftszweig) hat einen eigenen Kontenrahmen entwickelt. Es gibt z. B. einen Kontenrahmen für die Industrie,[8] für Banken und für den Groß- und Einzelhandel.

Der Kontenrahmen stellt eine vollständige Übersicht der möglicherweise in der Branche vorkommenden Konten dar. Durch eine

---

8 **IKR** = Industriekontenrahmen.

Ordnung sämtlicher Konten wird mehr Übersichtlichkeit erreicht und ein Beitrag zur Vereinheitlichung der Buchführung geleistet. Es werden Vergleiche mit früheren Jahren (= Zeitvergleich) und mit anderen Unternehmen (= Betriebsvergleich) möglich.

Neben den Branchen-Kontenrahmen haben Softwarefirmen spezielle EDV-Kontenrahmen herausgebracht. So sind z. B. die von der DATEV[9] herausgegebenen Kontenrahmen auf die Bedürfnisse der EDV-orientierten Buchhaltung zugeschnitten und finden in jenen Unternehmen Anwendung, die ihre Buchhaltung bei ihrem Steuerberater auf Grundlage des DATEV-Finanzbuchhaltungsprogramms verarbeiten lassen. Es ist eine Kombination der Anwendung vor Ort und der Verarbeitung der Daten durch das Programm im Rechenzentrum der DATEV. Besonders bekannt sind die Spezialkontenrahmen SKR03 und SKR04.

Der Kontenrahmen enthält sämtliche, für die Branche relevanten Konten. Er stellt insofern einen Vorschlag dar. Da in jedem Unternehmen dieser Branche aber spezifische Bedingungen gelten, erstellt jedes Unternehmen aus dem Kontenrahmen einen **Kontenplan**, der die speziellen Bedürfnisse berücksichtigt. Der Kontenplan stellt folglich eine Auswahl aus den Konten des Kontenrahmens dar und kann in jedem Unternehmen anders aussehen.

So findet man z. B. im Industriekontenrahmen ein Konto „Handelswaren". Wenn von unserem Unternehmen nur eigene Erzeugnisse verkauft werden – also nicht mit Handelswaren gehandelt wird – brauchen wir dieses Konto nicht und übernehmen es folglich auch nicht in unseren Kontenplan.

Aufbau des und Umgang mit dem Kontenrahmen/Kontenplan (Teil 1) der Heckmann KG

Der Kontenrahmen der Heckmann KG (Teil 1) ist auf Seiten 74 ff. abgebildet.[10]

Mit Hilfe von Ziffern wird die Gesamtzahl der Konten in Kontenklassen gegliedert. Es gibt insgesamt 10 Kontenklassen (Konten-

---

9 DATEV = Datenverarbeitungsorganisation des steuerberatenden Berufes in der Bundesrepublik Deutschland.

10 Teil 2 des Kontenplans wird in Kap. 1.7.2 ergänzt.

Von der Heckmann KG zugrunde gelegter Kontenrahmen

AKTIVA

Anlagevermögen	Umlaufvermögen

**0 Immaterielle Vermögensgegen-
stände und Sachanlagen**

00 Ausstehende Einlagen[1]
01 Aufwendungen für Ingangsetzung[2]
Immaterielle Vermögensgegenstände
**02 Konzessionen, gewerbliche
Schutzrechte und ähnliche Rechte
und Werte sowie Lizenzen an solchen Rechten und Werten**
03 Geschäfts- oder Firmenwert
Sachanlagen
**05 Grundstücke, grundstücksgleiche
Rechte und Bauten einschließlich
der Bauten auf fremden Grundstücken**
   0510 Grundstücke
   0520 Gebäude
**07 Technische Anlagen und Maschi-
nen**
   0700 Technische Anlagen
   0710 Maschinen
**08 Andere Anlagen, Betriebs- und Ge-
schäftsausstattung**
   0800 Andere Anlagen
   0820 Werkzeuge
   0830 Lager- und Transporteinrich-
       tungen
   0840 Fuhrpark
   0850 Betriebsausstattung
   0870 Geschäftsausstattung
   0890 Geringwertige Wirtschafts-
       güter
**09 Geleistete Anzahlungen und Anla-
gen im Bau**
   0900 Geleistete Anzahlungen auf
       Sachanlagen
   0950 Anlagen im Bau

1 Finanzanlagen
Finanzanlagen
13 Beteiligungen
15 Wertpapiere des Anlagevermögens
16 Sonstige Finanzanlagen
   (z. B. Darlehensforderungen)

**2 Umlaufvermögen und aktive Rech-
nungsabgrenzung**

**20 Roh-, Hilfs- und Betriebsstoffe und
Fremdbauteile**
   2000 Rohstoffe u. Fremdbauteile
   2001 Bezugskosten
   2002 Preisnachlässe und
       Rücksendungen
   2003 Liefererskonti
   2004 Liefererboni
   2020 Hilfsstoffe
       Untergliederung wie 2000
   2030 Betriebsstoffe
       Untergliederung wie 2000
   2040 Sonstiges Material,
       z. B. Verpackungsmaterial
       Untergliederung wie 2000
21 Unfertige Erzeugnisse
22 Fertige Erzeugnisse und Waren
   2200 Fertige Erzeugnisse
   2210 Handelswaren
       Untergliederung wie 2000
23 Geleistete Anzahlungen auf Vorräte
24 Forderungen
   2400 Forderungen aus Lieferungen
       und Leistungen
   2410 Zweifelhafte Forderungen
   2450 Wechselforderungen
       (Besitzwechsel)
26 Sonstige Vermögensgegenstände
   2600 Vorsteuer
   2630 Sonstige Forderungen an Fi-
       nanzbehörden
   2650 Forderungen an Mitarbeiter
       (z. B. Vorschüsse)
   2690 Sonstige Forderungen
       (Jahresabgrenzung)
27 Wertpapiere des Umlaufvermögens
28 Flüssige Mittel
   2800 Guthaben bei Kreditinstituten
       (Bank)
   2810 Postbankguthaben
   2820 Kasse
29 Rechnungsabgrenzung
   2900 Aktive Rechnungsabgrenzung
       (Jahresabgrenzung)
   2910 Disagio

---

1 vgl. § 272 Abs. 1 HGB
2 vgl. § 269 HGB

Kontenrahmen für die Heckmann KG

PASSIVA

**3 Eigenkapital, Wertberichtigungen
und Rückstellungen**

**30 Eigenkapital/Gezeichnetes Kapital
Bei Einzelkaufleuten:**
   3000 Eigenkapital
      3001 Privat
Bei Personengesellschaften:
   3000 Kapital A
      3001 Privat A
   3010 Kapital B
      3011 Privat B
   3070 Kommanditkapital C
   3080 Kommanditkapital D
Bei Kapitalgesellschaften:
   3000 Gezeichnetes Kapital
      (Grundkapital/Stammkapital)
31 Kapitalrücklage
32 Gewinnrücklagen
   3210 Gesetzliche Rücklage
   3220 Rücklage für eigene Anteile
   3230 Satzungsmäßige Rücklagen
   3240 Andere Gewinnrücklagen
33 Ergebnisverwendung
   3320 Ergebnisvortrag aus früheren
      Perioden
   3350 Bilanzergebnis
      (Bilanzgewinn/Bilanzverlust)
   3390 Ergebnisvortrag auf neue
      Rechnung
**34 Jahresüberschuss/Jahresfehl-
betrag**
35 Sonderposten mit Rücklageanteil
36 Wertberichtigungen
   3670 Einzelwertberichtigungen zu
      Forderungen
   3680 Pauschalwertberichtigungen
      zu Forderungen
**37 Rückstellungen für Pensionen und
ähnliche Verpflichtungen**
38 Steuerrückstellungen
39 Sonstige Rückstellungen
   (z. B. für Gewährleistung)

**4 Verbindlichkeiten und passive
Rechnungsabgrenzung**

41 Anleihen
**42 Verbindlichkeiten gegenüber Kre-
ditinstituten**
   4210 Hypothekendarlehen
   4220 Grundschulddarlehen
**43 Erhaltene Anzahlungen auf Bestel-
lungen**
**44 Verbindlichkeiten aus Lieferungen
und Leistungen**
**45 Wechselverbindlichkeiten
(Schuldwechsel)**
48 Sonstige Verbindlichkeiten
   4800 Umsatzsteuer
   4830 Sonstige Verbindlichkeiten ge-
      genüber Finanzbehörden (z. B.
      abzuführende Lohnsteuer)
   4840 Verbindlichkeiten gegenüber
      Sozialversicherungsträgern
   4860 Verbindlichkeiten aus vermö-
      genswirksamen Leistungen
   4890 Sonstige Verbindlichkeiten
      (Jahresabgrenzung)
**49 Passive Rechnungsabgrenzung
(Jahresabgrenzung)**

Nebenbuchhaltung der Heckmann KG aus dem Kontenplan

Debitoren (Kunden)	Kreditoren (Lieferanten)
24001 Fahrradgeschäft Birkle OHG	44001 Stahlfabrik Müller AG
24002 Fahrrad Bike	44002 Farbenfabrik
Müller e. Kfm.	Berger KG
24003 Friedrich OHG	44003 Sattler OHG
24004 Schwalm e. K.	44004 Greiner GmbH
24005 Schnell e. K.	44005 Krämer KG
24006 Kurz GmbH	44006 Schulze AG
	44007 Kugel GmbH
	44008 Autohaus Karl
	44009 Spedition Huhn KG

klasse 0 bis 9). Die aktiven und passiven Bestandskonten, die wir bisher kennen gelernt haben, finden sich in den Kontenklassen 0 bis 4. (Die Kontenklassen 5 bis 9 werden wir später ergänzen.)

Die Überschriften helfen bei der Orientierung:

Aktiva = Kontenklasse 0, 1 und 2
Passiva = Kontenklasse 3 und 4

Angenommen, wir suchen das Konto „Kasse". Da wir wissen, dass es ein **aktives** Bestandskonto ist, brauchen wir nicht in der Kontenklasse 3 oder 4 suchen, sondern es muss in den Kontenklassen 0 bis 2 zu finden sein. Es wäre aber mühsam, alle Konten in den Klassen 0, 1 und 2 durchzuschauen, bis wir auf „Kasse" stoßen. Um die Sucharbeit weiter einzugrenzen, helfen uns die weiteren Teilüberschriften:

Anlagevermögen = Kontenklasse 0 und 1
Umlaufvermögen = Kontenklasse 2

Da wir wissen, dass der Kassenbestand zum Umlaufvermögen gehört, brauchen wir nicht die Klassen 0, 1 und 2 nach dem Konto zu durchsuchen, sondern lediglich in die Kontenklasse 2 zu schauen.

Da es in jeder Kontenklasse mehrere Konten gibt, wird zur eindeutigen Unterscheidung eine weitere Ziffer hinzugefügt. Man spricht von einer **Kontengruppe**. In der Kontenklasse 2 („Umlaufvermögen") gibt es die Kontengruppen 20 bis 29.

Da wir wissen, dass das Konto „Kasse" aus der Bilanzposition „Flüssige Mittel" abgeleitet wurde, finden wir schnell die entsprechende Kontengruppe „28 Flüssige Mittel". Innerhalb einer Kontengruppe kann es mehrere **Kontenarten** geben. So gibt es z. B. innerhalb der Kontengruppe „28 Flüssige Mittel" die folgenden Kontenarten:

2800 Guthaben bei Kreditinstituten (Bank)
2810 Postbankguthaben
2820 Kasse

Das von uns gesuchte Konto „Kasse" hat die Kontennummer 2820. Kennt man nur die Kontennummer, dann kann man anhand dieser wichtige Rückschlüsse ziehen:

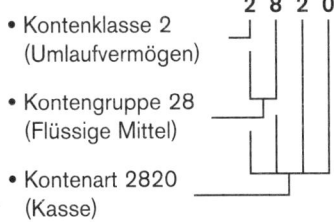

* Kontenklasse 2
  (Umlaufvermögen)

* Kontengruppe 28
  (Flüssige Mittel)

* Kontenart 2820
  (Kasse)

Sind in einem Unternehmen mehrere Kassen vorhanden, können auch Kontenunterarten gebildet werden, die im Kontenrahmen nicht vorgesehen sind. Folgende Unterteilung wäre denkbar:

2821   Kasse 1
2822   Kasse 2

Entsprechend könnte man bei der Kontenart „2800 Guthaben bei Kreditinstituten" folgende Unterteilung vornehmen, wenn das Unternehmen bei den genannten Banken jeweils ein Konto hat:

2801   Kreissparkasse Ravensburg
2802   Volksbank Weingarten
2803   Dresdner Bank Ulm

Bestandskonten haben vierstellige Kontennummern, Personenkonten[11] hingegen fünfstellige.

Für die weitere Verwendung in diesem Buch gilt: Wenn in Aufgaben nichts anderes angegeben ist, werden die Konten aus dem Kontenplan der Heckmann KG übernommen. Eine zusätzliche Unterteilung in Kontenunterarten muss nicht vorgenommen werden.

> Sucht man ein Bestandskonto, macht es keinen Sinn, die Kontenklassen 0 bis 4 durchzuschauen, bis man es (endlich) gefunden hat. Dieses Vorgehen würde viel zu viel Zeit in Anspruch nehmen. Man sollte stattdessen so vorgehen, wie wir es am Beispiel des Kontos „Kasse" gemacht haben. Nicht planlos suchen, sondern erst überlegen und dann suchen!

Angenommen, wir suchen das Konto „Maschinen". Wie gehen wir vor?

Überlegungen	Sucheingrenzung
Maschinen gehören zum Vermögen und damit zur **Aktiva**-Seite der Bilanz.	In den Kontenklassen 3 und 4 (Überschrift „Passiva") brauchen wir nicht zu suchen. Das Konto kann nur in den Klassen 0, 1 oder 2 zu suchen sein.
Maschinen gehören zum **Anlagevermögen**, da sie dem Unternehmen langfristig dienen.	Wir brauchen nicht in der Kontenklasse 2 zu suchen, da diese mit „Umlaufvermögen" überschrieben ist.
Maschinen sind Sachanlagen und keine „Geldanlagen", denn für einen entsprechenden Geldbetrag wurde eine **Sache** (Maschine) gekauft.	Wir brauchen nicht in der Kontenklasse 1 zu suchen, da dort „Finanzanlagen" stehen. Folglich brauchen wir nur in Kontenklasse „0 Immaterielle Vermögensgegenstände und Sachanlagen" zu suchen. Da erst nach der Kontengruppe 03 die Teilüberschrift „Sachanlagen" kommt, brauchen wir erst ab der Kontengruppe 05 zu suchen.

---

11 Vgl. Kap. 1.5.8.

Überlegungen	Sucheingrenzung
Da Konto „Maschinen" wurde aus der Bilanzposition „Technische Anlagen und Maschinen" abgeleitet.	Die Kontengruppe 07 trägt die Überschrift „Technische Anlagen und Maschinen"; andere Kontengruppen scheiden folglich aus.
	Suchergebnis: Konto „0710 Maschinen"

Lassen Sie sich nicht durch die Vielzahl der Konten verwirren, die wir bisher noch nicht kennen gelernt haben. Wir brauchen zunächst nur die Kontengruppen, die wir kennen. Kontengruppen wie z. B. „Rechnungsabgrenzung" brauchen Sie jetzt noch nicht zu verstehen und zu kennen.

Der Kontenrahmen und Kontenplan gibt auch indirekt Hilfestellung bei der Frage, wo auf dem entsprechenden Konto zu buchen ist. Beispiel: „2400 Forderungen aus Lieferungen und Leistungen".

Das Konto steht in der Kontenklasse 2, die – wie Kontenklasse 0 und 1 – unter der Überschrift „Aktiva" stehen. Es ist ein **aktives Bestandskonto**. Da Sie inzwischen wissen, wo auf einem aktiven Bestandskonto zu buchen ist, dürfte es keine Probleme geben.

Es ist wichtig, einen Kontenrahmen oder Kontenplan richtig lesen zu können. Sie können selbst über Konten, die Sie bisher noch nicht kennen, wichtige Informationen herauslesen, die dann beim Buchen helfen. Nehmen wir z. B. das Konto „4830 Sonstige Verbindlichkeiten gegenüber Finanzbehörden". Obwohl wir dieses Konto erst viel später genau kennen lernen werden, können Sie bereits jetzt Aussagen machen, wie auf diesem Konto zu buchen ist. Schauen Sie sich an, wo das Konto im Kontenrahmen bzw. Kontenplan steht, und treffen Sie dann Aussagen! Nun? Überlegen Sie erst, bevor Sie weiterlesen!

Das Konto steht in der Kontenklasse 4, die unter der Überschrift „Passiva" steht. Folglich ist es ein **passives Bestandskonto**. Diese Information und ihr bisheriges Wissen ermöglichen es, Aussagen zu treffen:

Passive Bestandskonten sind aus Positionen der rechten Seite (Passiva) der Bilanz abgeleitet und haben deshalb den Anfangsbestand rechts (= im Haben). Kommen Verbindlichkeiten gegenüber

Finanzbehörden hinzu, kommen sie auf der rechten Seite zum Anfangsbestand hinzu (= Buchung im Haben). Werden Verbindlichkeiten gegegüber Finanzbehörden gezahlt, d. h. nehmen sie ab, dann wird auf der anderen Seite (= links = Soll) gebucht.

Auf eine Besonderheit bei der Verwendung ist noch hinzuweisen: Nehmen wir ein Darlehen bei einer Bank auf, dann buchen wir auf „4200 Verbindlichkeiten gegenüber Kreditinstituten". Die Kontenarten „Hypothekendarlehen" und „Grundschulddarlehen" verwenden wir nur, wenn es in einer Aufgabe ausdrücklich – z. B. „Wir nehmen bei unserer Bank ein Hypothekendarlehen auf" – angegeben ist.

Künftig geben wir in Buchungssätzen die Kontennummer und die Kontenbezeichnung an. Um eine Verwechslung der Kontennummern mit den Beträgen zu vermeiden, nennen wir **vor** der Kontenbezeichnung die Kontennummer und klammern diese ein. Als Beispiel nehmen wir den ersten Buchungssatz aus dem vorangegangenen Kapitel und ergänzen ihn um die Kontennummern:

Soll	Haben	Buchungsbetrag in Eur
(0870) Geschäftsausstattung	(2820) Kasse	510,00

1.5.7 Begründungen von Buchungssätzen mit Bestandskonten

Vorüberlegungen

Es ist falsch, Buchungssätze auswendig zu lernen. Zum einen kann man sich nicht alle Buchungen merken und zum anderen werden im weiteren Fortschritt der Buchführungskenntnisse immer komplexere Buchungen anfallen.

Außerdem ist es möglich, dass Buchungen notwendig werden, die man als Buchungssatz bisher noch nicht hatte. Wenn man genau weiß, warum auf welcher Kontenseite zu buchen ist, kann man sich selbst „neue Buchungen" problemlos herleiten.

Eine Begründung muss für jedes Konto, das in einem Buchungssatz angesprochen ist, erfolgen. Die Begründung beinhaltet Antworten auf folgende Fragen:

- Handelt es sich um ein aktives oder passives Bestandskonto?
- Wo steht auf diesem Konto der Anfangsbestand und warum?
- Wo sind auf diesem Konto Zugänge und wo Abgänge zu buchen?
- Auf welcher Kontenseite ist in diesem Fall aus welchem Grund zu buchen?

Aufgaben zur Begründung von Buchungssätzen

Aufgabe (1): Buchen Sie folgenden Geschäftsfall, und begründen Sie die Buchung:

Die Fahrradfabrik Heckmann KG kauft Alurohre für 10 000,00 Eur auf Rechnung ein.

Lösung:

Buchungssatz:

Soll	Haben	Buchungsbetrag in Eur
(2000) Rohstoffe	(44) Verbindlichk. a. L. u. L.	10 000,00

Begründung:

- Das Konto „Rohstoffe" ist ein aktives Bestandskonto. Es ist aus der Bilanzposition „Vorräte" abgeleitet, die zum Vermögen gehört und in der Bilanz auf der Aktiva-Seite (= linke Seite) steht. Aus diesem Grund hat das Konto den Anfangsbestand ebenfalls auf der linken Seite (= Soll-Seite). Kommt etwas zum Anfangsbestand hinzu, wird dieser Zugang auf der gleichen Seite wie der Anfangsbestand gebucht (= linke Seite = Soll-Seite). Abgänge werden auf der anderen Seite, d. h. auf der rechten Seite (= Haben-Seite) gebucht. Da hier durch den Kauf der Stahlrohre der Rohstoffbestand zunimmt, wird auf der linken Seite (= Soll-Seite) gebucht.
- Das Konto „Verbindlichkeiten a. L. u. L." ist ein passives Bestandskonto. Es ist aus der gleichnamigen Bilanzposition abgeleitet, die zu den Verbindlichkeiten gehört und in der Bilanz auf der Passiva-Seite (= rechte Seite) steht. Aus diesem Grund hat das Konto ebenfalls auf der rechten Seite (= Haben-Seite) den Anfangsbestand. Kommt etwas zum Anfangsbestand hinzu, wird dieser Zugang auf der gleichen Seite wie der Anfangsbestand gebucht (= rechte Seite = Haben-Seite). Abgänge werden auf der anderen Seite, d. h. auf der linken Seite (= Soll-Seite) gebucht. Da durch den Kauf der Rohstoffe auf Rechnung – die erst später gezahlt wird – die Verbindlichkeiten beim Lieferanten zunehmen, wird diese Zunahme der Schulden auf der rechten Seite (= Haben-Seite) gebucht.

Aufgabe (2): Buchen Sie folgenden Geschäftsfall, und begründen Sie die Buchung:
Die Fahrradfabrik Heckmann kauft Hilfsstoffe für 50,00 Eur und zahlt sie bar.

Lösung:

Buchungssatz:

Soll	Haben	Buchungsbetrag in Eur
(2020) Hilfsstoffe	(2820) Kasse	50,00

Begründung:
Beide Konten sind aktive Bestandskonten. Das Konto „Hilfsstoffe" ist aus der Bilanzposition „Vorräte" und das Konto „Kasse" aus der Bilanzposition „Flüssige Mittel" abgeleitet, die beide zum Vermögen gehören und in der Bilanz auf der Aktiva-Seite (= linke Seite) stehen. Aus diesem Grund haben beide Konten den Anfangsbestand ebenfalls auf der linken Seite (= Soll-Seite). Kommt etwas zum Anfangsbestand hinzu, wird dieser Zugang auf der gleichen Seite wie der Anfangsbestand gebucht (= linke Seite = Soll-Seite). Abgänge werden auf der anderen Seite, d.h. auf der rechten Seite (= Haben-Seite) gebucht.

Da hier durch den Kauf der Hilfsstoffe der Bestand zunimmt, wird auf der linken Seite (= Soll-Seite) des Kontos „Hilfsstoffe" gebucht. Da durch die Barzahlung der Kassenbestand abnimmt, wird diese Abnahme auf der rechten Seite (= Haben-Seite) gebucht.

Aufgaben

Buchen Sie folgende Geschäftsfälle, und begründen Sie jeweils die Buchung:

① Die Fahrradfabrik Heckmann KG kauft einen neuen PC für die Buchhaltung für 7 000,00 Eur auf Rechnung.

② Ein Kunde zahlt eine noch offene Rechnung in Höhe von 5 000,00 Eur durch Banküberweisung.

③ Der PC (siehe Fall ①) hat erhebliche Mängel und wird deshalb vom Lieferanten zurückgenommen. Eine mangelfreie Ersatzlieferung („Umtausch") wurde von uns abgelehnt. Benutzen Sie für die Buchung nur die Ihnen bisher **bekannten** Konten!

Ergänzen Sie die Lücken im folgenden Text. Beachten Sie dabei, dass die Zahl der Punkte in einer Lücke nicht identisch ist mit der Zahl der Buchstaben!

„Die Buchung auf Bestandskonten folgt bestimmten Regeln. Bei ... steht der Anfangsbestand auf der linken Seite. Zugänge werden bei diesen Konten auf der linken Seite gebucht, die man auch als ...-Seite bezeichnet. Nimmt z. B.

das Bankguthaben durch eine getätigte Überweisung ab, dann ist dieser Abgang auf der . . .-Seite zu buchen. Bei . . . steht der Anfangsbestand auf der rechten Seite, die auch als . . .-Seite bezeichnet wird. Zugänge werden auf diesen Konten auf der . . .-Seite gebucht."

Lösungen

Zu (1):

Soll	Haben	Buchungsbetrag in Eur
(0870) Geschäftsausstattung	(44) Verbindlichk. a. L. u. L.	7 000,00

Das Konto „Geschäftsausstattung" ist ein aktives Bestandskonto. Es ist aus der Bilanzposition „Betriebs- und Geschäftsausstattung" abgeleitet, die zum Vermögen gehört und in der Bilanz auf der Aktiva-Seite (= linke Seite) steht. Aus diesem Grund hat das Konto den Anfangsbestand ebenfalls auf der linken Seite (= Soll-Seite). Kommt etwas zum Anfangsbestand hinzu, wird dieser Zugang auf der gleichen Seite wie der Anfangsbestand gebucht (= linke Seite = Soll-Seite). Abgänge werden auf der anderen Seite, d. h. auf der rechten Seite (= Haben-Seite) gebucht. Da hier durch den Kauf des PCs für die kaufmännische Verwaltung die Geschäftsausstattung zunimmt, wird auf der linken Seite (= Soll-Seite) gebucht.

Das Konto „Verbindlichkeiten a. L. u. L." ist ein passives Bestandskonto. Es ist aus der gleichnamigen Bilanzposition abgeleitet, die zu den Verbindlichkeiten gehört und in der Bilanz auf der Passiva-Seite (= rechte Seite) steht. Aus diesem Grund hat das Konto ebenfalls auf der rechten Seite (= Haben-Seite) den Anfangsbestand. Kommt etwas zum Anfangsbestand hinzu, wird dieser Zugang auf der gleichen Seite wie der Anfangsbestand gebucht (= rechte Seite = Haben-Seite). Abgänge werden auf der anderen Seite, d. h. auf der linken Seite (= Soll-Seite) gebucht. Da durch den Kauf des Computers auf Rechnung – die erst später gezahlt wird – die Verbindlichkeiten beim Lieferanten zunehmen, wird diese Zunahme der Schulden auf der rechten Seite (= Haben-Seite) gebucht

Zu (2):

Soll	Haben	Buchungsbetrag in Eur
(2800) Bank	(2400) Forderungen a. L. u. L.	5000,00

Beide Konten sind aktive Bestandskonten. Das Konto „Forderungen a. L. u. L." ist aus der gleichnamigen Bilanzposition „Forderungen a. L. u. L." und das Konto „Bank" aus der Bilanzposition „Flüssige Mittel" abgeleitet, die beide zum Vermögen gehören und in der Bilanz auf der Aktiva-Seite (= linke Seite) stehen. Aus diesem Grund haben beide Konten den Anfangsbestand ebenfalls auf der linken Seite (= Soll-Seite). Kommt etwas zum Anfangsbestand hinzu, wird dieser Zugang auf der gleichen Seite wie der Anfangsbestand gebucht (= linke Seite = Soll-Seite). Abgänge werden auf der anderen Seite, d. h. auf der rechten Seite (= Haben-Seite) gebucht.

Da hier durch den Eingang des Geldes auf dem Bankkonto das Bankguthaben zunimmt, wird auf der linken Seite (= Soll-Seite) des Kontos „Bank" gebucht. Da durch die Begleichung der Rechnung durch den Kunden unsere Forderungen an Kunden abnehmen, wird diese Abnahme auf der rechten Seite (= Haben-Seite) gebucht.

Zu (3):

Soll	Haben	Buchungsbetrag in Eur
(44) Verbindlichk. a. L. u. L.	(0870) Geschäftsausstattung	7000,00

Das Konto „Verbindlichkeiten a. L. u. L." ist ein passives Bestandskonto. Es ist aus der gleichnamigen Bilanzposition abgeleitet, die zu den Verbindlichkeiten gehört und in der Bilanz auf der Passiva-Seite (= rechte Seite) steht. Aus diesem Grund hat das Konto ebenfalls auf der rechten Seite (= Haben-Seite) den Anfangsbestand. Kommt etwas zum Anfangsbestand hinzu, wird dieser Zugang auf der gleichen Seite wie der Anfangsbestand gebucht (= rechte Seite = Haben-Seite). Abgänge werden auf der anderen Seite, d. h. auf der linken Seite (= Soll-Seite) gebucht. Da durch die Rücknahme (ohne Umtausch!) des Computers die Verbindlichkeiten beim Lieferanten abnehmen, wird diese Abnahme der Schulden auf der linken Seite (= Haben-Seite) gebucht

Das Konto „Geschäftsausstattung" ist ein aktives Bestandskonto. Es ist aus der Bilanzposition „Betriebs- und Geschäftsausstattung" abgeleitet, die zum Vermögen gehört und in der Bilanz auf der Aktiva-Seite (= linke Seite) steht. Aus diesem Grund hat das Konto den Anfangsbestand ebenfalls auf der linken Seite (= Soll-Seite). Kommt etwas zum Anfangsbestand hinzu, wird dieser Zugang auf der gleichen Seite wie der Anfangsbestand gebucht (= linke Seite = Soll-Seite). Abgänge werden auf der anderen Seite, d. h. auf der rechten Seite (= Haben-Seite) gebucht. Da hier durch die Rückgabe des PCs die Geschäftsausstattung abnimmt, wird auf der rechten Seite (= Haben-Seite) gebucht.

Lückentext S. 82 f.:

„Die Buchung auf Bestandskonten folgt bestimmten Regeln. Bei aktiven Bestandskosten steht der Anfangsbestand auf der linken Seite. Zugänge werden bei diesen Konten auf der linken Seite gebucht, die man auch als Soll-

Seite bezeichnet. Nimmt z. B. das Bankguthaben durch eine getätigte Überweisung ab, dann ist dieser Abgang auf der Haben-Seite zu buchen. Bei passiven Bestandskosten steht der Anfangsbestand auf der rechten Seite, die
auch als Haben-Seite bezeichnet wird. Zugänge werden auf diesen Konten
auf der Haben-Seite gebucht."

Allgemein hat eine Begründung für jedes Bestandskonto folgenden Aufbau:

Allgemeiner Aufbau einer Begründung	Beispiel Konto „Bank" aus Aufgabe 2 (siehe S. 82)
• Name des Kontos	Bank
• Zugeordnete Bilanzposition mit Angabe der Bilanzseite	„Flüssige Mittel". Die Position ge- hört zum Vermögen und steht auf der Aktiva-Seite der Bilanz.
• Art des Hauptbuchkontos	Aktives Bestandskonto
• Buchungsregel	AB und Zugänge links (im Soll); Ab- gänge rechts (im Haben)
• Anwendung auf den Fall	Durch Eingang des Geldes auf dem Bankkonto nimmt das Bankguthaben zu, weshalb auf der linken Seite (Soll) zu buchen ist.

1.5.8 Buchung auf Debitoren- und Kreditorenkonten

Sie sind Buchhalter(in) der Fahrradfabrik Heckmann KG. Heute rufen bei
Ihnen zwei verärgerte Kunden an:
- Herr Schwalm, Inhaber des Fahrradgeschäfts „Schwalm e. Kfm.", be-
klagt sich, dass er eine Mahnung erhalten hätte, obwohl die Rechnung
über 2 000,00 Eur von ihm bereits bezahlt worden sei.
- Frau Friedrich, Inhaberin des Fahrradgeschäfts „Friedrich OHG", ist
ebenfalls über eine Mahnung sehr verärgert, obwohl sie die Rechnung
über 2 000,00 Eur schon bezahlt habe.

Was sagen Sie den beiden Kunden am Telefon?

Was unternehmen Sie als Buchhalter(in) der Fahrradfabrik Heckmann?

Nach Ihren bisherigen Kenntnissen werden Sie die Konten
„Bank" und „Forderungen a. L. u. L." ansehen. Sie enthalten folgende Buchungen:

Soll		(2800) Bank		Haben
AB	18 000,00	⑥ ÜbwER	6 000,00
④ ÜbwAR	2 000,00		
⑤ Bareinz	8 000,00		

Soll		(2400) Forderungen a. L. u. L.		Haben
AB	30 000,00	④ ÜbwAR	2 000,00
① AR	2 000,00		
② AR	14 000,00		
③ AR	2 000,00		

Sie erkennen, dass 2 000 Eur auf dem Bankkonto als Zugang gebucht wurden. Sie können aber anhand der vorliegendenen Konten
nicht feststellen, ob es sich dabei um die Zahlung von Schwalm oder
Friedrich handelt. Das Problem lässt sich auch nicht dadurch lösen,
dass man künftig beim Buchungtext bei Zahlungseingängen den
Namen des Kunden ergänzt, da es möglich ist, dass ein Kunde zwei
Rechnungen mit unterschiedlichem Rechnungsdatum aber gleichen
Beträgen offen hat und nun eine der beiden Rechnungen zahlt. Insbesondere wenn es um die Überprüfung der Berechtigung bei Skontoabzug (siehe Kap. 3.5) geht, ist von entscheidender Bedeutung,
welche der beiden Rechnungen gezahlt wird.

Eine Lösung des Problems besteht darin, für jeden Kunden ein
eigenes Konto zu führen.

Auszüge aus gesetzlichen Vorschriften[12]

Begriffsklärungen zum Verständnis der folgenden Vorschriften

- **Kontokorrent** = „laufende Rechnung". Da sich durch neue Lieferungen
  von Lieferanten bzw.an Kunden und/oder Zahlungen der noch zu zahlende Betrag (Saldo) ständig ändert, spricht man auch von „laufender Rechnung" oder Kontokorrent

- **Grundbuch** = Journal = Tagebuch. Im Grundbuch werden die **Buchungssätze** in chronologischer (= zeitlich geordneter) Reihenfolge eingetragen. Die Buchung auf den **Bestands**konten (T-Konten) wird als
  Hauptbuch bezeichnet.

  R29 EStR. (1) Bei Kreditgeschäften sind die Entstehung der Forderungen und Schulden und ihre Tilgung grundsätzlich als getrennte Geschäfts-

---

12 Vgl. Anhang (Gesetztesauszüge) S. 335 ff.

fälle zu behandeln. Bei einer doppelten Buchführung ist für Kreditgeschäfte in der Regel ein **Kontokorrentkonto** unterteilt nach Schuldnern und Gläubigern zu führen. (...) Neben der Erfassung der Kreditgeschäfte in einem Grundbuch müssen die unbaren Geschäftsfälle, aufgegliedert nach Geschäftspartnern, kontenmäßig dargestellt werden. Dies kann durch die Führung besonderer Personenkonten oder durch eine geordnete Ablage der nicht ausgeglichenen Rechnungen (Offene-Posten-Buchhaltung) erfüllt werden. (...)

§ 238 HGB. (1) Jeder Kaufmann ist verpflichtet, Bücher zu führen (...). Die Buchführung muss so beschaffen sein, dass sie einem sachverständigen Dritten innerhalb angemessener Zeit einen Überblick über die Geschäftsfälle und über die Lage des Unternehmens vermitteln kann. Die Geschäftsfälle müssen sich in ihrer Entstehung und Abwicklung verfolgen lassen.

(2) (...)

Grundinformationen

Nach den gesetzlichen Bestimmungen ist es möglich:

- entweder auf Personenkonten (Konten mit den Namen von Lieferanten = Kreditorenkonten[13] und Konten mit den Namen von Kunden = Debitorenkonten[14]) zu buchen
- oder – wie bisher – auf den Konten „Forderungen a. L. u. L. und „Verbindlichkeiten a. L. u. L.", sofern die Rechnungen – getrennt nach Lieferanten und Kunden – in Ordnern z. B. mit alphabetischem Register abgelegt werden.

Bei einem größeren Kunden- und Lieferantenkreis ist die Buchung auf Personenkonten zweckmäßiger. Manche Finanzbuchhaltungsprogramme lassen eine direkte Buchung auf Forderungen und Verbindlichkeiten gar nicht zu; man muss auf Personenkonten buchen.

Einerseits erscheint das Buchen auf Personenkonten zweckmäßiger und einfacher (Überwachung der Zahlungsvorgänge gegenüber jedem einzelnen Kunden und Lieferanten), anderseits brauchen wir am Jahresende für die Bilanz – nach Abstimmung mit den Inventur-

---

13 Da uns die Lieferanten bei einem Einkauf in der Regel ein Zahlungsziel einräumen (z. B. 30 Tage), gewähren sie uns einen Kredit (die Lieferung erhalten wir ja gleich), weshalb man sie auch als **Kredit**oren bezeichnet.

14 Eselsbrücke: KUN<u>DE</u> = <u>DE</u>BITOR.

ergebnissen – den Gesamtbetrag an Forderungen und Verbindlichkeiten aus Lieferungen und Leistungen. Beiden Erfordernissen wird durch folgendes Vorgehen Rechnung getragen:

(1) AR und ER sowie die entsprechenden Zahlungen werden nicht mehr – wie bisher – auf den Konten „Forderungen a. L. u. L." bzw. „Verbindlichkeiten a. L. u. L." gebucht, sondern direkt auf Personenkonten. Personenkonten haben im Gegensatz zu den bisherigen Bestandskonten fünfstellige Kontennummern. Da die Namen der Kunden und Lieferanten in jedem Unternehmen anders sind, sind diese Konten nicht im Kontenrahmen enthalten, sondern müssen im Kontenplan des Unternehmens festgehalten werden. Grundsätzlich ist man bei der Festlegung der Kontennummern frei. Die Heckmann KG hat festgelegt, dass Kunden stets mit der Nummer 2400 und Lieferanten stets mit der Nummer 4400 beginnen. Beispiel: Die Fahrradfabrik Heckmann vergibt für ihren Lieferanten Stahlfabrik Müller AG die Nummer 44001 und für ihren Kunden, das Fahrradgeschäft Birkle OHG die Nummer 24001.[15]

(2) Um den Gesamtbetrag an Forderungen und Verbindlichkeiten zu haben, wird der jeweilige Betrag vom Kundenkonto bzw. Lieferantenkonto auf das Konto „Forderungen a. L. u. L." bzw. „Verbindlichkeiten a. L. u. L." übertragen.

Buchen auf Kreditorenkonten an einem Beispiel

Die Fahrradfabrik Heckmann führt folgende Kreditorenkonten:
44001 Stahlfabrik Müller AG
44002 Farbenfabrik Berger KG

Folgende Anfangsbestände sind vorhanden **und bereits gebucht:**
Rohstoffe: 40000,00 Eur
Hilfsstoffe: 10000,00 Eur
Bank: 30000,00 Eur

Folgende Geschäftsfälle sind zu buchen:
(1) Am 2. Januar 200X kauft die Fahrradfabrik Heckmann Stahlrohre bei der Stahlfabrik Müller für 20000,00 Eur auf Rechnung ein.

---

15 In manchen Finanzbuchhaltungsprogrammen wird der Nummer ein „d" (für Debitor) bzw. „k" (für Kreditor) vorangestellt.

(2) Am 12. Januar 200X kauft die Fahrradfabrik Heckmann bei der Berger KG Fahrradfarben für 5000,00 Eur auf Rechnung ein.

(3) Am 31. Januar zahlt Heckmann die Eingangsrechnung aus Fall 1 durch Banküberweisung.

Bevor nun gebucht wird, ist Folgendes zu **beachten** und zu merken:
- Es wird direkt auf Kreditorenkonten und nicht mehr auf dem Konto „Verbindlichkeiten a. L. u. L." gebucht!
- Auf Kreditorenkonten bucht man auf derselben Seite, auf der man auch „Verbindlichkeiten a. L. u. L." gebucht hätte!

Grundbuch = Journal (Buchungssätze):

Nr.	Soll	Haben	Buchungs-betrag in Eur
1	(2000) Rohstoffe	(44001) Stahlfabrik Müller	20000,00
2	(2020) Hilfsstoffe	(44002) Farbenfabrik Berger	5000,00
3	(44001) Stahlfabrik Müller	(2800) Bank	20000,00

Die Geschäftsfälle sind auf T-Konten zu buchen, und die Daten aus den Kreditorenkonten sind jeweils auf das Konto „Verbindlichkeiten a. L. u. L." zu übertragen:

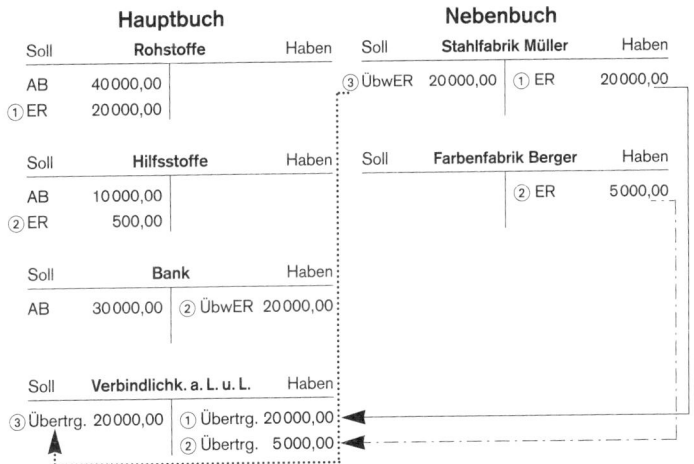

Die uns bisher bekannten Bestandskonten (linke Spalte) werden auch als Hauptbuch bezeichnet. Es sind jene Konten, deren Zahlen wir am Jahresende für die Bilanz – genauer: zur Abstimmung mit den Inventurwerten – brauchen. Die Personenkonten (hier die Kreditoren, rechte Spalte) brauchen wir dafür **nicht**, da ja eine Übertragung auf „Verbindlichkeiten a. L. u. L." erfolgt ist. Die Kreditorenkonten werden deshalb – weil sie für die Bilanzerstellung nicht gebraucht werden – auch als **Nebenbuch** bezeichnet. Zur Nebenbuchhaltung zählen auch die Debitoren.

Aus den Kreditorenkonten erfolgte oben nur eine Übertragung der Zahlen auf das Hauptbuchkonto „Verbindlichkeiten a. L. u. L.". Diese reine **Übertragung** von Zahlen – die ohne Buchungssatz erfolgt – wird auch als „**Verdichtung**" bezeichnet. Ein Buchungssatz darf nicht gemacht werden, weil ja bereits auf den Kreditorenkonten gebucht wurde (siehe Buchungssätze zu den Geschäftsfällen). Würde man einen Buchungssatz machen, würde dies zu einer erneuten – und damit doppelten – Buchung führen.

Die Verdichtungen werden von einem Finanzbuchhaltungsprogramm automatisch durchgeführt.[16] Ebenso wird automatisch der Endbestand auf dem Konto „Verbindlichkeiten a. L. u. L." errechnet ($20\,000,00 + 5\,000,00 - 20\,000,00 = 5\,000,00$).

Durch die Einführung der Kreditorenkonten sehen wir, bei welchem Lieferanten noch welche Rechnungen offen sind und welche bezahlt wurden. Durch die Verdichtung auf „Verbindlichkeiten a. L. u. L." können wir leicht den Gesamtbetrag unserer Schulden bei Lieferanten ermitteln.

In Begründungen für Buchungssätze sind künftig beim Buchen auf Kreditorenkonten entsprechende Aussagen zu treffen. Beispiel: Die Begründung für die Buchung im Haben auf dem Konto „Stahlfabrik Müller" im obigen Geschäftsfall Nr. 1 könnte lauten:[17]

„Stahlfabrik Müller" ist ein Konto der Nebenbuchhaltung, und zwar ein Kreditorenkonto. Auf Kreditorenkonten wird so gebucht,

---

16 Hier wurde einzeln und nicht in einer Summe verdichtet, da viele Fibu-Programme entsprechend vorgehen.

17 Auf die Begründung für die Buchung auf „Rohstoffe" im Soll wird hier verzichtet, da sie bekannt ist.

wie man auch auf dem passiven Bestandskonto „Verbindlichkeiten a. L. u. L." gebucht hätte. Anfangsbestand und Zugänge stehen rechts (= im Haben), Abgänge links (= im Soll). Da hier durch den Kauf der Rohstoffe auf Rechnung unsere Verbindlichkeiten bei der Stahlfabrik zunehmen, buchen wir diese Zunahme der Verbindlichkeiten (= den Zugang) rechts (= im Haben).

Die Begründung einer Buchung auf einem Konto der Nebenbuchhaltung muss die folgenden Elemente enthalten:

- Aufbau einer Begründung bei Buchung auf einem Personenkonto (Beispiel: „Stahlfabrik Müller")
- Art des Nebenbuches (Beispiel: Kreditorenkonto)
- Zugeordnetes Hauptbuchkonto (Beispiel: Verbindlichkeiten aus Lieferungen und Leistungen)
- Art des Hauptbuchkontos (Beispiel: Passives Bestandskonto)
- Buchungsregel (Beispiel: AB und Zugänge im Haben; Abgänge im Soll)
- Anwendung auf den Fall (Beispiel: Durch den Kauf von Rohstoffen auf Rechnung nehmen die Verbindlichkeiten bei der Stahlfabrik Müller zu. Diese Zunahme ist im Haben zu buchen.)

Aufgabe zum Buchen auf Debitorenkonten

Übertragen Sie Ihr Wissen über das Buchen auf Kreditorenkonten nun auf Debitorenkonten! Versuchen Sie auf der Grundlage des Textes über Kreditorenkonten Merksätze für das Buchen auf Debitorenkonten abzuleiten und zu formulieren. Buchen Sie dann den folgenden Vorgang auf den entsprechenden Konten (vgl. S. 92) und bilden Sie für die Geschäftsfälle die Buchungssätze:

Die Fahrradfabrik Heckmann führt folgende Debitorenkonten:

24001 Fahrradgeschäft Birkle OHG
24002 Fahrrad Bike-Müller e. Kfm.

Folgende Anfangsbestände sind vorhanden **und bereits gebucht**:

Bank: 10 000,00 Eur
Kasse: 5 000,00 Eur

Die Buchhaltung wurde bisher ohne Personenkonten geführt. Die noch offenen Rechnungen aus dem vergangenen Jahr wurden bereits auf den Konten gebucht und verdichtet. Sie sollen nur die folgenden Geschäftsfälle buchen (Buchungssätze und auf den Konten) und die notwendigen Übertragungen vornehmen:

(1) Birkle zahlt die noch offene Rechnung über 8 000,00 Eur durch Banküberweisung.

(2) Müller zahlt die noch offene Rechnung über 500,00 Eur durch Barzahlung.

Begründen Sie die Buchung im Geschäftsfall Nr. 1 auf dem Konto „Birkle OHG"!

Hauptbuch

Soll	Bank	Haben
AB	10 000,00	

Soll	Kasse	Haben
AB	5 000,00	

Soll	Forderungen a. L. u. L.	Haben
Übertrag	10 000,00	
Übertrag	500,00	

Nebenbuch

Soll	Birkle OHG	Haben
AB	8 000,00	

Soll	Bike Müller	Haben
AB	500,00	

Lösung zum Buchen auf Debitorenkonten

Hauptbuch

Soll	Bank	Haben
AB	10 000,00	
① ÜbwAR	8 000,00	

Soll	Kasse	Haben
AB	5 000,00	
② Barz	500,00	

Soll	Forderungen a. L. u. L.	Haben
Übertrag	10 000,00	① *Übertrag 8 000,00*
Übertrag	500,00	② *Übertrag 5 00,00*

Nebenbuch

Soll	Birkle OHG	Haben
AB	8 000,00	① ÜbwAR 8 000,00

Soll	Bike Müller	Haben
AB	500,00	② Barz 500,00

Buchungssätze:

Nr.	Soll	Haben	Buchungsbetrag in Eur
1	(2800) Bank	(24001) Birkle OHG	8 000,00
2	(2820) Kasse	(24002) Bike Müller	500,00

Begründung für die Buchung auf dem Konto „Birkle OHG": „Birkle OHG" ist ein Konto der Nebenbuchhaltung, und zwar ein Debitorenkonto. Auf Debitorenkonten bucht man so ,wie man auf dem aktiven Bestandskonto „Forderungen a. L. u. L." gebucht hätte. Anfangsbestand und Zugänge stehen links (= im Soll), Abgänge rechts (= im Haben). Da hier durch die Zahlung der Rechnung unsere Forderung an die Birkle OHG abnimmt, buchen wir diese Abnahme (= Abgang) rechts (= im Haben).

1.6 Von der Eröffnungs- zur Schlussbilanz

Betrachten wir noch einmal den gesamten Ablauf der Buchhaltung eines Geschäftsjahres:

Das Geschäftsjahr beginnt mit der so genannten Eröffnungsbilanz. Diese ist identisch mit der Schlussbilanz der vorangegangenen Rechnungsperiode. Die Anfangsbestände können einfach aus der Schlussbilanz des letztes Geschäftsjahres übernommen werden. Die Übertragung kann auch mit Buchungen vorgenommen werden. Dazu wird das Eröffnungsbilanzkonto als ein Hilfs- oder Zwischenkonto eingerichtet. Das Eröffnungsbilanzkonto nimmt die Bestände spiegelbildlich auf: Beim Buchen mit einem Finanzbuchhaltungsprogramm können die Anfangsbestände in den Folgejahren auch automatisch vorgetragen werden. Die Buchung der Anfangsbestände durch eine Eingabe eines Buchungssatzes muss nur (einmalig) bei Umstellung des Unternehmens auf EDV erfolgen.

Nehmen wir an, das Unternehmen soll zum 2. Januar 200X auf EDV-Buchführung umgestellt werden. Der Anfangsbestand auf dem Konto Kasse betrage 1 500,00 Eur. Der Buchungssatz für die Kontoeröffnung lautet dann:

Soll	Haben	Buchungsbetrag in Eur
(2820) Kasse	(8000) Eröffnungsbilanzkonto[18]	1 500,00

Da der Anfangsbestand auf aktiven Bestandskonten im Soll steht, muss auf dem Konto „Kasse" im Soll und folglich auf dem „Eröff-

---

18 Die Kontennummer „8000" ist dem Teil 2 des Kontenrahmens/Kontenplans entnommen, der erst in Kap. 1.7.2 vorgestellt wird.

nungsbilanzkonto" im Haben gebucht werden. Das Eröffnungsbilanzkonto könnte auch als „Saldovortragskonto" bezeichnet werden.

Nach Eröffnung der Konten kann mit den Buchungen im neuen Geschäftsjahr begonnen werden, sobald die ersten Geschäftsfälle entstehen. Häufig werden die Belege erst vorkontiert und die Buchungen in Listen zusammengefasst: Die erste chronologisch angeordnete Auflistung von Buchungssätzen nennt man **Grundbuch, Journal** (= Tagesbericht) oder auch **Primanota** (= erste Notiz). Dabei sind die Buchungen in **zeitlicher** (chronologischer) Folge geordnet. Gleichartige Buchungen können im Journal zusammengefasst werden.

Die Buchung auf den Konten nennt man auch Buchungen im **Hauptbuch.** Hier wird **sachlich** geordnet. Man kann täglich oder auch in periodischen Abständen buchen. Zum Hauptbuch rechnet man insbesondere die Sachkonten. Das Inventar und die Bilanz zählt man zum Inventar- und Bilanzbuch.

Ein Unternehmen muss nicht nur die Höhe der gesamten Forderungen an Kunden kennen, sondern auch für jeden Kunden den von ihm geschuldeten Betrag beziffern können. Diese Aufgabe muss in der so genannten **Debitorenbuchhaltung** durchgeführt werden (Debitoren = Schuldner). Die Debitoren- oder Kundenbuchhaltung ist ein Beispiel für die so genannten **Nebenbücher (Hilfsbücher** oder **Skontren)**, die in einer ordnungsmäßigen Buchführung eingerichtet sind, deren Bestände aber nicht direkt in der Bilanz erscheinen. Für jeden Kunden wird ein Konto geführt, auf dem Zu- und Abgänge wie auf dem Bilanzkonto „Forderungen" eingetragen werden.[19] Weitere Nebenbücher sind beispielsweise:
- Lagerbuchhaltung
- Anlagenbuchhaltung
- Lohn- und Gehaltsbuchhaltung
- Wechselbuch.

Ein Hauptbuchkonto selbst kann zur Verschaffung größerer Klarheit in weitere Unterkonten aufgeteilt werden, so kann für das Roh-

---

19 Vgl. hierzu Kap. 1.5.8

stoffkonto ein Unterkonto für „Bezugskosten" eingerichtet werden. Die Unterkonten werden nach den Regeln der Eröffnung von Bilanzkonten eröffnet und abgeschlossen. Die Hilfs- und Unterkonten werden größtenteils im Rahmen der Inventur abgestimmt.

Während des Geschäftsjahres können je nach Bedarf periodisch die Salden der Konten errechnet und zu einer so genannten Rohbilanz zusammengefasst werden. Diese ist für die Planung und Kontrolle unbedingt erforderlich.[20]

Die Endbestände auf den Bestandskonten werden mit den Inventurwerten[21] verglichen. Für die Schlussbilanz zum Jahresende sind die Inventurwerte die entscheidende Größe.

Die Schlussbilanz wird in der nächsten Periode die Eröffnungsbilanz. Man nennt dies den Grundsatz der **Bilanzidentität**.

1.7 Ergebniskonten

1.7.1 Buchung an einfachen Beispielen

Angenommen, wir kaufen am 20. Mai 200X ein Gebäude für 500 000 Eur und zahlen den Betrag durch Banküberweisung. Wie lautet der Buchungssatz?

Soll	Haben	Buchungsbetrag in Eur
(0520) Gebäude	(2800) Bank	500 000,00

Nehmen wir weiter an, dass dies der einzige Geschäftsfall in diesem Jahr war. Wie hat sich unser Eigenkapital verändert?

Durch diesen Geschäftsfall hat es sich **nicht** geändert; das Konto „Eigenkapital" war von diesem Geschäftsfall nicht betroffen. Das ist richtig so, denn wir sind **durch diesen Geschäftsfall weder „ärmer" noch „reicher" geworden, weil wir** für unser Geld (500 000 Eur) **einen Vermögensgegenstand** (Gebäude) **im direkten Gegenzug erhalten haben**. Wir haben zwar jetzt 500 000 Eur weniger auf dem Bankkonto, sind aber nicht „ärmer" geworden, weil wir für das Geld das

---

20 Vgl. hierzu auch Kap. 7.4.
21 Vgl. hierzu auch Kap. 7.2.

Gebäude erhalten haben. Man kann es sich als eine Art Tausch (Gebäude gegen Geld) vorstellen.

Nehmen wir ein weiteres Beispiel: Wir zahlen Miete in Höhe von 2 000 Eur durch Banküberweisung. Wie lautet der Buchungssatz?

Beginnen wir bei unseren Überlegungen zunächst mit dem Konto „Bank". Es dürfte keine Schwierigkeiten bereiten, auf welcher Seite des Kontos „Bank" zu buchen ist: Auf dem Konto „Bank" stehen der Anfangsbestand und Zugänge links, Abgänge rechts. Durch die Überweisung nimmt unser Bankkonto rechts (im Haben) ab.

Schwieriger ist die Frage, auf welchem anderen Konto die Miete zu buchen ist. Da Miete etwas mit Gebäude zu tun hat, könnte man zunächst an das Konto „Gebäude" denken. Diese Überlegung scheidet aber schnell aus, denn durch die Mietzahlung hat sich **unser Bestand** an Gebäuden ja nicht verändert.

„Gebäude" ist ein aktives Bestandskonto, auf dem gebucht wird, wenn sich unser Bestand (durch Kauf eines neuen Gebäudes oder Verkauf eines vorhandenen Gebäudes) an Gebäuden ändert. Wir haben aber kein Gebäude gekauft oder verkauft, sondern nur gemietet. Das Konto „Gebäude" scheidet also für die Buchung der Miete aus. Geeignet scheint aber ein anderes Bestandskonto, nämlich „Eigenkapital". Die folgenden Überlegungen sollen dies verdeutlichen: Wir sind **„ärmer" geworden, weil wir** für die 2 000 Eur **keinen Vermögenswert** (z.B. ein Gebäude oder eine Maschine) **bekommen haben**, denn das gemietete Gebäude gehört uns ja nicht. (Im Gegensatz zum ersten Fall, in dem ein Gebäude gekauft wurde.) **Unser Eigenkapital wird folglich kleiner**. Da Eigenkapital ein passives Bestandskonto ist, hat es den Anfangsbestand und Zunahmen rechts (im Haben) und Abgänge links. Da unser Eigenkapital abnimmt, buchen wir links (im Soll).

Der Buchungssatz lautet:

Soll	Haben	Buchungsbetrag in Eur
(3000) Eigenkapital	(2800) Bank	2 000,00

Angenommen die Bank schreibt uns 1 000 Eur Zinsen auf unserem Bankkonto gut. Auf welcher Seite buchen wir den Betrag auf dem Konto „Bank"?

Wir buchen im Soll (links), da das Bankkonto ein aktives Bestandskonto ist, das den Anfangsbestand und Zugänge links (im Soll) hat, da es von der linken Seite der Bilanz (Position „Flüssige Mittel") abgeleitet wurde. Auf welchem Konto buchen wir aber dann im Haben?

Durch die Zinsgutschrift sind wir **„reicher" geworden, ohne für das Geld** einen Vermögensgegenstand (z. B. eine Maschine) **hergeben zu müssen. Unser Eigenkapital nimmt zu,** denn die 1 000 Eur gehören uns, d. h. dem Unternehmer. Der Buchungssatz lautet folglich:

Soll	Haben	Buchungsbetrag in Eur
(2800) Bank	(3000) Eigenkapital	1 000,00

Warum buchen wir auf „Eigenkapital" im Haben?

Eigenkapital steht in der Bilanz rechts, folglich hat auch das Konto „Eigenkapital" den Anfangsbestand rechts (= im Haben). Durch die Zinsgutschrift nimmt unser Eigenkapital zu, d. h. die 1 000 Eur kommen zum Anfangsbestand dazu, folglich buchen wir im Haben.

Machen wir ein anderes Beispiel: Wir zahlen Gehälter in Höhe von 20 000 Eur durch Banküberweisung. Wie lautet der Buchungssatz?

Bevor Sie die Lösung ansehen, versuchen Sie selbst den Buchungssatz mit Begründung zu machen, decken also den folgenden Text zunächst zu!

- Durch die Überweisung nimmt unser Bankkonto ab. „Bank" hat den Anfangsbestand und Zugänge links (im Soll), da es von der linken Seite der Bilanz (Position „Flüssige Mittel") abgeleitet ist. Abgänge stehen rechts (= im Haben). Unser Bankkonto nimmt durch die Überweisung ab, folglich buchen wir im Haben (rechts).

- Für die 20 000 Eur bekommen wir die Arbeitsleistung, aber **keinen Vermögenswert im direkten Gegenzug,** d. h. **wir werden zunächst**[22] „ärmer". Unser Eigenkapital nimmt ab. Da es ein passives Bestandskonto ist, wird die Abnahme links (im Soll) gebucht, denn der Anfangsbestand und Zugänge stehen rechts (da die Position „Eigenkapital" in der Bilanz rechts steht).

---

22 „Zunächst", weil wir durch die „Einnahmen" aus Verkäufen andererseits „reicher" werden.

Der Buchungssatz lautet dann:

Soll	Haben	Buchungsbetrag in Eur
(3000) Eigenkapital	(2800) Bank	20 000,00

Wird das Eigenkapital gemindert, spricht man von **Aufwendungen.** Beispiele: Mietaufwendungen, Gehälter, Zinsaufwendungen und Werbeaufwendungen.

Es erfolgt eine Zahlung (Geld fließt ab), **ohne dass man einen Vermögensgegenstand dafür erhält.**

Wird das Eigenkapital vermehrt, spricht man von **Erträgen.** Beispiele: Mieterträge, Zinserträge und Provisionserträge. Wir erhalten Geld, **ohne** allerdings **einen Vermögenswert abgeben zu müssen.**

Wie können wir feststellen, ob wir **insgesamt** im Jahr 200X „ärmer" oder „reicher" geworden sind?

Wir müssen auf dem Konto Eigenkapital den Schlussbestand errechnen (und mit den Inventurergebnissen vergleichen) und mit dem Anfangsbestand in Beziehung setzen (siehe Kapitel 1.3.3 „Erfolgsermittlung durch Eigenkapitalvergleich").

Sicher interessiert sich die Unternehmensleitung für diese Zahl (= Gewinn oder Verlust). Leider ist aus ihr nicht erkennbar, wodurch dieser Gewinn zustande kam. Es ist auch nicht auf einen Blick erkennbar, in welcher Höhe z. B. Personalkosten angefallen sind oder wie hoch die Mietaufwendungen waren. Will man dies wissen, müsste man das Eigenkapitalkonto ansehen und die entsprechenden Zahlen addieren.

Nehmen wir an, das Eigenkapitalkonto eines Unternehmens hätte folgendes Aussehen:

Soll		Eigenkapital		Haben
① Gehaltszahlung	20 000 Eur		Anfangsbestand	100 000 Eur
③ Zinszahlung	2 000 Eur		② Mietertrag	24 000 Eur
④ Steuern	4 000 Eur		⑤ Zinsgutschrift	6 000 Eur
⑥ Gehaltszahlung	5 000 Eur		⑦ Mietertrag	24 000 Eur
⑧ Steuern	3 000 Eur			
⑨ Gehaltszahlung	20 000 Eur			

Hier wäre es noch relativ einfach, die Höhe der Personalkosten (Gehälter) zu ermitteln:

20 000 Eur + 5 000 Eur + 20 000 Eur = 45 000 Eur. Nun stellen Sie sich ein Eigenkapitalkonto mit 200 Positionen auf jeder Kontenseite vor! Es ist eine mühselige Arbeit aus 200 Positionen jeweils die Gehaltszahlungen herauszusuchen und anschließend zu addieren. Außerdem besteht die Gefahr, dass man eine Position übersieht.

Was kann man tun, um das Problem zu lösen?

Denken Sie erst nach, bevor Sie weiterlesen!

Man bucht während des Jahres nicht auf dem Konto „Eigenkapital", sondern macht für jede Aufwandsposition (z. B. Mietaufwand; Gehälter; Zinsaufwand) und für jede Ertragsposition (z. B. Mieterträge, Zinserträge) jeweils ein eigenes Konto. Dadurch sieht man zum Beispiel relativ schnell, wie viel Miete wir in diesem Jahr gezahlt haben oder wie viel Zinsen uns die Bank gutgeschrieben hat. Auf welcher Seite auf diesen neuen Konten gebucht werden muss, ist ganz einfach: Man bucht auf diesen Aufwands- und Ertragskonten auf der Seite, auf der man auch auf dem Eigenkapitalkonto buchen würde.

Wir merken uns:
- Wir machen für jede Aufwandsposition und für jede Ertragsposition ein eigenes Konto.
- Auf diesen Aufwandskonten oder Ertragskonten bucht man auf der Kontenseite, auf der man auch auf dem Konto „Eigenkapital" gebucht hätte.

Aufwandskonten	Ertragskonten
Wir werden „ärmer", weil wir eine Zahlung vornehmen (Geld hergeben) **ohne einen Vermögenswert dafür zu bekommen.**	Wir werden „reicher", weil Geld zufließt, **ohne dass wir einen Vermögenswert hergeben müssen.**
Beispiele für Aufwandskonten:	Beispiele für Ertragskonten:
• Gehälter • Mietaufwendungen • Zinsaufwendungen • Reparaturen • Steuern • Werbeaufwendungen	• Mieterträge • Zinserträge • Provisionserträge

Da Aufwandskonten und Ertragskonten etwas über die Quellen des Erfolges aussagen, nennt man sie auch **Erfolgskonten oder Ergebniskonten**. Aufgrund gesetzlicher, insbesondere steuerrechtlicher Vorschriften ist es nicht erlaubt, Aufwendungen und Erträge auf einem Konto auf unterschiedlichen Seiten zu buchen. Es wäre also nicht zulässig, z. B. ein Konto „Miete" zu machen und dort auf der einen Seite die Mietaufwendungen und auf der anderen Seite die Mieterträge zu buchen. Es müssen zwei Konten – ein Aufwandskonto „Mietaufwendungen" und ein Ertragskonto „Mieterträge" – geführt werden. Entsprechendes gilt für die Zinsen: Wir müssen ein Konto „Zinsaufwendungen" und ein Konto „Zinserträge" führen.

Greifen wir ein Beispiel vom Anfang dieses Kapitels auf:

Wir zahlen Miete in Höhe von 2 000 Eur durch Banküberweisung.

Am Anfang dieses Kapitels wurde erklärt, auf welcher Seite auf den Konten „Bank" und „Eigenkapital" gebucht wird (eventuell dort nochmals nachlesen!). Wir wollen nun aber nicht mehr auf dem Konto „Eigenkapital" buchen, sondern auf dem Konto „Mietaufwendungen". Wie lautet der Buchungssatz?

Versuchen Sie es zunächst selbst! Denken Sie daran: Auf dem Konto „Mietaufwendungen" bucht man auf der Seite, auf der man auch dem Konto „Eigenkapital" buchen würde!

Der Buchungssatz lautet:

Soll	Haben	Buchungsbetrag in Eur
Mietaufwendungen	Bank	2 000,00

Begründung: Durch die Mietzahlung nimmt unser Eigenkapital ab. „Eigenkapital" ist ein passives Bestandskonto mit Anfangsbestand und Zugängen im Haben (rechts) und Abgängen links (im Soll). Auf „Eigenkapital" würde man im Soll (links) buchen, folglich bucht man auch auf dem Konto „Mietaufwendungen" links (im Soll).

Bilden Sie nun den Buchungssatz für die Zinsgutschrift in Höhe von 1 000 Eur (siehe auch den Anfang dieses Kapitels):

Nicht gleich weiterlesen! Erst versuchen!

Soll	Haben	Buchungsbetrag in Eur
Bank	Zinserträge	1 000,00

Wir verkaufen eine gebrauchte Maschine im Wert von 8000 Eur für 8000 Eur. Der Betrag wird auf unser Bankkonto überwiesen. Wie lautet der Buchungssatz?

Nicht gleich weiterlesen! Erst versuchen!

Der Buchungssatz lautet:

Soll	Haben	Buchungsbetrag in Eur
Bank	Maschinen	8 000,00

Hier fließen uns 8000 Eur zu. Wir werden aber durch diesen Vorgang **nicht** „reicher", denn wir müssen für die 8 000 Eur einen Vermögenswert, nämlich die gebrauchte Maschine, hergeben. Da wir nicht „reicher" werden, ist das Konto „Eigenkapital" auch nicht berührt. In dem zu formulierenden Buchungssatz kann folglich weder ein Aufwandskonto noch ein Ertragskonto vorkommen! Es ist ein reiner Tauschvorgang (Geld gegen Maschine).

Jetzt ist es an der Zeit zu überprüfen, ob Sie das neue Stoffgebiet verstanden haben. Lösen Sie zunächst die folgenden Aufgaben und vergleichen Sie **erst danach** mit den Musterlösungen!

Aufgaben

(1) Bilden Sie für folgende Vorgänge Buchungssätze:

    (a) Wir haben eine Lagerhalle vermietet und erhalten die Miete in Höhe von 8 000 Eur auf unser Bankkonto überwiesen. (Belegart: Kontoauszug)

    (b) Für eine Werbemaßnahme zahlen wir 4 000 Eur durch Banküberweisung. (Belegart: Kontoauszug)

    (c) Eine Reparaturrechnung in Höhe von 100 Eur wird bar bezahlt. (Belegart: Kassenbuch)

    (d) Wir verkaufen einen gebrauchten PC unserer Buchhaltung im Wert von 1 000 Eur für 1 000 Eur. Der Betrag wird auf unser Bankkonto überweisen. (Belegart: Kontoauszug)

(2) Begründen Sie für den Fall (a), auf welcher Seite des Ertragskontos Sie gebucht haben!

(3) Erklären Sie, warum der folgende Buchungssatz für den Fall (1a) falsch wäre:

Soll	Haben	Buchungsbetrag in Eur
Gebäude	Bank	8 000,00

Lösungen

Aufgabe (1)

	Soll	Haben	Buchungsbetrag in Eur
(a)	Bank	Mieterträge	8 000,00
(b)	Werbeaufwendungen	Bank	4 000,00
(c)	(Instandhaltung und) Reparaturen	Kasse	1 00,00
(d)	Bank	Geschäftsausstattung	1 000,00

Aufgabe (2): Auf dem Konto „Mieterträge" bucht man auf derselben Kontenseite, auf der man auch auf dem Konto „Eigenkapital" gebucht hätte: „Eigenkapital" ist ein passives Bestandskonto mit Anfangsbestand und Zugängen rechts (im Haben), da die Position auch rechts in der Bilanz steht. Auf „Eigenkapital" hätte man rechts (im Haben) gebucht, da es durch die Mieteinnahme zunimmt (Zugang). Folglich buche ich auch auf dem Konto „Mieterträge" rechts, d. h. im Haben.

Aufgabe (3): „Gebäude" ist ein aktives Bestandskonto. Auf ihm steht der Anfangsbestand an Gebäuden und Zugänge sowie Abgänge. Der **Bestand an Gebäuden** hat sich aber durch die Mieteinnahme nicht geändert. Wir haben nicht mehr oder weniger Gebäude als zuvor. Durch die Mieteinnahme sind wir aber „reicher" geworden, d. h., das „Eigenkapital" nimmt zu. Diese Zunahme des Eigenkapitals bucht man auf dem Unterkonto „Mieterträge".

1.7.2 Gewinnermittlung und Ergebnisquellen sowie Kontenrahmen/Kontenplan Teil 2

Die Höhe des Erfolges (Gewinn oder Verlust) können wir durch Eigenkapitalvergleich errechnen. Ist das Eigenkapital am Ende des Geschäftsjahres höher als am Anfang, dann hat das Eigenkapital zugenommen, d.h. es wurde Gewinn gemacht. Ist das Eigenkapital am Ende niedriger als am Anfang, dann hat das Eigenkapital abgenommen; wir sind folglich „ärmer" geworden. Es entstand ein Verlust. Bei der Eigenkapitalvergleichs-Rechnung erhalten wir das Endergebnis, können aber nicht feststellen, wodurch der Gewinn oder Verlust entstanden ist. Aber gerade diese Information ist eine wichtige Grundlage für unternehmerische Entscheidungen und Planungen. Die **Quellen des Ergebnisses** (Gewinn oder Verlust) können den Aufwands- und Ertragskonten entnommen werden. Welche Aufwands- und Ertragskonten es üblicherweise in einem Unternehmen gibt, kann dem Kontenrahmen der Branche entnommen werden. Der bisher von uns benutzte Kontenrahmen (Teil 1) enthielt im Wesentlichen die aktiven und passiven Bestandskonten. Er wird nun um einen weiteren Teil ergänzt, der die Ergebniskonten beinhaltet. Wichtig für uns sind die Kontenklassen 5 bis 7, da dort die Ergebniskonten stehen:

- **Erträge:** Kontenklasse 5
- **Aufwendungen:** Kontenklasse 6 und 7

Jedes Unternehmen macht aus diesem Kontenrahmen seinen individuellen Kontenplan. Konten, die das Unternehmen nicht braucht, werden gestrichen; neue Konten werden eingefügt, wenn sie vom Unternehmen gebraucht werden, im Kontenrahmen aber nicht enthalten sind.

Nehmen wir an, ein Unternehmen hat zu Beginn des Jahres ein Eigenkapital in Höhe von 100 000 Euro. Nehmen wir in diesem einen Beispiel weiter an, das Unternehmen führt nur die unten stehenden Erfolgskonten und hat im Laufe des Geschäftsjahres die folgenden Buchungen vorgenommen:

Soll	(6300) Gehälter		Haben
(1) Übw.Geh.	10 000		
(3) Übw.Geh.	10 000		
(4) Übw.Geh.	10 000		
(5) Übw.Geh.	10 000		
(6) Übw.Geh.	10 000		
(7) Übw.Geh.	10 000		
(9) Übw.Geh.	10 000		
(22) Übw.Geh.	10 000		
(23) Übw.Geh.	10 000		
(24) Übw.Geh.	10 000		
(25) Übw.Geh.	10 000		
(26) Übw.Geh.	10 000		

Soll	(5710) Zinserträge		Haben
		(2) ZE	2 000
		(8) ZE	3 500

Soll	(6700) Mieten, Pachten		Haben
(10) Übw.	2 000		
(11) Übw.	2 000		
(12) Übw.	2 000		
(11) Übw.	2 000		
(14) Übw.	2 000		

Soll	(5410) Provisionserträge		Haben
		(27) ZE	4 000
		(28) ZE	4 000
		(29) ZE	4 000
		(30) ZE	4 000
		(31) ZE	4 000

Soll	(6700) Mieten, Pachten		Haben
(15) Übw.	2 000		
(16) Übw.	2 000		
(17) Übw.	2 000		
(18) Übw.	2 000		
(19) Übw.	2 000		
(20) Übw.	2 000		
(21) Übw.	2 000		

Soll	(5410) Provisionserträge	Haben
	(32) ZE	4 000
	(33) ZE	20 000

Wie erfolgreich war das Unternehmen im vergangenen Jahr und welche Quellen (Ursachen) hatte dieser Erfolg? Um dies feststellen zu können, müssen wir zunächst ermitteln, wie hoch unsere jeweiligen Aufwendungen und Erträge waren. Addiert man die Beträge auf den Konten, erhält man folgende Zahlen:

- Gehälter   120 000
- Mieten, Pachten   24 000
- Zinserträge   5 500
- Provisionserträge   44 000

Wie hoch ist nun der Gewinn oder Verlust dieses Unternehmens und woher kommt dieses Ergebnis?

Denken Sie erst nach, bevor sie weiterlesen!

Das Unternehmen hat insgesamt 49 500 Euro Erträge erwirtschaftet, denen insgesamt 144 000 Euro Aufwendungen gegenüberstehen. Das Unternehmen hatte mehr Aufwendungen als Erträge, dies bedeutet, dass ein Verlust in Höhe von 94 000 Euro erwirtschaftet wurde.

Allgemein können wir feststellen:
- Erträge sind größer als die Aufwendungen = Gewinn
- Aufwendungen sind größer als die Erträge = Verlust

Woher kommt der Verlust an unserem Beispiel?
- Es wurden zu geringe Erträge erwirtschaftet, die nicht ausreichten, die Aufwendungen zu decken.
- Allein die Gehälter waren mehr als doppelt so hoch wie die Summe der Erträge!

Die Unternehmensleitung könnte nun überlegen, was im kommenden Jahr getan werden könnte, um einerseits die Erträge zu steigern und andererseits die Personalkosten abzubauen.

Hätten wir den Verlust durch Vergleich des Eigenkapitals errechnet, wären wir ebenfalls zum Ergebnis (Verlust in Höhe von 94 5000 Euro) gekommen, hätten an dieser Zahl aber nicht erkennen können, dass die enormen Personalkosten der ausschlaggebende Faktor waren. Dies zeigt, dass die Ergebniskonten wichtig sind, um Aussagen über die Quelle des Ergebnisses (Gewinn oder Verlust) zu erhalten.

Die Erfolgsrechnug ist eine **Jahres**ergebnisrechnung, in der ermittelt werden soll, wie hoch der Gewinn oder Verlust **in diesem Jahr** war und welche Ursachen er **in diesem** Jahr hatte.

Betrachten wir anstelle des obigen Beispiels die Heckmann KG, dann gilt es noch folgende Überlegungen anzustellen:

Die Heckmann KG ist eine Kommanditgesellschaft, für die die Bestimmungen der §§ 161 bis 177a HGB gelten. Im Hinblick auf den Gewinn und seine Verteilung sind die §§ 167 bis 169 HGB bedeutsam. In der Regel finden sich im Gesellschaftsvertrag Bestimmungen über die Gewinnverteilung. In diesem Vertrag ist u. a. zu konkretisieren, was man unter einem „angemessenen Verhältnis" versteht. In § 168 Abs. 2 HGB wird nämlich davon gesprochen, den Restgewinn in angemessenem Verhältnis zu verteilen.

In einer KG gibt es mindestens einen Vollhafter (Komplementär) und mindestens einen Teilhafter (Kommanditist). Der Teilhafter haftet nur beschränkt in Höhe der vertraglich festgesetzten und im Handelsregister eingetragenen Kapitaleinlage. Die unterschiedlichen Haftungsverhältnisse spiegeln sich auch in der Weise, dass für Komplementäre und für Kommanditisten getrennte Eigenkapitalkonten geführt werden. Wenn wir bisher in diesem Band nur vom Konto „Eigenkapital" gesprochen haben, haben wir insofern eine Vereinfachung vorgenommen.

Der Gewinnanteil des Kommanditisten darf dem (festen) Eigenkapitalkonto nicht zugeschrieben werden. Der Gewinnanteil des Kommanditisten – der nicht zu Privatentnahmen berechtigt ist – stellt bis zur Ausschüttung des Gewinns eine Verbindlichkeit der Gesellschaft gegenüber dem Teilhafter dar und wird so lange auf einem entsprechenden Verbindlichkeitskonto erfasst. Soll der Gewinnanteil dem Unternehmen weiter zur Verfügung stehen, dann wird er auf einem Konto „Gesellschafter-Darlehen" erfasst. Bei

Komplementären kann der Gewinn dem Eigenkapitalkonto des Vollhafters zugeschrieben werden. Häufig werden ein festes Kapitalkonto (für den im Handelsregister eingetragenen Geschäftsanteil) und ein variables Kapitalkonto für die „Bewegungen" (Privatentnahmen und Privateinlagen; Gewinnanteil; Vorwegvergütungen) geführt.

Die Art und Weise der Gewinnverteilung hängt – wie dieses Beispiel zeigt – von der Rechtsform des Unternehmes ab. In einer Aktiengesellschaft ergeben sich ganz andere Konsequenzen.[23] An dieser Stelle ist uns die Erkenntnis wichtig, dass die Gewinnermittlung nicht das „Ende" des Vorgangs darstellt, sondern durch die Gewinnverteilung erst „beendet" wird.

In unserem vereinfachten Beispiel hat die Reihenfolge der Positionen in der Gewinn- und Verlustrechnung keine Rolle gespielt. Es waren auch relativ wenige Aufwands- und Ertragspositionen. Für große Kapitalgesellschaften schreibt das HGB in § 275 HGB die Reihenfolge der Positionen vor, wodurch u. a. eine Vergleichbarkeit erleichtert wird. In § 276 HGB werden Vereinfachungen für kleine und mittelgroße Kapitalgesellschaften genannt und in § 277 Vorschriften zu einzelnen Positionen dargestellt.

Auf die GuV-Rechnung in Unternehmen und die darin enthaltenen Positionen kommen wir zurück, nachdem wir uns in Kap.1.7.3 mit den Umsatzerlösen und den zugeordneten Aufwendungen beschäftigt haben.

Vielleicht standen Sie bei der Lösung der Aufgaben 1a bis 1d im Kapitel 1.7.1 vor dem Problem, geeignete Aufwands- und Ertragskonten zu finden, um die Geschäftsfälle buchen zu können. Eine Erweiterung des Ihnen bisher bekannten Kontenrahmens um die Aufwands- und Ertragskonten erleichtert die Orientierung und hilft bei der Suche nach geeigneten Konten.

---

23 Vgl. hierzu auch Kap. 7.4.2 „Jahresabschluss und Ergebnisverwendung".

Von der Heckmann KG (Teil 2, Ergebniskonten) zugrunde gelegter Kontenrahmen

ERTRÄGE

5 Erträge

50 Umsatzerlöse[3]
5000 Umsatzerlöse für Erzeugnisse und Leistungen
5001 Preisnachlässe und Rücksendungen
5002 Kundenskonti
5003 Kundenboni
5010 Umsatzerlöse für Handelswaren
Untergliederung wie 5000

52 Erhöhung oder Verminderung des Bestandes an unfertigen und fertigen Erzeugnissen
5200 Bestandsveränderungen
5210 Bestandsveränderungen an unfertigen Erzeugnissen
5220 Bestandsveränderungen an fertigen Erzeugnissen

53 Andere aktivierte Eigenleistungen

54 Sonstige betriebliche Erträge[3]
5400 Erträge aus Vermietung und Verpachtung (Mieterträge)
5410 Provisionserträge
5420 Eigenverbrauch
5421 Umsatzsteuerpflichtige unentgeltliche Wertabgabe
5422 Umsatzsteuerfreie unentgeltliche Wertabgabe
5430 Andere sonstige betriebliche Erträge

5440 Erträge aus Werterhöhungen von Gegenständen des Anlagevermögens (Zuschreibungen)
5450 Erträge aus der Auflösung oder Herabsetzung von Wertberichtigungen auf Forderungen
5460 Erträge aus dem Abgang von Gegenständen des Sachanlagevermögens
5461 Erlöse aus dem Abgang von Gegenständen des Sachanlagevermögens bei Buchgewinn (Verrechnung mit Konto 5460)
5470 Erlöse aus direkt abgeschriebenen Forderungen
5480 Erträge aus der Auflösung oder Herabsetzung von Rückstellungen
5490 Andere periodenfremde Erträge

55 Erträge aus Beteiligungen

56 Erträge aus anderen Finanzanlagen

57 Sonstige Zinsen und ähnliche Erträge
5710 Zinserträge
5730 Diskonterträge
5780 Erträge aus Wertpapieren des Umlaufvermögens

58 Außerordentliche Erträge

---

3 Abgrenzung entsprechend § 277 Abs. 1 HGB

Kontenrahmen der Heckmann KG (Teil 2, Ergebniskonten)

AUFWENDUNGEN

6 Betriebliche Aufwendungen

60 Aufwendungen für Roh-, Hilfs- und Betriebsstoffe und für bezogene Waren[4]
- 6000 Aufwendungen für Rohstoffe und Fremdbauteile (Fertigungsmaterial)
- 6002 Lieferantenskonti
- 6020 Aufwendungen für Hilfsstoffe
- 6030 Aufwendungen für Betriebsstoffe
- 6040 Aufwendungen für sonstiges Material (z. B. Verpackungsmaterial)
- 6050 Aufwendungen für Energie- und Treibstoffe
- 6080 Aufwendungen für Handelswaren

61 Aufwendungen für bezogene Leistungen
- 6110 Fremdleistungen für Erzeugnisse
- 6130 Instandhaltung und Reparaturen
- 6140 Frachten und Fremdlager
- 6150 Vertriebsprovisionen
- 6170 Sonstige Aufwendungen für bezogene Leistungen

62 Löhne

63 Gehälter

64 Soziale Abgaben und Aufwendungen für Altersversorgung und Unterstützung
- 6400 Arbeitgeberanteil zur Sozialversicherung
- 6420 Beiträge zur Berufsgenossenschaft
- 6440 Aufwendungen für Altersversorgung

- 6490 Aufwendungen für Unterstützung

65 Abschreibungen
- 6500 Abschreibungen auf Sachanlagen
- 6510 Abschreibungen auf immaterielle Vermögensgegenstände des Anlagevermögens
- 6520 Abschreibungen für Aufwendungen der Ingangsetzung
- 6530 Abschreibungen auf Vermögensgegenstände des Umlaufvermögens, soweit diese die üblichen Abschreibungen überschreiten

66 Sonstige Personalaufwendungen

67 Aufwendungen für die Inanspruchnahme von Rechten und Diensten
- 6700 Mieten, Pachten
- 6710 Leasing
- 6750 Kosten des Geldverkehrs
- 6770 Rechts- und Beratungskosten
- 6790 Sonstige Aufwendungen für die Inanspruchnahme von Rechten und Diensten

68 Aufwendungen für Kommunikation
- 6800 Büromaterial
- 6820 Postgebühren
- 6850 Reisekosten
- 6860 Bewirtung und Repräsentation
- 6870 Werbung
- 6880 Spenden
- 6890 Sonstige Aufwendungen für Kommunikation

69 Aufwendungen für Beiträge und Sonstiges sowie Wertkorrekturen und periodenfremde Aufwendungen
- 6900 Versicherungsbeiträge
- 6920 Beiträge zu Wirtschaftsverbänden und Berufsvertretungen

---

4 Werden **Material- oder Wareneinkäufe direkt** in der **Kontengruppe 60** gebucht, sind die **Unterkonten „Bezugskosten"** und **„Nachlässe"** bei den betreffenden Konten der Gruppe 60 statt in der Gruppe 20 zu führen.

Kontenrahmen der Heckmann KG (Teil 2, Ergebniskonten)

AUFWENDUNGEN

6 Betriebliche Aufwendungen

6930 Verluste aus Schadens-
fällen
6950 Abschreibungen auf Forderungen
6951 Abschreibungen auf
Forderungen
wegen Uneinbringlich-
keit
6952 Einstellung in Einzelwertberichtigungen
6953 Einstellung in Pau-
schalwertberichti-
gungen

6960 Verluste aus dem Abgang
von Gegenständen des
Sachanlagevermögens
6961 Erlöse aus dem Ab-
gang von Gegenstän-
den des Anlagevermö-
gens bei Buchverlust
(Verrechnung mit
Konto 6960)
6980 Zuführungen zu Rückstellungen für Gewährleistung
6990 Periodenfremde Aufwendungen

7 Weitere Aufwendungen

70 Betriebliche Steuern
7020 Grundsteuer
7030 Kraftfahrzeugsteuer
7070 Verbrauchsteuern
7080 Sonstige betriebliche
Steuern
7090 Steuernachzahlungen/
-rückerstaltungen bei be-
trieblichen Steuern
**74 Abschreibungen auf
Finanzanlagen und auf
Wertpapiere des Umlauf-
vermögens**

**75 Zinsen und ähnliche Aufwendun-
gen**
7510 Zinsaufwendungen
7530 Diskontaufwendungen
76 Außerordentliche Aufwendungen
**77 Steuern vom Einkommen und
Ertrag**
7700 Gewerbeertragsteuer
7710 Körperschaftsteuer
7720 Kapitalertragsteuer
7790 Steuernachzahlungen/-rück-
erstaltungen bei Steuern vom
Einkommen und Ertrag

ERGEBNISRECHNUNG

8 Ergebnisrechnung

80 Eröffnung
8000 Eröffnungsbilanzkonto
8020 GuV-Konto

KOSTEN- UND LEISTUNGSRECHNUNG

9 Kosten- und Leistungsrechnung (KLR)

Vorgesehen für die buchhalterische
Abwicklung der Kosten- und Leistungsrechnung
In der Praxis wird die KLR gewöhnlich
tabellarisch durchgeführt.

Kontenrahmen (Teil 2)

In Kap. 1.5.6 haben wir uns nur mit dem Teil des Kontenrahmens beschäftigt, der Bestandskonten umfasst. Der Kontenrahmen einer Branche bzw. der Kontenplan der Heckmann KG enthält selbstverständlich auch Aufwands- und Ertragskonten:

- **Erträge**   = Kontenklasse 5
- **Aufwendungen** = Kontenklassen 6 und 7

Die Kontenklasse 8 enthält Konten der Ergebnisrechnung, wie z. B. das GuV-Konto. Der Kontenrahmen enthält – wie bei den Bestandskonten auch – viele Konten, die wir erst im weiteren Verlauf kennen lernen werden. Der 2. Teil des Kontenrahmens ist auf S. 107 f. abgebildet.

1.7.3 Umsatzerlöse und Materialaufwand

Einführung an einem einfachen Beispiel

In allen bisherigen Geschäftsfällen kamen keine Verkäufe von Fertigerzeugnissen vor, obwohl gerade dem Verkauf der hergestellten Produkte eine zentrale Bedeutung zukommt. Aber erst jetzt – nachdem wir uns mit dem Buchen auf Bestandskonten und Aufwands- und Ertragskonten beschäftigt haben – können wir uns buchhalterisch den Verkäufen zuwenden.

Nehmen wir zunächst ein einfaches **Beispiel**: Sie haben zwei Fahrräder. Ein Fahrrad haben Sie heute für 500,00 Eur und eines für 700,00 Eur eingekauft und bar bezahlt. Außer dem Konto „Kasse", das wir nicht darstellen, führen Sie ein aktives Bestandskonto „Fahrräder" in Ihrer privaten Buchhaltung. Da Sie bisher kein Fahrrad hatten, gibt es auf diesem Konto keinen Anfangsbestand. Nach Buchung der beiden Einkäufe sieht ihr Konto „Fahrräder" wie folgt aus:

Soll	**Fahrräder**	Haben
① Barkauf[24] 500,00		
② Barkauf 700,00		

---

24 Barkauf künftig „Bark" abgekürzt; Barverkauf kürzen wir mit „Barvk" ab.

Ebenfalls heute kommt ein Freund und bietet Ihnen für das zweite Fahrrad 850,00 Eur. Sie sind begeistert und verkaufen es ihm sofort gegen Barzahlung. Wie ist dieser Vorgang zu buchen?

Vermutlich haben Sie folgende Gedanken: Da Sie ein Fahrrad verkauft haben, stellt dies einen Abgang auf dem Konto „Fahrräder" dar, der auf dem aktiven Bestandskonto rechts (im Haben) zu buchen sei. Da Sie das Geld bar erhalten, buchen Sie auf Ihrem Konto „Kasse" links (im Soll) einen Zugang. Ihr Konto „Fahrräder" würde dann so aussehen:

Soll	**Fahrräder**		Haben
① Bark	500,00	③ Barvk	850,00
② Bark	700,00		

Unter Einbeziehung der Überlegungen aus Kap. 1.7.1 scheint dies richtig zu sein: Da wir einen Vermögensgegenstand (Fahrrad) hergeben mussten, sind wir nicht „reicher" geworden, folglich kann auch kein Ertragskonto betroffen sein.

Sie gehen am Abend in den Fahrradkeller und stellen im Rahmen Ihrer „kleinen" Inventur fest, dass Sie noch ein Fahrrad (nämlich das aus Geschäftsfall 1) im Wert von 500,00 Eur im Keller haben. Dieses Inventurergebnis vergleichen wir nun in gewohnter Weise mit dem Endbestand auf dem Konto „Fahrräder". Der Endbestand auf dem Konto beträgt rechnerisch:

500,00 Eur + 700,00 Eur – 850,00 Eur = 350,00 Eur.

Aus der „kleinen" Inventur wissen wir aber, dass das erste Fahrrad im Wert von 500,00 Eur noch da ist (es wurde nicht verkauft und auch nicht gestohlen). Warum ergibt sich dann aber auf dem Konto ein offenbar falscher Wert von 350,00 Eur?

Bevor wir die Frage beantworten, sollten wir noch eine Überlegung anstellen: Was wäre gewesen, wenn wir das zweite Fahrrad für 700,00 Eur verkauft hätten? Dann hätte sich auf dem Konto rechnerisch folgender Endbestand ergeben:

500,00 Eur + 700,00 Eur – 700,00 Eur = 500,00 Eur. Das bedeutet, der rechnerische Endbestand hätte mit dem Inventurwert übereingestimmt. Folglich muss der Fehler etwas mit der Tatsache zu tun haben, dass wir das Fahrrad teurer verkauft als eingekauft haben.

Lesen Sie nochmals Kap. 1.7.1 und anschließend nochmals den ersten Absatz des Textes unter dem zweiten T-Konto „Fahrräder" (S. 111)!

Inwiefern sind Sie der Lösung des Problems näher gekommen?

- Wir mussten einen Vermögengegenstand (das Fahrrad) in Höhe von 700,00 Eur hergeben und sind insofern nicht um 700,00 Eur „reicher" geworden (da wir es ja für 700,00 Eur gekauft haben). Unser Fahrrad ist nun weg, d. h., wir haben einen Abgang auf dem Konto „Fahrräder" in Höhe von 700,00 Eur.

- Da wir 850,00 Eur für dieses Fahrrad bekommen und selbst nur 700,00 Eur bezahlt haben, sind wir um 150,00 Eur im Endeffekt „reicher" geworden, da wir für die 150,00 Eur nichts hergeben mussten. Folglich haben wir einen Ertrag in Höhe von 150,00 Eur.

Der Fehler auf dem **Bestands**konto „Fahrräder" entstand dadurch, dass wir als Abgang einen Betrag in Höhe von 850,00 Eur gebucht haben, obwohl unser Fahrrad**bestand** nur um 700,00 Eur gemindert wurde. Die Differenz von 150,00 Eur stellt einen Ertrag dar, der nichts auf diesem Bestandskonto zu suchen hat, sondern auf einem Ertragskonto erscheinen müsste und letztlich unser Eigenkapital erhöht.

Folgerichtig könnten Sie den Verkauf des Fahrrades in Ihrer Buchführung als Privatperson, die nicht mit Fahrrädern als selbständiger Unternehmer handelt, so buchen:

| | | Buchungsbetrag in Eur | |
Soll	Haben	Soll	Haben
Kasse		850,00	
	Fahrräder		700,00
	Ertrag aus Fahrradverkauf		150,00

Da wir jedoch die **Buchführung von Unternehmen** machen, ist der Buchungssatz in der dargestellten Form leider **nicht** möglich. Dies hat insbesondere steuerrechtliche Gründe – auf die in einem späteren Kapitel (Kap. 3) intensiv eingegangen wird –, die hier nur in vereinfachter Form angesprochen werden sollen. Nach dem Umsatzsteuergesetz muss jeder Unternehmer beim Verkauf von Waren oder selbst hergestellten Produkten vom Kunden Umsatzsteuer (in der Regel 16 %) verlangen und ans Finanzamt abführen. Grundlage für die Berechnung dieser 16 % ist der getätigte Umsatz.

Für unser Beispiel bedeutet dies: Hätte ein Fahrradgeschäft die beiden Fahrräder von einem Hersteller eingekauft und das zweite Fahrrad weiterverkauft, dann müsste dieses Fahrradgeschäft 16 % des Umsatzes (Umsatz = verkaufte Stückzahl × Verkaufspreis = 1 × 850,00), d. h. 16 % von 850,00 vom Kunden verlangen und ans Finanzamt abführen. Zu diesem Zweck sollte in der Buchhaltung eigentlich der Verkaufspreis (ohne Umsatzsteuer) in Höhe von 850,00 Eur vorhanden sein. Bucht man allerdings wie oben beschrieben, dann erscheint der Betrag von 850,00 Eur leider nicht. Die 850,00 Eur bezeichnet man auch als Umsatzerlös, während die 150,00 Eur einen Ertrag darstellen, um den unser Eigenkapital letztlich vermehrt wird. Wir stehen vor dem Problem, dass in der Buchhaltung einerseits der Betrag des Umsatzerlöses (850,00 Eur) als Grundlage für die Berechnung der 16 % Umsatzsteuer vorhanden sein sollte, andererseits aber deutlich werden muss, dass das Eigenkapital in unserem Beispiel nur um 150,00 Eur vermehrt wird.

Die Lösung des Problems lautet:

Wir buchen den Verkaufserlös in Höhe von 850,00 Eur auf einem Ertragskonto „Umsatzerlöse", wodurch in unserer Buchhaltung der Betrag erscheint, der Grundlage für die Umsatzsteuerberechnung ist. Es sind uns ja 850,00 Eur zugeflossen. Wie schaffen wir es, dass. buchhalterisch erkennbar wird, dass wir im Endeffekt aber nur um 150,00 Eur „reicher" geworden sind?

Wir müssen die 700,00 Eur, die wir für das Fahrrad aufgewendet haben, das wir für 850,00 Eur verkauft haben, auf einem Aufwandskonto buchen. Übrig bleiben dann die 150,00 Eur, die man auch als Rohertrag bezeichnet: Man spricht von „**Roh**ertrag", weil ja von diesem Ertrag noch weitere Aufwendungen (z. B. Personalkosten, Strom etc.) abzuziehen sind.

Buchung auf dem Ertragskonto „Umsatzerlöse"	850,00 Eur
Buchung auf einem Aufwandskonto	700,00 Eur
= (Roh-) Ertrag	150,00 Eur

Übertragen auf unser Fahrradbeispiel buchen wir den Verkaufserlös:

Soll	Haben	Buchungsbetrag in Eur
Kasse	Umsatzerlös Fahrrad	850,00

Die 700,00 Eur sind auf einem Aufwandskonto zu buchen. Wir nennen das Konto „Aufwand für Fahrrad". Wir buchen auf diesem Konto links (im Soll) wie bei anderen Aufwandsbuchungen bisher auch:

Soll	Haben	Buchungsbetrag in Eur
Aufwand für Fahrrad	?	700,00

Nun fehlt uns aber noch ein Konto für die Habenbuchung! Welches Konto könnte in Frage kommen, wenn Sie bedenken, dass das Fahrrad jetzt Ihr Freund hat?

Durch den Verkauf hat Ihr Fahrradbestand abgenommen. Diesen Abgang buchen wir auf dem aktiven Bestandskonto „Fahrräder" rechts (im Haben). Der Buchungssatz lautet dann vollständig:

Soll	Haben	Buchungsbetrag in Eur
Aufwand für Fahrrad	Fahrräder	700,00

Das Konto „Fahrräder" enthält dann folgende Buchungen:

Soll	Fahrräder	Haben
① Bark 500,00		④ Abgang 700,00
② Bark 700,00		

Jetzt stimmt der Endbestand auf dem Konto (500,00 + 700,00 − 700,00 = 500,00) auch mit dem Inventurwert überein.

Soll	Aufwand für Fahrrad	Haben	Soll	Umsatzerlös Fahrrad	Haben
④ Abgang 700,00					③ Barvk 850,00

Wenn wir annehmen, dass wir keine weiteren Aufwendungen und Erträge hatten, dann wäre der Rohertrag mit dem Gewinn identisch:

Gewinn- und Verlustrechung

Erträge		
Umsatzerlös Fahrrad	850,00	
Summe der Erträge		*850,00*
Aufwendungen		
Aufwand für Fahrrad	700,00	
Summe der Aufwendungen		*700,00*
Jahresüberschuss (Gewinn)		*150,00*

Umsatzerlöse und Materialaufwand in Unternehmen

Die in Industrieunternehmen üblichen Bezeichnungen für die oben genannten Konten können dem Kontenrahmen bzw. dem Kontenplan entnommen werden:

Kontennummer	Kontenbezeichnung	Bezug zum „Fahrradbeispiel"
5000	Umsatzerlöse für Erzeugnisse und Leistungen (hier handelt es sich um Umsatzerlöse, die mit **selbst hergestellten** Produkten oder Leistungen erzielt wurden)	
5010	Umsatzerlöse für Handelswaren (hier handelt es sich um Umsatzerlöse, die mit Waren erzielt wurden, die eingekauft und [unverändert] weiterverkauft wurden)	*Umsatzerlös Fahrrad*
6000	Aufwendungen für Rohstoffe (und Fremdbauteile)	
6020	Aufwendungen für Hilfsstoffe	
6080	Aufwendungen für Handelswaren	*Aufwand Fahrrad*
2000	Rohstoffe und Fremdbauteile	
2020	Hilfsstoffe	
2210	Handelswaren	*Fahrräder*

In unserem „Fahrradbeispiel" wurde u. a. ein Fahrrad eingekauft und dann weiterverkauft. In Industrieunternehmen spielt der Verkauf von selbst hergestellten Produkten sicher eine weitaus größere Rolle.

Stellen Sie sich nun eine Fahrradfabrik vor, die Fahrräder selbst herstellt und an Fahrradgeschäfte verkauft. Vereinfachend stellen wir uns vor, diese Fahrradfabrik würde nur Mountainbikes herstellen. Zur Produktion würde nur Alurohr und Farbe benötigt. Die Fahrradfabrik verkauft 10 Fahrräder „Mountain 2000" an den Kunden „Bike Shop KG" für insgesamt 10 000,00 Eur auf Rechnung.

Bilden Sie den Buchungssatz für den Verkauf! Berücksichtigen Sie dabei, dass die Fahrradfabrik für den Kunden „Bike Shop KG" die Kontennummer 24001 führt! **Erst probieren und dann weiterlesen!**

Soll	Haben	Buchungsbetrag in Eur
(24001) Bike Shop KG	(5000) Umsatzerlöse für Erzeugnisse und Leistungen	10 000,00

Wir wollen nun wissen, wie hoch der Rohertrag bei diesem Geschäft war. Um diesen zu ermitteln, müssen wir wissen, wie viel Material (Rohstoffe und Hilfsstoffe in Eur) für die Herstellung dieser 10 Fahrräder benötigt wurde. Die Ermittlung des Aufwandes war in unserem obigen Fahrradbeispiel einfach: Wir haben das Fahrrad für 700,00 Eur eingekauft. Wenn wir das Fahrrad selbst herstellen, kann man den Materialaufwand nicht auf einen Blick feststellen. Nehmen wir an, unsere Fahrradfabrik hat Alurohre für 50 000,00 Eur und Farbe für 20 000,00 Eur am Lager:

Soll	**Rohstoffe**	Haben	Soll	**Hilfsstoffe**	Haben
AB 50 000,00			AB 20 000,00		

Für die Herstellung der 10 Fahrräder werden aber nicht die gesamten Alurohre und die gesamte Farbe, die vorhanden sind, benötigt. Wie können wir den Verbrauch für die 10 Fahrräder feststellen?

Greifen wir kurz ein ganz anderes Problem auf, um aus der Lösung dieses Problems Erkenntnisse für die Verbrauchsermittlung in Industriebetrieben abzuleiten. Nehmen Sie an, Sie haben zu Hause einen kleinen Schrank, in dem Sie ausschließlich Schokolade aufbewahren. Am 1. Januar befinden sich in Ihrem Schrank 10 Tafeln Schokolade (eine Tafel kostete 1,00 Eur). Am 7. Januar haben Sie zwei Tafeln für je 1,00 Eur dazugekauft und in den Schrank gelegt. Am 31. Januar haben Sie an Gewicht zugenommen und wollen wissen, ob dies unter Umständen mit dem Schokoladenkonsum zu tun haben könnte. Sie wollen deshalb wissen, wie viel Schokolade Sie „verbraucht" haben. Wie gehen Sie vor?

Überlegen Sie zuerst, wie man den Verbrauch ermitteln könnte, bevor Sie weiterlesen!

Sie öffnen am 31. Januar den Schrank und zählen, wie viel Tafeln noch vorhanden sind. Nehmen wir an, diese Inventur ergibt einen Endbestand in Höhe von 7 Tafeln (7 Tafeln × 1,00 Eur = 7,00 Eur). Jetzt lässt sich der Verbrauch leicht errechnen:

AB Schokolade am 1. Januar in Eur	10,00
+ Einkauf Schokolade am 7. Januar in Eur	2,00
	12,00
– Endbestand am 31. Januar in Eur lt. Inventur	7,00
= Verbrauch an Schokolade	**5,00**

Es wurden 5 Tafeln (= 5,00 Eur) verbraucht. Diese Vorgehensweise nennen wir zunächst Methode 1.

Der Verbrauch an Schokolade könnte aber auch anders ermittelt werden: Immer, wenn Sie Schokolade aus dem Schrank nehmen, machen Sie auf einen im Schrank liegenden Zettel für jede Tafel einen Strich. Außerdem tragen Sie das Datum der Entnahme ein:

Datum	Stück	bisheriger Gesamtverbrauch
8. Januar:	II	
18. Januar:	I	3
26. Januar:	II	5

Der Verbrauch in Stück ergibt sich nun durch Addition der Striche: 5 Stück. Da jede Tafel 1,00 Eur gekostet hat, beträgt der Verbrauch in Eur: 5,00 Eur.

Nehmen wir nun an, auf den Schrank haben nicht nur Sie, sondern auch Ihre Freundin/Ihr Freund Zugriff. Es lässt sich dann zwar der Gesamtverbrauch durch Addition der Striche ermitteln, es ist aber nicht feststellbar, ob Sie oder Ihre Freundin/Ihr Freund die Schokolade entnommen hat. Dieses Problem könnte man dadurch lösen, dass man anstelle der Strichliste jeweils einen Entnahmebeleg ausfüllt. Dieser könnte z. B. folgende Angaben enthalten:

Schokoladenentnahmebeleg Nr.:				
Datum der Entnahme	Stückzahl	Entnahme von	Entnahme für	Unterschrift
Wert in Eur:				

Für die Entnahme vom 8. Januar durch Klaus (Freundin heißt Iris) sieht der ausgefüllte Entnahmebeleg so aus:

Schokoladenentnahmebeleg Nr.: 1				
Datum der Entnahme	Stückzahl	Entnahme von	Entnahme für	Unterschrift
8. Januar	2	Klaus	Klaus	_Klaus_
Wert in Eur:			2,00	

Der Gesamtverbrauch ergibt sich durch Addition der Entnahmebelege vom 8., 18. und 26. Januar. Dieses Verfahren nennen wir zunächst Methode 2. Der aktuelle Bestand an Schokolade kann rechnerisch durch Fortschreibung des Anfangsbestandes auf einer Lagerkarte „Schokolade" ausgewiesen werden:

Lagerkarte Schokolade				
Datum		**Zugang**	**Abgang**	**Bestand**
1. Januar	AB			10 Tafeln
7. Januar	Barkauf	2 Tafeln		12 Tafeln
8. Januar	Entnahmebeleg 1		2 Tafeln	10 Tafeln
18. Januar	Entnahmebeleg 2		1 Tafel	9 Tafeln
26. Januar	Entnahmebeleg 3		2 Tafeln	7 Tafeln

Die Richtigkeit des rechnerischen Endbestandes (7 Tafeln) ist durch eine Inventur zu überprüfen.

Aufgabe: Schauen Sie sich beide Verfahren zur Verbrauchsermittlung nochmals genau an! Stellen Sie dann in einer Tabelle Vor- und Nachteile jedes der beiden Verfahren zusammen:

	Methode 1	Methode 2
Vorteile		
Nachteile		

Die **Methode 1** wird auch als **Inventurmethode oder als Methode der indirekten Verbrauchsermittlung** bezeichnet. Die **Methode 2** wird auch als Methode der **direkten Verbrauchsermittlung oder als Skontrationsmethode** (Skontration = Fortschreibung) bezeichnet.

Nun kennen Sie zwei Methoden der Verbrauchsermittlung. Kommen wir nun auf unser Beispiel der Fahrradfabrik zu Beginn dieses Abschnitts zurück. Welche der beiden Methoden würden Sie der Fahrradfabrik zur Ermittlung des Verbrauchs an Roh- und Hilfsstoffen empfehlen?

Der Erfolg der direkten Verbrauchsermittlung hängt u. a. davon ab, dass niemand etwas aus dem Lager entnimmt, ohne einen Materialentnahmeschein auszufüllen. Dies wird in der Regel nur dann reibungslos funktionieren, wenn das Unternehmen einen Mitarbeiter für die Lagerverwaltung abstellt, der z. B. Rohstoffe nur dann aus dem Lager herausgibt, wenn ein Materialentnahmeschein ausgefüllt wird. Das Verfahren hat dann sicher den Vorteil, dass leicht feststellbar ist, wer (z. B. welche Abteilung) wie viel Rohstoffe angefordert hat. Der Lagerverwalter könnte auch damit beauftragt werden, Lagerkarten (z. B. eine Lagerkarte „Alurohre") zu führen. Werden die Materialentnahmescheine und die Lagerkarten gewissenhaft geführt, dann ist es z. B. relativ leicht, Diebstähle festzustellen, indem der rechnerische Endbestand auf einer Lagerkarte mit dem Inventurendbestand verglichen wird. Andererseits ist zu bedenken, dass der Lagerverwalter für andere Aufgaben nicht zur Verfügung steht und entsprechende Personalkosten verursacht.

Bei der Inventurmethode fallen keine Personalkosten für einen Lagerverwalter an. Andererseits kann der Verbrauch erst nach Feststellung des Endbestandes ermittelt werden. Sie ist mit weniger Aufwand während des Jahres verbunden (z. B. keine Materialentnahmescheine), allerdings ist es auch schwieriger, Diebstähle eindeutig festzustellen.

Die Entscheidung hängt sicher auch von der Größe des Unternehmens und damit des Lagers ab.

Buchungen bei direkter Verbrauchserfassung des Rohstoffverbrauchs

Nehmen wir nun für unser Beispiel (Seite 115 f.) die entsprechenden Buchungen vor. Gebucht ist bisher der Umsatzerlös in Höhe von 10 000,00 Eur. Außerdem enthält das Konto „Rohstoffe" einen AB in Höhe von 50 000,00 Eur und das Konto „Hilfsstoffe" in Höhe von 20 000,00 Eur.

Folgende Belege liegen vor:[25]

---

25 Im Materialentnahmeschein wird die Entnahme aus dem Lager vom zuständigen Mitarbeiter nur mengenmäßig eingetragen. Für die Buchung muss die mengenmäßige Entnahme mit Hilfe von Verrechnungspreisen (Durchschnittspreisen) bewertet werden. Auf die Angabe der Kostenstelle wurde im MES verzichtet.

Materialentnahmeschein Nr.: 1			Auftrags-/Serien Nr. 333.022.11		
Rohstoffe ☒					
Hilfsstoffe ☐					
Artikel-Nr.	**Einheit**	**Menge**	**Bezeichnung**	**Eur/Einheit**	**Summe**
3457	m	150	Spezial-Alurohr	16,00	2 400,00
Ausgegeben an:					
Schulz/Abteilung M4–1			**Datum:** 10. Januar 200X		
			Ausgegeben von: Müller		
			Ausgestellt von: *Buck*		

Materialkarte			Lager: M		
			Reihe: 12		
Artikel: Spezial-Alurohr Nr. 466788			Fach: 1–3		
Datum		**Zugang**	**Abgang**	**Bestand**	**Vermerke**
1. Jan. 200X	AB			3 125,00 m	
10. Jan. 200X	MES Nr. 1		150 m	2 975,00 m	Bestand lt. Inventur: 2975 m 31. Jan. *Gerb*

Aufgabe: Schauen Sie sich das einfache „Fahrrad-Beispiel" zu Beginn dieses Abschnitts nochmals an und buchen Sie dann den Materialentnahmeschein Nr. 1!

Buchung des Verbrauchs am 10. Januar lt. Materialentnahmeschein (= MES) Nr. 1:

Soll	Haben	Buchungsbetrag in Eur
(6000) Aufwand für Rohstoffe	(2000) Rohstoffe	2 400,00

Das Konto „Rohstoffe" enthält dann folgende Daten:

Soll	(2000) Rohstoffe	Haben
AB	50 000,00	① Verbrauch 2 400,00

Nach dem Vorliegen des Inventurergebnisses (im Beispiel zum 31.1. lt. Materialkarte) ist der rechnerische Endbestand auf dem Konto zu ermitteln und mit dem Inventurergebnis zu vergleichen:

Rechnerischer Endbestand auf dem Konto:

	50 000,00 – 24 00,00 = 47 600,00 Eur
Inventurergebnis:	2 975 m × 16,00 Eur = 47 600,00 Eur

In die Bilanz geht der Wert von 47 600,00 Eur in die Position Vorräte ein.

Aufgabe: Angenommen der Endbestand wäre lt. Materialkarte 2900 m. Wie würden Sie die Inventurdifferenz buchen?

Erst probieren, dann weiterlesen!

Lösung:

Endbestand lt. Konto:	50 000,00 – 2 400,00 = 47 600,00 Eur
Inventurergebnis:	2 900m × 16,00 Eur = 46 400,00 Eur
= Fehlbestand	1 200,00 Eur

Buchung des Fehlbestandes:

Soll	Haben	Buchungsbetrag in Eur
(6000) Aufwand für Rohstoffe	(2000) Rohstoffe	1 200,00

Begründung:

- Der Fehlbestand stellt auf dem Konto „Rohstoffe" einen Abgang dar, der auf dem aktiven Bestandskonto rechts (= im Haben) zu buchen ist.
- Für die irgendwann eingekauften Rohstoffe fehlt jetzt für 1 200,00 Eur ein Vermögensgegenwert (Rohstoffe). Wir sind folglich (zunächst) ärmer geworden, was auf einem Aufwandskonto zu erfassen ist.

Durch die Korrektur stimmt der Endbestand auf dem Konto jetzt mit dem Inventurergebnis überein:

Soll	**(2000) Rohstoffe**	Haben
AB	50 000,00	① Verbrauch 2 400,00
		② Fehlbetrag 1 200,00

Rechnerischer Endbestand: 50 000,00 – 2 400,00 – 1 200,00 = 46 400,00 Eur = Inventurergebnis.

Buchung bei der indirekten Verbrauchserfassung des Rohstoffverbrauchs

Bei der Inventurmethode gibt es keine Materialentnahmescheine. Bei einer Entnahme aus dem Lager erfolgt keine Buchung. Der

Verbrauch wird erst am Jahresende (in unserem Beispiel am Monatsende Januar) ermittelt.

Der Endbestand laut Inventur beträgt: 47 600,00 Eur.

Auf dem Konto „Rohstoffe" ist bisher nur der AB gebucht:

Soll	**(2000) Rohstoffe**	Haben
AB	50 000,00	

Ermittlung des Verbrauchs im Januar:
AB Rohstoffe 1. Jan. 200X:

	50 000,00 Eur	= Endbestand lt. Inventur Vorjahr
+ Einkäufe	0,00 Eur	
	50 000,00 Eur	
– Endbestand laut Inventur (31. Jan. 200X)	47 600,00 Eur	
= Verbrauch im Januar	**2 400,00 Eur**	

Buchung des Verbrauchs am 31. Januar 200X:

Soll	Haben	Buchungsbetrag in Eur
(6000) Aufwand für Rohstoffe	(2000) Rohstoffe	2 400,00

Aufgabe: Die Fahrradfabrik ermittelt den Verbrauch an Hilfsstoffen nach der indirekten Methode. Der Endbestand laut Inventur beträgt bewertet 19 000,00 Eur. (Anfangsbestand siehe Seite 116)

(a) Ermitteln und buchen Sie den Verbrauch!

(b) Errechnen Sie den Rohertrag aus dem Verkauf der 10 Fahrräder!

Lösung:

(a)

AB Hilfsstoffe 1. Jan. 200X:

	20 000,00 Eur	= Endbestand lt. Inventur Vorjahr
+ Einkäufe	0,00 Eur	
	20 000,00 Eur	
– Endbestand laut Inventur (31. Jan.200X)	19 000,00 Eur	
= Verbrauch im Januar	**1 000,00 Eur**	

Soll	Haben	Buchungsbetrag in Eur
(6020) Aufwand für Hilfsstoffe	(2020) Hilfsstoffe	1 000,00

(b)

Umsatzerlöse:		10 000,00 Eur
– Aufwand Rohstoffe:	2 400,00 Eur	
– Aufwand Hilfsstoffe:	1 000,00 Eur	
:		– 3 400,00 Eur
= Rohertrag		**6 600,00 Eur**

1.7.4 Gliederung der GuV-Rechnung und Nullsummenstellung

Gesetzliche Grundlagen

Grundsätzlich sind folgende Vorschriften zu beachten, die wir nur auszugsweise vorstellen:

§ 242 Abs. 2 u. Abs. 3 HGB:

(2) Er[26] hat für den Schluss eines jeden Geschäftsjahres eine Gegenüberstellung der Aufwendungen und Erträge des Geschäftsjahres (Gewinn- und Verlustrechung) aufzustellen.

(3) Die Bilanz und die Gewinn- und Verlustrechnung bilden den Jahresabschluss.

§ 60 Abs. 1 EStDV:

(. . .) Werden Bücher geführt, die den Grundsätzen der doppelten Buchführung entsprechen, ist eine Gewinn- und Verlustrechnung beizufügen.

Die aufgeführten gesetzlichen Bestimmungen enthalten zwar die Aussage, dass der Unternehmer eine GuV-Rechnung aufstellen und seiner Steuererklärung beifügen muss, sagen aber nichts darüber aus, wie diese auszusehen habe. Ob die Darstellung in **Kontenform** (Aufwendungen und Erträge werden gegenübergestellt) oder in **Staffelform** (Erträge und Aufwendungen werden untereinander dargestellt) erfolgt, ist grundsätzlich der Entscheidung des Unternehmers überlassen. Für große Kapitalgesellschaften ist allerdings

---

26 Gemeint ist der Kaufmann.

in § 275 HGB die Staffelform (Erträge und Aufwendungen werden untereinander dargestellt) und die Reihenfolge der Positionen vorgeschrieben. In § 276 HGB werden Erleichterungen für kleine und mittelgroße Kapitalgesellschaften genannt und in § 277 HGB Vorschriften zu einzelnen Posten dieser Rechnung beschrieben.[27]

Die Gliederung in § 275 HGB ist weitgehend unabhängig von der Rechtsform des Unternehmens aufgebaut und kann deshalb ebenso wie die Staffelform auch von Personengesellschaften verwendet werden. In Finanzbuchhaltungsprogrammen wird in der Regel die Staffelform benutzt, was auch mit den Möglichkeiten der optischen Darstellung am Bildschirm (Staffelform leichter darstellbar als Kontenform) zu tun hat.

§ 275 HGB enthält viele Positionen,[28] die Sie erst im weiteren Verlauf dieses Bandes kennen lernen werden, weshalb der Abdruck der einzelnen Positionen an dieser Stelle nur verwirrend wäre.

Im Folgenden verwenden wir folgenden (vereinfachten) Aufbau:

Vereinfachte GuV-Rechnung in Staffelform

Gewinn- und Verlustrechnung

Erträge		
Umsatzerlöse für eigene Erzeugnisse und Handelswaren		
Sonstige betriebliche Erträge		
Sonstige Zinsen und ähnliche Erträge		
Summe der Erträge		
Aufwendungen		
Aufwendungen für Roh-, Hilfs- und Betriebsstoffe[29]		
Aufwendungen für bezogene Leistungen		
Personalaufwendungen		
Aufwendungen für die Inanspruchnahme von Rechten und Diensten		

---

27 Die §§ sind im Anhang abgedruckt. Vgl.auch Kapitel 9
28 Siehe auch Kap. 7.4.2 „Jahresabschluss und Gewinnverwendung". Vgl.auch Kapitel 9
29 Hierfür kann auch der kürzere Begriff **Materialaufwendungen** verwendet werden.

Aufwendungen		
Aufwendungen für Kommunikation		
Betriebliche Steuern		
Zinsen und ähnliche Aufwendungen		
Summe der Aufwendungen		
Jahresüberschuss (Gewinn)		

An den Bezeichnungen ist bereits erkennbar, dass die Namen der Aufwands- und Ertragskonten nicht mit den Bezeichnungen der Positionen in der GuV-Rechnung identisch sind. So wie in der Bilanz die Beträge mehrerer Konten (z. B. Bank und Kasse) in eine Bilanzposition (z. B. „Flüssige Mittel") kommen, gibt es auch in der GuV-Rechnung entsprechende Zusammenfassungen. Der Kontenrahmen bzw. Kontenplan hilft auf doppelte Weise:

• Die Bezeichnungen der Kontengruppen im Kontenrahmen (z. B. 60 Aufwendungen für Roh-, Hilfs- und Betriebsstoffe) ist weitgehend identisch mit der Bezeichnung der Position in der GuV-Rechnung. Abweichend von dieser Regel wurden nur die Kontenarten „6200 Löhne" und „6300 Gehälter" zusätzlich in der GuV zur Position „Personalaufwendungen" zusammengefasst. Die unter der jeweiligen Kontengruppe genannten Kontenarten (z. B. bei der Kontengruppe 60 die Kontenarten: 6000 Aufwendungen für Rohstoffe und Fremdbauteile; 6020 Aufwendungen für Hilfsstoffe; 6030 Aufwendungen für Betriebsstoffe usw.) werden addiert und in der genannten GuV-Position ausgewiesen.

• Die Reihenfolge der Kontengruppen im Kontenrahmen entspricht der Reihenfolge der Positionen in der GuV-Rechnung.

Aufgabe

Auf den folgenden Aufwands- und Ertragskonten sind die angegebenen Beträge (in Eur) gebucht:

Konto	Soll	Haben
Aufwendungen für Rohstoffe	20 000,00	
Aufwendungen für Hilfsstoffe	10 000,00	
Instandhaltung und Reparaturen	5 000,00	
Löhne	50 000,00	

Konto	Soll	Haben
Gehälter	80 000,00	
Mieten, Pachten	10 000,00	
Büromaterial	2 000,00	
Werbung	8 000,00	
Zinsaufwendungen	4 000,00	
Umsatzerlöse für Erzeugnisse und Leistungen		170 000,00
Umsatzerlöse für Handelswaren		50 000,00
Mieterträge		10 000,00
Zinserträge		4 000,00

Erstellen Sie auf der Grundlage der gegebenen Daten die GuV-Rechnung in Staffelform!

Lösung:

Zuordnung der gegebenen Konten zu den Positionen der GuV-Rechnung

Erträge

Umsatzerlöse für eigene Erzeugnisse und Handelswaren	Umsatzerlöse für Erzeugnisse und Leistungen Umsatzerlöse für Handelswaren
Sonstige betriebliche Erträge	Erträge aus Vermietung und Verpachtung
Sonstige Zinsen und ähnliche Erträge	Zinserträge

Summe der Erträge

Aufwendungen

Aufwendungen für Roh-, Hilfs- und Betriebsstoffe[30]	Aufwendungen für Rohstoffe Aufwendungen für Hilfsstoffe

---

30 Hierfür kann auch der kürzere Begriff „**Materialaufwendungen**" verwendet werden.

Aufwendungen für bezogene Leistungen	◄─	Instandhaltung und Reparaturen
Personalaufwendungen	{	Löhne Gehälter
Aufwendungen für die Inanspruchnahme von Rechten und Diensten	◄─	Mieten, Pachten
Aufwendungen für Kommunikation	{	Büromaterial Werbung
~~Betriebliche Steuern~~		Hier: kein Konto
Zinsen und ähnliche Aufwendungen	◄─	Zinsaufwendungen
Summe der Aufwendungen		

Jahresüberschuss (Gewinn)

GuV-Rechnung mit Zahlen

Gewinn- und Verlustrechnung

Erträge		
Umsatzerlöse für eigene Erzeugnisse und Handelswaren	220 000,00	
Sonstige betriebliche Erträge	10 000,00	
Sonstige Zinsen und ähnliche Erträge	4 000,00	
Summe der Erträge		234 000,00
Aufwendungen		
Aufwendungen für Roh-, Hilfs- und Betriebsstoffe[31]	30 000,00	
Aufwendungen für bezogene Leistungen	5 000,00	
Personalaufwendungen	130 000,00	
Aufwendungen für die Inanspruchnahme von Rechten und Diensten	10 000,00	

---

31 Hierfür kann auch der kürzere Begriff „**Materialaufwendungen**" verwendet werden.

Aufwendungen für Kommunikation	10 000,00	
Zinsen und ähnliche Aufwendungen	4 000,00	
Summe der Aufwendungen		189 000,00
Jahresüberschuss (Gewinn)		45 000,00

Wir haben bisher den Gewinn oder Verlust im Rahmen der GuV-Rechnung durch Zuordnung von Konten zu Positionen in der GuV-Rechnung vorgenommen. Dieses Vorgehen erfolgte analog zur Vorgehensweise bei den Bestandskonten. Dieser Weg wird von einigen Buchhaltungsprogrammen so beschritten. Es gibt aber auch integrierte Unternehmenssoftware, die die Ergebniskonten mittels Buchungssätzen auf „null" stellen. Diese Vorgehensweise gilt es kurz zu erläutern:

Die Erfolgsrechnung ist eine **Jahres**ergebnisrechnnug, in der ermittelt werden soll, wie hoch der Gewinn oder Verlust **in diesem Jahr** war und welche Ursachen er **in diesem** Jahr hatte. Dies bedeutet, dass sie jedes Jahr wieder mit null beginnt. Im Gegensatz zu den Bestandskonten, die eine „fortlaufende Rechnung" darstellen, müssen die Erfolgskonten am Ende des Jahres auf „null" gestellt werden, damit im kommenden Jahr eine neue Ergebnisrechnung durchgeführt werden kann. Man spricht auch von einer „Nullsummenstellung".

Wie erreicht man nun buchhalterisch, dass alle Ergebniskonten auf „null" gestellt werden?

Schauen Sie sich z. B. das Konto „Gehälter" in Kap.1.7.2 an! Wie könnte man es buchhalterisch hinbekommen, dass es auf „null" gestellt wird? Denken Sie erst nach, bervor Sie weiterlesen.

Da auf dem Konto „Gehälter" im Soll insgesamt 120 000 Eur stehen, müssen wir im Haben 120 000 Eur buchen, damit das Konto auf „null" gestellt wird.

Wie lautet nun für diese „Nullsummenstellung" der Buchungssatz? Wir wissen jetzt zwar, dass wir auf dem Konto „Gehälter" im Haben 120 000 Eur buchen müssen, wissen aber noch nicht, auf welchem Konto dieser Betrag im Soll zu buchen ist. Erst wenn wir dies wissen, können wir den Buchungssatz machen. Für die Sollbuchung dient ein Ergebnissammelkonto, das sogenannte „Gewinn- und Verlustkonto" (kurz GuV). Es hat laut Kontenrahmen die Nummer 8020.

Entsprechend verfahren wir mit den anderen Aufwandskonten. Wie schaffen wir es aber das Konto „Zinserträge" (Zahlen siehe Kap. 1.7.2) auf „null" zu stellen? Wie lautet der entsprechende Buchungssatz?

Denken Sie erst nach, bevor Sie weiterlesen!

Auf diesem Konto sind im Haben insgesamt 5500 Euro während des Jahres gebucht worden. Um es auf „null" zu stellen, müssen wir nun am Jahresende im Soll 5500 Euro buchen. Um einen Buchungssatz machen zu können, fehlt uns dann die entsprechnde Haben-Buchung. Diese erfolgt auf dem Ergebnissammelkonto „GuV". Der Buchungsatz lautet dann:

Soll	Haben	Betrag in Eur
(5710) Zinserträge	(8020) GuV-Konto	5500

Entsprechend ist mit anderen Ertragskonten zu verfahren. Insgesamt ergibt sich dann für unser obiges Beispiel (Zahlen aus Kap. 1.7.2):

Soll	(63) Gehälter		Haben		Soll	(5710) Zinserträge		Haben
(1) Übw.Geh.	10000	GuV	120000		GuV	5500	(2) ZE	2000
(3) Übw.Geh.	10000						(8) ZE	3500
(4) Übw.Geh.	10000							
(5) Übw.Geh.	10000							
(6) Übw.Geh.	10000							
(7) Übw.Geh.	10000							
(9) Übw.Geh.	10000							
(22) Übw.Geh.	10000							
(23) Übw.Geh.	10000							
(24) Übw.Geh.	10000							
(25) Übw.Geh.	10000							
(26) Übw.Geh.	10000							

Soll	(6700) Mieten, Pachten		Haben		Soll	(5410) Provisionserträge		Haben
(10) Übw.	2000	GuV	24000		GuV	44000	(27) ZE	4000
(11) Übw.	2000						(28) ZE	4000
(12) Übw.	2000						(29) ZE	4000
(11) Übw.	2000						(30) ZE	4000
(14) Übw.	2000						(31) ZE	4000
(15) Übw.	2000						(32) ZE	4000
(16) Übw.	2000						(33) ZE	20000
(17) Übw.	2000							
(18) Übw.	2000							
(19) Übw.	2000							
(20) Übw.	2000							
(21) Übw.	2000							

Um sicher zu stellen, dass das Konto jeweils tatsächlich auf „null" ist, werden zur Kontrolle jeweils beide Seiten addiert. Eine „Buchhalternase" soll verhindern, dass nachträglich Eintragungen vorgenommen werden. Damit ergibt sich endgültig folgendes Bild:

Soll	(63) Gehälter	Haben
(1) Übw.Geh. 10 000	GuV	120 000
(3) Übw.Geh. 10 000		
(4) Übw.Geh. 10 000		
(5) Übw.Geh. 10 000		
(6) Übw.Geh. 10 000		
(7) Übw.Geh. 10 000		
(9) Übw.Geh. 10 000		
(22) Übw.Geh. 10 000		
(23) Übw.Geh. 10 000		
(24) Übw.Geh. 10 000		
(25) Übw.Geh. 10 000		
(26) Übw.Geh. 10 000		
120 000		120 000

Soll	(5710) Zinserträge	Haben
GuV	5 500	(2) ZE 2 000
		(8) ZE 3 500
	5 500	5 500

Soll	(6700) Mieten, Pachten	Haben
(10) Übw. 2 000	GuV	24 000
(11) Übw. 2 000		
(12) Übw. 2 000		
(11) Übw. 2 000		
(14) Übw. 2 000		
(15) Übw. 2 000		
(16) Übw. 2 000		
(17) Übw. 2 000		
(18) Übw. 2 000		
(19) Übw. 2 000		
(20) Übw. 2 000		
(21) Übw. 2 000		
24 000		24 000

Soll	(5410) Provisionserträge	Haben
GuV	44 000	(27) ZE 4 000
		(28) ZE 4 000
		(29) ZE 4 000
		(30) ZE 4 000
		(31) ZE 4 000
		(32) ZE 4 000
		(33) ZE 20 000
	44 000	44 000

Die Buchungssätze lauten:

Soll	Haben	Betrag in Eur
(8020) GuV-Konto	(63) Gehälter	120 000
(8020) GuV-Konto	(6700) Mieten, Pachten	24 000
(5710) Zinserträge	(8020) GuV-Konto	5 500
(5410) Provisionserträge	(8020) GuV-Konto	44 000

Das GuV-Konto sieht nach den Buchungen so aus:

Soll		(8020) GuV	Haben
(63) Gehälter	120 000	(5710) Zinserträge	5 500
(6700) Mieten, Pachten	24 000	(5410) Provisionserträge	44 000

Addiert man nun zur Kontrolle beide Seiten, dann zeigt sich, dass im Soll insgesamt 144 000 Eur gebucht wurden, im Haben aber 49 500. Beide Seiten sind also betragsmäßig nicht gleich. Wir wissen auch warum: Wir haben einen Verlust von 94 500 Euro erzielt. Dies bedeutet, dass wir insgesamt um 94 500 Eur „ärmer" geworden sind, als wir am Jahresanfang waren. Dies führt uns zu einer weiteren Überlegung: Zu Beginn des Beispiels in Kap. 1.7.2 wurde erwähnt, dass das Unternehmen zu Beginn des Jahres ein Eigenkapital in Höhe von 100 000 Eur hatte. Da wir nun 94 500 Eur Verlust gemacht haben, haben wir am Jahresende nur noch ein Eigenkapital in von 5 500 Euro. Bisher steht aber auf dem passiven Bestandskonto „Eigenkapital" nur der Anfangsbestand vom Jahresanfang in Höhe von 100 000 Eur. Am Jahresende sollten dort aber nur noch 5 500 Eur stehen. Wie bekommen wir das buchhalterisch hin?

Denken Sie erst nach, bevor sie weiterlesen!

Richtig: Wir müssen auf dem Konto „Eigenkapital" einen Abgang in Höhe von 94 500 Euro buchen. Da „Eigenkapital" ein passives Bestandkonto ist, muss der Abgang links (im Soll) gebucht werden. Wenn wir einen Buchungssatz machen wollen, brauchen wir noch eine Haben-Buchung! Diese erfolgt auf dem GuV-Konto. Nun sind auf dem GuV-Konto beide Seiten betragsmäßig gleich, was eine Kontrollrechnung auch zeigt.

Soll	Haben	Betrag in Eur
(300) Eigenkapital	(802) GuV-Konto	94 500

Die Konten sehen wie folgt aus:

Soll		(8020) GuV	Haben
(63) Gehälter	120 000	(5710) Zinserträge	5 500
(6700) Mieten, Pachten	24 000	(5410) Provisionserträge	44 000
		Übergang Eigenkapital	**94 500**
	144 000		144 000

Soll		(3000) Eigenkapital	Haben
Übertrag	**94 500**	(Anfangsbestand	100 000

Auf dem Eigenkapitalkonto ergibt sich demnach ein rechnerischer Endstand in Höhe von 5 500 Eur.

> Fassen wir die Schritte nochmals kurz zusammen:
> Erster Schritt: Nullsummenstellung der Erfolgskonten
> Zweiter Schritt: Übertragung des Ergebnisses auf das Konto „Eigenkapital" mittels Buchungssatz

Ein **Gewinn** führt zu einer Erhöhung des Eigenkapitals. Da „Eigenkapital" ein passives Bestandskonto ist, stehen Anfangsbestand und Zugänge **im Haben** (rechts). Folglich ist auf dem GuV-Konto im Soll zu buchen. Zur Gewinnverteilungsbuchung vgl. Kap. 7.4.2

1.8 Zusammenfassung: „Konten-MindMap"

In Form eines MindMaps® wird die Buchung auf den verschiedenen Kontentypen zusammengefasst (siehe Abbildung auf der gegenüberliegenden Seite).

1.9 Das Privatkonto

Bei Einzelunternehmen und Personenhandelsgesellschaften werden die Geschäftsinhaber häufig auch Geld für private Zwecke während des Jahres entnehmen wollen. Diese Entnahmen vermindern das Eigenkapital. In Gewinnzeiten können sie wie ein Vorschuss auf die Gewinnausschüttung angesehen werden, jedoch sind auch Privatentnahmen oft notwendig, wenn sich das Unternehmen in der Verlustzone befindet. Privatentnahmen werden deshalb unabhängig vom betrieblichen Erfolg behandelt. Zur besseren Unterscheidbarkeit werden sie als ein Unterkonto des Eigenkapitals geführt und direkt über dieses abgeschlossen. Privatentnahmen und Privateinlagen hängen nicht mit dem Erfolg des Unternehmens zusammen; die entsprechenden Buchungen gehören deshalb nicht zu den Erfolgskonten.

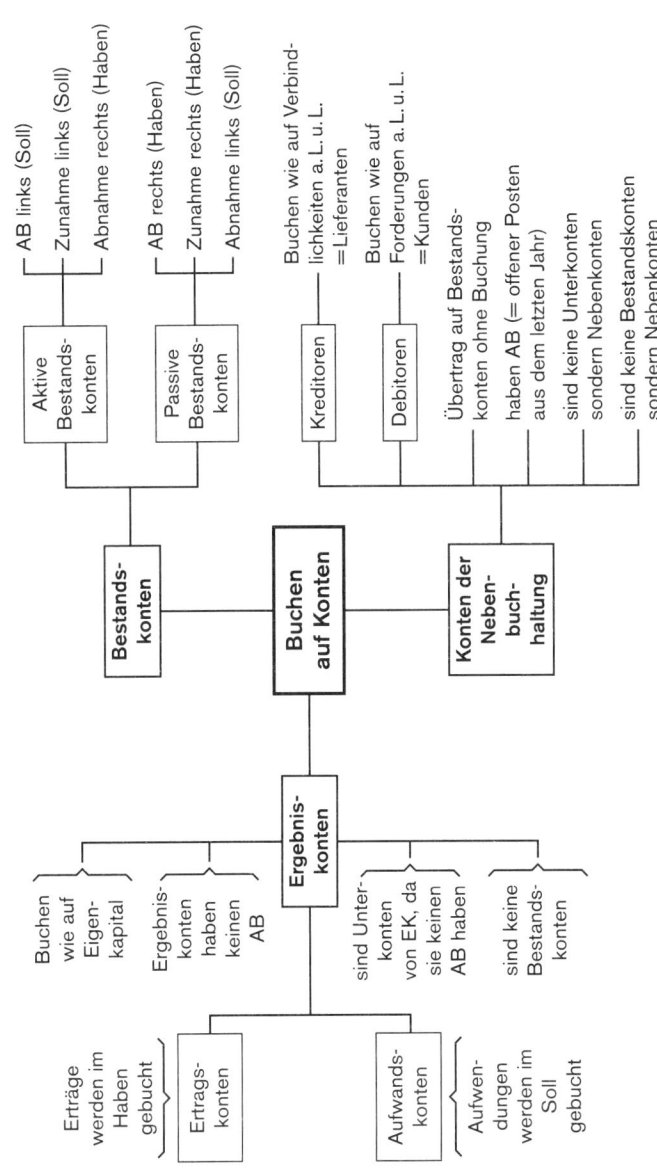

Konten-MindMap

Beispiel: Der Inhaber entnimmt Bargeld in Höhe von 10 000 Eur:

Soll	Haben	Buchungsbetrag in Eur
(3001) Privat	(2820) Kasse	10 000,00

Kapitaleinlagen erhöhen das Eigenkapital und werden ebenfalls getrennt vom betrieblichen Erfolg auf dem Unterkonto „Privat" gebucht.

Beispiel: Der Inhaber bringt aus einer Erbschaft 100 000 Eur über das Bankkonto ein:

Soll	Haben	Buchungsbetrag in Eur
(2800) Bank	(3001) Privat	100 000,00

Bei Personengesellschaften werden für alle Gesellschafter (Vollhafter) Privatkonten geführt. Anstelle eines Kontos „Privat" könnten auch zwei Konten geführt werden: Ein Konto „Privateinlagen" und ein Konto „Privatentnahmen".

Im Rahmen einer EDV-Buchführung ist häufig kein Abschluss des Privatkontos mittels eines Buchungssatzes notwendig. Durch Zuordnung der gleichen Bilanzposition wie bei „Eigenkapital" erfolgt eine automatische „Verrechnung".

2. Einkaufsbuchungen und Bestandsveränderungen

In Kap. 1.7.3 haben wir uns bereits mit Umsatzerlösen und dem Materialaufwand beschäftigt. Ein Industriebetrieb kauft Werkstoffe ein, stellt daraus Fertigerzeugnisse her und verkauft sie weiter. Den in diesem Zusammenhang anfallenden Buchungen kommt eine besondere Bedeutung zu. Absatzrückgänge können dazu führen, dass nicht alle Fertigerzeugnisse unmittelbar verkauft werden. Eine verspätete Anpassung des Einkaufs an den bereits eingetretenen Absatzrückgang führt zu Bestandserhöhungen bei den Werkstoffen. Eine verzögerte Anpassung der Produktion an den Absatzrückgang führt zu Bestandserhöhungen an Fertigerzeugnissen und unfertigen Erzeugnissen.

2.1 Einkaufsbuchungen

Um produzieren zu können, müssen Werkstoffe beschafft und gelagert werden, bevor aus ihnen Fertigerzeugnisse hergestellt werden. Jene Betrachtungsweise, nach der davon ausgegangen wird, dass die Werkstoffe zunächst gelagert werden, haben wir unseren Buchungen bisher stillschweigend unterstellt. Einen Einkauf von Rohstoffen für 20 000 Eur bei der Stahlfabrik Müller (Konto-Nr. 44001) auf Rechnung buchen wir:

Soll	Haben	Buchungsbetrag in Eur
(2000) Rohstoffe[1]	(44001) Stahl-fabrik Müller	20 000,00

Wir buchen den Einkauf auf einem Bestandskonto und unterstellen damit, dass die eingekauften „Rohstoffe" zunächst ins Roh-

---

1 Im vorliegenden Kontenplan heißt das Konto „Rohstoffe und Fremdbauteile". Der IKR des BDI sieht eine Trennung der Konten „Rohstoffe" und „Fremdbauteile" vor. Aus Vereinfachungsgründen verzichten wir auf diese Trennung.

stofflager kommen und damit den Rohstoffbestand erhöhen. Entsprechend hätten wir beim Einkauf von Hilfs- oder Betriebsstoffen auf dem entsprechenden Bestandskonto gebucht.

Andererseits sind Industrieunternehmen bestrebt, die Lagerkosten zu verringern, was sich durch möglichst kleine Lagerbestände erreichen lässt. Eine enge Koppelung des Werkstoffeinkaufs an den direkten Produktionsbedarf durch Einbindung von Zulieferunternehmen in den gesamtorganisatorischen Ablauf dient der Erreichung dieses Ziels. Es wird angestrebt, dass bestimmte Zulieferer gerade rechtzeitig, d. h. dann, wann die Materialien für die Produktion gebraucht werden, anliefern. Man spricht in diesem Zusammenhang von „Just-in-time-Lieferungen".

Ist eine fertigungssynchrone Anlieferung möglich, dann werden die Werkstoffe ja sofort verarbeitet und nicht erst „zwischengelagert". Folgerichtig ist in diesem Fall auch nicht auf einem Bestandskonto (z. B. „Rohstoffe") zu buchen, da der (Rohstofflager) Bestand ja nicht erhöht wird. Da die Werkstoffe – bildhaft gesprochen – sofort verbraucht werden, ist ein **Aufwand** entstanden, der folgerichtig auch auf einem Aufwandskonto zu buchen ist. Der Kontenplan sieht dafür die folgenden Konten vor:

6000 Aufwendungen für Rohstoffe (und Fremdbauteile)
6020 Aufwendungen für Hilfsstoffe
6030 Aufwendungen für Betriebsstoffe

Wandeln wir unser obiges Beispiel ab: Die Heckmann KG kauft bei der Stahlfabrik Müller Rohstoffe für 20 000 Eur ein. Es handelt sich um eine „Just-in-time-Lieferung". Der Buchungssatz lautet in diesem Fall:

Soll	Haben	Buchungsbetrag in Eur
6000 Aufwendungen für Rohstoffe	(44001) Stahlfabrik Müller	20 000,00

Selbst bei einer fertigungssynchronen Beschaffung wird eine Lagerhaltung in geringem Umfang erforderlich sein, um die Herstellung bei verzögerter Anlieferung aufrechterhalten zu können.

Wird auf einen vorhandenen Lagerbestand (zusätzlich zu den Einkäufen, die direkt als Aufwand erfasst wurden) zurückgegriffen, dann hängt die buchhalterische Erfassung dieser (zusätzlichen) Bestandsminderung von der gewählten Methode (siehe hierzu Kap. 1.7.3) ab.

Direkte Methode der Verbrauchserfassung (zusätzliche Entnahme aus dem Lager) mit (bewerteten) Materialentnahmescheinen

Sofortige Erfassung bei der Entnahme aus dem Lager als Aufwand:

Soll	Haben
(6000) Aufwand	(2000)
f. Rohstoffe	Rohstoffe

Indirekte Methode der Verbrauchserfassung (zusätzliche Entnahme aus dem Lager) nach Feststellung des Endbestandes durch Inventur

(1) Feststellung des Endbestandes durch Inventur

(2) Ermittlung der Differenz zwischen Endbestand und Anfangsbestand = Verbrauch/Entnahme aus dem Lager[2]

(3) Erfassung der Entnahme aus dem Lager durch Korrekturbuchung am Jahresende:

Soll	Haben
(6000) Aufwand	(2000)
f. Rohstoffe	Rohstoffe

2.2 Bestandsveränderungen an fertigen und unfertigen Erzeugnissen

Bestandsveränderungen können bei der Fahrradfabrik Heckmann KG entstehen, wenn in einem Jahr die Produktions- und Absatzmenge der hergestellten Fahrräder nicht übereinstimmen. Es kann sich dabei um eine

- **Bestandsmehrung** handeln, wenn mehr Fahrräder hergestellt als verkauft wurden, was zu einer Erhöhung des (Absatz-)Lagerbestandes führt
- **Bestandsminderung** handeln, wenn in diesem Jahr mehr Fahrräder verkauft als hergestellt wurden, was zu einer Verminderung

---

2 Die Differenz entsteht hier durch Verbrauch von Lagerbeständen aus dem Vorjahr.

des Lagerbestandes an Fertigerzeugnissen (= Rückgriff auf im Vorjahr produzierte und gelagerte Fahrräder) führt.

Mögliche Ursachen für Bestandsveränderungen sind
- Absatzrückgang, auf den die Produktion erst durch Drosselung der Produktion verspätet reagiert.
- Absatzsteigerung, auf den die Produktion durch Ausweitung nicht rechtzeitg reagiert.

Bestandsveränderungen sollten immer Anlass sein, über geeignete Maßnahmen nachzudenken. Im Falle von Bestandsmehrungen wäre u. a. an geeignete Werbemaßnahmen und eine Überprüfung der Produktqualität und Produktinnovation zu denken. Dabei ist zu berücksichtigen, ob es sich um einen in der Branche durchgängigen Absatzrückgang handelt oder ob er unternehmensspezifisch ist.

Nehmen wir an, die Heckmann KG hat im Jahre 200X insgesamt 5000 Fahrräder produziert. Die im Vorjahr hergestellten Fahrräder wurden im Vorjahr auch alle verkauft. Um die 5000 Fahrräder im Jahre 200X herzustellen, entstanden Aufwendungen (Materialaufwendungen; Löhne etc.) in Höhe von 600 Eur pro Fahrrad; insgesamt also 3 000 000,00 Eur.

Der Verkaufspreis für ein Fahrrad betrug 900 Eur. Aus der Buchhaltung liegen Ende des Jahres 200X folgende Informationen vor:

Summe der Aufwendungen (Materialaufwand; Löhne etc.)	3 000 000,00 Eur
Summe der Umsatzerlöse auf dem Konto „Umsatzerlöse"	3 600 000,00 Eur
Endbestand „Fertigerzeugnisse" am 31. 12. 200X laut Inventur:	1 000 Fahrräder

Wie hoch war der Gewinn im Jahre 200X?

Folgende Rechnung wird vorgeschlagen:

Umsatzerlöse − Aufwendungen = Gewinn
3 600 000 Eur − 3 000 000 Eur = 600 000 Eur

Überlegen Sie, warum diese Rechnung falsch ist!

In der Rechnung bleibt der im Rahmen der Inventur festgestellte Endbestand unberücksichtigt. Vergleicht man den Endbestand am 31. 12. 200X mit dem Anfangsbestand des Jahres 200X, ergibt sich:

Endbestand an Fertigerzeugnissen am 31. 12. 200X:	1 000 Fahrräder
Anfangsbestand an Fertigerzeugnissen am 1. 1. 200X:	0 Fahrräder
= Bestandszunahme = **Bestandsmehrung:**	**1 000 Fahrräder**

Dies bedeutet, dass im Jahre 200X zwar 5 000 Fahrräder produziert, aber nur 4 000 verkauft wurden, was zu einem Lagerbestand von 1 000 Fahrrädern führte. Das hätten wir in unserem einfachen Beispiel auch anders errechnen können:

Umsatzerlöse: Verkaufspreis pro Fahrrad = verkaufte Stückzahl
3 600 000 Eur: 900 Eur   = 4 000

Warum ist obige Rechnung, nach der sich ein Gewinn in Höhe von 600 000 Eur ergab, falsch?

In dieser Rechnung wird der Gewinn ermittelt, indem den Verkaufserlösen aus dem Verkauf von **4 000** Fahrrädern die Aufwendungen für die Produktion von **5 000** Fahrrädern gegenübergestellt werden. Dies muss zu einem falschen Ergebnis führen. Will man den Gewinn **aus dem Verkauf** von Fahrrädern ermitteln, müssen den Umsatzerlösen aus dem Verkauf von **4 000** Fahrrädern auch die Aufwendungen für die Produktion von **4 000** Fahrrädern gegenübergestellt werden. Rechnerisch ergibt sich:

Umsatzerlöse aus dem Verkauf von 4 000 Fahrrädern
(4 000 Stück × 900 Eur)   3 600 000,00 Eur
− Aufwendungen für die Produktion von 4 000 Fahrrädern
(4 000 Stück × 600 Eur)   2 400 000,00 Eur
= **Gewinn aus dem Verkauf von 4 000 Fahrrädern**
(4 000 Stück × 300 Eur)   1 200 000,00 Eur

Nun kennen wir zwar das Ergebnis, stehen aber vor dem Problem, dass in der Buchhaltung die Aufwendungen in Höhe von 3 000 000,00 Eur gebucht wurden, da sie ja zu Ausgaben führten. Die gebuchten Umsatzerlöse in Höhe von 3 600 000,00 Eur stellen nur die nach außen an Kunden gegegebene Leistung dar, während die „Überschussproduktion" in Höhe von 1 000 Fahrrädern (= 1 000 Fahrräder × 600 Eur = 600 000 Eur)[3] als eine zusätzliche betriebsinterne Leistung – die (noch) nicht absatzwirksam geworden ist – angesehen werden kann. Es handelt sich um einen Ertrag, der auf dem Ertragskonto „(5200) Bestandsveränderungen" zu buchen ist. Dieser Sachverhalt lässt sich auch anders erklären: Da auf den entsprechenden Aufwandskonten Aufwendungen für 5 000 Fahrräder gebucht wurden – da sie ja zu Ausgaben führten –, auf der Ertragsseite aber nur „Umsatzerlöse" aus dem Verkauf von 4 000 Fährrädern stehen, ist auf der Ertragsseite eine Bestandserhöhung der 1 000 Fahrräder (bewertet mit den Herstellkosten, da sie ja noch nicht verkauft sind) zu buchen. Damit steht **mengenmäßig** dem Auf-

---

3 Da sie noch nicht verkauft wurden, dürfen pro Stück nur 600 Eur und nicht 900 Eur angesetzt werden.

wand für 5000 Fahrräder der Ertrag für 5000 Fahrräder (4000 sind nach außen, d. h. an Kunden geflossen und 1000 sind eine interne Leistung) gegenüber.

Fassen wir unsere für die Buchung bedeutsamen Überlegungen kurz zusammen:

- Auf dem Konto „Fertigerzeugnisse" sind 0,00 Eur gebucht, da kein Anfangsbestand vorhanden war. Im Rahmen der Inventur am Jahresende wird aber ein Bestand in Höhe von 1000 Fahrrädern festgestellt, was einem Wert von 1000 × 600 Eur = 600000 Eur entspricht. Es handelt sich um eine Art Inventurdifferenz, die zu buchen ist.

- Die produzierten, aber (noch) nicht verkauften Fahrräder mit einem Wert von 600000 Eur stellen eine Leistung dar, die auf dem Konto „(5200) Bestandsveränderungen" zu erfassen ist und einen Ertrag darstellt. Durch eine entsprechende „Ertragsbuchung" liegen den Aufwendungen und den Erträgen insgesamt gesehen die gleichen Mengen (5000 Fahrräder) zugrunde.

Auf der Grundlage dieser Überlegungen lässt sich die erforderliche „Korrekturbuchung" leicht ableiten:

- Da auf dem Konto „Fertigerzeugnisse" bisher nur der AB in Höhe von 0,00 Eur steht, aber am Jahresende im Rahmen der Inventur ein Endbestand in Höhe von 600000 Eur festgestellt wurde, ist auf diesem Konto ein entsprechender Zugang zu buchen. Da es sich um ein aktives Bestandskonto handelt, das aus der Bilanzposition „Vorräte" abgeleitet wurde, die auf der Aktiv-Seite der Bilanz steht, ist dieser Zugang links (= im Soll) zu buchen.

- Da die Bestandsmehrung einen Ertrag darstellt, ist auf dem Konto „(5200) Bestandsveränderungen" rechts (= im Haben) zu buchen, da dieser Vorgang buchungstechnisch als eine Art von Eigenkapitalmehrung gedeutet werden könnte.[4] Da „Eigenkapital" ein passives Bestandskonto ist, das aus der entsprechenden Bilanzposition abgeleitet wurde, die auf der Passiva-Seite der Bilanz steht, würde man Zugänge auf der rechten Seite (= Haben-Seite) erfassen. Folglich ist auch auf dem „Unterkonto" rechts (= im Haben) zu buchen.

Der Buchungssatz für die Bestandsmehrung lautet dann:

Soll	Haben	Buchungsbetrag in Eur
(2200) Fertige Erzeugnisse	(5200) Bestandsveränderungen	600000,00

---

4 Dem Ertrag stehen andererseits die entsprechenden Aufwendungen gegenüber.

Das Konto „Fertige Erzeugnisse" hat nach dieser Buchung folgendes Aussehen:

Soll	**Fertigerzeugnisse**	Haben
AB 0,00		
Inventurdiff. 600 000,00		

Rechnerisch ergibt sich nun auf dem Konto ein Endbestand in Höhe von 0,00 + 600 000,00 = 600 000,00 Eur. Dieser errechnete Endbestand stimmt nun mit dem Inventurwert überein. In der Bilanz gehen in die Position „Vorräte" 600 000,00 Eur ein.

Die Bestandsmehrung bedeutet **keine** Gewinnsteigerung. Verdeutlichen wir uns dies mit folgendem Schema:

Gebuchte Herstellungs-aufwendungen	**Gebuchte Erträge**
3 000 000,00 Eur	3 600 000,00 Eur (Umsatzerlöse) 600 000,00 Eur (Bestandsveränderung)
Differenzierung: Aufwendungen für verkaufte Stückzahl: = 4 000 Stück × 600 Eur = **2 400 000,00 Eur**	Umsatzerlöse aus dem Verkauf von 4 000 Stück: = 4 000 × 900 Eur = **3 600 000,00 Eur**
Aufwendungen für **nicht verkaufte** Stückzahl: = 1 000 Stück × 600 Eur = **600 000,00 Eur**	Bestandsmehrung in Höhe von 1 000 Stück (**nicht verkauft**): = 1 000 Stück × 600 Eur = **600 000,00 Eur**
= 3 000 000,00 Eur	

Das Schema verdeutlicht, dass buchungstechnisch die Bestandsmehrung zu einem Ertrag in Höhe von 600 000,00 Eur führte, dem aber ein Aufwand in gleicher Höhe gegenübersteht. Dies bedeutet im **Endeffekt**, dass keine Auswirkung auf das Eigenkapital erfolgt ist.

Da die verkauften Fahrräder für 3 600 000,00 Eur verkauft wurden, in der Herstellung aber nur Aufwendungen in Höhe von 2 400 000,00 Eur entstanden, ist ein Gewinn in Höhe von (3 600 000,00 Eur – 2 400 000,00 Eur) 1 200 000,00 Eur entstanden. Im **Endeffekt** fand eine Eigenkapitalmehrung in Höhe von 1 200 000,00 Eur statt. Die Heckmann KG ist um diesen Betrag „reicher" geworden.

Zu Beginn des Folgejahres beträgt der Anfangsbestand auf dem Konto „Fertigerzeugnisse" 600 000 Eur. In diesem Jahr erzielt die Heckmann KG Umsatzerlöse in Höhe von 4 320 000,00 Eur. Der Verkaufspreis pro Stück beträgt unverändert 900,00 Eur. Die gesamten Herstellungaufwendungen betragen 2 400 000,00 Eur. Pro Fahrrad sind dies 600,00 Eur. Die Inventur am 31.12. des Folgejahres erbrachte einen Endbestand an Fahrrädern in Höhe von 120 000,00 Eur.

Übertragen Sie die oben angestellten Überlegungen auf das Folgejahr!

- Im Folgejahr wurden 4 800 Faräder (4 320 000,00 Eur : 900,00 Eur) verkauft, aber nur 4 000 Fahrräder (2 400 000,00 Eur : 600 Eur) produziert. Folglich mussten 800 Fahrräder (= 800 Stück × 600 Eur = 480 000,00 Eur) aus dem vorhandenen Lagerbestand in Höhe von 1 000 Fahrrädern genommen worden sein. Es handelt sich um eine **Bestandsminderung**.

- Auf dem Konto „Fertigerzeugnisse" ist bisher nur der Anfangsbestand in Höhe von 600 000,00 Eur gebucht. Da die Inventur am Jahresende des Folgejahrs aber nur einen Bestand von 120 000,00 Eur (120 000,00 Eur : 600,00 Eur = 200 Fahrräder) ausweist, ist eine Korrekturbuchung vorzunehmen. Auf dem aktiven Bestandskonto ist ein Abgang in Höhe von (600 000,00 Eur – 120 000,00 Eur =) 480 000,00 Eur im Haben (rechts) zu buchen. (mengenmäßig: 480 000,00 Eur : 600,00 Eur = 800 Fahrräder). Durch die Korrektur auf dem Konto „Fertigerzeugnisse" stimmt der rechnerische Endbestand mit dem Inventurwert überein.

- Da die Heckmann KG im vergangenen Jahr die Bestandsmehrung buchhalterisch als Ertrag erfasst hatte, muss nun eine Korrektur erfolgen. Da 800 Fahrräder (= 480 000,00 Eur) aus der Bestandsmehrung des vergangenen Jahres (1 000 Fahrräder) nun weggehen, ist der Ertrag des vergangenen Jahres nun um dieses Betrag zu korrigieren, d. h. auf dem Konto „Bestandsveränderungen" auf der anderen Seite (= Soll-Seite) zu buchen. Buchungsschematisch könnte man sich auch vorstellen, dass das Konto „Bestandsveränderungen" nun zu einer Art „Aufwandskonto" wird. Allerdings wird man nach dieser Vorstellung im Kontenplan ein entsprechendes Aufwandskonto suchen (Kontenklasse 6 bzw. 7), das es aber nicht gibt.

Der Buchungssatz für die Bestandsminderung lautet:

Soll	Haben	Buchungsbetrag in Eur
(5200) Bestands- veränderungen	(2200) Fertige Erzeugnisse	480 000,00

Das Konto „Fertige Erzeugnisse" hat nach dieser Buchung im Folgejahr folgendes Aussehen:

Soll	Fertigerzeugnisse	Haben
AB	600 000,00	Inventurdiff. 480 000,00

Rechnerisch ergibt sich nun auf dem Konto ein Endbestand in Höhe von 600 00,00 – 480 000,00 = 120 000,00 Eur. Dieser errechnete Endbestand stimmt nun mit dem Inventurwert überein. In der Bilanz gehen in die Position „Vorräte" 120 000,00 Eur ein.

Bisher (ohne Bestandsveränderung) im Folgejahr gebuchte Herstellungsaufwendungen	Gebuchte Erträge
2 400 000,00 Eur = 4000 Fahrräder × 600 Eur	4 3200 00,00 (Umsatzerlöse) = 4800 Fahrräder × 900 Eur

Ohne die Buchung der Bestandsveränderung würde den Erträgen für 4 800 Fahrräder nur die Herstellungaufwendungen für 4 000 Fahrräder gegenübergestellt. Wenn ich aber wissen will, was die Heckmann KG aus dem Verkauf der 4 800 Fahrräder verdient hat, muss auch ein Aufwand für **4 800** Fahrräder gegenübergestellt werden. Dieses Jahr ist aber nur ein Herstellungaufwand für 4 000 Fahrräder entstanden. Insofern kann man sich die Entnahme aus dem Lager als (zusätzlichen) Aufwand vorstellen, der auf dem Konto „Bestandsveränderungen" im Soll zu buchen ist, wodurch in gewisser Weise dieses Konto eine Art „Aufwandscharakter" erhält.

Durch die Buchung der Bestandsveränderung werden den Umsatzerlösen auch die entsprechenden „Aufwendungen" gegenübergestellt:

Differenzierung:

Herstellungaufwendungen für im Folgejahr produzierte Stückzahl: = **4 000** Stück × 600 Eur = **2 400 000,00 Eur**	Umsatzerlöse aus dem Verkauf von **4 800** Stück: = **4 800** Stück × 900 Eur = **4 320 000,00 Eur**
„Aufwendungen" durch Bestandsminderung: = **800** Stück × 600 Eur = **480 000,00 Eur**	
= 2 880 000,00 Eur	

Die Heckmann KG hat aus dem Verkauf der 4 800 Fahrräder 4 320 000,00 – 2 880 000,00 = 1 440 000,00 Eur verdient. Im **Endeffekt** ist das Eigenkapital um diesen Betrag gestiegen.

Betrachtet man die Jahre 200X und das Folgejahr, dann hatte die **Buchung** der Bestandsveränderung folgende Auswirkungen:

Im Jahre 200X wäre der Gewinn ohne Buchung der Bestandsveränderung mit 600 000 Eur um 600 000 Eur zu niedrig ausgewiesen worden. Durch Buchung der Bestandsveränderung als Ertrag wurde ein Gewinn in Höhe von 1 200 000 Eur ausgewiesen. Da die 1 000 auf Lager genommenen Fahrräder aber im Jahre 200X nicht verkauft wurden, sondern sich in einer Art „Warteschleife" befanden, wurde der gebuchte Ertrag in Höhe der Bestandsmehrung am Markt aber noch nicht realisiert, d. h. noch nicht verkauft.

Im Folgejahr wäre der Gewinn ohne Buchung der Bestandsveränderung mit 1 920 000 Eur (4 320 000 – 2 400 000) um 480 000 Eur zu hoch ausgewiesen. Die Buchung der Bestandsveränderung als Ertragsminderung (als Ausgleich für die letztes Jahr als Ertrag gebuchte Bestandsmehrung, die am Markt aber nicht realisiert worden war) in Höhe der Lagerentnahme bzw. als eine Art „zusätzlichem Aufwand" bewirkt, dass ein Gewinn in Höhe von 1 440 000 Eur ausgewiesen wird.

In ähnlicher Weise können Bestandsveränderungen bei unfertigen Erzeugnissen vorkommen. Die buchhalterische Behandlung entspricht der bei Fertigerzeugnissen. **Unfertige Erzeugnisse** werden aber auf dem Bestandskonto „(2100) Unfertige Erzeugnisse" erfasst. Die Buchung von Bestandsveränderungen erfolgt entsprechend der oben geschilderten Vorgehensweise.

Bestandsveränderungen gehen in die GuV-Rechnung ein. Wird sie in Staffelform erstellt (vgl. hierzu Kap. 1.7.4), dann sieht sie um die Bestandsveränderungen ergänzt wie folgt aus. Je nachdem, ob eine Bestandsmehrung oder Bestandsminderung vorliegt, ist der entsprechende Betrag zu addieren oder zu subtrahieren.

Gewinn- und Verlustrechung

Erträge		
Umsatzerlöse für eigene Erzeugnisse und Handelswaren		
Erhöhung oder Verminderung des Bestandes an fertigen und unfertigen Erzeugnissen		
Sonstige betriebliche Erträge		
Sonstige Zinsen und ähnliche Erträge		
Summe der Erträge		
Aufwendungen		
Aufwendungen für Roh-, Hilfs- und Betriebsstoffe[5]		

5 Hierfür kann auch der kürzere Begriff **„Materialaufwendungen"** verwendet werden.

Aufwendungen für bezogene Leistungen		
Personalaufwendungen		
Aufwendungen für die Inanspruchnahme von Rechten und Diensten		
Aufwendungen für Kommunikation		
Betriebliche Steuern		
Zinsen und ähnliche Aufwendungen		
Summe der Aufwendungen		
Jahresüberschuss (Gewinn)		

An dieser Stelle sei nochmals erwähnt, dass wir hier keinen Abschluss der Aufwands- und Ertragskonten mittels Buchungssätzen auf ein GuV-Konto vornehmen. Im Rahmen einer EDV-Buchführung stellt die Gewinn- und Verlustrechnung eine reine Auswertung dar. Die entsprechenden Konten können einer GuV-Position zugeordnet werden, und nach dieser Zuordnung erfolgt eine Auswertung der Zahlen. Alternativ ist eine Nullsummenstellung mittels Buchungssätzen möglich. Vgl. hierzu die Ausführungen in Kap. 1.7.4.

3. Umsatzsteuer

3.1 Einführung

Um Geschäftsfälle mit Umsatzsteuer buchen zu können, muss man sich mit dem komplexen steuerlichen Hintergrund beschäftigen. Obwohl es im Rahmen dieses Bandes mit Einführungcharakter nicht möglich ist, das Thema „Umsatzsteuer" erschöpfend zu behandeln, sollen doch Wesenszüge auf der Grundlage von Beispielen aufgezeigt werden.

3.1.1 Grundzüge der Umsatzsteuer

Bei den Buchungen von Materialeinkäufen und Verkäufen von Fertigerzeugnissen der Heckmann KG haben wir der besseren Übersicht halber bisher die Umsatzsteuer ausgeklammert.[1] Nach § 1 Umsatzsteuergesetz (UStG) unterliegt aber u. a. der Erzeugnisverkauf der Umsatzsteuer.[2] Steuerpflichtiger ist nach § 2 UStG in der Regel der Unternehmer. § 10 UStG regelt, auf welchen Betrag die Umsatzsteuer zu beziehen ist: Die Umsatzsteuer wird vom zu entrichtenden Nettopreis berechnet.[3] Der Regelsteuersatz beträgt 16 %, ab 2007 19 % (§ 12 Abs. 1 UStG). Die in § 12, Abs. 2 UStG aufgelisteten Umsätze wie z. B. die von Büchern unterliegen einem ermäßigten Steuersatz von 7 %. Da solche Umsätze bei der Heckmann KG nicht getätigt werden, können wir den Steuersatz von 7 % im Folgenden außer Acht lassen.

Die Umsatzsteuer wird auch als Mehrwertsteuer bezeichnet. Dies bedeutet, dass letztlich nur die von den Unternehmern erbrachte Wertschöpfung, der so genannte Mehrwert, beim Verbraucher besteuert wird.

---

1 Dies ist durch das methodische Vorgehen bedingt: Die Buchführung wird in diesem Band Schritt für Schritt erklärt.

2 Steuerbefreiungen sind insbesondere in § 4 UStG geregelt.

3 Erlösschmälerungen vermindern die Bemessungsgrundlage für die Umsatzsteuer. Vgl. hierzu die Kapitel 3.2 bis 3.5.

Verdeutlichen wir dies an einem vereinfachten Beispiel der Heckmann KG: Die Heckmann KG kauft Satteltaschen (= Handelswaren) für 100 Eur bei ihrem Lieferanten, der Sattler OHG (Konto-Nr. 44003), ein. Die Heckmann KG verkauft die Satteltaschen an den Einzelhändler Birkle OHG (Konto-Nr. 24001) weiter, der an einen Endverbraucher weiterverkauft.

Zusammensetzung der Mehrwertsteuer

	Verkaufs-preis	– Einkaufs-preis	= Mehrwert	16% Steuer
Sattler OHG (Hersteller)	100 Eur	–	100 Eur	16 Eur
Heckmann KG (Großhändler)	150 Eur	100 Eur	50 Eur	8 Eur
Birkle OHG (Einzelhändler)	200 Eur	150 Eur	50 Eur	8 Eur
Endverbraucher			200 Eur	32 Eur

Der Mehrwert jeder Stufe kommt im Unterschied zwischen Nettoeinkaufspreis (= Einkaufspreis ohne Berücksichtigung der Umsatzsteuer) und Nettoverkaufspreis zum Ausdruck. Der Endverbraucher erhält von Heckmann eine Rechnung für die Satteltaschen über 200 Eur zuzüglich 16% Umsatzsteuer (16% des Nettoverkaufspreises = 16% von 200 Eur = 32 Eur). Dieser entspricht einer 16%igen Besteuerung des gesamten Mehrwerts.

Das Beispiel verdeutlicht auch, dass der Endverbraucher letztlich die Mehrwertsteuer tragen muss. Die Umsatzsteuer ist folglich in ihrer Wirkung eine Verbrauchsteuer, die zwar vom Unternehmer auf jeder Stufe an das Finanzamt abgeführt werden muss, ihn aber nicht belasten soll.

Im Beispiel wurde gezeigt, dass letztlich nur der Mehrwert besteuert wird. Andererseits wurde aber bereits ausgeführt, dass die Berechnungsgrundlage für die Umsatzsteuer nicht der Mehrwert, sondern der Umsatz ist (§ 10 UStG). Wie wir beiden Aspekten gerecht werden können, verdeutlichen wir uns, indem wir die Heckmann KG aus unserem Beispiel herausgreifen und die Vorgänge dort näher betrachten (vgl. Tabelle auf der folgenden Seite).

Demnach würde die Heckmann KG 16 Eur Umsatzsteuer an die

Sattler OHG zahlen und müsste die von der Birkle OHG erhaltenen 24,00 Eur Umsatzsteuer (16 % von 150,00 Eur) ans Finanzamt abführen. Insgesamt würde Heckmann KG für diese Satteltaschen 40,00 Eur Umsatzsteuer „zahlen".[4] Wir wissen aber, dass letztlich nur der Mehrwert in Höhe von 50 Eur besteuert werden soll und die Heckmann KG demnach nur 8,00 Eur Umsatzsteuer ans Finanzamt zu zahlen hat. Um dieses Ziel (und gleichzeitig die Vermeidung einer Doppelbesteuerung) zu erreichen, wäre es denkbar, dass die Heckmann KG nach Abführung der 24,00 Eur die 16 Eur, die bereits an die Sattler OHG gezahlt wurden, vom Finanzamt zurückerstattet erhält. Diese 16 Eur stellen eine Forderung gegenüber dem Finanzamt dar. Man bezeichnet sie als **Vorsteuer**.[5]

Umsatzsteuer bei Ein- und Verkauf

Heckman KG kauft Satteltaschen bei der Sattler OHG. Sie erhält folgende Rechnung:		Heckmann KG verkauft Satteltaschen an Birkle OHG Sie stellt folgende Rechnung:	
Satteltaschen, netto:	100,00	Satteltaschen, netto:	150,00
+ 16 % USt	16,00	+ 16 % USt	24,00
= Bruttopreis	116,00	= Bruttopreis	174,00

Dieses Vorgehen (die Heckmann KG überweist ans Finanzamt 24,00 Eur und erhält vom Finanzamt 16,00 Eur „zurücküberwiesen") ist aber umständlich. Es bietet sich vielmehr eine Verrechnung der Umsatzsteuerschuld (24,00 Eur wurden von Heckmann eingenommen, die noch an das Finanzamt abzuführen sind) mit der Forderung gegenüber dem Finanzamt (16 Eur) an:

Umsatzsteuerschuld:	24,00 Eur	(von Birkle OHG erhalten)
– Vorsteuer (Forderung ans Finanzamt):	16,00 Eur	(bereits an Sattler OHG gezahlt)
= noch ans Finanzamt abzuführen:	8,00 Eur	

---

4 Dies würde eine Doppelbesteuerung bedeuten.

5 Vorsteuer = Umsatzsteuer beim Einkauf = Forderung ans Finanzamt
Umsatzsteuer = Umsatzsteuer beim Verkauf = Verbindlichkeit gegenüber dem Finanzamt.

Durch Abzug der Vorsteuer[6] erreichen wir, dass letztlich nur der Mehrwert (Mehrwert = 150 Eur – 100 Eur = 50 Eur; davon 16 % = 8,00 Eur) besteuert wird. Diese Differenz zwischen Umsatzsteuer und Vorsteuer, die noch an das Finanzamt abzuführen ist, nennt man **Zahllast**. Die Zahllast ist auf dem Formular für die Umsatzsteuervoranmeldung zu ermitteln. Dieses ist bis zum 10. des laufenden Monats für den vorangegangenen Monat beim Finanzamt auf elektronischem Wege einzureichen.[7] Die Umsatzsteuer ist zwar eine Jahressteuer, aber nach § 18 UStG ist eine entsprechende Vorauszahlung zu leisten. Am Jahresende erfolgt die Endabrechnung. Veränderungen gegenüber den Vorauszahlungen können sich u. a. dadurch ergeben, dass sich die Bemessungsgrundlage z. B. aufgrund nachträglicher Skonti und Preisnachlässe ändern kann.

Nun können wir uns am Beispiel der Heckmann KG die Auswirkungen der Umsatzsteuer auf das Unternehmen verdeutlichen.

Kostenneutralität der Umsatzsteuer

Ausgehende Steuerbeträge:	Eingehende Steuerbeträge:
Heckmann KG erhält von der Sattler OHG in Rechnung gestellt: 16,00 Eur Heckmann KG zahlt ans Finanzamt (Zahllast): 8,00 Eur	Heckmann KG erhält von Birkle OHG: 24,00 Eur
insgesamt: 24,00 Eur	**24,00 Eur**

Da die Umsatzsteuer für das Unternehmen keinen Aufwand darstellt, bezeichnet man sie auch als „**durchlaufenden Posten**".

Bezüglich des Voranmeldezeitraums gelten nach § 18 Abs. 2 UStG folgende Regelungen:

- Der Voranmeldezeitraum ist grundsätzlich das Kalendervierteljahr.
- Beträgt die Steuer für das vorangegangene Kalenderjahr mehr als 6136 Eur, ist der Voranmeldezeitraum der Kalendermonat.

---

6 Zu Regelungen bzgl. Anschaffung eines gemischt genutzten Fahrzeuges vgl. Kap. 3.1.4.

7 Zu Sonderformen der Umsatzbesteuerung im Hinblick auf Kleinunternehmer vgl. § 19 UStG. Auf die Möglichkeit einer Dauerfristverlängerung wird hier nicht eingegangen.

- Beträgt die Steuer für das letzte Kalenderjahr nicht mehr als 512 Eur, kann das Finanzamt den Unternehmer von der Pflicht zur USt-Voranmeldung und damit zur Pflicht zur Vorauszahlung befreien.
- Nimmt der Unternehmer seine Tätigkeit (beruflich/gewerblich) auf, ist im laufenden und im folgenden Kalenderjahr der Kalendermonat der Voranmeldezeitraum.

Die Pflicht zur Übermittlung auf elektronischem Weg (§ 18 Abs. 1 UStG) besteht seit 1. Januar 2005. Entsprechende Software stellt die Finanzverwaltung zum Download im Internet bereit. Die Adresse lautet: www. elster.de. In Ausnahmefällen kann das Finanzamt auf Antrag die Abgabe in Papierform gestatten.

Sie haben verstanden, dass die Umsatzsteuer ein durchlaufender Posten ist, aber Ihnen ist noch unklar, warum die Vorsteuer eine Forderung ans Finanzamt und die Umsatzsteuer eine Verbindlichkeit gegenüber dem Finanzamt darstellt?

Verdeutlichen wir den Zusammenhang mit konkreten Daten:

Wir gehen davon aus, dass der USt-Voranmeldezeitraum der Heckmann KG der Kalendermonat ist. Gehen wir weiter davon aus, dass der Verkauf der Satteltaschen an die Birkle OHG am 17. November und der Einkauf bei der Sattler OHG am 3. November erfolgte. Um den Sachverhalt zu verdeutlichen, nehmen wir an, dass sofort bezahlt wurde. Wir (Heckmann KG) müssen bis zum 10. des Folgemonats, also bis zum 10. Dezember, die USt-Voranmeldung abgeben und die Zahllast „zahlen".

Wie könnte unser Verhältnis gegenüber dem Finanzamt im Hinblick auf den Verkauf der Satteltaschen zwischen dem 17. November und dem 10. Dezember beschrieben werden?

Wir haben dem Kunden Umsatzsteuer berechnet, aber zahlen[8] diese nicht sofort ans Finanzamt, sondern erst am 10. Dezember. Da die Umsatzsteuer dem Finanzamt zusteht, wir aber erst am 10. Dezember zahlen, haben wir vom 17. November bis zum 10. Dezember Umsatzsteuerschulden = **Verbindlichkeiten** gegenüber dem Finanzamt.

Übertragen Sie diese Überlegungen auf den Einkauf der Satteltaschen!

Am 3. November haben wir die Satteltaschen eingekauft und mit dem Rechnungsbetrag auch Vorsteuer bezahlt. Diese erhalten wir vom Fi-

---

8 Nach Verrechnung mit der Vorsteuer.

nanzamt am 10. Dezember zurückerstattet [9] Da wir die Rechnung aber im November buchen, haben wir vom 3. November bis zum 10. Dezember eine **Forderung** gegenüber dem Finanzamt. Diese Forderung gegenüber dem Finanzamt aus dem Einkauf bezeichnet man als „Vorsteuer".

Warum steht auf Rechnungen nie „Vorsteuer", sondern immer „Umsatzsteuer"?

In unserem Beispiel hat die Rechnung an uns die Sattler OHG ausgestellt. Für Sattler stellt dies einen Verkauf dar und damit „Umsatzsteuer". Für uns (Heckmann KG) ist dies ein Einkauf und für uns stellt der auf der Rechnung ausgewiesene Betrag „Vorsteuer" dar.

Allerdings ist der Vorsteuerabzug nur möglich, wenn die Rechnung alle erforderlichen Pflichtangaben enthält. Seit 2004[10] gelten verschärfte Formvorschriften. In der Neufassung des § 14 UStG (siehe Anhang) sind alle Pflichtangaben aufgeführt. Die Wichtigsten sind:

- vollständiger Name und Anschrift des leistenden Unternehmers
- vollständiger Name und Anschrift des Leistungsempfängers
- Steuernummer oder USt-Identifikationsnummer des leistenden Unternehmers
- Ausstellungsdatum der Rechnung
- Fortlaufende Rechnungsnummer
- Zeitpunkt der Lieferung/Leistung oder Vereinnahmung des Entgelts (sofern nicht mit dem Ausstellungsdatum der Rechnung identisch)
- genaue Bezeichnung der Lieferung/Leistung
- nach Steuersätzen aufgeschlüsseltes Nettoentgelt
- anzuwendender Steuersatz und der Steuerbetrag, der auf das Entgelt entfällt
- im Voraus vereinbarte Entgeltsminderung (z. B. Skonto)

Bei innergemeinschaftlichen Lieferungen sind weitere Angaben erforderlich. Hier sind nach § 14 a UStG zwingend die USt-Identifikationsnummer des Lieferanten und des Empfängers aufzuführen.

---

9 Im Rahmen der Verrechnung mit der USt.

10 Ab 1. 7. 2004. Bis 30. 06. 2004 ausgestellte Rechnungen hatten „Schonfrist", d. h. keine Beanstandung, wenn Austellungsdatum und die fortlaufende Nummer fehlten oder die Aufteilung des Entgelts in Steuersätze nicht erfolgte.

Bei steuerfreien Lieferungen/Leistungen soll ein Hinweis auf den Steuerbefreiungsgrund erfolgen.

Erfüllt eine Rechnung nicht alle Pflichtangaben, entfällt die Vorsteuerabzugsberechtigung. Aus diesem Grund sollte ein Selbstständiger eine erhaltene, mangelhafte Rechnung erst dann begleichen, wenn eine neue Rechnung mit allen erforderlichen Angaben eingegangen ist.

Der Rechnungsersteller kann wählen, ob der seine Steuernummer oder die USt-IDNr. angibt. Bei Angabe der Steuernummer besteht allerdings grundsätzlich Missbrauchsgefahr (über Steuernummer an vertrauliche Informationen gelangen).

Die USt-IDNr. kann jeder Unternehmer formlos beim Bundesamt für Finanzen beantragen: www.bff-online.de.

Bei **Kleinbetragsrechnungen bis 100 Eur brutto** sind gesondert aufzuführen (§ 33 USt-Durchführungsverordnung):

- vollständiger Name und Anschrift des leistenden Unternehmers
- Ausstellungsdatum
- Menge und Art des gelieferten Gegenstands bzw. Art und Umfang der Leistung
- Entgelt und der darauf entfallende Steuerbetrag *in einer Summe*
- anzuwendender Steuersatz
- Hinweis, dass eine Steuerbefreiung für diesen Umsatz gilt (sofern Steuerbefreiung)

Elektronisch erstellte und übermittelte Rechnungen sind nach § 14 Abs. 3 UStG zulässig, allerdings ist eine elektronische Signatur erforderlich. Eine digitale Archivierung wird verlangt.

Der Unternehmer muss alle Rechnungen, die er erhalten hat, und ein Doppel der von ihm erstellten Rechnungen **zehn Jahre** aufbewahren, was sich aus § 14 b UStG ergibt. Die Aufbewahrungspflicht beginnt mit dem Schluss des Kalenderjahres der Ausstellung.

Aufgabe

Die Heckmann KG erhiehlt von ihrem Lieferanten, der Schneider OHG, am 17. November 200X die bestellten Fahrradhelme. Am 23. November erhält Heckmann die folgende Rechnung.[11]

---

11 Ohne Berücksichtigung der DIN-Regelungen zum Schriftverkehr.

Prüfen Sie, ob die Heckmann KG zum Vorsteuerabzug berechtigt ist!

Schneider OHG	
Schulgasse 15	UST_ID-Nr.:
88250 Weingarten	DE 146734589

Heckmann KG
Geigenweg 5
88212 Ravensburg

Rechnung über Fahrradhelme   Weingarten, 21. November 200X
Kundennummer KK4455

Sehr geehrte Damen und Herrn,

für unsere Lieferung berechnen
wir Ihnen:

	EURO	
	Steuersatz 7 %	Steuersatz 16 %
50 Fahrradhelme Modell		
„Scutity 2006"		1 000,00
50 Fahrradhelme Modell „Fun 2006"		1 500,00
Summe Waren 7 %		
Summe Waren 16 %		**2 500,00**
Umsatzsteuer 7 %		
Umsatzsteuer 16 %		**400,00**
Rechnungsbetrag insgesamt		**2 900,00**

Bei Zahlung bis zum 10. Dezember 200X gewähren wir 3 % Skonto
(87,00 Eur).

Lösung

Die Rechnung enthält **nicht** alle geforderten Pflichtangaben:
• Es fehlt eine fortlaufende Rechnungsnummer.
• Es fehlt die Angabe des Zeitpunktes der Lieferung. Dies ist aber erforderlich, da Lieferdatum (17. November) und Rechnungsdatum (21. November)
  nicht identisch sind.

Heckmann sollte eine neue Rechnung verlangen.

Der Vollständigkeit halber sei erwähnt, dass außer dem Umsatz-steuergesetz auch das HGB bestimmte Angaben in Geschäftsbriefen vorschreibt. Nach § 37 a HGB müssen seine Firma, die Bezeichnung nach § 19, Abs. 1 Nr. 1 (siehe Anhang), der Ort seiner Handelsnie-derlassung, das Registergericht und die Nummer, unter der die Fir-ma im Handelsregister eingetragen ist, angegeben werden. In einer Fußzeile könnten in obiger Rechnung folgende Angaben aufge-nommen werden:

Schneider OHG, Sitz: Weingarten, Registergericht Ravensburg[12] HRA 224, Geschäftsführer Jasmin Schneider und Bernd Lang

Wer nach § 37 a Abs. 4 HGB dieser Pflicht nicht nachkommt, ist vom Registergericht durch ein Zwangsgeld dazu anzuhalten. Nach § 14 HGB darf das Zwangsgeld den Betrag von 5 000 Eur nicht über-steigen.

3.1.2 Buchung von Umsatzsteuer und Vorsteuer

Grundinformationen zur Umsatzsteuer:

- Durch die Umsatzsteuer entsteht dem Unternehmer kein Aufwand.
- Die vom Unternehmer vereinnahmte Umsatzsteuer stellt eine Ver-bindlichkeit gegenüber dem Finanzamt dar.
- Die Vorsteuer bedeutet eine Forderung ans Finanzamt.
- Der Unternehmer führt nur die **Zahllast** ans Finanzamt ab.

Daraus ergeben sich für die buchhalterische Erfassung folgende Konsequenzen:

- Die Buchung von Umsatzsteuer und Vorsteuer kann nicht auf Aufwandskonten (Kontenklasse 6 bzw. 7) erfolgen, da dem Un-ternehmer ja keine Kosten entstehen. Für die buchhalterische Er-fassung kommen nur Bestandskonten in Frage.
- Die Vorsteuer hat Forderungscharakter und wird deshalb auf einem aktiven Bestandskonto erfasst. Dieses Konto heißt „Vor-steuer" (Kontennr. 2600 bei 16 %).[13]

---

12 Weingarten hat kein Registergericht, zuständig ist das Registergericht in Ravens-burg.

13 Die Vorsteuer wird nicht auf dem Konto „(2400) Forderungen" gebucht, weil auf dem Konto „2400" Forderungen aus Lieferungen und Leistungen, also gegenüber Kun-den, erfasst werden.

- Die Umsatzsteuer stellt eine Verbindlichkeit gegenüber dem Finanzamt dar und wird deshalb auf einem passiven Bestandskonto „Umsatzsteuer" (Kontennr. 4800 bei 16 %) erfasst.[14]

Mit diesen Folgerungen sind wir in der Lage, für Heckmann KG die Rechnung der Sattler OHG (Eingangsrechnung) und die Rechnung an die Birkle OHG (Ausgangsrechnung) für die Satteltaschen zu buchen.[15]

Die Heckmann KG kauft bei der Sattler OHG Satteltaschen auf Ziel. Dabei ist zu beachten, dass der Einkauf auf dem Bestandskonto „(2210) Handelswaren" oder bei Just-in-time-Lieferung direkt auf dem Aufwandskonto „6080 Aufwand für Handelswaren" gebucht werden kann. Im Gegensatz zu Rohstoffen scheint die Just-in-time-Lieferung bei Handelswaren nicht üblich zu sein.

Der Buchungssatz lautet:

		Buchungsbetrag in Eur	
Soll	Haben	Soll	Haben
(2210) Handelswaren		100,00	
(2600) Vorsteuer		16,00	
	(44003) Sattler OHG		116,00

Begründen wir kurz diesen Buchungssatz:
- „Handelswaren" ist ein aktives Bestandskonto. Anfangsbestand und Zugänge stehen im Soll, Abgänge im Haben. Da es sich hier um einen Zugang handelt – der zunächst auf Lager genommen wird – ist im Soll zu buchen.
- Vorsteuer ist ein aktives Bestandskonto. Bei aktiven Bestandskonten werden Zugänge im Soll gebucht. Wir haben einen Zugang an Forderungen gegenüber dem Finanzamt.
- Da die Heckmann KG die Rechnung nicht bar bezahlt, sondern

---

14 Die Umsatzsteuer wird nicht auf dem Konto „(4400) Verbindlichkeiten" gebucht, weil auf diesem Konto Verbindlichkeiten aus Lieferungen und Leistungen, also gegenüber Lieferanten, erfasst werden.
15 Zu den beiden Rechnungen vgl. S. 149.

auf Ziel einkauft, nehmen ihre Verbindlichkeiten gegenüber der Sattler OHG zu. Da „Verbindlichkeiten" ein passives Bestandskonto ist, werden Zugänge im Haben gebucht. Heckmann KG schuldet der Sattler OHG den Bruttobetrag in Höhe von 116 Eur. Auf Kreditoenkonten ist auf der gleichen Seite zu buchen, auf der man auch auf dem Konto „Verbindlichkeiten a. L. u. L." gebucht hätte. Folglich ist auf dem Personenkonto im Haben zu buchen.[16]

Im Rahmen einer EDV-Buchführung erfolgt auf der Grundlage einer vorhandenen Steuerautomatik eine vereinfachte Eingabe, die wir in Kap. 10.1 darstellen. Das Programm bucht aber in der geschilderten Art und Weise. Dies gilt auch für Verkaufsbuchungen.

Die Heckmann KG verkauft diese Satteltaschen für 150 Eur zuzüglich Umsatzsteuer auf Ziel an die Birkle OHG. weiter. Die Heckmann KG bucht:

		Buchungsbetrag in Eur	
Soll	Haben	Soll	Haben
(24001) Birkle OHG		174,00	
	(5010) Umsatz- erlöse für Handelswaren		150,00
	(4800) Umsatzsteuer		24,00

Auch diesen Buchungssatz gilt es kurz zu begründen:

- Da die Birkle OHG die Satteltaschen nicht bar bezahlt, sondern auf Ziel (= auf Rechnung) kauft, hat die Heckmann KG eine Forderung in Höhe des Rechnungsbetrages von 174,00 Eur gegenüber der Birkle OHG. Da „Forderungen" ein aktives Bestandskonto ist, würden wir dort Zugänge im Soll buchen. Folglich wird auch auf dem Debitorenkonto „Birkle OHG" im Soll gebucht.

---

16 Zur Buchung auf Personenkonten vgl. Kap. 1.5.8.

- Umsatzerlöse für Handelswaren ist ein Ertragskonto. Erträge werden im Haben gebucht. Die Heckmann KG hat Handelswaren im Warenwert von 150 Eur verkauft. Bildhaft gesprochen ist die Heckmann KG um 150,00 Eur „reicher" geworden und nicht um 174,00 Eur, da sie 24,00 Eur davon nicht behalten darf.
- Die der Birkle OHG in Rechnung gestellte Umsatzsteuer in Höhe von 24,00 Eur stellt eine Verbindlichkeit der Heckmann KG gegenüber dem Finanzamt dar. „Umsatzsteuer" ist ein passives Bestandskonto, weshalb die Zunahme der Verbindlichkeiten gegenüber dem Finanzamt im Haben gebucht wird.

Ab 2006 gilt für kleinere Unternehmen eine Erleichterung: **Ist der Umsatz im Jahr kleiner als 250 000 Eur** (neue Bundesländer 500 000 Eur), **muss die Umsatzsteuer erst abgeführt werden, wenn der Kunde gezahlt hat.**

Werden Warengeschäfte mit Unternehmen aus anderen Ländern getätigt, gilt es, spezifische Regelungen zu beachten. Diese Regelungen sind recht komplex und könnten einen eigenen Band füllen. Die folgende Übersicht soll Grundzüge darstellen. Sie kann aber nicht die Notwendigkeit einer intensiveren Beschäftigung in Einzelfällen ersetzen. So finden sich z. B. für Fahrzeuge spezielle Hinweise (u. a.: 15 c, 135 und 221 a Umsatzsteuer-Richtlinien 2005).

Alle zum Vorsteuerabzug berechtigten Unternehmer, die am innergemeinschaftlichen Handel teilnehmen und regelmäßig USt-Erklärungen abzugeben haben, erhalten neben ihrer Steuernummer, unter der sie beim Finanzamt geführt werden, auf Antrag eine Umsatzsteuer-Identifikationsnummer (USt-IdNr.). In Deutschland besteht die USt-IdNr. aus dem Ländercode „DE" und neun Ziffern. Rechnungen an die Kunden (Ausgangsrechnungen) aufgrund innergemeinschaftlicher Lieferungen müssen die eigene und die Identifikationsnummer des Kunden ausweisen. Durch das zentral geführte Kontrollsystem sind die Steuerverwaltungen der Mitgliedsländer miteinander verbunden. Sie können in kürzester Zeit feststellen, ob eine Lieferung zu Recht als innergemeinschaftliche steuerfreie Lieferung erklärt wird beziehungsweise ob die Umsatzsteuer tatsächlich entrichtet worden ist. Der liefernde Unternehmer ist verpflichtet, in seinen Rechnungen über innergemeinschaftliche Lieferungen

Grundzüge der Umsatzsteuer beim Außenhandel mit Unternehmen

mit einem Drittland (= Nicht EU-Mitgliedsland)		mit einem EU-Mitgliedsland	
Wareneinkauf = Einfuhrlieferung	**Warenverkauf = Ausfuhrlieferung**	**Wareneinkauf = innergemeinschaftlicher Erwerb**	**Warenverkauf = innergemeinschaftliche Lieferung**
Einfuhrumsatzsteuer (§ 1 Abs. 1 UStG) Erhebung nicht vom Finanzamt, sondern von den Zollbehörden (Zollbescheid)	umsatzsteuerfrei (§ 4 Nr. 1 UStG) sofern Nachweis der Ausfuhrlieferung (z. B. durch Grenzübertrittsbescheinigung des Zollamts oder internationaler Frachtbrief der Deutschen Bahn AG)	Nach dem Bestimmungslandprinzip (= USt-Pflicht im Empfangsland) in Deutschland umsatzsteuerpflichtig	In Deutschland (= Ausgangsland) umsatzsteuerfrei, sofern die Ausgangsrechnung: • die USt-IDNr. des Lieferanten und des Kunden enthält • auf die Umsatzsteuerfreiheit der Lieferung hinweist. (Wird an einen Privatkunden geliefert, so wird die Lieferung mit deutscher USt in Rechnung gestellt.)
Die Einfuhrumsatzsteuer ist als Vorsteuer abzugsfähig	keine Umsatzsteuerbuchung	Die geschuldete Umsatzsteuer kann gegen die entsprechende Vorsteuer verrechnet werden. Folglich belastet die Umsatzsteuer den deutschen Erwerber nicht.	Nach dem Bestimmungslandprinzip muss der Kunde (= Unternehmer) in seinem Land die entsprechende USt zahlen. In diesem Fall ist also der Erwerber der Steuerschuldner
Einrichtung eines separaten „Vorsteuerkontos", z. B.: 2628 Einfuhrumsatzsteuer	Erfassung des Umsatzerlöses auf separatem Konto, z. B.: 5070 Ausfuhrerlöse mit Drittländern	Erfassung und Verrechnung auf separaten USt-Steuerkonten, z. B.: 2605 Vorsteuer aus innergemeinschaftlichem Erwerb 4805 Umsatzsteuer aus innergemeinschaftlichem Erwerb Verrechnung durch Buchung: Soll: Konto 2605 Haben: Konto 4805	Erfassung des Umsatzerlöses auf separatem Konto, z. B.: 5060 Umsatzerlöse aus steuerfreier innergemeinschaftlichen Lieferung

sowohl seine USt-IdNr. als auch die des Empfängers in dem anderen Mitgliedstaat anzugeben.

3.1.3 Kontenabschluss

Am Monatsende hat die Heckmann KG die Zahllast zu ermitteln, die in der Umsatzsteuervoranmeldung auszuweisen ist. Rechnerisch wissen wir, dass die Zahllast 8,00 Eur beträgt.[17] Dieses Ergebnis wollen wir buchhalterisch erzielen, denn die Heckmann KG hat ja nur 8,00 Eur an das Finanzamt zu zahlen. Zur Verdeutlichung ist es sinnvoll, die Buchung auf T-Konten heranzuziehen, wobei wir uns auf die neuen Konten „Umsatzsteuer" und „Vorsteuer" beschränken:

Soll	(2600) Vorsteuer	Haben		Soll	(4800) Umsatzsteuer	Haben
ER	16,00			AR		24,00

Da wir von der Birkle OHG 24,00 Eur Umsatzsteuer einnehmen, an die Sattler OHG aber „nur" 16,00 Eur bezahlt haben, haben wir 8,00 Eur Schulden beim Finanzamt. Da unsere Verbindlichkeiten gegenüber dem Finanzamt auf dem Umsatzsteuerkonto erfasst werden, müsste sich dort ein Saldo von 8,00 Eur ergeben. Wenn wir uns beide T-Konten ansehen, wird deutlich, wie wir dieses Ziel erreichen:

- Auf dem Umsatzsteuerkonto (Schulden beim Finanzamt) ist ein Abgang zu buchen, da wir buchhalterisch die Vorsteuer (Forderung ans Finanzamt) von unseren Schulden abziehen. Auf **passiven** Bestandskonten werden Abgänge im Soll (links) gebucht.
- Durch die Verrechnung haben wir keine Forderungen gegenüber dem Finanzamt mehr. Auf dem **aktiven** Bestandskonto „Vorsteuer" ist ein Abgang im Haben (rechts) zu buchen. Dadurch ist das Konto „Vorsteuer" auf „null".

---

17 Dabei unterstellen wir, dass die Heckmann KG in diesem Monat keine weiteren Ein- und Verkäufe getätigt hat. Diese Annahme ist zwar unrealistisch, es soll aber in diesem einfachen Beispiel das Grundprinzip erläutert werden. Das buchhalterische Vorgehen ist das gleiche, wenn mehrere Umsätze getätigt wurden.

Der Buchungssatz lautet:

Soll	Haben	Buchungsbetrag in Eur
(4800) Umsatzsteuer	(2600) Vorsteuer	16,00

Soll	(2600) Vorsteuer	Haben	Soll	(4800) Umsatzsteuer	Haben
ER	16,00	Umbuchung 16,00	Umbuchung 16,00	AR	24,00

Das Konto „Vorsteuer" ist nun ausgeglichen, denn durch die Verrechnung mit der Umsatzsteuer hat die Heckmann KG keine Forderung an das Finanzamt mehr. Auf dem Umsatzsteuerkonto steht
nun nur noch die **Zahllast**.[18] Diese zahlen wir durch Banküberweisung:

Soll	(4800) Umsatzsteuer	Haben
Umbuchung	16,00	AR	24,00
Übw	**8,00**		24,00

Der Buchungssatz für die Überweisung der Zahllast lautet:

Soll	Haben	Buchungsbetrag in Eur
(4800) Umsatzsteuer	(2800) Bank[19]	8,00

Auch diesen Buchungssatz können wir uns leicht erklären:

- „Umsatzsteuer" ist ein passives Bestandskonto. Durch die Überweisung der Zahllast hat die Heckmann KG keine Verbindlichkeiten gegenüber dem Finanzamt mehr. Abgänge (hier Abnahme
der Verbindlichkeiten) stehen auf passiven Bestandskonten im
Soll.
- „Bank" ist ein aktives Bestandskonto. Durch die Zahlung nimmt
unser Bankkonto ab. Abgänge stehen auf aktiven Bestandskonten
im Haben.

---

18 Dies ist eine vereinfachte Darstellung. Nach § 18 Abs. 3 UStG in Verbindung mit § 16
Abs. 1–4 und § 17 UStG ist der Unternehmer verpflichtet, bei der Berechnung von
der Summe der Umsätze auszugehen, wobei Änderungen des Entgelts zu berücksichtigen sind. Es ist darauf hinzuweisen, dass die Umsatzsteuervorauszahlungen in
der Praxis auf ein eigenes Umsatzsteuer-Zahlungskonto gebucht werden. Dadurch
hat man jederzeit einen Überblick über bereits erfolgte Vorauszahlungen.

19 Aus Vereinfachungsgründen verzichten wir hier auf das Führen mehrerer Bankkonten.

In der Praxis findet man anstelle der direkten Umbuchung (siehe oben) häufig die Einführung eines neuen Kontos in den Kontenplan. Dieses Konto kann als „**(4820) Umsatzsteuer-Vorauszahlung**" bezeichnet werden. Auf das **monatliche** Saldieren (Umsatzsteuer mit Vorsteuer), das zu einer gewissen Unübersichtlichkeit und erschwerten Kontrolle führen kann, wird verzichtet. Umsatzsteuervorauszahlungen werden auf dem neuen Konto gebucht. Der Buchungssatz für die Überweisung der Zahllast würde dann lauten:

Soll	Haben	Buchungsbetrag in Eur
(4820) Umsatzsteuer-Vorauszahlung	(2800) Bank	

Bei diesem Vorgehen wird erst im Rahmen der **jährlichen** Umsatzsteuererklärung eine Umbuchung (Vorsteuer auf Umsatzsteuer) vorgenommen. Da nun die monatlichen Vorauszahlungen, die auf dem Konto „Umsatzsteuer-Vorauszahlungen" stehen, mit der endgültigen Umsatzsteuerschuld – Änderungen können sich beispielsweise durch Erlösschmälerungen[20] ergeben – verrechnet werden können, werden die Vorauszahlungen auf das Konto „Umsatzsteuer" umgebucht. Da die Vorauszahlungen die jetzt zu begleichende Schuld verringern, ist auf dem Konto „Umsatzsteuer" ein Abgang in Höhe der Vorauszahlungen zu buchen Der Buchungssatz würde dann lauten:

Soll	Haben	Buchungsbetrag in Eur
(4800) Umsatzsteuer	(48200) Umsatzsteuer-Vorauszahlung	

Da nun die Vorauszahlungen mit der Umsatzsteuerschuld verrechnet wurden, ist folgerichtig das Konto „Umsatzsteuer-Vorauszahlungen" dann auf „null". Auf dem Umsatzsteuer-Konto ergibt sich dann die noch zu zahlende „Restschuld".

Es gibt Computerprogramme, die beim Kontenabschluss eine andere Variante wählen:

• Buchhalterische Verrechnung der Vorsteuer mit der Umsatzsteuer (wie oben)

---

20 Vgl. hierzu Kap. 3.4 und 3.5.

- Ausweis der Zahllast als Verbindlichkeit gegenüber dem Finanzamt und „Ausgleich" des Kontos „Umsatzsteuer"

Beides kann in einem Buchungssatz durchgeführt werden.
Für unser Beispiel:

Soll	Vorsteuer	Haben	Soll	Umsatzsteuer	Haben
ER	16,00			AR	24,00

Buchungssatz:

Soll	Haben	Buchungsbetrag in Eur	
		Soll	Haben
(4800) Umsatzsteuer		24,00	
	(2600) Vorsteuer		16.00
	(4830) Verbindlichkeiten gegenüber Finanzbehörden		8,00

Wird die Überweisung der Zahllast im Folgemonat auf dem Bankkonto belastet, ist die Verbindlichkeit im Soll (Abgang) auszubuchen. Die Gegenbuchung erfolgt auf dem Bankkonto.

Umsatzsteuer, Vorsteuer und Zahllast müssen dem Finanzamt mitgeteilt werden. Dies erfolgt auf elektronischem Weg mit dem amtlichen Formular „Umsatzsteuer-Voranmeldung" (vgl. Abbildung und Anmerkung auf Seiten 165 ff.) Im Rahmen der dort verlangten Angaben ist aber u. a. nicht nur die Höhe der Umsatzsteuer, sondern auch die Bemessungsgrundlage anzugeben. Bemessungsgrundlage ist der Nettoumsatz, auf den 16 % zu berechnen sind. Entscheidend ist die Berechnung und nicht das Konto „Umsatzsteuer".

Es wird eine so genannte „Umsatzsteuerverprobung" verlangt. Die nachfolgende Übersicht verdeutlicht den Zusammenhang am Beispiel der Heckmann KG:[21]

---

21 Auf die Berücksichtigung des Kundenskontos und von Preisnachlässen und Rücksendungen wurde hier aus Vereinfachungsgründen verzichtet, da diese erst in Kap. 3.4 und 3.5 behandelt werden.

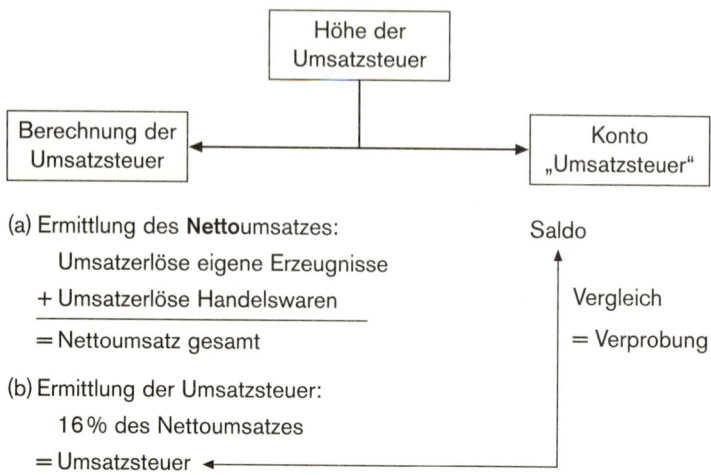

(a) Ermittlung des **Netto**umsatzes:

Umsatzerlöse eigene Erzeugnisse

+ Umsatzerlöse Handelswaren

= Nettoumsatz gesamt

(b) Ermittlung der Umsatzsteuer:

16 % des Nettoumsatzes

= Umsatzsteuer

Wie dem amtlichen Formular zu entnehmen ist, ist eine Vorsteuerverprobung **nicht** vorgesehen. Es ist die Höhe der Vorsteuer, aber nicht die Höhe der Nettoeinkäufe anzugeben.

Es ergibt sich folgender Zusammenhang:

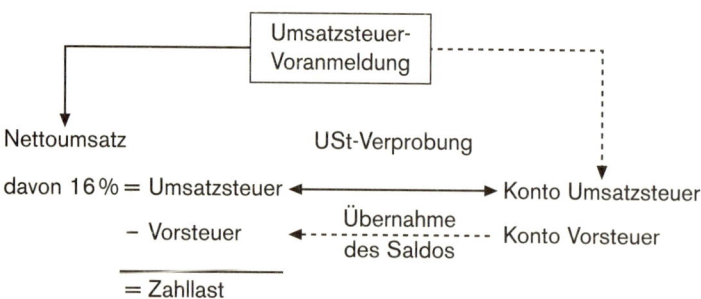

Im Rahmen der Abgabe der Umsatzsteuervoranmeldung sind die steuerpflichtigen Umsätze nur mit vollen Eurobeträgen anzugeben. Da aber bei den auf der Grundlage der Rechnungen gebuchten Umsatzsteuerbeträgen auch Centbeträge einbezogen werden, kann es zu geringfügigen Unterschieden kommen. Diese sind als außerordentlicher Ertrag bzw. als außerordentlicher Aufwand auszubuchen.

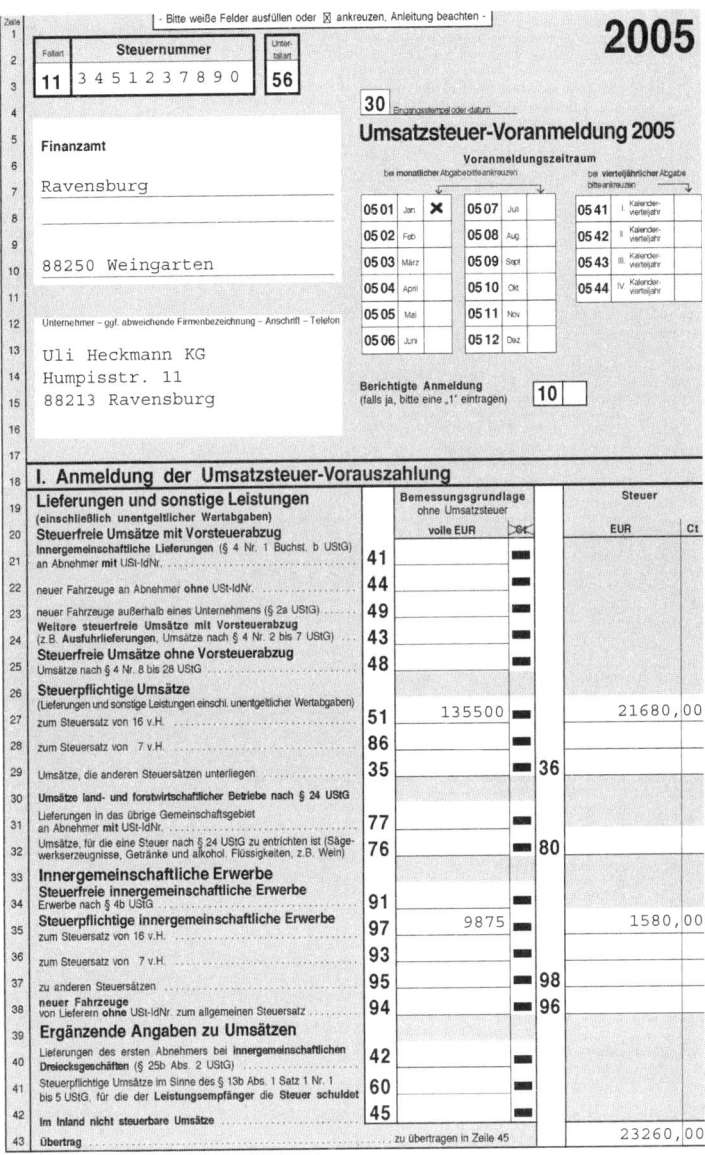

Umsatzsteuer-Voranmeldung 2005

Zeile			
1	- Bitte weiße Felder ausfüllen oder ☒ ankreuzen, Anleitung beachten -		

Fallart | **Steuernummer** | Unter-fallart
11 | 3 4 5 1 2 3 7 8 9 0 | **56**

30 Eingangsstempel oder -datum

Finanzamt

Ravensburg

88250 Weingarten

Unternehmer – ggf. abweichende Firmenbezeichnung – Anschrift – Telefon

Uli Heckmann KG
Humpisstr. 11
88213 Ravensburg

Voranmeldungszeitraum
bei monatlicher Abgabe bitte ankreuzen
bei vierteljährlicher Abgabe bitte ankreuzen

05 01	Jan	✖	05 07	Juli		05 41	I. Kalender-vierteljahr
05 02	Feb		05 08	Aug		05 42	II. Kalender-vierteljahr
05 03	März		05 09	Sept		05 43	III. Kalender-vierteljahr
05 04	April		05 10	Okt		05 44	IV. Kalender-vierteljahr
05 05	Mai		05 11	Nov			
05 06	Juni		05 12	Dez			

Berichtigte Anmeldung
(falls ja, bitte eine „1" eintragen) **10**

I. Anmeldung der Umsatzsteuer-Vorauszahlung

	Bemessungsgrundlage ohne Umsatzsteuer		Steuer	
	volle EUR	St.	EUR	Ct

Lieferungen und sonstige Leistungen
(einschließlich unentgeltlicher Wertabgaben)

Steuerfreie Umsätze mit Vorsteuerabzug
Innergemeinschaftliche Lieferungen (§ 4 Nr. 1 Buchst. b UStG)
an Abnehmer **mit** USt-IdNr. .... | **41** | | | | |
neuer Fahrzeuge an Abnehmer **ohne** USt-IdNr. .... | **44** | | ▬ | | |
neuer Fahrzeuge außerhalb eines Unternehmens (§ 2a UStG) .... | **49** | | ▬ | | |
Weitere steuerfreie Umsätze mit Vorsteuerabzug
(z. B. Ausfuhrlieferungen, Umsätze nach § 4 Nr. 2 bis 7 UStG) ... | **43** | | ▬ | | |
Steuerfreie Umsätze ohne Vorsteuerabzug
Umsätze nach § 4 Nr. 8 bis 28 UStG | **48** | | ▬ | | |

Steuerpflichtige Umsätze
(Lieferungen und sonstige Leistungen einschl. unentgeltlicher Wertabgaben)
zum Steuersatz von 16 v.H. .... | **51** | 135500 | ▬ | 21680 | 00 |
zum Steuersatz von 7 v.H. .... | **86** | | ▬ | | |
Umsätze, die anderen Steuersätzen unterliegen .... | **35** | | ▬ **36** | | |
Umsätze land- und forstwirtschaftlicher Betriebe nach § 24 UStG
Lieferungen in das übrige Gemeinschaftsgebiet
an Abnehmer **mit** USt-IdNr. .... | **77** | | ▬ | | |
Umsätze, für die eine Steuer nach § 24 UStG zu entrichten ist (Sägewerkserzeugnisse, Getränke und alkohol. Flüssigkeiten, z.B. Wein) | **76** | | ▬ **80** | | |

Innergemeinschaftliche Erwerbe
Steuerfreie innergemeinschaftliche Erwerbe
Erwerbe nach § 4b UStG .... | **91** | | ▬ | | |
Steuerpflichtige innergemeinschaftliche Erwerbe
zum Steuersatz von 16 v.H. .... | **97** | 9875 | ▬ | 1580 | 00 |
zum Steuersatz von 7 v.H. .... | **93** | | ▬ | | |
zu anderen Steuersätzen .... | **95** | | ▬ **98** | | |
neuer Fahrzeuge
von Lieferern **ohne** USt-IdNr. zum allgemeinen Steuersatz .... | **94** | | ▬ **96** | | |

Ergänzende Angaben zu Umsätzen
Lieferungen des ersten Abnehmers bei **innergemeinschaftlichen**
Dreiecksgeschäften (§ 25b Abs. 2 UStG) .... | **42** | | ▬ | | |
Steuerpflichtige Umsätze im Sinne des § 13b Abs. 1 Satz 1 Nr. 1
bis 5 UStG, für die der **Leistungsempfänger die Steuer schuldet** | **60** | | ▬ | | |
Im Inland nicht steuerbare Umsätze .... | **45** | | ▬ | | |
Übertrag .... zu übertragen in Zeile 45 | | | | 23260 | 00 |

3. Umsatzsteuer

44	Steuernummer: 3 4 5 1 2 3 7 8 9 0			Steuer EUR	Ct

45	Übertrag			23260,	00

		Bemessungsgrundlage ohne Umsatzsteuer			
46 47	**Umsätze, für die als Leistungsempfänger die Steuer nach § 13b Abs. 2 UStG geschuldet wird**	volle EUR	Ct		
48	Leistungen eines im Ausland ansässigen Unternehmers (§ 13b Abs. 1 Satz 1 Nr. 1 und 5 UStG)	52	— 53		
49	Lieferungen sicherungsübereigneter Gegenstände und Umsätze, die unter das GrEStG fallen (§ 13b Abs. 1 Satz 1 Nr. 2 und 3 UStG)	73	— 74		
50	Bauleistungen eines im Inland ansässigen Unternehmers (§ 13b Abs. 1 Satz 1 Nr. 4 UStG)	84	— 85		

51					
52	Steuer infolge Wechsels der Besteuerungsform sowie Nachsteuer auf versteuerte Anzahlungen wegen Steuersatzerhöhung	65			
53	Umsatzsteuer			23260,	00
54	**Abziehbare Vorsteuerbeträge**				
55	Vorsteuerbeträge aus Rechnungen von anderen Unternehmern (§ 15 Abs. 1 Satz 1 Nr. 1 UStG), aus Leistungen im Sinne des § 13a Abs. 1 Nr. 6 UStG (§ 15 Abs. 1 Satz 1 Nr. 5 UStG) und aus innergemeinschaftlichen Dreiecksgeschäften (§ 25b Abs. 5 UStG)	66		12375,	00
56	Vorsteuerbeträge aus dem innergemeinschaftlichen Erwerb von Gegenständen (§ 15 Abs. 1 Satz 1 Nr. 3 UStG)	61		923,	00
57	Entrichtete Einfuhrumsatzsteuer (§ 15 Abs. 1 Satz 1 Nr. 2 UStG)	62			
58	Vorsteuerbeträge aus Leistungen im Sinne des § 13b Abs. 1 UStG (§ 15 Abs. 1 Satz 1 Nr. 4 UStG)	67			
59	Vorsteuerbeträge, die nach allgemeinen Durchschnittssätzen berechnet sind (§§ 23 und 23a UStG)	63			
60	Berichtigung des Vorsteuerabzugs (§ 15a UStG)	64			
61	Vorsteuerabzug für innergemeinschaftliche Lieferungen neuer Fahrzeuge außerhalb eines Unternehmens (§ 2a UStG) sowie von Kleinunternehmern im Sinne des § 19 Abs. 1 UStG (§ 15 Abs. 4a UStG)	59			
62	Verbleibender Betrag			9962,	00
63 64	Steuerbeträge, die vom letzten Abnehmer eines innergemeinschaftlichen Dreiecksgeschäfts geschuldet werden (§ 25b Abs. 2 UStG), in Rechnungen unrichtig oder unberechtigt ausgewiesene Steuerbeträge (§ 14c UStG), Steuerbeträge für Leistungen im Sinne des § 13a Abs. 1 Nr. 6 UStG sowie Steuerbeträge, die nach § 6a Abs. 4 Satz 2 oder § 17 Abs. 1 Satz 2 UStG geschuldet werden	69			
65	Umsatzsteuer-Vorauszahlung/Überschuss				
66	Anrechnung (Abzug) der festgesetzten **Sondervorauszahlung** für Dauerfristverlängerung (nur auszufüllen in der letzten Voranmeldung des Besteuerungszeitraums, in der Regel Dezember)	39			
67	**Verbleibende Umsatzsteuer-Vorauszahlung** .... **(bitte in jedem Fall ausfüllen)**	83		9962,	00
68	Verbleibender Überschuss - bitte dem Betrag ein Minuszeichen voranstellen -				

69	**II. Sonstige Angaben und Unterschrift**

70	Ein Erstattungsbetrag wird auf das dem Finanzamt benannte Konto überwiesen, soweit der Betrag nicht mit Steuerschulden verrechnet wird.

71 72	**Verrechnung des Erstattungsbetrages erwünscht / Erstattungsbetrag ist abgetreten** (falls ja, bitte eine „1" eintragen)	29
73	Geben Sie bitte die Verrechnungswünsche auf einem besonderen Blatt an oder auf dem beim Finanzamt erhältlichen Vordruck „Verrechnungsantrag".	
74	Die **Einzugsermächtigung** wird ausnahmsweise (z.B. wegen Verrechnungswünschen) für diesen Voranmeldungszeitraum **widerrufen** (falls ja, bitte eine „1" eintragen)	26
	Ein ggf. verbleibender Restbetrag ist gesondert zu entrichten.	

- nur vom Finanzamt auszufüllen -

75 76 77	Hinweis nach den Vorschriften der Datenschutzgesetze: Die mit der Steueranmeldung angeforderten Daten werden auf Grund der §§ 149 ff. der Abgabenordnung und der §§ 18, 18b des Umsatzsteuergesetzes erhoben. Die Angabe der Telefonnummern ist freiwillig.	11	19

78 79	Bei der Anfertigung dieser Steueranmeldung hat mitgewirkt: (Name, Anschrift, Telefon)		12

Bearbeitungshinweis

1. Die aufgeführten Daten sind mit Hilfe des geprüften und genehmigten Programms sowie ggf. unter Berücksichtigung der gespeicherten Daten maschinell zu verarbeiten.
2. Die weitere Bearbeitung richtet sich nach den Ergebnissen der maschinellen Verarbeitung.

83 84	Ich versichere, die Angaben in dieser Steueranmeldung wahrheitsgemäß nach bestem Wissen und Gewissen gemacht zu haben.	
		Datum, Namenszeichen

Kontrollzahl und/oder Datenerfassungsvermerk

85 86	05.02.200x _(Unterschrift)_
	Datum, Unterschrift

Anleitung zur Umsatzsteuer-Voranmeldung 2005

Abkürzungen:	AO	= Abgabenordnung	UStDV	= Umsatzsteuer-Durchführungsverordnung
	GrEStG	= Grunderwerbsteuergesetz	UStG	= Umsatzsteuergesetz
	Kj.	= Kalenderjahr	USt-IdNr.	= Umsatzsteuer-Identifikationsnummer

Diese Anleitung soll Sie informieren, wie Sie die Vordrucke richtig ausfüllen.

Die Anleitung kann allerdings nicht auf alle Fragen eingehen.
Wesentliche Änderungen gegenüber der Anleitung zur Umsatzsteuer-Voranmeldung 2004 sind durch Randstriche gekennzeichnet.

Übermittlung der Umsatzsteuer-Voranmeldung auf elektronischem Weg

Die Umsatzsteuer-Voranmeldung ist nach amtlich vorgeschriebenem Vordruck auf elektronischem Weg nach Maßgabe der Steuerdaten-Übermittlungsverordnung zu übermitteln (§ 18 Abs. 1 Satz 1 UStG); Hinweis auf die Internet-Adressen www.elster.de bzw. www.finanzamt.de.
Auf Antrag kann das Finanzamt zur Vermeidung von unbilligen Härten auf eine elektronische Übermittlung verzichten.

Betragsangaben in Euro!

Geben Sie bitte alle Beträge in Euro (= EUR oder €) an. Rechnen Sie Werte in fremder Währung in Euro um.

So werden die Vordrucke ausgefüllt:

Bitte tragen Sie aus erfassungstechnischen Gründen die Steuernummer auf jeder Vordruckseite (oben) ein.
Füllen Sie bitte nur die weißen Felder deutlich und vollständig aus. Bitte berücksichtigen Sie Entgeltserhöhungen und Entgelts-minderungen bei den Bemessungsgrundlagen. Negative Beträge sollten Sie durch ein Minuszeichen kennzeichnen. Reicht der vorgesehene Platz nicht aus, verwenden Sie bitte für weitere Angaben ein gesondertes Blatt.
Tragen Sie bei den Bemessungsgrundlagen bitte nur Beträge in vollen Euro ein; bei den Umsatzsteuer- und Vorsteuerbeträgen ist dagegen stets auch die Eintragung von Centbeträgen erforderlich.

Unterschrift: Die Umsatzsteuer-Voranmeldungen sind vom Unternehmer oder dessen Bevollmächtigten zu unter-schreiben.

Umsatzsteuer-Voranmeldung

Steuerfreie Lieferungen und sonstige Leistungen

Zeilen 21 bis 23

Innergemeinschaftliche Lieferungen (§ 4 Nr. 1 Buchst. b i.V.m. § 6a Abs. 1 UStG) sind in dem Voranmeldungszeitraum zu erklären, in dem die Rechnung ausgestellt wird; jedenfalls jedoch in dem Voranmeldungszeitraum, in dem der Monat endet, der auf die Lieferung folgt.

Über die in Zeile 21 einzutragenden Umsätze sind vierteljährlich **Zusammenfassende Meldungen** beim Bundesamt für Finanzen abzugeben. Nähere Informationen zu diesem Verfahren sowie amtliche Vordrucke für Zusammenfassende Meldungen erhalten Sie beim Bundesamt für Finanzen - Außenstelle -, 66738 Saarlouis, Telefon (06831) 456-0, Telefax (06831) 456-120 oder -146 sowie unter der Internet-Adresse www.bff.bund.de. Außerdem sind diese Umsätze grundsätzlich zum Statistischen Bundesamt monatlich für die **Intrahandelsstatistik** zu melden. Nähere Informationen zur Intrahandelsstatistik sowie die amtlichen Vordrucke erhalten Sie beim Statistischen Bundesamt, 65180 Wiesbaden, Telefon (0611) 75-2954, Telefax (0611) 75-3965.

Zeile 24

In Zeile 24 sind neben steuerfreien **Ausfuhrlieferungen** (§ 4 Nr. 1 Buchst. a i.V.m. § 6 UStG) weitere steuerfreie Umsätze mit Vorsteuerabzug einzutragen, z.B.:

- Lohnveredelungen an Gegenständen der Ausfuhr (§ 4 Nr. 1 Buchst. a i.V.m. § 7 UStG);

- Umsätze für die Seeschiffahrt und für die Luftfahrt (§ 4 Nr. 2 i.V.m. § 8 UStG);

- grenzüberschreitende **Güter**beförderungen und andere sonstige Leistungen nach § 4 Nr. 3 UStG;

- Vermittlungsleistungen nach § 4 Nr. 5 UStG (z.B. Provisionen im Zusammenhang mit Ausfuhrlieferungen);

- Umsätze im Sinne des Offshore-Steuerabkommens, des Zusatzabkommens zum NATO-Truppenstatut, des Ergänzungsabkommens zum Protokoll über die NATO-Hauptquartiere;

- Reiseleistungen, soweit die Reisevorleistungen im Drittlandsgebiet bewirkt werden (§ 25 Abs. 2 UStG).

Zeile 25

Steuerfreie Umsätze ohne Vorsteuerabzug sind z.B. Grundstücks-vermietungen (§ 4 Nr. 12 UStG), Umsätze aus der Tätigkeit als Arzt oder aus ähnlicher heilberuflicher Tätigkeit (§ 4 Nr. 14 UStG).

Steuerpflichtige Lieferungen und sonstige Leistungen

Zeilen 27 bis 29

Als Bemessungsgrundlage sind stets Nettobeträge (ohne Umsatz-steuer) anzugeben. Die Bemessungsgrundlage ist in vollen Euro anzugeben (ohne Centbeträge). Es sind auch Umsätze einzutragen, bei denen das sogenannte Mindest-Bemessungsgrundlage anzuwenden ist. Die Umsätze, bei denen der Leistungsempfänger die Umsatzsteuer nach § 13b Abs. 2 UStG schuldet, sind hier nicht einzutragen, sondern in Zeile 41 (vgl. Erläuterungen zu den Zeilen 46 bis 50).

Unentgeltliche Wertabgaben aus dem Unternehmen sind, soweit sie in der Abgabe von Gegenständen bestehen, regelmäßig den entgeltlichen Lieferungen und, soweit sie in der Abgabe von Ausführung von sonstigen Leistungen bestehen, regelmäßig den entgeltlichen sonstigen Leistungen gleichgestellt. Sie umfassen auch unentgeltliche Sachzuwendungen und sonstige Leistungen an Arbeitnehmer.

167

3. Umsatzsteuer

Es sind auch die Umsätze bei der Lieferung von Gegenständen aus einem Umsatzsteuerlager einzutragen, wenn dem liefernden Unternehmer die Auslagerung zuzurechnen ist. In allen anderen Fällen der Auslagerung - insbesondere wenn dem Abnehmer die Auslagerung zuzurechnen ist - sind die Umsätze in Zeile 64 einzutragen (vgl. Erläuterungen zu Zeile 64).

Zeilen 30 bis 32

Land- und forstwirtschaftliche Betriebe, die ihre Umsätze nach den Durchschnittssätzen des § 24 Abs. 1 UStG versteuern, müssen Lieferungen in das übrige Gemeinschaftsgebiet an Abnehmer mit USt-IdNr. in Zeile 31 eintragen. Über diese Lieferungen sind vierteljährliche Zusammenfassende Meldungen sowie Meldungen zur Intrahandelsstatistik abzugeben, vgl. Erläuterungen zu den Zeilen 21 bis 23.

Bei den in Zeile 32 bezeichneten Umsätzen, für die eine Steuer zu entrichten ist, sind die anzuwendenden Durchschnittssätze um die Sätze für pauschalierte Vorsteuerbeträge zu vermindern.

Land- und Forstwirte, die ihre Umsätze nach den allgemeinen Vorschriften des UStG versteuern, tragen ihre Umsätze in den Zeilen 20 bis 29 ein.

Innergemeinschaftliche Erwerbe

Zeilen 33 bis 38

Innergemeinschaftliche Erwerbe sind in dem Voranmeldungszeitraum zu erklären, in dem die Rechnung ausgestellt wird, spätestens jedoch in dem Voranmeldungszeitraum, in dem der Monat endet, der auf den Erwerb folgt.

Bei **neuen Fahrzeugen** liegt ein innergemeinschaftlicher Erwerb selbst dann vor, wenn das Fahrzeug nicht von einem Unternehmer geliefert wurde. Werden neue Fahrzeuge von Lieferern ohne USt-IdNr. erworben - insbesondere von „Privatpersonen" -, sind die Erwerbe in der Zeile 38 der Umsatzsteuer-Voranmeldung zu erklären. Wird das neue Fahrzeug von einer „Privatperson" oder von einem Unternehmer für seinen privaten Bereich erworben, ist der innergemeinschaftliche Erwerb nur mit Vordruck USt 1 B anzumelden (Fahrzeugeinzelbesteuerung).

Über die in den Zeilen 35 bis 37 einzutragenden innergemeinschaftlichen Erwerbe sind grundsätzlich Meldungen zur Intrahandelsstatistik abzugeben, vgl. Erläuterungen zu den Zeilen 21 bis 23.

Ergänzende Angaben zu Umsätzen

Zeile 40

Bei **innergemeinschaftlichen Dreiecksgeschäften** (§ 25b UStG) hat der erste Abnehmer Zeile 40 auszufüllen, wenn für diese Lieferungen der letzte Abnehmer die Steuer schuldet. Einzutragen ist die Bemessungsgrundlage (§ 25b Abs. 4 UStG) seiner Lieferungen an den letzten Abnehmer.

Die Steuer, die der letzte Abnehmer nach § 25b Abs. 2 UStG für die Lieferung des ersten Abnehmers schuldet, ist in Zeile 64 einzutragen. Zum Vorsteuerabzug für diese Lieferung vgl. Erläuterung zu den Zeilen 55 bis 59.

Zeile 41

Einzutragen sind die **Umsätze des leistenden Unternehmers, für die der Leistungsempfänger die Umsatzsteuer nach § 13b Abs. 2 UStG schuldet.**

Zeile 42

Einzutragen sind **nicht steuerbare Lieferungen** und sonstige Leistungen, deren Leistungsort nicht im Inland liegt und die der Umsatzsteuer unterlägen, wenn sie im Inland ausgeführt worden wären. Hierzu gehören auch Beförderungs- und Versendungslieferungen in das übrige Gemeinschaftsgebiet nach § 3c UStG, die in anderen EU-Mitgliedstaaten versteuert werden, sowie innergemeinschaftliche Güterbeförderungsleistungen und damit zusammenhängende sonstige Leistungen, die im übrigen Gemeinschaftsgebiet steuerpflichtig sind (§ 3b Abs. 3 bis 6 UStG). Im Inland steuerbare nicht steuerbare Umsätze (z. B. Innenumsätze zwischen Unternehmensteilen) sind nicht anzugeben. Dies gilt auch für die Umsätze, die in Zeile 40 einzutragen sind.

Leistungsempfänger als Steuerschuldner (§ 13b UStG)

Zeilen 46 bis 50

Einzutragen sind die Umsätze, für die Unternehmer oder juristische Personen des öffentlichen Rechts als Leistungsempfänger schulden. Die Steuer für diese Umsätze entsteht mit Ausstellung der Rechnung, spätestens jedoch mit Ablauf des Kalendermonats, der auf die Ausführung der Leistung folgt (§ 13b Abs. 1 UStG). Wird das Entgelt oder ein Teil des Entgeltes vereinnahmt, bevor die Leistung oder die Teilleistung ausgeführt worden ist, entsteht insoweit die Steuer mit Ablauf des Voranmeldungszeitraums, in dem das Entgelt oder Teilentgelt vereinnahmt worden ist.

Es sind folgende Eintragungen vorgesehen:

– Werklieferungen und sonstige Leistungen eines im Ausland ansässigen Unternehmers (Zeile 48);

– Lieferungen von Gas und Elektrizität eines im Ausland ansässigen Unternehmers unter den Bedingungen des § 3g UStG (Zeile 48);

– Lieferungen sicherungsübereigneter Gegenstände durch den Sicherungsgeber oder den Sicherungsnehmer außerhalb des Insolvenzverfahrens (Zeile 49);

– Umsätze, die unter das GrEStG fallen, insbesondere Lieferungen von Grundstücken (Zeile 49);

– Werklieferungen und sonstige Leistungen, die der Herstellung, Instandsetzung, Instandhaltung, Änderung oder Beseitigung von Bauwerken dienen (ohne Planungs- und Überwachungsleistungen), wenn der Leistungsempfänger ein Unternehmer ist, der selbst solche Bauleistungen erbringt (Zeile 50).

Soweit das bisherige Umsatzsteuer-Abzugsverfahren auf Entgelte für Umsätze angewendet worden ist, die nach dem 31.12.2001 ausgeführt wurden, ist dies bei der Berechnung der Steuer zu berücksichtigen (§ 27 Abs. 4 UStG).

Zum Vorsteuerabzug für vom Leistungsempfänger geschuldete Steuer vgl. Erläuterung zu den Zeilen 55 bis 59.

Abziehbare Vorsteuerbeträge

Zeilen 55 bis 59

Abziehbar sind nur die nach dem deutschen Umsatzsteuergesetz geschuldeten Steuerbeträge. Unternehmer, die mit ausländischen Vorsteuerbeträgen belastet wurden, haben sich wegen eines eventuellen Abzugs in den Staat zu wenden, der die Steuer erhoben hat.

Es können insbesondere folgende Vorsteuerbeträge berücksichtigt werden:

– die gesetzlich geschuldete Steuer für Lieferungen und sonstige Leistungen, die von einem anderen Unternehmer für sein Unternehmen ausgeführt worden sind, sofern eine Rechnung nach den §§ 14, 14a UStG vorliegt (Zeile 55);

– die in einer Kleinbetragsrechnung (Rechnung, deren Gesamtbetrag 100 € nicht übersteigt) enthaltene Umsatzsteuer, sofern eine Rechnung nach § 33 UStDV vorliegt (Zeile 55);

– bei innergemeinschaftlichen Dreiecksgeschäften (vgl. Erläuterungen zu Zeile 40) die vom letzten Abnehmer nach § 25b Abs. 2 UStG geschuldete Umsatzsteuer (Zeile 55);

– die Umsatzsteuer, die der Unternehmer schuldet, wenn die Auslagerung aus einem Umsatzsteuerlager zuzurechnen ist; vgl. Erläuterungen zu Zeile 64 (Zeile 55);

– die Umsatzsteuer für innergemeinschaftliche Erwerbe (Zeile 56);

– die entrichtete Einfuhrumsatzsteuer für Gegenstände, die für das Unternehmen nach § 1 Abs. 1 Nr. 4 UStG eingeführt worden sind (Zeile 57);

– die Umsatzsteuer, die der Leistungsempfänger nach § 13b Abs. 2 UStG schuldet (vgl. Erläuterungen zu den Zeilen 46 bis 50), wenn die Leistung für sein Unternehmen ausgeführt worden ist (Zeile 58);

– nach Durchschnittssätzen (§ 23 UStG) ermittelte Beträge bei Unternehmern, deren **Umsatz** i.S. des § 69 Abs. 2 UStDV in den einzelnen in der Anlage der UStDV bezeichneten Berufs- und Gewerbezweigen im vorangegangenen Kj. 61 356 € nicht überschritten hat, und die nicht verpflichtet sind, Bücher zu führen und auf Grund jährlicher Bestandsaufnahmen regelmäßig Abschlüsse zu machen (Zeile 59);

– nach einem Durchschnittssatz (§ 23a UStG) ermittelte Beträge bei Körperschaften, Personenvereinigungen und Vermögensmassen im Sinne des § 5 Abs. 1 Nr. 9 Körperschaftsteuergesetz, deren **steuerpflichtiger Umsatz**, mit Ausnahme der Einfuhr und des innergemeinschaftlichen Erwerbs, im vorangegangenen Kj. 30 678 € nicht überstiegen hat und die nicht verpflichtet sind, Bücher zu führen und auf Grund jährlicher Bestandsaufnahmen regelmäßig Abschlüsse zu machen (Zeile 59).

Ein Vorsteuerabzug für Wirtschaftsgüter, die der Unternehmer zu weniger als 10 v.H. für sein Unternehmen nutzt, ist generell nicht möglich (§ 15 Abs. 1 Satz 2 UStG).

Vorsteuerbeträge, die auf Entgeltserhöhungen und Entgeltsminderungen entfallen, sowie herabgesetzte, erlassene oder erstattete Einfuhrumsatzsteuer sind zu berücksichtigen.

Zeile 60

Der Vorsteuerabzug ist nach Maßgabe des § 15a UStG in Verbindung mit § 44 UStDV zu berichtigen.

Handelt es sich bei den Berichtigungsbeträgen um zurückzuzahlende Vorsteuerbeträge, ist dem Betrag ein Minuszeichen voranzustellen.

Zeile 64

Einzutragen sind u.a. die Lieferungen, die Auslagerungen von Gegenständen aus einem Umsatzsteuerlager vorangegangen sind. Die Umsatzsteuer für diese Umsätze schuldet der Unternehmer, dem die Auslagerung zuzurechnen ist (Auslagerer). Nicht einzutragen sind hier Lieferungen, die dem liefernden Unternehmer zuzurechnen sind, wenn die Auslagerung im Zusammenhang mit diesen Lieferungen steht. Diese Umsätze sind in den Zeilen 27 bis 29 einzutragen (vgl. Erläuterungen zu den Zeilen 27 bis 29).

Sonstiges

Zeile 66

Wird die gewerbliche oder berufliche Tätigkeit im Laufe eines Kj. eingestellt oder wird im Laufe des Kj. auf die Dauerfristverlängerung verzichtet, ist die Sondervorauszahlung im letzten Voranmeldungszeitraum des Besteuerungszeitraums anzurechnen.

Zeilen 67, 70 bis 73

Die Vorauszahlung ist am 10. Tag nach Ablauf des Voranmeldungszeitraums fällig und an das Finanzamt zu entrichten. Wird die **Einzugsermächtigung** wegen Verrechnungswünschen ausnahmsweise widerrufen, ist ein durch die Verrechnung nicht gedeckter Restbetrag zu entrichten.

Ein Überschuss wird nach Zustimmung (§ 168 Abgabenordnung) ohne besonderen Antrag ausgezahlt, soweit der Betrag nicht mit Steuerschulden verrechnet wird. Wünscht der Unternehmer eine **Verrechnung** oder liegt eine **Abtretung** vor, ist in Zeile 72 eine „1" einzutragen. Liegt dem Finanzamt bei Abtretungen die Abtretungsanzeige nach amtlichem Muster noch nicht vor, ist sie beizufügen oder nachzureichen.

Es sind noch zwei „Spezialfälle" anzusprechen:

Passivierung der Zahllast

Angenommen, die ermittelte Zahllast sei die Zahllast des Monats Dezember. Die Heckmann KG hat also bis zum 10. Januar des folgenden Jahres Zeit, die Zahlung zu leisten. Wenn sie diese Frist ausnutzt, entfällt im Dezember die Buchung der Banküberweisung der Zahllast. Was ist zu tun?

Wenn die Zahlung im Dezember nicht erfolgt, hat die Heckmann KG noch Verbindlichkeiten gegenüber dem Finanzamt in Höhe der Zahllast. Diese Verbindlichkeiten muss sie in ihrer Bilanz, die zum 31.12. jeden Jahres zu erstellen ist,[22] ausweisen.

Man spricht in diesem Zusammenhang auch von der **„Passivierung der Zahllast"**, weil es sich bei der Zahllast um Verbindlichkeiten handelt, die auf der Passivseite der Bilanz in der Position „sonstige Verbindlichkeiten" auszuweisen sind.

Aktivierung des Vorsteuerüberhangs

Angenommen, die Konten „Vorsteuer" und „Umsatzsteuer" eines Handelsunternehmens weisen im Monat Dezember folgende Zahlen aus:

Soll	(2600) Vorsteuer	Haben		Soll	(4800) Umsatzsteuer	Haben
(1) ER	1250,00				(4) AR	2000,00
(2) ER	10000,00				(5) AR	5000,00
(3) ER	2000,00				(6) AR	250,00

Das Unternehmen hat demnach an Lieferanten insgesamt 13250,00 Eur Vorsteuer bezahlt und von Kunden insgesamt 7250,00 Eur Umsatzsteuer „eingenommen". Die Vorsteuer ist in diesem Fall größer als die Umsatzsteuer. Dies tritt z. B. durch saisonbedingte Einkäufe auf.[23] In diesem Fall ist die Forderung an das Finanzamt höher als die Verbindlichkeit. Es besteht ein Erstattungsanspruch.[24] Folglich darf der Saldo

---

22 Sofern Geschäftsjahr = Kalenderjahr.

23 Dies spielt bei der Heckmann KG branchenbedingt eine wesentlich geringere Rolle als z. B. in der Modebranche: In einem bestimmten Monat, z. B. anlässlich einer Messe, werden mehr Waren eingekauft als verkauft, weil man sich bereits mit der neuen Mode „eindeckt".

24 Zum Vergütungsverfahren vgl. § 61 der Umsatzsteuer-Durchführungsverordnung.

nicht auf dem Umsatzsteuerkonto erscheinen, das ein passives Bestandskonto ist, sondern auf dem Vorsteuerkonto. Das Vorsteuerkonto zeigt ja unsere Forderungen gegenüber dem Finanzamt. Der Saldo des Umsatzsteuerkontos ist auf das Vorsteuerkonto umzubuchen:

Soll	(2600) Vorsteuer	Haben	Soll	(4800) Umsatzsteuer	Haben
(1) ER 1250,00	Umbuchung 7250,00		Umbuchung 7250,00	(4) AR 2000,00	
(2) ER 10000,00				(5) AR 5000,00	
(3) ER 2000,00				(6) AR 250,00	

Auf dem Vorsteuerkonto ergibt sich nun eine rechnerische Forderung ans Finanzamt in Höhe von 6000,00 Eur. Hat das Finanzamt den Vorsteuerüberhang am 31. 12. noch nicht überwiesen, dann ist er in der Bilanz als Forderung auszuweisen. Man spricht in diesem Zusammenhang von der **Aktivierung des Vorsteuerüberhangs**, weil die Forderung auf der Aktivseite der Bilanz in der Position „sonstige Forderungen" auszuweisen ist.

3.1.4 Umsatzsteuer beim „Eigenverbrauch"

Auch Umsätze mit sich selbst, bisher als „Eigenverbrauch" bezeichnet, unterliegen der Umsatzsteuer.[25] Das Umsatzsteuergesetz unterscheidet im Wesentlichen drei Arten des „Eigenverbrauchs":[26]

- Entnahme von Gegenständen für nicht betriebliche Zwecke (§ 3 Abs. 1 b UStG), sofern die Anschaffung zumindest teilweise zum Vorsteuerabzug berechtigt hat. Die Entnahme ist einer Lieferung gegen Entgelt gleichgestellt.
- Außerbetriebliche Nutzung oder Verwendung (= sonstige Leistungen) von Gegenständen des Betriebsvermögens (§ 3, Abs. 9 a, Nr. 1 UStG), sofern der Gegenstand bei der Anschaffung zum Vorsteuerabzug berechtigt hat.
- Unentgeltliche Erbringung einer anderen sonstigen Leistung durch den Unternehmer für private Zwecke (§ 3 Abs. 9 a, Nr. 2 UStG).

---

25 Im Folgenden beschränken wir uns auf die Buchung des Eigenverbrauchs. Auf die Fragen der Bemessungsgrundlagen (insb. Teilwertvermutungen) wird nicht eingegangen.

26 Die Entnahme von Geld unterliegt nicht der Umsatzsteuer.

Das Ziel, den Endverbraucher mit Umsatzsteuer zu belasten (Funktion einer Verbrauchsteuer), wird nur erreicht, wenn auch die Umsätze des Unternehmers mit sich selbst der Umsatzsteuer unterliegen. Entnimmt beispielsweise der Unternehmer Waren für private Zwecke, dann ist er Endverbraucher.

Die buchhalterische Behandlung des Eigen- bzw. Gesellschaftsverbrauchs wirft Fragen auf, die über das in diesem Band verfolgte Ziel einer allgemein verständlichen Darstellung grundlegender Buchungstechniken hinausgehen. Aus diesem Grund wird in den folgenden Beispielen vom Eigenverbrauch eines Einzelunternehmers ausgegangen:

Privatentnahme von Waren

Beispiel (1): Der Einzelhändler Berger entnimmt seinem Geschäft Waren für den Privathaushalt. Die Waren haben einen Nettoeinkaufspreis von 750 Eur und einen Nettoverkaufspreis von 900 Eur. Von welchem der beiden Preise ist auszugehen? Es wäre unsinnig, wenn durch den Eigenverbrauch ein Gewinn entstehen würde, der dann zu versteuern wäre. Aus diesem Grunde ist vom Nettoeinkaufspreis auszugehen[27].

Der Buchungssatz lautet:

Soll	Haben	Buchungsbetrag in Eur	
		Soll	Haben
(3001) Privat		870,00	
	(5421) Umsatzsteuerpflichtige unentgeltliche Wertabgabe[28]		750,00
	(4800) Umsatzsteuer		120,00

Die Buchung ist kurz zu begründen:

* „Privat" ist ein Unterkonto des Kontos „Eigenkapital". Auf Unterkonten bucht man auf der gleichen Seite wie man auf dem zu-

---

27 Es wird unterstellt, dass der Nettoeinkaufspreis dem in § 6 Abs. 1 Nr. 1 Einkommensteuergesetz (EStG) genannten Teilwert entspricht.

28 Da es den Terminus „Eigenverbrauch" nicht mehr gibt, sollte das Konto im Kontenplan entsprechend umbenannt werden.

geordneten Hauptkonto gebucht hatte. Da man auf dem passiven Bestandskonto „Eigenkapital" einen Abgang im Soll (links) gebucht hätte, bucht man auch auf dem Unterkonto „Privat" im Soll (links).

- Der „Verkauf" an den Unternehmer ist eine Leistung gegen „Entgelt", die als Ertrag zu erfassen ist. Um Privatentnahmen von Waren von Verkäufen an Kunden unterscheiden zu können, ist nicht auf einem Konto „Umsatzerlöse", sondern auf einem neu einzurichtenden Konto zu buchen. Da es sich um ein Ertragskonto handelt, ist im Haben zu buchen, da auf Aufwands- und Ertragskonten auf derselben Seite zu buchen ist, wie man auf dem passiven Bestandskonto „Eigenkapital" gebucht hätte. Wir schlagen für dieses Konto die Bezeichnung „Umsatzsteuerpflichtige unentgeltliche Wertabgabe" vor.[29]

- „Umsatzsteuer" ist ein passives Bestandskonto. Durch die einer Leistung gegen Entgelt gleichgestellte Privatentnahme von Waren ensteht eine Verbindlichkeit gegenüber dem Finanzamt. Diese Zunahme ist auf dem passiven Bestandskonto im Haben (rechts) zu buchen.

Private Nutzung eines Firmenfahrzeugs

Ein Firmenfahrzeug, das **gemischt genutzt** (betrieblich und privat) wird, kann umsatzsteuerrechtlich dem Unternehmen zugeordnet werden, wenn das Fahrzeug zu mindestens 10 % für das Unternehmen (§ 15 Abs. 1, Satz 2 UStG) genutzt wird. Wird es zu weniger als 10 % für das Unternehmen genutzt, ist kein Vorsteuerabzug aus den Anschaffungskosten möglich. In Zweifelsfällen muss der Unternehmer die mindestens 10 %ige unternehmerische Nutzung dem Finanzamt glaubhaft machen.

Wird das Fahrzeug zu mehr als 10 % unternehmerisch genutzt, kann grundsätzlich der Vorsteuerabzug aus den Anschaffungskosten geltend gemacht werden. Allerdings haben sich diesbezüglich

---

29 In der Praxis werden häufig mehrere Privatentnahmekonten eingerichtet, um die verschiedenen Arten von Privatentnahmen getrennt zu erfassen. Aus Vereinfachungsgründen wird hier nur ein einheitliches Privatkonto geführt. Es wäre auch möglich, zwei getrennte Konten „Privatentnahmen" und „Privateinlagen" zu führen.

die gesetzlichen Bestimmungen in den vergangenen Jahren mehrfach geändert.

Hierbei hatte der Bundesfinanzhof u. a. die Frage zu prüfen, in wieweit sich der Steuerpflichtige auf das günstigere Gemeinschaftsrecht der EU berufen kann. Die auf S. 175 folgende Übersicht vermittelt einen Einblick.

Die Beschränkung, dass der Vorsteuerabzug nur möglich ist, wenn das Fahrzeug mindestens 10 % betrieblich genutzt wird, gilt aber nicht für Leistungen, die der Unternehmer für den Betrieb des Fahrzeugs bezieht. Unter den übrigen Voraussetzungen des § 15 UStG kann der Unternehmer:

- Vorsteuerbeträge aus Benzin- und Wartungskosten im Verhältnis der unternehmerischen zur privaten Nutzung abziehen.
- Vorsteuerbeträge, die direkt und ausschließlich auf die betriebliche Verwendung des Fahrzeugs entfallen, in voller Höhe abziehen (z. B. Vorsteuerbetrag aus der Reparaturrechnung infolge eines Unfalls während einer unternehmesbezogenen Fahrt).

Ist das Fahrzeug dem Unternehmen zugeordnet (= betriebliche Nutzung mindestens 10 %), stellt sich die Frage, wie der Unternehmer die Kosten, die auf die private Nutzung entfallen, ermittelt. Hier hat der Unternehmer die Wahl zwischen drei Methoden.

Methoden der umsatzsteuerrechtlichen Ermittlung der privaten Nutzung eines dem Unternehmen zugeordneten Fahrzeugs

- **1 %-Regelung:** Wird die Nutzungsentnahme für ertragsteuerliche Zwecke nach § 6 Abs. 1 Nr. 4 Satz 2 EStG ermittelt (= 1 %-Regelung), kann aus Vereinfachungsgründen von diesem Wert auch bei der Ermittlung der Bemessungsgrundlage für die umsatzrechtliche Besteuerung der privaten Nutzung ausgegangen werden.
Für die nicht mit Vorsteuer belasteten Kosten (z. B. Kfz-Steuer, Kfz-Versicherung) kann ein pauschaler Abschlag von 20 % vorgenommen werden. Der so ermittelte Betrag ist ein Nettowert, auf den USt mit dem allgemeinen Steuersatz aufzuschlagen ist.
- **Fahrtenbuch:** Wird ein Fahrtenbuch für ertragsteuerrechtliche Zwecke nach § 6 Abs. 1 Nr. 4 Satz 3 EStG geführt, ist von diesem Wert auch bei der Ermittlung der Bemessungsgrundlage für die umsatzrechtliche Besteuerung der privaten Nutzung auszugehen.

Vorsteuerabzug bei Anschaffung von gemischt genutzten Fahrzeugen mit einer unternehmerischen Nutzung von mindestens 10 %

Anschaffung des Fahrzeugs

bis 31. 3. 1999	vom 1. 4. 1999 bis 4. 3. 2000	vom 5. 3. 2000 bis 31. 12. 2002	vom 1. 1. 2003 bis 31. 12. 2003	ab 1.1. 2004
zwingend: **voller Vorsteuerabzug** aus Anschaffungskosten und laufenden Kosten Umsatzbesteuerung der privaten Nutzung (§ 3, Abs. 9a Nr. 1 UStG)	**Wahlrecht:** • halber Vorsteuerabzug für Anschaffungskosten und laufende Kosten (§ 15, Abs. 1 b UStG); keine Umsatzbesteuerung der privaten Nutzung • voller Vorsteuerabzug für Anschaffung und laufende Kosten (keine Anwendung von § 15 Abs 1 b UStG; Umsatzbesteuerung der privaten Nutzung	zwingend: **halber Vorsteuerabzug** für Anschaffungskosten und laufende Kosten (§ 15 Abs. 1 b UStG); keine Umsatzbesteuerung der privaten Nutzung	**Wahlrecht:** • halber Vorsteuerabzug für Anschaffungskosten und laufende Kosten (§ 15 Abs. 1 b UStG); keine Umsatzbesteuerung der privaten Nutzung • voller Vorsteuerabzug für Anschaffung und laufende Kosten; bzgl. Vorsteuerberichtigung nach § 15 a USTG Wahlrecht; Umsatzbesteuerung der privaten Nutzung	zwingend: **voller Vorsteuerabzug** aus Anschaffungskosten und laufenden Kosten (§ 15 Abs. 1 b UStG aufgehoben); Umsatzbesteuerung der privaten Nutzung (§ 3, Abs. 9 a Nr. 1 UStG)

Für Umsatzsteuerzwecke sind die nicht mit Vorsteuer belasteten Kosten (z. B. Kfz-Versicherung; Kfz-Steuer) in der mit Belegen nachgewiesenen Höhe aus den Gesamtaufwendungen auszuscheiden.

- **Schätzung:** Sachgerechte Schätzung anhand geeigneter Unterlagen. Liegen keine geeigneten Unterlagen für eine sachgerechte Schätzung vor, ist der private Nutzungsanteil mit mindestens 50 % anzunehmen. Besondere Verhältnisse des Einzelfalls sind aber zu berücksichtigen.

Für Umsatzsteuerzwecke sind die nicht mit Vorsteuer belasteten Kosten (z. B. Kfz-Steuer; Kfz-Versicherung) in der mit Belegen nachgewiesenen Höhe aus den Gesamtaufwendungen auszuscheiden.

Die private Nutzung ist unter den Voraussetzungen des § 3 Abs. 9 a Nr. 1 UStG als **unentgeltliche Wertabgabe** der Besteuerung zu unterwerfen. Als Bemessungsgrundlage sind nach § 10 Abs. 4 Satz 1 Nr. 2, die zumindest teilweise zum Vorsteuerabzug berechtigt haben.

Da in § 3 des UStG der Begriff „Eigenverbrauch" nicht (mehr) benutzt wird, sollte auch eine andere Kontenbezeichnung gewählt werden. Damit die Umsatzsteuerverprobung korrekt durchgeführt werden kann, sollten zwei Konten in den Kontenplan eingeführt werden:

- (5421) Umsatzsteuerpflichtige unentgeltliche Wertabgabe (16 %)
- (5422) Umsatzsteuerfreie unentgeltliche Wertabgabe

Verdeutlichen wir die Zusammenhänge an einem **Beispiel 2:**
- Anschaffung eines PKW am 2. 1. 2004 für 60.000 Eur zuzüglich Umsatzsteuer
- Betriebsgewöhnliche Nutzungsdauer: 6 Jahre
- Das Fahrzeug wird zu mehr als 10 % betrieblich genutzt und wird deshalb umsatzsteuerrechtlich dem Unternehmen zugeordnet.
- Laut Fahrtenbuch betrug 2004 der Anteil der Privatfahrten 35 % der Gesamtnutzung
- 2004 sind folgende Kosten entstanden: Laufende Betriebskosten 7000 EUR; Kfz-Steuer 600 EUR; KFz-Versicherung 1200 Eur; Abschreibungen 10.000 Eur (linear)

Wie hoch ist die unentgeltliche Wertabgabe?

Laufende Betriebskosten	7 000,00
+ Abschreibungen	10 000,00
+ Kfz-Versicherung (umsatzsteuerfrei)	1 200,00
+ Kfz-Steuer (umsatzsteuerfrei)	600,00
= Kosten insgesamt	**18 800,00**
davon 35 % = Eigenverbrauch	**6 580,00**

Allerdings unterliegt nicht der Betrag von 6.580,00 Eur der Umsatzsteuer, da KfZ-Steuer und KfZ-Versicherung umsatzsteuerfrei sind:
1 200,00 + 600,00 Eur = 1 800,00 Eur, davon 35 % = 630,00 Eur sind umsatzsteuerfrei.

Mit Umsatzsteuer zu berechnen sind:

Laufende Betriebskosten	7 000,00
+ Abschreibungen	10 000,00
= zum Vorsteuerabzug berechtigte Kosten	17 000,00
davon 35 %	5 950,00
davon 16 %	952,00

Folglich ist der „Eigenverbrauch" wie folgt zu buchen:

		Buchungsbetrag in Eur	
Soll	**Haben**	**Soll**	**Haben**
(3001) Privat		7 532,00	
	(5421) umsatz- steuerpflichtige unentgeltliche Wertabgabe (16 %)		5 950,00
	(5422) umsatz- steuerfreie unent- geltliche Wert- abgabe		630,00
	(4800) Umsatz steuer		952,00

3.2 Sofortrabatte und Bezugskosten beim Einkauf

Rabatte sind Nachlässe, die aus verschiedenen Anlässen, die mit der Rechnungserteilung bekannt sind, gewährt werden. Da sie auf den Rechnungen direkt ausgewiesen und sofort vom Rechnungs-

betrag abgezogen werden, bezeichnet man sie auch als Sofortra-
batte.[31] Sie werden buchhalterisch nicht erfasst, weil sie bereits in
der Eingangsrechnung enthalten sind.[31]

Die Heckmann KG erhält von ihrem Lieferanten, der Stahlfabrik Müller
AG, folgende Rechnung über 100 Stahlrohre:

Listenpreis 100 Stahlrohre zu je 100 Eur	10 000,00 Eur
– 20 % Wiederverkäuferrabatt	– 2 000,00 Eur
Nettorechnungsbetrag	8 000,00 Eur
+ 16 % Umsatzsteuer	+ 1 280,00 Eur
Bruttorechnungsbetrag	9 280,00 Eur

Der Buchungssatz lautet:

		Buchungsbetrag in Eur	
Soll	Haben	Soll	Haben
(6000) Aufwand für Rohstoffe		8000,00	
(2600) Vorsteuer		1280,00	
	(44001) Stahlfabrik Müller AG		9280,00

Je nach Art der Einkaufsbuchung (siehe hierzu Kap. 2.1) könnte
auch auf dem Konto „(2000) Rohstoffe" gebucht werden.

In der Praxis wird die Stahlfabrik Müller AG für die Lieferung der
Stahlrohre der Heckmann KG Transport- und Verpackungskosten
in Rechnung stellen. Solche Bezugskosten (= Kosten für den Mate-
rialienbezug) fallen neben dem Kaufpreis der Materialien an und
werden deshalb auch als Anschaffungsnebenkosten bezeichnet. Sie
gehören nach § 255 HGB zu den Anschaffungskosten. Zu diesen
Anschaffungsnebenkosten zählen z. B.:

---

30 In Abgrenzung zu nachträglich gewährten Rabatten, den so genannten Boni, die
nachträglich für die Abnahme einer bestimmten Menge innerhalb eines festgelegten
Zeitraumes gewährt werden.

31 Sollen Rabatte separat ausgewiesen werden, um einen Überblick über erhaltene Rabatte zu erhalten, kann eine Buchung auf dem Konto „Nachlässe von Lieferanten"
bzw. einem Konto „Lieferantenrabatte" erfolgen.

- Transportkosten (Fracht, Anfuhr- und Abladekosten)
- Verpackungskosten
- Zölle
- Transportversicherungen.

Da sie die Anschaffungskosten erhöhen, könnten sie auf dem Aufwandskonto (Aufwand für Rohstoffe bzw. Aufwand für Hilfsstoffe bzw. Aufwand für Betriebsstoffe bzw. Aufwand für Handelswaren) gebucht werden. Damit würde man aber leicht die Übersicht verlieren, da z. B. auf dem Rohstoffeinkaufskonto die Nettoeinkaufspreise für Rohstoffe und die Bezugskosten „durcheinander" stünden. Um dieser Gefahr zu begegnen, kann man die Bezugskosten auf speziellen Unterkonten[32] erfassen:

(6001) Bezugskosten bei Rohstoffen

(6021) Bezugskosten bei Hilfsstoffen

(6031) Bezugskosten bei Betriebsstoffen

(6081) Bezugskosten bei Handelswaren

Liegen keine „Just-in-time-Lieferungen" vor und werden die Einkäufe auf den Bestandskonten erfasst (siehe hierzu Kap. 2.1), dann sind auch die Bezugskosten auf Unterkonten der Bestandskonten (Rohstoffe, Hilfsstoffe, Betriebsstoffe, Handelswaren) zu buchen:

(2001) Bezugskosten bei Rohstoffen

(2021) Bezugskosten bei Hilfsstoffen

(2031) Bezugskosten bei Betriebsstoffen

(2211) Bezugskosten bei Handelswaren

Es besteht aber keine Pflicht zur Buchung auf diesen Unterkonten. Es liegt im Ermessen des Unternehmers, ob er auf diesen Unterkonten oder direkt auf den jeweils zugeordneten Hauptkonten bucht.

Buchungstechnisch gilt: Auf einem Unterkonto bucht man auf derselben Seite, auf der man auch auf dem zugeordneten Hauptkonto gebucht hätte.

---

32 Auch bei diesen Konten ist eine weitere Untergliederung möglich, um die jeweilige Art der Bezugskosten zu erfassen.

Erweitern wir obige Eingangsrechnung um die Bezugskosten:

Listenpreis 100 Stahlrohre zu je 100 Eur	10 000,00 Eur
– 20 % Wiederverkäuferrabatt	– 2 000,00 Eur
	8 000,00 Eur
+ Verpackung	70,00 Eur
+ Fracht	200,00 Eur
	8 270,00 Eur
+ 16 % Umsatzsteuer	+ 1 323,20 Eur
Bruttorechnungsbetrag	9 593,20 Eur

Der Buchungssatz lautet bei Unterstellung einer „just-in-time-Lieferung":[33]

		Buchungsbetrag in Eur	
Soll	Haben	Soll	Haben
(6000) Aufwand für Rohstoffe		8000,00	
(6001) Bezugs- kosten Rohstoffe		270,00	
(2600) Vorsteuer		1323,20	
	(44001) Stahlfabrik Müller AG		9593,20

Oben haben wir ausgeführt, dass die Anschaffungskosten für die Stahlrohre aus dem Kaufpreis (netto) und den Anschaffungsnebenkosten bestehen. Wie wird dies in unserer Buchhaltung deutlich?

Bei einer EDV-Buchführung kann der auf dem jeweiligen Konto „Bezugskosten" stehende Betrag dadurch im Rahmen eines Abschlusses auf das jeweilige Hauptkonto übertragen werden, dass dem Konto „Bezugskosten" die gleiche Aufwandsposition in der GuV (bei direkter Erfassung der Einkäufe auf Aufwandskonten) bzw. die gleiche Bilanzposition (bei Erfassung der Einkäufe auf

---

33 Künftig erfassen wir Materialeinkäufe stets direkt auf Aufwandskonten.

Bestandskonten) zugeordnet wird. Abschlussbuchungssätze fallen dann nicht an.

3.3 Sofortrabatte und Nebenkosten beim Verkauf

Entsprechend dem Vorgehen beim Materialeinkauf werden beim Fertigerzeugnisverkauf den Kunden gewährte Rabatte buchhalterisch nicht gesondert erfasst.[34] Sie werden vom Listenpreis direkt abgezogen und vermindern die Verkaufserlöse.

Die Heckmann KG hat aus den Stahlrohren und weiteren Roh- und Hilfsstoffen Mountain-Bikes hergestellt. An ihren Kunden, die Birkle OHG (Konto-Nr. 24001) wurden 10 dieser Fahrräder verkauft:

Listenpreis 10 Mountain-Bikes Modell „Hickory" zu je 500,00 Eur	5 000,00 Eur
– 20% Wiederverkäuferrabatt	– 1 000,00 Eur
	4 000,00 Eur
+ Fracht und Verpackung	100,00 Eur
	4 100,00 Eur
+ 16% Umsatzsteuer	656,00 Eur
Bruttorechnungsbetrag	4 756,00 Eur

Folgende Überlegungen sind anzustellen:

- Die Heckmann KG hat eine Forderung an die Birkle OHG in Höhe von 4 756,00 Eur.
- Der gewährte Rabatt wird buchhalterisch nicht gesondert erfasst.
- Die Heckmann KG liefert die Fahrräder mit eigenem LKW. Die in Rechnung gestellten Fracht- und Verpackungskosten stellen für die Heckmann KG Einnahmen dar. Diese sind im vorliegenden Kontenplan in der Kontenklasse 5 (Umsatzerlöskonten) zu erfassen. Im Gegensatz zum Materialeingangsbereich sieht aber der vorliegende Kontenplan für die gesondert in Rechnung gestellten Fracht- und Verpackungskosten kein Unterkonto vor. Das Verrechnungsverbot von Aufwendungen und Erträgen (§ 246 Abs. 2 HGB) verbietet eine Korrekturbuchung auf der Habenseite der Bezugskostenkonten. Die umsatzsteuerliche Verprobung verlangt außerdem, dass das umsatzsteuerliche Entgelt einem Er-

---

34 Sollen diese erfasst werden, um einen besseren Überblick über gewährte Rabatte zu erhalten, kann eine Buchung auf dem Konto „Nachlässe an Kunden" bzw. einem Konto „Kundenrabatte" erfolgen.

tragskonto zugeordnet wird. In EDV-Programmen ist die Umsatz-steuerautomatik über Umsatzsteuerschlüssel nur bei Ertragskonten problemlos möglich. Aus diesem Grund werden diese „Einnahmen" direkt auf dem Umsatzerlöskonto gebucht.

Die Heckmann KG bucht:

| Soll | Haben | Buchungsbetrag in Eur | |
		Soll	Haben
(24001) Birkle OHG		4 756,00	
	(5000) Umsatzerlöse eigene Erzeugnisse		4 100,00
	(4800) Umsatzsteuer		656,00

Wandeln wir unser Beispiel etwas ab: Die Heckmann KG unterhält kei-nen eigenen Fuhrpark und beauftragt deshalb einen Spediteur (Spediti-on Huhn KG, Nr. 44009) mit der Lieferung der Fahrräder. Von diesem er-hält sie eine Rechnung über den Transport:

Fracht, netto:	150,00 Eur
+ 16 % Umsatzsteuer	24,00 Eur
	174,00 Eur

Da die Birkle OHG ein sehr guter Kunde der Heckmann KG ist, wurde im Kaufvertrag „Lieferung frei Haus" vereinbart. Dies bedeutet, dass die Heckmann KG die Transportkosten trägt. Folglich sind der Heckmann KG Kosten[36] entstanden. Kosten werden in der Kontenklasse 6 und 7 (hier: „6140 Frachten und Fremdlager"[37]) erfasst. Die Heckmann KG bucht:

---

35 Sofort abzugsfähige Betriebsausgaben in Höhe der Nettofracht. Die Umsatzsteuer ist abziehbare Vorsteuer, wenn die Voraussetzungen des § 15 UStG erfüllt sind.

36 Man spricht von Ausgangsfrachten, weil diese Kosten im Rahmen des Warenaus-gangs (Warenverkaufs) entstanden sind und vom Spediteur in Rechnung gestellt werden.

		Buchungsbetrag in Eur	
Soll	Haben	Soll	Haben
(6140) Frachten		150,00	
(2600) Vorsteuer		24,00	
	(44009) Spedition Huhn		174,00

Entsprechend wäre zu buchen, wenn das Verpackungsmaterial in Höhe von 70 Eur zuzüglich Umsatzsteuer der Birkle OHG nicht berechnet wird, die Heckmann KG darüber aber eine Rechnung erhält.

3.4 Rücksendungen und Gutschriften aufgrund einer Reklamation

Im Zuge der Schuldrechtsreform wurden die gesetzlichen Bestimmungen zur mangelhaften Lieferung (jetzt als „Schlechtleistung" bezeichnet) neu gefasst. Liegt ein Mangel (§§ 434, 435 BGB) vor, dann steht dem Kunden zunächst ein Recht auf Nacherfüllung (§§ 437, 439 BGB) zu. Grundsätzlich kann der Kunde zwischen Neulieferung (= Lieferung einer mangelfreien Sache) und Nachbesserung (= Reparatur = Beseitigung des Mangels) wählen.

Wird dem Verkäufer eine angemessene Nachfrist zur Nacherfüllung gesetzt und ist diese erfolglos verstrichen, kann der Kunde Preisminderung (§§ 437, 441 BGB) oder Rücktritt vom Kaufvertrag (§§ 437, 440, 326 BGB) oder ggf. Schadensersatz statt der Leistung (§§ 437, 440, 280, 281 BGB) verlangen. Anstelle des Schadensersatzes ist auch der Ersatz vergeblicher (= nutzloser) Aufwendungen möglich (§§ 437, 284 BGB). Rücktritt vom Kaufvertrag und Schadenscrsatz statt der Leistung oder Rücktritt vom Kaufvertrag und Ersatz vergeblicher Aufwendungen können auch kombiniert werden.

Wird die Waren von uns bzw. an uns zurückgesandt bzw. Preisminderung geltend gemacht, sind Korrekturbuchungen erforderlich. Die folgende Tabelle gibt einen Überblick:

Mangel bei der Beschaffung (wir machen einen Mangel gegenüber unserem Lieferanten geltend)

	Folge	Buchung
• Falsche Ware wurde geliefert, die wir zurückschicken • Mangelhafte Ware wurde geliefert, die wir zurückschicken	Ersatzlieferung oder Rücktritt vom Kaufvertrag	**direkte Korrekturbuchung** auf der Habenseite des Werkstoffkontos (z. B. Rohstoffe bzw. Aufwand für Rohstoffe) bzw. des Kontos Handelswaren
• Ware hat geringfügige Mängel, weshalb wir sie behalten, aber eine Preisminderung verlangen und erhalten (Beleg: Gutschrift)	Minderung	direkte Buchung möglich, aber aus Gründen der Übersichtlichkeit **Korrekturbuchung auf Unterkonten (Nachlässe)** z. B. 2002 Preisnachlässe und Rücksendungen bei Rohstoffen bzw. 6002 2212 Preisnachlässe und Rücksendungen bei Handelswaren Im IKR heißt das Konto jeweils „Nachlässe"

Mangel beim Verkauf (Kunde macht uns gegenüber einen Mangel geltend)

	Folge	Buchung
• Wir haben falsche Ware geliefert, die an uns zurückgesandt wird • Wir haben mangelhafte Ware geliefert, die der Kunde an uns zurückschickt	Ersatzlieferung oder Rücktritt vom Kaufvertrag	**direkte Korrekturbuchung** auf der Sollseite des Umsatzerlöskontos
• Kunde behält mangelhafte Ware, verlangt aber eine Preisminderung, die wir ihm gewähren, indem wir eine entsprechende Gutschrift erteilen	Minderung	direkte Korrekturbuchung möglich, aber aus Gründen der Übersichtlichkeit **Korrekturbuchung auf Unterkonten (Erlösberichtigungen)** z. B. 5001 Preisnachlässe und Rücksendungen bei Umsatzerlösen mit eigenen Erzeugnissen 5011 Preisnachlässe und Rücksendungen bei Umsatzerlösen mit Handelswaren Im IKR heißt das Konto jeweils „Erlösberichtigungen"

Verdeutlichen wir zunächst die **direkten Korrekturbuchungen** an Beispielen:

(1) Wir (Heckmann KG) kaufen bei unserem Lieferanten Stahlfabrik Müller (Nr. 44001) Rohstoffe für 20 000 Eur + Umsatzsteuer auf Rechnung ein. Wir buchen nach dem „Just-in-time-Verfahren".

(2) Es wurden die falschen Alurohre (Rohstoffe) geliefert, weshalb wir sie zurücksenden und eine entsprechende Gutschrift erhalten.

Buchung:

Soll	Haben	Buchungsbetrag
6 000		20 000
2 600		3 200
	44 001	23 200

6 000 = Aufwand für Rohstoffe
2 600 = Vorsteuer

Korrekturbuchung:

Soll	Haben	Buchungsbetrag
44 001		23 200
	6 000	20 000
	2 600	3 200

Hinweise:

Da wir die Rohstoffe zurück schicken und die Rechnung durch eine Gutschrift storniert wird, haben wir nun keine Forderung ans Finanzamt mehr, weshalb auf dem aktiven Bestandskonto „Vorsteuer" im Haben ein Abgang zu buchen ist. Nun ist das Vorsteuerkonto bezogen auf diesen Vorgang wieder auf „null".

Da wir berechtigterweise die Rohstoffe zurückschicken, müssen wir die Rechnung auch nicht zahlen. Unsere Verbindlichkeiten gegenüber der Stahlfabrik nehmen ab. Einen Abgang hätten wir auf dem passiven Bestandskonto „Verbindlichk. a. L. u. L." im Soll gebucht, weshalb wir auch auf dem zugeordneten Kreditorenkonto „Stahlfabrik Müller" im Soll buchen.

(3) Wir (Heckmann KG) verkaufen an unseren Kunden „Fahrrad Bike Müller e. Kfm." (Nr. 24001)

(4) Wir haben die falschen Fahrräder geliefert, weshalb sie der Kunde an uns zurück-

Fahrräder für 40 000 Eur + Umsatzsteuer auf Rechnung

Buchung:

Soll	Haben	Buchungsbetrag
24 001		46 400
	5 000	40 000
	4 800	6 400

5000 = Umsatzerlöse eigene Erzeugnisse

4800 = Umsatzsteuer

schickt. Wir erteilen dem Kunden eine entsprechend Gutschrift.

Korrekturbuchung:

Soll	Haben	Buchungsbetrag
5 000		40 000
4 800		6 400
	24 001	46 400

Hinweise:

Da wir durch die Rücksendung und Gutschrift letzlich keinen Umsatz getätigt haben, müssen wir auch keine Umsatzsteuer ans Finanzamt aus diesem Vorgang abführen. Da wir aber bei der Rechnungsstellung Umsatzsteuer gebucht haben, müssen wir nun diese stornieren. Dies geschieht dadurch, dass wir auf dem passiven Bestandskonto „Umsatzsteuer" im Soll einen Abgang buchen. Nun ist das Umsatzsteuerkonto bezogen auf diesen Vorgang wieder auf „null".

Da der Kunde die Fahrräder nicht zahlen muss, haben wir auch keine Forderungen an den Kunden. Da wir aber bei der Rechnungsstellung eine Forderung auf dem Konto „Fahrrad Bike Müller e. Kfm." gebucht haben, muss diese nun storniert werden. Das bedeutet, die bereits gebuchte Forderung nimmt nun ab. Einen Abgang der Forderung hätten wir auf dem aktiven Bestandskonto „Forderungen a. L. u. L." im Haben gebucht, weshalb wir auch auf dem zugeordneten Debitorenkonto im Haben buchen.

Wenden wir uns nun den Fällen zu, in denen eine Preisminderung gewährt wird. In diesen Fällen erfolgt üblicherweise eine Korrektur über Unterkonten. Es gibt aber auch Unternehmen, die auf das Führen von Unterkonten verzichten. Sie nehmen die Korrekturen dann wie oben beschrieben direkt vor.

Die Heckmann KG hat bei der Greiner GmbH Fahrradtaschen (= Handelswaren) für 1 000,00 Eur zuzüglich Umsatzsteuer auf Ziel gekauft. Rabatt wurde nicht gewährt. Die Lieferung erfolgte frei Haus. Wie wurde dieser Vorgang bei beiden Unternehmen gebucht?

Beachten Sie: Wir (= die Heckmann KG) führen die Greiner GmbH unter der Nummer „44004". Die Greiner GmbH führt uns (= die Heckmann KG) unter der Nummer „10001" in **ihrer** Buchhaltung.

Handelswareneinkauf für die Heckmann KG

Soll	Haben	Betrag in Eur Soll	Betrag in Eur Haben
(2210) Handelswaren[37]		1000,00	
(2600) Vorsteuer		160,00	
	(44004) Greiner GmbH		1160,00

= Fertigerzeugnisverkauf für die Greiner GmbH

Soll	Haben	Betrag in Eur Soll	Betrag in Eur Haben
(10001) Heckmann KG		1 160,00	
	(5000) Umsatzerlöse eigene Erzeugnisse		1 000,00
	(4800) Umsatzsteuer		160,00

Beim Auspacken und Kontrollieren stellen Mitarbeiter der Heckmann KG fest, dass die Fahrradtaschen leicht beschädigt und für den Verkauf

---

37 Bei Handelswaren ist die Buchung auf dem Aufwandskonto „Aufwendungen für Handelswaren" buchhalterisch auch möglich.

noch geeignet sind (allerdings zu vermindertem Preis). Die Heckmann KG verlangt eine Preisminderung in Höhe von 200,00 Eur netto, die die Greiner GmbH gewährt. Eine entsprechende Gutschrift wird erteilt.

Das Prinzip einer Korrekturbuchung wollen wir uns am Beispiel der Vorsteuerkorrektur verdeutlichen:

Die Heckmann KG hat beim Handelswareneinkauf Vorsteuer in Höhe von 160,00 Eur (16 % von 1 000,00 Eur) gebucht. Durch die erfolgte Gutschrift ist die Buchung nachträglich zu korrigieren. Es ist nur Vorsteuer aus 800,00 Eur (1000,00 Eur – 200,00 Eur), also 16 % von 800,00 Eur (= 128,00 Eur), zu berechnen.

Dieser Betrag muss letztlich auf dem Vorsteuerkonto erscheinen. Es wurde aus jetziger Sicht zu viel Vorsteuer gebucht:

gebuchte Vorsteuer:	160 Eur
„tatsächliche" Vorsteuer:	– 128 Eur
zu viel gebuchte Vorsteuer:	= 32 Eur

Die Vorsteuer ist um 32,00 Eur zu korrigieren. Da das Konto „Vorsteuer" ein aktives Bestandskonto ist, muss die Korrektur im Haben gebucht werden, denn die 32,00 Eur müssen von den 160,00 Eur abgezogen werden (= Abgang), um die tatsächliche Vorsteuer zu erhalten:[38]

Verdeutlichen wir uns die Ausgangslage (= beim Einkauf gebuchte Beträge) und das Ziel (Beträge nach der Rücksendung und Erteilung der Gutschrift):

Buchhalterische Ausgangslage		Buchhalterisches Ziel	
= Beim Einkauf bereits gebuchte Beträge		= Beträge, die nach der Gutschrift in unserer Buchhaltung stehen sollen	
Handelswaren	1 000,00	Handelswaren	800,00
Vorsteuer	160,00	Vorsteuer	128,00
Greiner GmbH	1 160,00	Greiner GmbH	928,00

Wie kommen wir von der buchhalterischen Ausgangslage zu unserem buchhalterischen Ziel?

(1) Bisher stehen auf dem Konto „Handelswaren" 1 000,00 Eur, also 200,00 Eur zu viel, da wir nach der Preisminderung ja nur noch

---

38 Mit „tatsächliche Vorsteuer" ist die Vorsteuer nach der Rücksendung gemeint.

Handelwaren für 800,00 Eur haben. Wir müssen eine Korrektur in Höhe von 200,00 Eur vornehmen, um zum Ziel (800,00 Eur) zu gelangen. Da „Handelswaren" ein aktives Bestandskonto ist, müssen wir im Haben des Kontos „Handelswaren" einen Abgang buchen. Aus Gründen der Übersichtlichkeit und der zusätzlichen Informationsgewinnung buchen wir aber nicht direkt auf dem Konto „Handelswaren", sondern auf einem Unterkonto „2212 Preisnachlässe und Rücksendungen bei Handelswaren" (im IKR heißen die entsprechenden Unterkonten „Nachlässe"). Die Überlegung, dass eine Korrektur bei Handelswaren erfolgen müsste, ist wichtig, damit man versteht, wo man im Kontenplan ein entsprechendes Unterkonto für die Rücksendung suchen muss!

(2) Bisher stehen auf dem Konto „Vorsteuer" 160,00 Eur. Da wir im Endeffekt nur Waren für 800,00 Eur (behalten) haben, beträgt unsere Forderung ans Finanzamt auch nur 128,00 Eur (= 16 % von 800,00 Eur). Wir müssen eine Korrektur in Höhe von 32,00 Eur (gebuchte Vorsteuer – tatsächliche Vorsteuer = zu viel gebuchte Vorsteuer) vornehmen. Da „Vorsteuer" ein aktives Bestandskonto ist, muss die Abnahme unserer Forderung ans Finanzamt im Haben gebucht werden.

(3) Nach der bisher erfolgten Buchung schulden wir der Greiner GmbH 1 160,00 Eur. Nach der berechtigten Preisminderung schulden wir der Greiner GmbH aber nur noch 928,00 Eur (800,00 + 16 % USt). Dieses Ziel erreichen wir, indem wir auf dem Konto „Greiner GmbH" einen Abgang in Höhe von 232,00 (= 1 160,00 Eur – 928,00 Eur) buchen. Da auf Kreditorenkonten auf der gleichen Seite zu buchen ist, wie man auf dem passiven Bestandskonto „Verbindlichkeiten aus Lieferungen und Leistungen" gebucht hätte, muss der Abgang im Soll gebucht werden.

Der Buchungssatz bei Buchung einer erhaltenen Preisminderung beim Einkauf lautet:

Soll	Haben	Buchungsbetrag in Eur Soll	Haben
(44004) Greiner GmbH		232,00	
	(2212) Preisnach- lässe und Rück- sendungen bei Handelswaren		200,00
	(2600) Vorsteuer		32,00

Wie bucht der **Lieferant**, die Greiner GmbH, die Rücksendung?
Die folgende Lösung abdecken und erst selbst probieren, bevor Sie weiterlesen!

Buchung einer an einen Kunden gewährten Preisminderung (Verkauf)

Soll	Haben	Buchungsbetrag in Eur Soll	Haben
(5001) Preis- nachlässe und Rücksen- dungen bei Erzeugnissen		200,00	
(4800) Umsatzsteuer		32,00	
	(10001) Heckmann KG		232,00

Falls Sie auf dem Konto „2212 Preisnachlässe und Rücksendungen" buchen wollten, haben Sie unseren Ratschlag bei der Buchung der Gutschrift auf Seite 189 nicht beherzigt: Erst überlegen, auf welchem Konto die Korrektur vorgenommen werden müsste, und dann das entsprechende Unterkonto suchen.

Die Begründung für die Buchung lautet:

(1) Dadurch, dass der Kunde (Heckmann KG) für mangelhafte Ware eine Preisminderung erhält, nehmen die Umsatzerlöse der Greiner GmbH um 200,00 Eur ab. Anders formuliert: Die Grei-

ner GmbH hat bisher bei den Umsatzerlösen 1000 Eur gebucht (Ausgangslage). Durch die gewährte Preisminderung sind es nun aber nur 800,00 Eur (Ziel). Dieses Ziel erreicht die Greiner GmbH, indem sie eine Abnahme der Umsatzerlöse bucht. Da auf Ertragskonten auf derselben Seite gebucht wird, auf der man auch bei dem passiven Bestandskonto „Eigenkapital" gebucht hätte, müsste diese Abnahme der Umsatzerlöse im Soll gebucht werden. Folglich ist ein entsprechendes Unterkonto im Kontenplan bei „Umsatzerlösen" zu suchen. Da es sich hier aus Sicht des Lieferanten um Fertigerzeugnisse handelt, muss bei „Umsatzerlösen für eigene Erzeugnisse" gesucht werden. Es hat die Nummer: „5001". Auf dem Unterkonto (hier: 5001 Preisnachlässe und Rücksendungen bei Erzeugnissen; in IKR Bezeichnung: „Erlösberichtigungen für eigene Erzeugnisse") ist auf derselben Kontenseite zu buchen, auf der man auch auf dem Hauptkonto (hier: Umsatzerlöse) gebucht hätte, also im Soll.

(2) Nach der gewährten Preisminderung schuldet die Greiner GmbH dem Finanzamt 128,00 Eur Umsatzsteuer (= 16 % von 800,00 Eur). Das ist das buchhalterische Ziel. Bisher sind aber 160,00 Eur gebucht (Ausgangslage). Die Schulden beim Finanzamt sind folglich um 32,00 Eur (160,00 Eur – 128,00 Eur) zu hoch ausgewiesen. Das Ziel (128,00 Eur) erreicht die Greiner GmbH, indem sie auf dem passiven Bestandskonto „Umsatzsteuer" eine Abnahme im Soll bucht. Durch die Rücksendung haben ihre Verbindlichkeiten beim Finanzamt um 32,00 Eur abgenommen.

(3) Aufgrund der erteilten Gutschrift nehmen die Forderungen der Greiner GmbH an die Heckmann KG um 232,00 Eur ab. Anders ausgedrückt: Bisher ist eine Forderung in Höhe von 1 160,00 Eur auf dem Konto „Heckmann KG" gebucht. Nach der gewährten Preisminderung besteht aber nur noch eine Forderung in Höhe von 928,00 Eur (buchhalterisches Ziel). Dieses Ziel erreicht die Greiner GmbH, indem sie auf dem Konto „Heckmann KG" einen Abgang in Höhe von 232,00 Eur (1 160,00 – 928,00 Eur) bucht. Da auf Debitorenkonten auf der gleichen Seite gebucht wird, auf der man auch auf dem aktiven Bestandskonto „Forderungen aus Lieferungen und Leistungen" gebucht hätte, muss der Abgang im Haben gebucht werden.

Falls Sie Probleme hatten, auf welchen Kontenseiten bei Bestandskonten, Personenkonten und Aufwands- und Ertragskonten zu buchen
ist, dann arbeiten Sie die entsprechenden Kapitel nochmals durch.

Bucht man mit einem Finanzbuchhaltungsprogramm, dann erfolgt eine unmittelbare „Korrektur" des offenen Postens (der noch
nicht bezahlten Rechnung). Die Gutschrift wird auf den ursprünglichen Rechnungsbetrag angerechnet, und der verbleibende Dif-
fernzbetrag (noch zu zahlender Rechnungsbetrag) kann als offener
Posten weitergeführt werden.

3.5 Buchung von Skonti nach der Brutto- und Nettomethode

Skonto (Mehrzahl: Skonti) ist ein Preisnachlass, der eine schnellere Zahlung herbeiführen soll. Er wird bei Zahlung innerhalb einer
vereinbarten „vorzeitigen" Frist gewährt.

Die Heckmann KG kauft bei der Stahlfabrik Müller AG Stahlrohre ein und
erhält eine Rechnung folgenden Inhalts: (Auf die Angabe von Mengen und
Maßeinheiten wird verzichtet)

Stahlrohre	30 000,00 Eur
+ 16% Umsatzsteuer	4 800,00 Eur
Rechnungsbetrag	34 800,00 Eur

Bei Zahlung innerhalb von 10 Tagen gewähren wir 2 % Skonto.

Buchen wir zunächst diese Rechnung bei beiden Unternehmen. Beachten Sie, dass die Stahlfabrik die Heckmann KG in **ihrer Buchhaltung**
unter der Nummer 70 003 führt.

Rohstoffeinkauf für die Heckmann KG

Soll	Haben	Betrag in Eur Soll	Betrag in Eur Haben
(6000) Aufwand für Rohstoffe[39]		30 000,00	
(2600) Vorsteuer		4 800,00	
	(44001) Stahlfabrik Müller AG		34800,00

39 Eine Buchung auf dem Bestandskonto „2000 Rohstoffe" wäre ebenfalls möglich.

= Fertigerzeugnisverkauf für die Stahlfabrik Müller AG

Soll	Haben	Betrag in Eur Soll	Betrag in Eur Haben
(70003) Heckmann KG		34 800,00	
	(5000) Umsatzerlöse eigene Erzeugnisse		30 000,00
	(4800) Umsatzsteuer		4 800,00

Die Heckmann KG nutzt den Skonto aus und zahlt innerhalb der 10 Tage, d. h., sie kann vom Rechnungsbetrag 696 Eur (2 % von 34 800,00 Eur) abziehen. Die Zahlung erfolgt durch Banküberweisung. Welche Bedeutung hat dieser Vorgang für beide Unternehmen (s. Abb. unten)?

Buchungstechnisch sind Korrekturbuchungen notwendig, deren Prinzip bereits im vorangegangenen Abschnitt erläutert wurde. Die Korrektur des Anschaffungspreises bei der Heckmann KG und des Verkaufserlöses bei der Stahlfabrik Müller AG werden in der Praxis aber nicht direkt auf dem Rohstoffaufwandskonto (Heckmann KG) bzw. dem Umsatzerlöskonto (Stahlfabrik Müller AG) vorgenommen, sondern auf entsprechenden Unterkonten gebucht:

- (6002) Lieferantenskonti (bzw. 2003 bei Erfassung des Einkaufs auf dem Bestandskonto); IKR: „Nachlässe für Rohstoffe"
- (5002) Kundenskonti (bzw. 5012 bei Umsatzerlösen mit Handelswaren); IKR: „Erlösberichtigungen"

**Buchhalterische Bedeutung des Skontos
für den Lieferanten und Kunden**

Ausnutzung von Skonto durch Heckmann KG	**Gewährung** von Skonto durch die Stahlfabrik Müller AG
• Durch die Begleichung der Rechnung hat die Heckmann KG, bezogen auf diese Lieferung, keine Verbindlichkeiten mehr gegenüber der Stahlfabrik Müller AG	• Durch die Begleichung der Rechnung durch die Heckmann KG hat die Stahlfabrik Müller AG, bezogen auf diese Lieferung, keine Forderungen mehr an die Heckmann KG.

- Die Heckmann KG zahlt tatsächlich nur 34 104,00 Eur (34 800 Eur − 696 Eur). Um diesen Betrag nimmt ihr Bankkonto ab.
- Da die Heckmann KG 2 % vom Bruttorechnungsbetrag (in dem Betrag von 34 800,00 Eur sind ja 16 % Umsatzsteuer enthalten) abzieht, ist die bereits gebuchte Vorsteuer in Höhe von 4 800,00 Eur zu hoch ausgewiesen. Sie muss auch korrigiert werden (§ 17 UStG).
- Die Anschaffungskosten auf dem Rohstoffaufwandskonto sind mit 30 000 Eur zu hoch ausgewiesen. Die Anschaffungspreisminderung ist zu berücksichtigen. (§ 255 Abs. 1 HGB)

Vom Lieferanten gewährter Skonto = Lieferantenskonto

- Da die Heckmann KG 34 104,00 Eur überweist, nimmt das Bankkonto der Stahlfabrik Müller AG um diesen Betrag zu.
- Da die Heckmann KG 2 % vom Bruttorechnungsbetrag abgezogen hat, ist die bereits gebuchte Umsatzsteuer zu hoch ausgewiesen. Sie muss im eigenen Interesse (Umsatzsteuer ist eine Verbindlichkeit gegenüber dem Finanzamt) korrigiert werden (§ 17 UStG).
- Der Verkaufserlös auf dem Umsatzerlöskonto ist mit 30 000 Eur zu hoch ausgewiesen. Die Erlösminderung ist zu berücksichtigen.

Dem Kunden gewährter Skonto = Kundenskonto

Bevor wir die Buchungssätze bilden, verdeutlichen wir uns am Beispiel der Heckmann KG die zu korrigierenden Beträge:

Rechnungsbetrag:	34 800,00 Eur
− 2 % Skonto:	696,00 Eur
= Überweisungsbetrag	34 104,00 Eur

Der Rechnungsbetrag setzt sich aus dem Rohstoffwert (netto) und der Umsatzsteuer zusammen. Folglich enthält der Skontobetrag in Höhe von 696 Eur auch Umsatzsteuer. Buchhalterisch müssen wir aber Materialwert (Buchung auf dem Konto „Aufwendungen für Rohstoffe") und Umsatzsteuer (da es sich hier um einen Einkauf handelt: Buchung auf Konto „Vorsteuer") auseinander halten. Der Skonto wurde vom Bruttobetrag (Warenwert: 100 % + Umsatzsteuer: 16 % = 116 %) abgezogen. Den darin enthaltenen Umsatzsteueranteil können wir mit einem einfachen Dreisatz ermitteln:

116 % = 696 Eur

16 % = $\times$ Eur

$$x = \frac{696 \text{ Eur} \cdot 16 \%}{116 \%} = 96 \text{ Eur}$$

Der Anteil des Materialwertes beträgt dann: 696 Eur − 96 Eur = 600 Eur.

Rechnerische Ermittlung des Überweisungsbetrages		Buchhalterische Trennung	
Rechnungsbetrag (116 %)		Rohstoffwert (100%)	USt (16 %)
	34 800,00 Eur	30 000,00 Eur	4 800,00 Eur
− 2% Skonto	696,00 Eur	− 600,00 Eur	− 96,00 Eur
	34 104,00 Eur	29 400,00 Eur	4 704,00 Eur
Überweisungsbetrag		Anschaffungspreis (Wert der einge- kauften Rohstoffe)	korrekte Vorsteuer

Es wird bei der Heckmann KG eine Korrektur auf dem Rohstoffaufwandskonto (Buchung erfolgt über das Unterkonto „(6002) Lieferantenskonti") in Höhe von 600 Eur und auf dem Vorsteuerkonto in Höhe von 96 Eur vorgenommen. Entsprechend muss die Stahlfabrik Müller AG auf dem Umsatzerlöskonto (Buchung erfolgt über das Unterkonto „(5002) Kundenskonti") eine solche in Höhe von 600 Eur und auf dem Umsatzsteuerkonto eine solche in Höhe von 96 Eur vornehmen. Die Buchungssätze lauten:

Zahlung einer Eingangsrechnung (Zahlungsausgang) unter Abzug von Skonto nach der Nettomethode (Buchung bei der Heckmann KG = Kunde)

Soll	Haben	Betrag in Eur Soll	Betrag in Eur Haben
(44001) Stahl- fabrik Müller AG		34 800,00	
	(2800) Bank		34 104,00
	(6002) Liefe- rantenskonto		600,00
	(2600) Vorsteuer		96,00

= **Zahlungseingang für eine Ausgangsrechnung unter Abzug von Skonto nach der Nettomethode (Buchung bei der Heckmann KG = Kunde)**

Soll	Haben	Betrag in Eur Soll	Betrag in Eur Haben
(2800) Bank		34 104,00	
(5002) Kunden-skonto		600,00	
(4800) Umsatz-steuer		96,00	
	(70003) Heck-mann KG		34 800,00

Wir können uns die Buchungen auch wie bei den Rücksendungen damit erklären, dass wir Ausgangslage und buchhalterisches Ziel betrachten. Wir machen das hier am Beispiel der Stahlfabrik Müller AG:

Gehen wir vom Endergebnis aus: Die Stahlfabrik bekommt 34 104,00 Eur überwiesen. Dieser Betrag enthält auch Umsatzsteuer, und zwar:

116 % – 34 104,00 Eur

16 % – × Eur

Aus der Berechnung ergibt sich, dass der Betrag 4704,00 Eur Steuer enthält. Diesen Betrag schuldet die Stahlfabrik dem Finanzamt. Die Umsatzerlöse betragen dann 100 % = 29 400,00 Eur.

Ausgangslage und Ziel können nun gegenübergestellt werden:

Buchhalterische **Ausgangslage** bei der Stahlfabrik Müller AG = gebuchte Ausgangsrechnung		Buchhalterisches **Ziel** bei der Stahlfabrik Müller AG = Gewünschte Beträge in der Buchhaltung nach dem Eingang der Zahlung des Kunden (Heckmann KG)	
Heckmann KG	34 800,00	Heckmann KG	0,00
Umsatzerlöse	30 000,00	Umsatzerlöse	29 400,00
Umsatzsteuer	4 800,00	Umsatzsteuer	4 704,00
(Bank)	Keine Buchung	Bank	34 104,00

Wie kommt die Stahlfabrik buchhalterisch von der Ausgangslage zum Ziel?

(1) Durch die Zahlung der Rechnung – Heckmann hat ja berechtigt Skonto abgezogen – hat die Stahlfabrik keine Forderungen an Heckmann mehr. Damit das Konto „Heckmann KG" auf „null" kommt, ist ein Abgang auf diesem Konto im Haben (da Buchung wie auf Forderungen) in Höhe von 34 800,00 Eur zu buchen. Auf dem Konto „Heckmann" ist der volle Rechnungsbetrag auszubuchen, damit das Konto auf „null" kommt. Die Höhe des Zahlungseingangs (34 104,00 Eur) zeigt sich auf dem Bankkonto.

(2) Die Umsatzerlöse sind mit den bisher gebuchten 30 000,00 Eur um 600,00 Eur (30 000 Eur – 29 400 Eur) zu hoch ausgewiesen. Das Ziel (29 400 Eur) würde die Stahlfabrik erreichen, indem auf dem Konto „Umsatzerlöse" im Soll 600,00 Eur (im Soll, da Buchung auf derselben Seite wie bei passivem Bestandskonto „Eigenkapital", auf dem Abgänge im Soll gebucht würden) gebucht würden. Allerdings bucht man nicht direkt auf diesem Konto, da es dort im Kontenplan ein spezielles Unterkonto „Kundenskonto" gibt. Auf diesem Unterkonto bucht man auf derselben Seite, auf der man auch auf „Umsatzerlöse" gebucht hätte, also im Soll.

(3) Da der Kunde weniger zahlt, schuldet die Stahlfabrik dem Finanzamt auch weniger, und zwar „nur" 4 704,00 Eur. Bisher sind aber auf dem Konto „Umsatzsteuer" 4 800,00, also 96,00 Eur zu viel, gebucht. Das Ziel (4 704,00 Eur) erreicht die Stahlfabrik, indem sie auf dem passiven Bestandskonto „Umsatzsteuer" einen Abgang in Höhe von 96,00 Eur im Soll bucht.

Man spricht hier von **„Nettomethode"**, weil die Vorsteuer bzw. Umsatzsteuer sofort auf dem entsprechenden Konto korrigiert wird und dadurch auf dem Skontokonto der **Nettobetrag** gebucht wird. Dies hat den Nachteil, dass für jede Zahlung einer Rechnung, bei der der Skonto ausgenutzt wird, der Steueranteil (Vorsteuer beim Kunden, Umsatzsteuer beim Lieferanten) herausgerechnet werden muss, wie wir es oben getan haben.

Diese Arbeitsmehrbelastung vermeidet man bei einer Buchung nach der **„Bruttomethode"**. Nach dieser Buchungsmethode wird auf dem Skontokonto zunächst der **Bruttobetrag** (in unserem Beispiel

696 Eur) gebucht. Am Monatsende[40] erfolgt dann die Steuerkorrektur durch Umbuchung. Erst nach dieser Umbuchung steht auf dem Skontokonto der Nettobetrag. Dies hat den Vorteil, dass die Steuerkorrektur nicht für jede einzelne Zahlung sofort erfolgen muss, sondern für alle Beträge gemeinsam als Sammelbuchung.

Bei der Buchhaltung mit einem Buchhaltungsprogramm kann die Steuerautomatik genutzt werden. Das Buchungsprogramm rechnet den Vorsteueranteil bzw. Umsatzsteueranteil automatisch heraus und nimmt die Steuer-Korrekturbuchung vor. Da im Rahmen des Buchens mit einem Finanzbuchhaltungsprogramm direkt auf den offenen Posten zurückgegriffen werden kann, kann schnell entschieden werden, ob der Differenzbetrag (Skontobetrag) ausgebucht (sofern Skontoabzug berechtigt und in der Höhe akzeptabel) oder weiter als offener Posten (sofern Skontoabzug nicht berechtigt oder unakzeptabel hoch) geführt werden soll.

In unserem Beispiel würden die Buchungen nach der Bruttomethode lauten:[41]

Zahlung einer Eingangsrechnung unter Abzug von Skonto nach der **Bruttomethode** (Buchung bei der Heckmann KG = Kunde)

Soll	Haben	Betrag in Eur Soll	Betrag in Eur Haben
(44001) Stahlfabrik Müller AG		34 800,00	
	(2800) Bank		34 104,00
	(6002) Lieferantenskonto		696,00

---

40 Hier: Monatsende = Ende des Umsatzsteuervoranmeldungszeitraumes.

41 Hier bezieht sich die Korrekturbuchung am Monatsende auf obiges Beispiel. In der Praxis wird eine Sammelkorrekturbuchung am Ende des Umsatzsteuervoranmeldungszeitraumes vorgenommen.

= Zahlungseingang für eine Ausgangsrechnung unter Abzug von Skonto nach der **Bruttomethode** (Buchung bei der Stahlfabrik Müller AG = Lieferant)

Soll	Haben	Betrag in Eur Soll	Betrag in Eur Haben
(2800) Bank		34 104,00	
(5002) Kunden-skonto		696,00	
	(70003) Heck-mann KG		34 800,00

Am Ende des Umsatzsteuervoranmeldezeitraums erfolgt eine Sammelkorrekturbuchung. Angenommen, es hätten keine weiteren Umsätze stattgefunden, dann würden die Korrekturbuchungen lauten:

Korrekturbuchung am Monatsende bei der Heckmann KG

Soll	Haben	Betrag in Eur Soll	Betrag in Eur Haben
(6002) Liefe-rantenkonto		96,00	
	(2600) Vorsteuer		96,00

Korrekturbuchung am Monatsende bei der Stahlfabrik Müller AG

Soll	Haben	Betrag in Eur Soll	Betrag in Eur Haben
(4800) Umsatz-steuer		96,00	
	(5002) Kunden-skonto		96,00

Den Unterschied zwischen Brutto- und Nettomethode kann man sich auch an einem einfachen Beispiel erklären:

Nehmen wir an, Sie haben sich entschlossen, jeden Monat 5 % ihrer Einnahmen zu sparen. Im Monat Oktober hatten Sie folgende Einnahmen:

1. Okt. Nettogehalt: 3 000 Eur
10. Okt. Lottogewinn: 400 Eur
15. Okt. Geldgeschenk zum Geburtstag: 800 Eur

Beim Vorgehen nach der **Nettomethode** würden Sie am 1. Okt. 150 Eur (5 % von 3 000 Eur) in Ihre Spardose legen, am 10. Okt. 20 Eur (5 % von 400 Eur) und am 15. Okt. 40 Eur (5 % von 800 Eur). Nachteilig bei dieser Methode ist, dass Sie jeweils die 5 % berechnen müssen. Bei einem Vorgehen nach der **Bruttomethode** würden Sie den Sparbetrag erst am Ende des Monats Oktober ermitteln und müssten die 5 % nur einmal berechnen:

Gesamteinnahmen = 3 000 Eur + 400 Eur + 800 Eur = 4 200 Eur. 5 % von 4 200 Eur = 210 Eur. Sie würden nun am Ende des Monats Oktober 210 Eur in Ihre Spardose legen.

Im Rahmen einer EDV-Buchführung werden die Unterkonten nicht zwingend mittels eines Buchungssatzes auf die zugehörigen Hauptkonten abgeschlossen, sondern die Verrechnung erfolgt z. B. durch Zuordnung der entsprechenden GuV-Position. So wird beispielsweise beim Konto „Kundenskonti" die GuV-Position „Umsatzerlöse" zugeordnet, wodurch die Verrechnung automatisch erfolgt. Entsprechend wird beim Konto „Lieferantenskonti" die entsprechende GuV-Position „Materialaufwendungen" bzw. (bei Erfassung der Einkäufe auf Bestandskonten) die Bilanzposition „Vorräte" zugeordnet, wodurch eine automatische Verrechnung erfolgt. Aus den genannten Gründen wird hier auf die Angabe von „Abschlussbuchungssätzen" verzichtet.

Eine andere Art des Preisnachlasses ist der so genannte **Bonus** (Mehrzahl: Boni). Dabei handelt es sich um einen **nachträglichen** Preisnachlass, der für die Abnahme einer bestimmten Menge innerhalb eines bestimmten Zeitraumes (z. B. Jahresende oder Monatsende) vom Lieferanten gewährt wird. So könnte beispielsweise die Stahlfabrik Müller AG der Heckmann KG bei Überschreiten einer Umsatzhöhe von 200 000 Eur (gemeint sind Umsätze mit der Stahlfabrik Müller AG) jährlich einen Bonus von 3 % auf den Gesamtumsatz gewähren. Buchungstechnisch wird der Bonus wie der Skonto behandelt. Allerdings erfolgt die kontenmäßige Erfassung nicht auf den Konten „Lieferantenskonti" (IKR: „Nachlässe") bzw. „Kundenskonti" (IKR: „Erlösberichtigungen"), sondern auf den Konten **„Lieferantenboni"** bzw. **„Kundenboni"**.

4. Übungen mit Lösungen

4.1 Aufgaben

Verständnisfragen

(1) Nennen Sie zwei Unterschiede zwischen Inventar und Bilanz!

(2) Erklären Sie kurz die Begriffe „Inventur" und „Inventar"!

(3) Nach welchem Kriterium ist die Aktiva-Seite und nach welchem die Passiva-Seite einer Bilanz gegliedert?

(4) Worüber gibt die Aktiva-Seite und worüber die Passiva-Seite einer Bilanz Auskunft?

(5) Nach welchem Kriterium sind Buchungen im Grundbuch und nach welchem Buchungen im Hauptbuch geordnet?

(6) Warum wird ein Aufwand auf einem Aufwandskonto im Soll gebucht?

(7) Nennen Sie zwei **wichtige** Aufwandskonten eines Industriebetriebes!

(8) Warum wird der Verkauf an einen Kunden auf dem Debitorenkonto im Soll gebucht?

(9) Was versteht man unter dem Begriff „Kreditor"?

(10) Warum wird eine Privateinlage auf dem Konto „Privat" im Haben gebucht?

(11) Warum wird ein Vorsteuerüberhang aktiviert und nicht passiviert?

(12) Zeigen Sie an einem selbst gewählten Zahlenbeispiel, dass die Umsatzsteuer für den Unternehmer letztlich keine Kosten darstellt!

(13) Erklären Sie kurz, wie es zu einem Vorsteuerüberhang kommen kann!

(14) Nehmen Sie zu folgender Behauptung kurz Stellung: „Die Steigerung der Bilanzsumme um das Zehnfache belegt, wie erfolgreich das Unternehmen im vergangenen Jahr gearbeitet hat."!

Buchungssätze mit Begründungen (Auf die Angabe von Kontennummern kann verzichtet werden)

Bilden Sie für folgende Geschäftsfälle als Buchhalter der Firma Heckmann KG Buchungssätze, **und begründen Sie Ihre Buchung jeweils!**

(1) Die Heckmann KG verkauft Fertigungserzeugnisse an den Kunden Birkle OHG für 2000 Eur netto auf Ziel (= gegen Rechnung).

(2) Die Heckmann KG kauft einen Personalcomputer für 5000 Eur zuzüglich 16 % Umsatzsteuer bei der Krämer KG auf Rechnung.

(3) Die Birkle OHG (siehe Fall 1) begleicht die Rechnung durch Banküberweisung.

(4) Die Heckmann KG kauft Handelswaren auf Ziel für 10 000 Eur zuzüglich 16 % Umsatzsteuer bei der Greiner GmbH.

(5) Die Heckmann KG begleicht die Rechnung (siehe Fall 4) unter Abzug von 2 % Skonto durch Banküberweisung.
Buchen Sie nach der Bruttomethode und nach der Nettomethode!

Buchungssätze ohne Begründungen

Bilden Sie als Buchhalter der Heckmann KG für die folgenden Geschäftsfälle Buchungssätze! Eine Begründung und die Angabe von Kontonummern sind nicht erforderlich!

(1) Die Heckmann KG verkauft eigene Erzeugnisse auf Ziel an den Kunden Bike Müller e. Kfm:

Warenwert:	24 800 Eur
+ Fracht	2 200 Eur
+ Umsatzsteuer	4 320 Eur

(2) Die Heckmann KG hat Rohstoffe gemäß folgender Eingangsrechnung bei der Stahlfabrik Müller AG gekauft:

Alu-Rohre	880,00 Eur
− 25 % Rabatt	220,00 Eur
+ Fracht	75,00 Eur
	735,00 Eur
+ Umsatzsteuer	117,60 Eur
= Rechnungsbetrag	852,60 Eur

(3) Kunde Bike Müller e. Kfm. begleicht eine Rechnung mit einem Rechnungsbetrag in Höhe von 5 750 Eur unter Abzug von 2 % Skonto durch Barzahlung. Buchen Sie nach der Bruttomethode!

(4) Die Heckmann KG überweist die Miete für das Lagergebäude in Höhe von 2 000 Eur durch Überweisung vom Postbankkonto.

(5) An die Kundin Birkle OHG verkauft Heckmann KG Fahrräder auf Ziel für 6 960 Eur (Rechnungsbetrag).

(6) Die Kundin Birkle OHG (siehe Fall 5) sendet defekte Ware im Nettowert von 1 000 Eur an uns zurück. Wir geben ihr eine Gutschrift.

(7) Wir gewähren unserem Kunde Bike Müller aufgrund einer mangelhaften Lieferung eine Preisminderung in Höhe von 464 Eur brutto.

4.2 Lösungen

Verständnisfragen

(1) Das Inventar erfolgt in Staffelform und beinhaltet eine ausführliche Darstellung; die Bilanz hingegen ist kurz gefasst und in Kontenform aufgestellt.

(2) Unter Inventur versteht man eine Bestands**aufnahme**, und unter Inventar das daraus resultierende Bestands**verzeichnis**.

(3) Die Positionen auf der Aktiva-Seite sind nach der Liquidität geordnet, d. h. danach, wie schnell der Vermögensposten zu Geld gemacht werden kann. Die Positionen auf der Passiva-Seite sind nach der Fälligkeit/Fristigkeit geordnet.

(4) Die Aktiva-Seite gibt Auskunft über die Mittelverwendung (= Investierung) und die Passiv-Seite über die Herkunft der Mittel (= Finanzierung).

(5) Im Grundbuch sind die Buchungssätze chronologisch (nach Datum) geordnet, während im Hauptbuch (T-Konten) eine Anordnung nach sachlichen Gesichtspunkten erfolgt.

(6) Aufwandskonten sind **Unterkonten des Eigenkapitalkontos**. Auf Unterkonten bucht man so, wie man auch auf dem Hauptkonto gebucht hätte. Auf dem Konto „Eigenkapital" hätte man einen Aufwand im Soll gebucht, da das Eigenkapital durch den Aufwand abnimmt. Da es sich bei Eigenkapital um ein passives Bestandskonto handelt, stehen Anfangsbestand sowie Zugänge im Haben und Abgänge **im Soll**.

(7) Wichtige Aufwendungen in einem Industriebtrieb sind der Materialeinsatz (er steht auf den Konten „Aufwendungen für Rohstoffe und Aufwendungen für Hilfsstoffe") und die Personalkosten.

(8) Personenkonten sind Bücher der Nebenbuchhaltung. Auf Debitorenkonten (Kundenkonten) bucht man auf derselben Seite, auf der man auf dem Konto „Forderungen aus Lieferungen und Leistungen" gebucht hätte. „Forderungen a. L. u. L." ist ein aktives Bestandskonto mit Anfangsbestand und Zugängen im Soll und Abgängen im Haben. Die Zunahme der Forderung durch den Verkauf gegen Rechnung hätte man auf dem Konto „Forderungen a. L. u. L." im Soll gebucht, folglich bucht man auch auf dem Debitorenkonto im Soll.

(9) „**Kreditor**" ist ein Lieferant. (Verkauft uns ein Lieferant Rohstoffe, dann wird uns in der Regel ein Zahlungsziel eingeräumt, das bedeutet, dass uns der Lieferant einen **Kredit** einräumt.)

(10) Das Konto „Privat" ist ein Unterkonto des Eigenkapitalkontos. Auf Unterkonten bucht man so, wie man auch auf dem Hauptkonto gebucht

hätte. „Eigenkapital" ist ein passives Bestandskonto mit Anfangsbestand und Zugängen im Haben. Privateinlagen erhöhen das Eigenkapital (Zunahme) und werden folglich im Haben gebucht.

(11) Vorsteuerüberhang bedeutet, dass man mehr vom Finanzamt zu bekommen hat als man Umsatzsteuer schuldet. Die Forderungen ans Finanzamt sind also höher als die Verbindlichkeiten gegenüber dem Finanzamt. Aus diesem Grund ist der Vorsteuerüberhang zu aktivieren und in der Bilanz als „sonstige Forderung" auszuweisen.

(12) Angenommen, die Heckmann KG hat Handelswaren für 2000 Eur netto eingekauft und für 3000 Eur (netto) verkauft. Vom Kunden gehen bei Heckmann KG 3480 Eur, also 480 Eur Umsatzsteuer (16 % von 3000 Eur) ein. An den Lieferanten hat die Heckmann KG 2320 Eur, also 320 Eur Vorsteuer (16 % von 2000 Eur) gezahlt. Außerdem muss die Heckmann KG die Zahllast ans Finanzamt zahlen: Umsatzsteuer minus Vorsteuer = 480 − 320 = 160 Eur. Da die Heckmann KG den gleichen Steuerbetrag „einnimmt", nämlich die 480 Eur des Kunden, wie sie andererseits insgesamt zahlt (320 Eur an den Lieferanten + 160 Eur ans Finanzamt = 480 Eur), stellt dieser Vorgang für die Heckmann KG keine Kosten dar. Man spricht in diesem Zusammenhang auch davon, dass die Umsatzsteuer einen durchlaufenden Posten darstellt.

(13) Vorsteuerüberhang bedeutet, dass mehr Vorsteuer gezahlt wurde als an Umsatzsteuer dem Unternehmen zugeflossen ist. Dies ist dann der Fall, wenn ein Unternehmen mehr einkauft als es verkauft. In der Praxis kommt dies zum Beispiel dann vor, wenn sich ein Handelsunternehmen für die kommende Modesaison eindeckt.

(14) Die Steigerung der Bilanzsumme ist kein Qualitätsmerkmal und sagt nichts über den Erfolg aus. Der Erfolg wird durch Eigenkapitalvergleich ermittelt. Die Ergebnisquellen zeigt die Gewinn- und Verlustrechnung. Eine Steigerung der Bilanzsumme könnte sich z. B. dadurch ergeben, dass ein Unternehmen einen Kredit aufgenommen hat (und das Geld aufs Bankkonto legte). In diesem Fall steigt zwar die Bilanzsumme im Vergleich zum Vorjahr, der Erfolg hat sich aber nicht vergrößert.

Buchungssätze mit Begründungen

Vorbemerkung: Grundsätzlich haben wir Buchungssätze in folgender Form angegeben:

Soll	Haben	Buchungsbetrag in Eur	
		Soll	Haben
(6140) Frachten		150,00	
(2600) Vorsteuer		24,00	
	(44009) Spedition Huhn		174,00

Bei den folgenden Lösungen wählen wir eine kürzere Darstellung, um Lösung und Begründung nebeneinander darstellen zu können:

Soll: Frachten 150,00
Soll: Vorsteuer 24,00
Haben: Spedition Huhn 174,00

(1) Buchungssatz:

Soll: Birkle   2 320 Eur
Haben: Umsatzerlöse   2 000 Eur
Haben: Umsatzsteuer   320 Eur

Kurzbegründung

- Forderungen ist aktives Bestandskonto mit Anfangsbestand und Zugängen im Soll. Hier Zunahme, also Buchung im Soll. Folglich auch auf Debitorenkonto im Soll.
- Umsatzerlöse ist ein Ertragskonto und damit ein Unterkonto vom Eigenkapitalkonto. Eigenkapital ist ein passives Bestandskonto mit Anfangsbestand und Zugängen im Haben. Da durch den Verkauf das Eigenkapital zunimmt, würde man auf Eigenkapital im Haben buchen. Folglich wird auch auf dem Unterkonto „Umsatzerlöse" im Haben gebucht.
- Umsatzsteuer ist ein passives Bestandskonto mit Anfangsbestand und Zugängen im Haben. Die durch den Verkauf „eingenommene" Umsatzsteuer müssen wir noch dem Finanzamt geben. Unsere Verbindlichkeiten gegenüber dem Finanzamt nehmen zu.

(2) Buchungssatz:

Soll: Geschäftsausstattung 5 000 Eur
Soll: Vorsteuer   800 Eur
Haben: Krämer   5 800 Eur

Kurzbegründung

- GA ist ein aktives Bestandskonto mit Anfangsbestand und Zugängen im Soll. Durch den Kauf nimmt unsere Geschäftsausstattung zu.
- Vorsteuer ist ein aktives Bestandskonto mit Anfangsbestand und Zugängen im Soll. Die Vorsteuer, die wir an den Lieferanten gezahlt haben, bekommen wir vom Finanzamt wieder zurück. Unsere Forderungen gegenüber dem Finanzamt nehmen folglich im Soll zu.
- Verbindlichkeiten ist ein passsives Bestandskonto mit Anfangsbestand und Zugängen im Haben. Da wir den PC nicht gleich bezahlen, nehmen unsere Verbindlichkeiten gegenüber dem Lieferanten zu. Folglich wird auch auf dem Kreditorenkonto im Haben gebucht.

(3) Buchungssatz:

| Soll: | Bank | 2 320 Eur |
| Haben: | Birkle | 2 320 Eur |

Kurzbegründung

- Bank ist ein aktives Bestandskonto mit Anfangsbestand und Zugängen im Soll. Durch den Geldeingang nimmt unser Bank-konto zu.
- Forderungen ist ein aktives Bestandskonto mit Anfangsbestand sowie Zugängen im Soll und Abgängen im Haben. Da der Kunde nun bezahlt hat, nehmen unsere Forderungen an den Kunden (im Haben) ab.

(4) Buchungssatz:

Soll:	Handelswaren	10 000 Eur
Soll:	Vorsteuer	1 600 Eur
Haben:	Greiner	11 600 Eur

Kurzbegründung

- Handelswaren ist ein aktives Bestandskonto mit Ab- und Zugängen im Soll und Abgängen im Haben. Der Bestand an Handelswaren nimmt durch den Kauf zu, folglich ist im Soll zu buchen. (Eine Buchung auf dem Konto „Aufwand für Handelswaren" wäre alternativ ebenso möglich.)
- Vorsteuer: siehe Begründung bei Fall Nr. 2
- Verbindlichkeiten bzw. Greiner GmbH: siehe Begründung bei Fall Nr. 2

(5) Buchung nach der Bruttomethode:

Soll:	Greiner	11 600 Eur
Haben:	Liefererskonti	232 Eur
Haben:	Bank	11 368 Eur

Buchung nach der Nettomethode:

Soll:	Greiner	11 600 Eur
Haben:	Liefererskonti	200 Eur
Haben:	Vorsteuer	32 Eur
Haben:	Bank	11 368 Eur

Kurzbegründung

- Verbindlichkeiten ist ein passives Bestandskonto mit Anfangsbestand sowie Zugängen im Haben und Abgängen im Soll. Durch die Zahlung der Rechnung haben wir beim Lieferanten keine Verbindlichkeiten mehr. Abnahme auf Kreditorenkonto ebenfalls im Soll.
- Der uns gewährte Skonto mindert nachträglich unsere Anschaffungskosten und muss folglich auch auf einem Unterkonto des Kontos „Handelswaren" gebucht werden. Buchung im Haben, da Anschaffungspreis**minderung**.
- Bank ist ein aktives Bestandskonto mit Anfangsbestand sowie Zugängen im Soll und Abgängen im Haben. Durch die Zahlung nimmt unser Bankkonto ab, weshalb wir im Haben buchen.
- Bei der **Bruttomethode** buchen wir zunächst auf dem Konto „Liefererskonti" den Bruttobetrag. Die Vorsteuerkorrektur nehmen wir erst am Monatsende vor. Folglich brauchen wir bei der Buchung der Zahlung noch keine Steuer zu korrigieren.
- Bei der **Nettomethode** wird die Steuerkorrektur sofort vorgenommen. Wir müssen folglich den im abgezogenen Skonto in Höhe von 232 Eur enthaltenen Steueranteil gleich herausrechnen:

$$\frac{116\,\% - 232 \ \text{Eur}}{100\,\% - \times \quad \text{Eur}}$$

$\times = 200 \qquad$ Eur **Nettoskonto**

Steueranteil = Bruttosk. – Nettosk.
$\qquad\qquad$ = 232 Eur – 200 Eur
$\qquad\qquad$ = 32 Eur

Bei Buchung der Rechnung im Fall Nr. 4 haben wir 1 600 Eur Vorsteuer gebucht. Da wir nun aber unter Abzug von Skonto zahlen, ist die bereits gebuchte Vorsteuer um 32 Eur zu hoch ausgewiesen. Wir müssen sie folglich um diesen Betrag korrigieren. Dies erfolgt durch eine Buchung im Haben, da Vorsteuer ein aktives Bestandskonto mit Abgängen im Haben ist. Unsere Forderung gegenüber dem Finanzamt ist ja nun um 32 Eur geringer (= Abnahme).

Buchungssätze ohne Begründungen

Buchungsssatz

(1) Soll: Bike Müller $\qquad$ 31 320 Eur

$\qquad\qquad\qquad\qquad$ Haben: Umsatzerlöse $\quad$ 27 000 Eur
$\qquad\qquad\qquad\qquad$ Haben: Umsatzsteuer $\quad$ 4 320 Eur

(2) Soll: Aufwand für
       Rohstoffe   660,00 Eur (bzw. Rohstoffe)
  Soll: Bezugskosten   75,00 Eur
  Soll: Vorsteuer   117,60 Eur
                Haben: Stahlfabrik
                      Müller AG   852,60 Eur

(3) Soll: Kasse   5 635 Eur
  Soll: Kundenskonti   115 Eur
                Haben: Bike Müller   5 750 Eur

(4) Soll: Mietaufwendungen 2 000 Eur
                Haben: Postbank   2 000 Eur

(5) Soll: Birkle   6 960 Eur
                Haben: Umsatzerlöse   6 000 Eur
                Haben: Umsatzsteuer   960 Eur

(6) Soll: Umsatzerlöse   1 000 Eur
  Soll: Umsatzsteuer   160 Eur
                Haben: Birkle   1 160 Eur

(7) Soll: Rücksendungen bei Gutschriften
      bei Umsatzerlösen   400 Eur
  Soll: Umsatzsteuer   64 Eur
                Haben: Birkle Müller   464 Eur

5. Wechselbuchungen[1]

5.1 Das Wesen des Wechsels und Grundbegriffe des Wechselverkehrs

Fallbeispiel

Die Großhandlung Friedrich OHG (Hainbrunner Str. 47, 80001 München) hat bei der Heckmann KG für 20 000 Eur zuzüglich 16 % Umsatzsteuer (= 3 200 Eur) Standardräder Modell „Leicht" auf Ziel gekauft. Die Zahlungsbedingung lautet: „Zahlbar innerhalb von 30 Tagen ohne Abzug". Die Friedrich OHG möchte die Räder aber erst weiterverkaufen und die Rechnung bei der Heckmann KG in drei Monaten bezahlen. Die Heckmann KG hingegen möchte eine schnelle Zahlung durch die Friedrich OHG, weil sie ihrerseits finanzielle Verpflichtungen hat. Dieser Interessenkonflikt kann nicht dadurch gelöst werden, dass die Heckmann KG mit Scheck oder durch Überweisung bezahlt, weil in diesen Fällen die Belastung auf dem Konto der Friedrich OHG spätestens nach einigen Tagen, nicht aber erst in drei Monaten erfolgt. Der Interessenkonflikt kann durch eine Zahlung mit einem Wechsel gelöst werden. Der Wechsel ist eine Urkunde, in der sich in unserem Fall die Friedrich OHG (Wechselschuldner) verpflichtet, 23 200 Eur an die Heckmann KG (Wechselgläubiger) an einem vorher vereinbarten Termin (in drei Monaten = 15. April d. J.) zu zahlen. Die Heckmann KG stellt einen Wechsel aus, auf dem die Friedrich OHG als Schuldner zur Zahlung am 15. April d. J. angewiesen wird. Einen ausgefüllten, vom Wechselschuldner (hier: Friedrich OHG) aber noch nicht unterschriebenen Wechsel bezeichnet man als Tratte. Die Heckmann KG nennt man Aussteller des Wechsels. Die Friedrich OHG wird als Bezogener bezeichnet, weil sich die Anweisung zur Zahlung einer bestimmten Geldsumme zu einem bestimmten Termin auf dieses Unternehmen bezieht. Bei Wechselgeschäften wird ein Formblatt verwendet.

Die Heckmann KG sendet die Tratte mit der Bitte um Annahme an die Friedrich OHG. Diese Annahme der Zahlungsverpflichtung erfolgt vorne

---

1 Buchungen bezüglich Wechselprolongation und Wechselprotest werden im Folgenden ausgeklammert.

quer auf dem Wechsel durch eine Annahmeerklärung mit Unterschrift.[2] Diese bezeichnet man als Akzept.[3]

Der von Heckmann KG ausgestellte und von der Friedrich OHG akzeptierte Wechsel ist aus Seite 211 ersichtlich.

Zwei Angaben im Wechselformular bedürfen noch einer kurzen Erläuterung:

- Die Heckmann KG hat den Wechsel an „eigene Order" ausgestellt, d. h. dass die Heckmann KG der Wechselnehmer ist. Der Vorteil dieser „Verfügung" ist, dass sich die Heckmann KG damit vorbehält, ob und an wen sie den Wechsel weitergibt. Angenommen, die Heckmann KG wüsste bei der Wechselausstellung bereits, dass sie den Wechsel an ihren Lieferanten, die Greiner GmbH, weitergibt, um ihrerseits Verbindlichkeiten zu begleichen, dann hätte sie anstelle von „eigene Order" Folgendes eingetragen: „Greiner GmbH, Öschweg 3, 60001 Frankfurt/M." Da in diesem Fall der Wechselnehmer nicht der Aussteller, sondern ein drittes Unternehmen ist, spricht man von einem „Wechsel an fremde Order".
- Der Wechsel ist zahlbar bei der Deutschen Bank AG in München. Die Deutsche Bank AG ist in diesem Fall die Zahlstelle, der Niederlassungsort der Zahlstelle, München, gilt als Zahlungsort. Die Friedrich OHG hat rechtzeitig vor dem Fälligkeitstermin der Deutschen Bank AG in Frankfurt einen Einlösungsauftrag erteilt und für ausreichendes Guthaben auf ihrem Konto gesorgt, damit der Wechsel am Fälligkeitstermin ohne Probleme eingelöst wird.

Durch die Vereinbarung der Wechselzahlung hat die Friedrich OHG ihr Ziel, erst in drei Monaten zu zahlen, erreicht. Bei der Darstellung des Interessenkonflikts haben wir aber auch ausgeführt, dass die Heckmann KG sofortige Zahlung wünscht. Die Heckmann KG hat nun einen Wechsel, aber noch kein Geld. Um das Geld zu erhalten, kann die Heckmann KG den Wechsel an eine Bank, z. B. an die örtliche Sparkasse, verkaufen (z. B. am 20. Januar d. J.). Man

---

2 Auf die verschiedenen Akzeptarten wird hier nicht eingegangen.

3 Der Sprachgebrauch ist nicht einheitlich. Gelegentlich wird unter „Akzept" nicht nur die Annahmeerklärung des Bezogenen, sondern ein vollständig ausgefüllter Wechsel inkl. Annahmeerklärung verstanden.

Ort, Tag, Monat und Jahr der Ausstellung (Monat in Buchstaben, Jahr mit Jahrhundertangabe)

Ravensburg, 15. Januar 200.

Nr. d. Zahl.-Ortes

700 München

Zahlungsort

Verfalltag

200.-04-15

Vermerke in diesen Spalten sind nur für Kreditinstitute bestimmt. Sie gehören nicht zum Wechseltext.

Gegen diesen **Wechsel** - erste Ausfertigung-zahlen Sie am 15. April 200.

Tag, Monat und Jahr der Fälligkeit (Monat in Buchstaben, Jahr mit Jahrhundertangabe)

an uns selbst

Name des Zahlungsempfängers oder dessen Order

EUR | 23.200,00

Betrag in Ziffern

Euro dreiundzwanzigtausendzweihundert—.—.—.—.—.—.—.—.

Betrag in Buchstaben

Cent
wie oben

Bezogener Friedrich OHG

in Hainbrunner Str. 47, 80001 München

Straße und Ort (genaue Anschrift)

Zahlbar in	München		70070010
	Zahlungsort		Bankleitzahl
bei	Deutsche Bank AG		471219

Uli Heckmann KG
Humpisstraße 11
88212 Ravensburg

Genaue Anschrift des Ausstellers.

Friedrich OHG

Angenommen

Akzeptierter Wechsel

211

bezeichnet dies als „Diskontierung". Zu diesem Zweck bringt die Heckmann KG auf der Rückseite des Wechsels einen Weitergabevermerk, ein so genanntes „Indossament"[4] an. Dieser Weitergabevermerk könnte wie folgt lauten:

An die Order der
Sparkasse Ravensburg
Ravensburg, 20. Jan. 200X
Uli Heckmann KG (Unterschrift)

Da die Sparkasse den Wechselbetrag von der Deutschen Bank AG (im Auftrag des Bezogenen) aber erst am Verfalltag erhält, bekommt die Heckmann KG aufgrund der Diskontierung einen kurzfristigen Kredit eingeräumt. Die Bank zieht für die Zeit zwischen dem Tag der Diskontierung (20. Januar d. J.) und dem Verfalltag des Wechsels (15. April d. J.) Zinsen ab. Diese Zinsen bezeichnet man als Diskont. Dieser Diskont wird beim Ankauf sofort von der Wechselsumme abgezogen. Die Heckmann KG wird den ihr von der Sparkasse abgezogenen Diskont der Friedrich OHG separat in Rechnung stellen.[5]

Die Heckmann KG könnte den Wechsel aber auch, sofern sie das Geld nicht dringend benötigt, bis zum Fälligkeitstag aufheben und dann bei der Deutschen Bank AG vorlegen.[6] Sie kann auch ihre Bank, z. B. die Sparkasse, damit beauftragen, die Wechselsumme am Fälligkeitstag „einzukassieren". In diesem Falle spricht man von einem „Wechselinkasso". Der Unterschied zur Diskontierung besteht darin, dass die Sparkasse beim Inkasso des Wechsels nicht Eigentümerin des Wechsels wird, sondern im Auftrag handelt. Da die Sparkasse das Geld erst am Verfalltag (15. April d. J.) „einkassiert" und an die Heckmann KG weitergibt, sind keine Zinsen (Diskont)

---

4 Auf die verschiedenen Indossamentarten wird nicht eingegangen. Durch Wegfall des klassischen Diskontkredits der Bundesbank hat dieses Geschäft an Bedeutung verloren. Wechsel gehören aber noch zu den refinanzierungsfähigen Papieren für Offenmarktgeschäfte der Banken mit der EZB bzw. Bundesbank.

5 Es wäre auch möglich, den Wechsel von Anfang an über einen entsprechend höheren Betrag auszustellen, so dass die Heckmann KG nach Abzug des Diskonts 23 200 Eur von der Sparkasse erhält.

6 Auf die Darstellung der Vorlegungsfristen wird verzichtet.

zu berechnen. Allerdings verlangt die Sparkasse für ihre Dienstleistung eine Provision.

5.2 Buchung von Wechselverbindlichkeiten und Wechselforderungen

Buchen wir zunächst die Lieferung bei der Heckmann KG und der Friedrich OHG (diese nach dem Kontenrahmen für den Großhandel):

Wareneinkauf der Friedrich OHG

Soll	Haben	Buchungsbetrag in Eur	
		Soll	Haben
(3110) Wareneinkauf		20 000,00	
(1410) Vorsteuer		3 200,00	
	an (1710) Verbindlichkeiten		23 200,00

= Erzeugnisverkauf der Heckmann KG

Soll	Haben	Buchungsbetrag in Eur	
		Soll	Haben
(24003) Friedrich OHG		23 200,00	
	(5000) Umsatzerlöse		20 000,00
	(4800) Umsatzsteuer		3 200,00

Die Friedrich OHG bittet um Wechselzahlung. Heckmann KG ist einverstanden und stellt den Wechsel aus. Die Friedrich OHG akzeptiert den Wechsel und schickt ihn an die Heckmann KG zurück. Dies bedeutet:

- Die Warenverbindlichkeiten der Friedrich OHG werden in Wechselverbindlichkeiten umgewandelt.[7]

---

7 Man spricht auch von einem „Schuldwechsel".

- Aus der Forderung der Heckmann KG aufgrund der Warenlieferung wird nach Erhalt des Akzepts eine Wechselforderung.[8]

Gebucht wird auf den Konten:

- (1760) Wechselverbindlichkeiten bei der Friedrich OHG
- (2450) Wechselforderungen bei der Heckmann KG

Das Konto „Wechselverbindlichkeiten" ist ebenso wie das Konto „Verbindlichkeiten" ein passives Bestandskonto. Das Konto „Wechselforderungen" ist ein aktives Bestandskonto. Die notwendigen Buchungen sind leicht zu begründen:

- Die Friedrich OHG hatte bisher keine Wechselverbindlichkeiten. Durch das Wechselgeschäft mit der Heckmann KG geht sie jedoch solche Wechselverbindlichkeiten ein. Zugänge werden auf passiven Bestandskonten im Haben gebucht.
- Die Heckmann KG hatte bisher keine Wechselforderungen. Durch das Wechselgeschäft mit der Friedrich OHG erhält sie jedoch solche Wechselforderungen. Zugänge werden auf aktiven Bestandskonten im Soll gebucht.

Buchung der Friedrich OHG nach der Akzeptierung des Wechsels

Soll	Haben	Buchungsbetrag in Eur
(1710) Verbindlichkeiten	(176) Wechselverbindlichkeiten	23 200,00

Buchung der Heckmann KG nach Erhalt des akzeptierten Wechsels

Soll	Haben	Buchungsbetrag in Eur
(2450) Wechsel forderungen	(24003) Friedrich OHG	23 200,00

Wird das Warengeschäft direkt im Kaufvertrag als Wechselgeschäft formuliert, ist auch eine direkte Buchung auf den Wechselkonten denkbar:

---

8 Die Heckmann KG hat nun einen „Besitzwechsel".

Buchung der Friedrich OHG

| Soll | Haben | Buchungsbetrag in Eur | |
		Soll	Haben
(3110) Wareneinkauf		20 000,00	
(1410) Vorsteuer		3 200,00	
	(176) Wechsel-verbindlich-keiten		23 200,00

Buchung der Heckmann KG

| Soll | Haben | Buchungsbetrag in Eur | |
		Soll	Haben
(2450) Wechsel-forderungen			23 200,00
	(5000) Umsatzerlöse		2 000,00
	(4800) Umsatzsteuer		3 200,00

5.3 Weitergabe eines Besitzwechsels

Diskontierung bei einem Kreditinstitut

Die Heckmann KG verkauft den Wechsel an die Sparkasse[9] und erhält folgende Gutschrift:[10]

Wechselsumme	23 200,00 Eur
– Diskont (für 85 Tage; 5,0 %)[11]	– 273,89 Eur
= Gutschrift (Wechselbarwert)	= 22 926,11 Eur

---

9 Nach § 4, Nr. 8 UStG ist die Wechseldiskontierung für Banken und Sparkassen umsatzsteuerfrei.

10 Es wird unterstellt, dass keine Bankspesen berechnet werden.

11 Der Monat wird entsprechend der Eur-Methode mit der tatsächlichen Zahl der Tage gerechnet. Die Sparkasse berechnet Diskont für die Zeit vom Tag des Verkaufs an sie (20. 1. d. J.) bis zum Fälligkeitstag (15. April d. J.), das sind 85 Tage.

Welche Konsequenzen ergeben sich aus dieser Gutschrift?

• Heckmann KG erhält auf ihrem Konto bei der Sparkasse 22 926,11 Eur gutgeschrieben. Ihr Bankkonto nimmt folglich um diesen Betrag zu. Da „Bank" ein aktives Bestandskonto ist, erfolgt die Buchung des Zugangs im Soll.

• Heckmann KG hat den Wechsel verkauft. Ihre Wechselforderungen an die Friedrich OHG bestehen nun nicht mehr; sie sind auf die Sparkasse übergegangen. Buchhalterisch bedeutet dies eine Abnahme der Wechselforderungen, die im Haben gebucht wird.

• Da Diskont in Höhe von 273,89 Eur abgezogen wird, ist ihr in dieser Höhe ein Aufwand entstanden.

Heckmann KG bucht:[12]

| Soll | Haben | Buchungsbetrag in Eur | |
		Soll	Haben
(2800) Bank		22 926,11	
(7530) Diskont-aufwendungen		273,89	
	(2450) Wechsel-forderungen		23 200,00

Heckmann KG stellt dann den ihr abgezogenen Diskont der Friedrich OHG in Rechnung.[13] Die Buchung erfolgt auf dem Konto „(5730) Diskonterträge". Wurde die Wechselzahlung bereits beim Abschluss des Kaufvertrags vereinbart, ist das Wechselgeschäft als eigenständiges Kreditgeschäft zu betrachten, das nicht der Umsatzsteuer unterliegt. Wird die Wechselzahlung hingegen nachträglich vereinbart, kann der Diskontertrag als zusätzliches Entgelt mit der Konsequenz einer Umsatzsteuerpflicht betrachtet werden.

---

12 Es wird unterstellt, dass keine Mitteilung über die Wechseldiskontierung an die Friedrich OHG erfolgt. Da in diesem Fall die Friedrich OHG ihre Vorsteuer nicht berichtigen kann (sie weiß ja nichts von der Diskontierung), kann die Umsatzsteuer bei der Heckmann KG ebenfalls nicht berichtigt werden (Bewahrung der Gleichheit von Umsatzsteuer und Vorsteuer).

13 Heckmann KG hätte auch bereits beim Empfang des akzeptierten Wechsels die Friedrich OHG mit Diskont belasten können, so dass sie jetzt bei der tatsächlichen Diskontierung den Diskont nicht mehr von der Friedrich OHG fordern könnte.

Inkasso durch ein Kreditinstitut

Die Heckmann KG kann den Wechsel auch bis zum Verfalltag aufbewahren und dann bei der Zahlstelle, der Deutschen Bank AG in
München, vorlegen. In der Praxis wird die Heckmann KG diese
Aufgabe ihrer Bank, der Sparkasse, übertragen. Zu diesem Zweck
gibt sie den Wechsel mit einem so genannten Inkassoindossament
(es enthält den Hinweis „zum Einzug") weiter:

An die Order der
Sparkasse Ravensburg zum Einzug
Ravensburg, 2. April 200X
Uli Heckmann KG (Unterschrift)

Bei diesem Inkassoindossament werden die Rechte aus dem
Wechsel (Wechselforderung an die Friedrich OHG) nicht auf die
Sparkasse übertragen. Sie handelt ja nur im Auftrag der Heckmann
KG. Für die Dienstleistung verlangt die Sparkasse Inkassopro-
vision. Diese ist nach § 4 Nr. 8 UStG von der Umsatzsteuer befreit.
Die Sparkasse erstellt nach dem Wechseleinzug folgende Abrech-
nung:

Wechselbetrag	23 200,00 Eur
– Inkassoprovision	23,20 Eur
Gutschrift	23 176,80 Eur

Dies bedeutet:

- Die Heckmann KG erhält auf ihrem Bankkonto 2 3176,80 Eur
  gutgeschrieben.
- Da der Wechsel von der Friedrich OHG an die Sparkasse gezahlt
  wurde, hat die Heckmann KG keine Wechselforderung mehr gegenüber der Friedrich OHG.
- Die in Rechnung gestellten Inkassospesen stellen für die Heckmann KG Kosten dar. Sie sind deshalb in der Kontenklasse 4 zu
  erfassen. Das entsprechende Konto heißt: „**(6750) Kosten des
  Geldverkehrs**".

Die Heckmann KG bucht:

5. Wechselbuchungen

Soll	Haben	Buchungsbetrag in Eur	
		Soll	Haben
(2800) Bank		23 176,80	
(6750) Kosten des Geld- verkehrs		23,20	
	(2450) Wechsel- forderungen		23 200,00

6. Personalkosten

6.1 Grundzüge der Berechnung des Nettogehaltes

Mitarbeiter erhalten für ihre Arbeitsleistung Vergütung, Arbeiter Lohn, Angestellte Gehalt. Als Grundlage für die Berechnung des Arbeitsentgelts dient der Tarifvertrag der entsprechenden Branche.[1] In ihm sind die Mindestgehälter garantiert, die nicht unterschritten werden dürfen. Eine höhere Bezahlung (= „übertariflich") ist selbstverständlich möglich. Zu diesem eigentlichen Bruttogehalt gehören aber beispielsweise auch das Urlaubsgeld, das Weihnachtsgeld und gezahlte Gratifikationen. Für den Arbeitgeber entstehen weitere Kosten durch den Arbeitgeberanteil an der Sozialversicherung. Die gesetzlichen, tariflichen und betrieblichen Zusatzkosten erreichen annähernd 100 % des Direktentgeltes.

Zum Arbeitslohn, der dem Steuerabzug[2] unterliegt, gehören grundsätzlich auch alle neben dem „reinen" Entgelt aus dem Dienstverhältnis zufließende (laufende oder einmalige) Einnahmen[3] wie z. B. Gratifikationen oder Jubiläumszuwendungen. Zum Teil sind diese Einnahmen bis zu einer bestimmten Grenze steuerfrei. Gesetzlich sind die Arbeitnehmer verpflichtet, Steuern von ihren Bruttobezügen zu zahlen. Der Arbeitgeber ist verpflichtet, diese Beträge von der Lohn- bzw. Gehaltszahlung einzubehalten und ans Finanzamt weiterzuleiten. Es handelt sich bei diesen Beträgen um Lohn- und Kirchensteuer.[4] Der Arbeitnehmer hat vor

---

1 Man unterscheidet Manteltarifvertrag und Lohn- bzw. Gehaltstarifvertrag. Im Manteltarifvertrag ist z. B. festgelegt, dass die Entlohnung nach den Sätzen des Gehaltstarifvertrages (bei Angestellten) zu erfolgen hat; in manchen Branchen wird nicht mehr nach Arbeitern und Angestellten getrennt.

2 Die Pflicht zur Einkommensteuerzahlung ergibt sich aus § 1 des Einkommensteuergesetzes. Die Steuer auf die Einkünfte aus nichtselbständiger Arbeit bezeichnet man als Lohnsteuer.

3 Zu den Einnahmen zählen auch Sachleistungen (z. B. Waren, unentgeltliche oder verbilligte Kost und Wohnung).

4 Das Finanzamt leitet die Kirchensteuer weiter.

Beginn jedes Kalenderjahres dem Arbeitgeber eine **Lohnsteuerkarte** vorzulegen,[5] auf deren Grundlage der Lohnsteuerabzug errechnet wird. Die Eintragungen auf der Lohnsteuerkarte werden von der Gemeinde bzw. Meldebehörde vorgenommen (§ 39 EStG). In Form der Lohnsteuerkarte werden dem Arbeitgeber die allgemeinen Merkmale für die Besteuerung wie z. B. Steuerklasse, Zahl der Kinderfreibeträge[6] und ggf. Zahl der Kinder sowie Religionszugehörigkeit dargelegt.

Für die Bemessung der Höhe der Lohnsteuer werden die Arbeitnehmer in sechs Steuerklassen eingeteilt[7] (vgl. Tabelle S. 221).

Die vom Arbeitnehmer zu zahlende Lohnsteuer kann aus Lohnsteuertabellen abgelesen werden.[8] Diese Tabellen berücksichtigen die Steuerklasse. Außerdem sind bestimmte Pauschbeträge (z. B. Arbeitnehmerpauschbetrag für Werbungskosten in Höhe von 920,00 Eur, Pauschbetrag für Sonderausgaben in Höhe von 36,00 Eur bei Ledigen und 72,00 Eur bei zusammen veranlagten Ehegatten) bereits eingearbeitet.

Einer kurzen Erläuterung bedürfen die Kinderfreibeträge:[9] In die Lohnsteuertabelle sind Zähler eingearbeitet, die sich auf die Zahl der Kinderfreibeträge beziehen. So bedeutet der Zähler 0,5, dass ein Kinderfreibetrag in Höhe von 1 824,00 Eur berücksichtigt ist. Wenn die Eltern miteinander verheiratet sind und nicht dauernd getrennt leben, erhöht sich der Kinderfreibetrag auf 3 648,00 Eur je Kind (Zähler = 1, denn es wird der doppelte Freibetrag von 1824,00 Eur berücksichtigt). Zusätzlich wird ein Erziehungsfreibetrag berücksichtigt.

Eine Ablösung der Steuerklassen durch eine anteilige Besteuerung von Eheleuten ist geplant.

---

5 Am Jahresende meldet der Arbeitgeber dem Finanzamt elektronisch die dem Steuerabzug zugrunde liegenden Daten und informiert den Arbeitnehmer darüber.

6 Der Eintrag in der Lohnsteuerkarte erfolgt auf Antrag.

7 Die Steuerklassen werden im Folgenden nur vereinfacht wiedergegeben.

8 Es gibt Lohnsteuertabellen für tägliche, wöchentliche oder monatliche Lohnzahlungen.

9 Die Zahl der Kinderfreibeträge, die dem jeweiligen Arbeitnehmer zustehen, können der Lohnsteuerkarte entnommen werden.

Steuer-klasse	Gruppe der Arbeitnehmer (Personenkreis)
I	• Ledige • Verwitwete oder Geschiedene • Verheiratete, die von ihrem Ehepartner dauernd getrennt leben oder deren Ehegatte nicht im Inland wohnt
II	nicht verheiratete Arbeitnehmer der Steuerklasse I mit mindestens einem Kind unter 18 Jahren
III	Verheiratete, wenn beide Ehepartner unbeschränkt einkommensteuerpflichtig sind und nicht dauernd getrennt leben und der Ehegatte des Arbeitnehmers keinen Arbeitslohn bezieht oder der Ehegatte des Arbeitnehmers auf Antrag beider Ehegatten in der Steuerklasse V eingruppiert wird[10]
IV	Verheiratete, die beide unbeschränkt einkommensteuerpflichtig sind (also beide Arbeitslohn beziehen) und nicht dauernd getrennt leben
V	Arbeitnehmer der Steuerklasse IV, wenn der Ehegatte des Arbeitnehmers auf Antrag beider Ehegatten in die Steuerklasse III eingruppiert wurde
VI	Arbeitnehmer, die von mehreren Arbeitgebern Arbeitslohn beziehen (zweite oder weitere Lohnsteuerkarte)

Allerdings werden die Kinderfreibeträge nur bei der Ermittlung der Kirchensteuer und des Solidaritätszuschlages berücksichtigt. Dabei wird eine „fiktive Lohnsteuer" unter Berücksichtigung dieser Freibeträge berechnet. Da das Kindergeld direkt über die Familienkasse bei der Bundesagentur für Arbeit ausgezahlt wird, vermindert die Eintragung des Kinderfreibetrags die Lohnsteuer nicht mehr.

Der Arbeitnehmer kann letztlich zwischen dem Kindergeld oder einem Kinderfreibetrag wählen. Das Finanzamt prüft bei der Steuererklärung von sich aus, was günstiger ist.

---

10 Man spricht hier auch von „Splitting": Da in der Steuerklasse III weniger Steuern als in der Steuerklasse V zu zahlen sind, wird sich der besser verdienende Ehepartner in die Klasse III, der weniger gut verdienende Ehepartner in die Klasse V einstufen lassen (gemeinsamer Antrag).

Berechnungsdaten:[11]

Lohnzahlungszeitraum	Monat (30 Tage)	Vers.bez. gezahlt für	12 Monate
Lohnsteuerklasse	III	Freibetrag	0,00 Eur
Kirchensteuer	8 %	Hinzurechnungsbetrag	0,00 Eur
Altersentlastung (§ 24 a EStG)	nein	Kinder lt. Lohnsteuerkarte	1
versicherungsfrei (§ 10 c Abs. 3 EStG)	nein	Sozialversicherung Region	West
Versorgungsbezüge	0,00 Eur	Geringfügig beschäftigt	nein
Vers.bez. im Januar	0,00 Eur	AN-Eigenanteil Aufstockung RV*)	nein
Sond.zahlg. für Vers.empfänger	0,00 Eur		

Abrechnung:

		Arb.nehmer	Arb.geber
Bruttolohn =		2950,00 Eur	2950,00 Eur
Lohnsteuer =		255,66 Eur	00,00 Eur
Kirchensteuer =		11,06 Eur	00,00 Eur
Solidaritätsz. =		00,00 Eur	00,00 Eur
Steuern gesamt =		266,72 Eur	00,00 Eur
Lohn nach Steuern =		2683,28 Eur	2950,00 Eur
Krankenversicherungsbeitrag	7,00 %	206,50 Eur	206,50 Eur
Zusatzbetrag zurKV	0,90 %	26,55 Eur	00,00 Eur
Rentenversicherungsbeitrag*)	9,75 %	287,63 Eur	287,63 Eur
Arbeitslosenversicherungsbeitrag	3,25 %	95,88 Eur	95,88 Eur
Pflegeversicherungsbeitrag	0,85 %	25,08 Eur	25,08 Eur
Soz.vers. gesamt =		641,64 Eur	615,09 Eur
Sonstiges =		0,00 Eur	
Nettolohn =		**2041,64 Eur**	
Lohnkosten =			**3565,09 Eur**

Beitragsbemessungsgrenzen (Jahr 2005):

Pflegevers./Krankenvers.	3525,00 Eur pro Monat	Arbeitslosenversicherung	5200,00 Eur pro Monat
Rentenversicherung	5200,00 Eur pro Monat	Geringfügig Beschäftigte	400,00 Eur pro Monat

11 vgl. Spitzenberger/Zeitlhöfer, Lohnabrechnung 2005 am PC, C.H. Beck.

Die Lohnsteuertabellen enthalten auch die Kirchensteuer. Sie beträgt je nach Bundesland 8 % oder 9 % der Lohn- bzw. Einkommensteuer. Während sie z. B. in Baden-Württemberg 8 % beträgt, werden in Sachsen 9 % verlangt. Die Bemessungsgrundlage für die Kirchensteuer ermäßigt sich durch Kinderfreibeträge.

Wir wollen nun die Lohn- und Kirchensteuer für einen Mitarbeiter der Heckmann KG aus der Lohnsteuertabelle ablesen. Dazu benötigen wir die entsprechenden Angaben: Der kaufmännische Angestellte Reinhold Weber (33 Jahre alt) ist verheiratet und hat ein Kind unter 16 Jahren. Seine Ehefrau ist nicht berufstätig. Nach dem gültigen Tarifvertrag erhält er ein Gehalt in Höhe von 2 950,00 Eur. Da er als Angestellter monatlich bezahlt wird, ist die monatliche Lohnsteuertabelle anzuwenden. Das Kindergeld wird von der Familienkasse ausgezahlt.

Die Heckmann KG verwendet statt einer gedruckten Tabelle ein Lohnsteuerprogramm, das auch die Sozialversicherungsbeiträge enthält (vgl. Tabelle auf Seite 222 f.). Als Alleinverdiener ist Weber in der Steuerklasse III eingestuft. Da die Ehegatten miteinander verheiratet sind, nicht dauernd getrennt leben und das Kind unter 16 Jahre alt ist, steht ihm ein Kinderfreibetrag zu.

Lohnsteuer	255,66 Eur
Kirchensteuer (8 %, da Weber in Baden-Württemberg	11,06 Eur
wohnt und arbeitet) aus der fiktiven Lohnsteuer	
Solidaritätszuschlag 5,5 % aus fiktiver Lohnsteuer	entfällt

Die einbehaltene Lohn- und Kirchensteuer muss bis zum 10. des Folgemonats vom Arbeitgeber ans Finanzamt abgeführt werden. Die Heckmann KG hat für jeden Arbeitnehmer ein eigenes Lohn- bzw. Gehaltskonto zu führen. Welche Einzelheiten in diesem Konto aufzuzeichnen sind, ergibt sich aus § 4 LStDV.

Der Arbeitgeber behält aber nicht nur die genannten Steuern vom Bruttogehalt ein, sondern auch die Sozialversicherungsbeiträge. Da die gesetzliche Sozialversicherung eine Zwangsversicherung ist, hat grundsätzlich jeder Arbeitnehmer Beiträge zu leisten. Sie werden vom Arbeitgeber vom Bruttolohn einbehalten und an die jeweilige Krankenkasse überwiesen. Die Krankenkassen haben die Pflicht, die Sozialversicherungsbeiträge – soweit es sich nicht um den Beitrag zur Krankenversicherung handelt – an die entsprechenden Versicherungsträger weiterzuleiten.

Im Einzelnen hat der Arbeitnehmer Beiträge zu den in der

Tabelle wiedergegebenen Zweigen der Sozialversicherung zu leisten.[12]

Versicherungszweig	Versicherungsträger	Beitragssatz in % 2005: Arbeitnehmer und Arbeitgeber zahlen je die Hälfte der folgenden Beitragssätze
Krankenversicherung	• Ortskrankenkassen (AOK) • Ersatzkassen (z. B. DAK) • Betriebskrankenkassen	ca. 13–ca 14 % (unterschiedlich je nach Krankenkasse)
Rentenversicherung	• Deutsche Rentenversicherung	19,5 %
Arbeitslosenversicherung	Bundesagentur für Arbeit in Nürnberg	6,5 %
Pflegeversicherung	Pflegekassen bei den Krankenkassen	1,7 % (Kinderlosenzuschlag für Arbeitnehmer 0,25 %)

Die genannten Beiträge sind grundsätzlich je zur Hälfte vom Arbeitgeber und Arbeitnehmer zu tragen.[13] Allerdings sind bei der Berechnung der Beiträge die Beitragsbemessungsgrenzen zu beachten. Die „Beitragsbemessungsgrenze" stellt den Höchstbetrag dar, aus dem Beiträge ermittelt werden. Sie beträgt derzeit (Stand 2006):

	neue Bundesländer	alte Bundesländer
Renten- u. Arbeitslosenvers.	4 400,00 Eur	5 250,00 Eur
Kranken- u. Pflegevers.: (75 %)	3 562,50 Eur	3 562,50 Eur

12 Die Unfallversicherung ist nicht aufgeführt, weil der Arbeitgeber allein die Beiträge zu zahlen hat.

13 Die Beitragshöhe in % wird jährlich neu festgelegt. Der Arbeitnehmer hat bei der Krankenversicherung einen Zusatzbetrag von 0,9 % zu zahlen.

In der Krankenversicherung weicht die Beitragsbemessungsgrenze von der Pflichtversicherungsgrenze ab, d. h. ein Arbeitnehmer, der mehr als 3 937,50 Eur monatlich verdient (gültig für 2006), unterliegt nicht der Versicherungspflicht.

Die Ermittlung der monatlichen Sozialversicherungsbeiträge des Arbeitnehmers kann anhand einer Abzugstabelle[14] oder – was in der Praxis weit verbreitet ist – prozentual erfolgen.

Nun können wir allgemein das Nettogehalt eines Angestellten berechnen:

Bruttogehalt
- Lohnsteuer und Solidaritätszuschlag
- Kirchensteuer (sofern Mitglied einer kirchlichen Gemeinschaft)
- Beitrag zur Rentenversicherung
- Beitrag zur Krankenversicherung
- Beitrag zur Arbeitslosenversicherung
- Beitrag zur Pflegeversicherung

= **Nettogehalt**, ausbezahlt durch Arbeitgeber

evtl. + Kindergeld über Familienkasse

6.2 Einfache Gehaltsbuchungen

Der Angestellte Reinhold Weber erhält von der Heckmann KG die auf S. 222 abgedruckte Gehaltsabrechnung:

Diese Gehaltsabrechnung ist unter Berücksichtigung des Arbeitgeberanteils zur Sozialversicherung (dem Arbeitnehmer wurden insgesamt 641,64 Eur abgezogen; der Arbeitgeberanteil beträgt dann 615,09 Eur) zu buchen.

Wir stellen folgende Überlegungen an:
- Der Heckmann KG sind für Weber Personalkosten in Höhe von 2 950,00 Eur (Tarifgehalt) entstanden. Sie werden auf dem Konto „(6300) Gehälter" erfasst. Wir verzichten hier auf eine Buchung auf Gehaltsunterkonten, z. B. für Weber Konto 63001 wie in einem Buchhaltungsprogramm vorgesehen.

---

14 Für so genannte Geringfügige Beschäftigungsverhältnisse gelten besondere Bestimmungen, auf die im Rahmen der hier darzustellenden Grundlagen nicht eingegangen wird.

- Weber erhält auf sein Bankkonto vom Arbeitgeber 2041,64 Eur überwiesen. Das Bankkonto der Heckmann KG nimmt folglich um diesen Betrag im Haben (aktives Bestandskonto) ab. Buchungstechnisch möglich ist auch eine Buchung auf ein Zwischenkonto „Verbindlichkeiten an Arbeitnehmer" oder „noch auszuzahlende Nettogehälter", wenn die Bankanweisung nicht zeitgleich mit der Gehaltsbuchung erfolgt. Dies ist besonders bei Verwendung eines Buchungsprogramms empfehlenswert.
- Die Lohn- und Kirchensteuer wurde von der Heckmann KG einbehalten, aber noch nicht abgeführt (die Heckmann KG hat bis zum 10. des Folgemonats Zeit). Es handelt sich um Verbindlichkeiten gegenüber dem Finanzamt. Sie werden auf dem passiven Bestandskonto „(4830) Sonstige Verbindlichkeiten gegenüber Finanzbehörden" im Haben gebucht (Zunahme der Verbindlichkeiten).
- Die einbehaltenen Sozialversicherungsbeiträge wurden ebenfalls noch nicht an die Krankenkasse überwiesen (die Heckmann KG hat bis zum 10. des Folgemonats Zeit). Sie stellen Verbindlichkeiten gegenüber der Krankenkasse dar und werden auf dem passiven Bestandskonto „(4840) Verbindlichkeiten gegenüber Sozialversicherungträgern" im Haben gebucht.

Der Buchungssatz für obige Gehaltsabrechnung lautet:

Soll	Haben	Buchungsbetrag in Eur Soll	Haben
(6300) Gehälter		2 950,00	
	(2800) Bank		2 041,64
	(4830) Verbindlichkeiten gegenüber Finanzbehörden		266,72
	(4840) Verbindlichkeiten gegenüber Sozialversiche-rungsträgern		641,64

In der Praxis wird in der Regel nicht sofort auf das Konto „Bank" gebucht. Der Betrag von 2 041,64 Eur wird auf einem Zwischenkonto „noch auszuzahlende Nettogehälter" erfasst. Wird dieser Betrag auf dem Konto der Heckmann KG belastet (Kontoauszug), erfolgt die Umbuchung auf das Konto „Bank". Dieses Vorgehen ergibt sich aus dem Grundsatz „Keine Buchung ohne Beleg". Im Folgenden buchen wir aus Vereinfachungsgründen direkt auf das Konto „Bank".

Nach den gesetzlichen Bestimmungen hat auch der Arbeitgeber Sozialversicherungsbeiträge (hier: 615,09 Eur) zu tragen. Auch dieser Arbeitgeberanteil zur Sozialversicherung ist buchhalterisch zu erfassen. Es sind für die Heckmann KG Kosten, die auf dem Konto „(6400) Arbeitgeberanteil zur Sozialversicherung" gebucht werden. Da der Arbeitgeberanteil ebenfalls noch nicht an die Krankenkasse überwiesen wurde, sind es Verbindlichkeiten aus Sozialversicherung. Die Buchung des Arbeitgeberanteils zur Sozialversicherung lautet:

Soll	Haben	Buchungsbetrag in Eur
(6400) Arbeitgeberanteil zur Sozialversicherung	(4840) Verbindlichkeiten gegenüber Sozialversicherungsträgern	615,09

Die Heckmann KG hat folglich gegenüber der Krankenkasse insgesamt Verbindlichkeiten in Höhe von 1 256,73 Eur (641,64 Eur, die vom Arbeitnehmer einbehalten wurden, zuzügl. 615,09 Eur, die Heckmann KG als Arbeitgeberanteil zu zahlen hat).

Die Heckmann KG überweist die einbehaltenen Abzüge und den Arbeitgeberanteil von ihrem Bankkonto:

Soll	Haben	Buchungsbetrag in Eur Soll	Haben
(4830) Verbindl. ggn. Finanzbehörden		266,72	
(4840) Verbindl. ggn. Sozialvers.trägern		1 256,73	
	(2800) Bank		1 523,45

Die auf den Gehaltskonten ermittelten Werte werden in der Praxis auf Gehaltslisten zusammengefasst, sofern nicht über das Buchhaltungsprogramm für jeden Mitarbeiter direkt gebucht worden ist. Diese Liste wird bei einer größeren Anzahl von Angestellten als Sammelbeleg in der Hauptbuchhaltung summarisch gebucht. Obige Buchungssätze werden dann in der Hauptbuchhaltung nicht für jeden einzelnen Angestellten, sondern für die jeweiligen Summen (Summe der Bruttolöhne aller Angestellten in einem bestimmten Monat, Summe der Lohnsteuer aller Angestellten etc.) gemacht. Die Buchungssätze an sich bleiben gleich, nur die Beträge sind anders. Das befreit das Unternehmen allerdings nicht davon, in einer so genannten Nebenbuchhaltung für jeden einzelnen Angestellten ein Gehaltskonto zum Nachweis der ordnungsgemäßen Berechnung zu führen.

Vorgezogene Fälligkeit der Sozialversicherungsbeiträge ab 2006

Ab 2006 müssen die Arbeitgeber Sozialversicherungsbeiträge in der voraussichtlichen Höhe spätestens am drittletzten Bankarbeitstag des laufenden Monats abführen. Sofern am Monatsende ein Restbetrag verbleibt, wird dieser zum drittletzten Bankarbeitstag des Folgemonats fällig oder bei Überzahlung verrechnet.

Die voraussichtliche Höhe der Beitragsschuld ist grundsätzlich so zu ermitteln, dass der im Folgemonat fällig werdende verbleibende Restbetrag so gering wie möglich ausfällt. Dabei sind grundsätzlich alle im aktuellen Monat eingetretenen Änderungen, z. B. die Zahl der Beschäftigten oder der Arbeitsstunden, zu berücksichtigen. Die Art der Berechnung muss vom Arbeitgeber dokumentiert werden.

Buchungen der Abzüge aus der Sozialversicherung: Kleinere Unternehmen und Unternehmen mit geringem Buchungsanfall buchen im Allgemeinen direkt auf den Zahlungsverkehrskonten (Nettolohnbuchung). Größere Unternehmen und Unternehmen mit erhöhtem Buchungsanfall führen häufig ein Konto Verbindlichkeiten an Mitarbeiter ein (indirekte Buchung).

Beispiel für die Nettolohnbuchung: In einem Unternehmen betrage der Personalaufwand 200.000 Eur. Die Arbeitnehmer- und Arbeitgeberanteile zur Sozialversicherung betragen jeweils 41.000 Eur. Insgesamt sind 40.000 Eur Lohn- und Kirchensteuer sowie Solidaritätszuschlag angefallen.

Buchung ab Januar 2006 als indirekte Buchung:
Es wird unterstellt, dass als Beitragsvorauszahlung für Sozialversicherung 81.000 Eur berechnet wurden.
Buchung z. B. am 27.1.

		Buchungsbetrag in Eur	
Soll	Haben	Soll	Haben
(interne Nummer) Beitragsvoraus- zahlung Sozial- versicherung		81 000	
	(2800) Bank		81 000

Buchung am Monatsende mit Sozialversicherungsbeiträgen von 82.000 Eur.

		Buchungsbetrag in Eur	
Soll	Haben	Soll	Haben
Gehälter		200 000	
(6400) Arbeit- geberanteil Sozialversicherung		41 000	
	(4850) Verbindl. ggn. Mitarbeitern		119 000
	(4830) Verbindl. ggn. Finanzbehörden		40 000
	Beitrags- vorauszahlung Sozialversicherung		82 000

Damit bleibt auf dem Konto Beitragsvorauszahlung Sozialversicherung ein Saldo von 1.000 Eur offen, der mit der nächsten Vorauszahlung beglichen wird.

6.3 Vermögenswirksame Leistungen

Nach dem „5. Vermögensbildungsgesetz" können Arbeitnehmer Teile ihres Arbeitslohns staatlich begünstigt sparen. Sie erhalten die staatliche Arbeitnehmersparzulage, wenn das zu versteuernde Einkommen in dem Kalenderjahr, in dem die vermögenswirksamen Leistungen angelegt worden sind, 17 900 Eur (Ledige) bzw. 35 800 Eur (Verheiratete) nicht übersteigt (Stand im Jahr 2005). Die Arbeitnehmersparzulage muss vom Arbeitnehmer im Rahmen der Steuererklärung bzw. des Lohnsteuerjahresausgleichs beantragt werden; sie wird am Ende der Mindestanlagedauer ausgezahlt.

Die Arbeitnehmersparzulage hängt von der Art der Anlage ab: 18 % aus maximal 400 Eur jährlich beim Beteiligungssparen, z. B. in Aktienfonds; 9 % aus maximal 470 Eur jährlich beim Bausparen oder Entschuldung aus wohnungswirtschaftlichen Maßnahmen.

Vermögenswirksame Leistungen können auch auf Kontensparverträgen bei Banken und in Lebensversicherungsverträgen – allerdings ohne Arbeitnehmersparzulage – angelegt werden.

Die monatliche vermögenswirksame Sparleistung wird entweder vom Arbeitgeber in voller Höhe als zusätzliches Arbeitsentgelt oder von Arbeitgeber und Arbeitnehmer (z. B. Arbeitgeber: 20 Eur, Arbeitnehmer: 40 Eur) gemeinsam erbracht. Beteiligt sich der Arbeitgeber nicht – was relativ selten ist (95 % der Arbeitnehmer haben einen tarifvertraglichen Anspruch auf vermögenswirksame Leistungen) –, kann der Arbeitnehmer verlangen, dass ein Teil seines Lohnes/Gehaltes vermögenswirksam angelegt wird.[15]

Bei Gewährung vermögenswirksamer Leistungen ist der Arbeitgeber verpflichtet, dies entsprechend in das Gehaltskonto bzw. Lohnkonto des Arbeitnehmers einzutragen. Außerdem hat er dem Arbeitnehmer eine Bescheinigung über die angelegten Beträge zu erteilen. Vom Arbeitgeber als zusätzlicher Lohn gezahlte vermögenswirksame Leistungen gehören zum steuerpflichtigen Arbeitslohn. Sie sind damit auch sozialversicherungspflichtig.

Der Arbeitgeber behält die vermögenswirksame Sparleistung des Arbeitnehmers zunächst vom Bruttolohn ein. Er hat sie dann unmittelbar an das Unternehmen (z. B. eine Bausparkasse) oder Kreditinstitut zu überweisen, bei dem sie angelegt wird. Bei Entschuldung kann der Arbeitnehmer den entsprechenden Anteil seiner Vergütung direkt überweisen.

---

15 Auch dafür hat er Anspruch auf Sparzulage.

Nehmen wir an, der Angestellte Reinhold Weber spart monatlich vermögenswirksam 40 Eur. Die Anlage erfolgt in Form eines Bausparvertrages. Die Heckmann KG als Arbeitgeber gewährt einen Zuschuss in Höhe von 26,50 Eur. Dies bedeutet, dass die Heckmann KG monatlich 40 Eur einbehält und dann an die Bausparkasse weiterleitet und dass Weber zusätzlich zu seinem Bruttogehalt 26,50 Eur erhält:

Gehaltsabrechnung mit vermögenswirksamen Leistungen

Bruttogehalt	2 950,00 Eur
+ Arbeitgeberzuschuss zur vermögenswirksamen Leistung	26,50 Eur
= steuer- und sozialversicherungspflichtiges Gehalt	2 976,50 Eur
− Lohnsteuer	263,33 Eur
− Kirchensteuer	21,06 Eur
− Solidaritätszuschlag	14,48 Eur
− Sozialversicherung:	
Krankenkasse	235,15 Eur
Rentenversicherung	290,21 Eur
Arbeitslosenversicherung	96,74 Eur
Pflegeversicherung	32,74 Eur
	2 022,79 Eur
− vermögenswirksame Anlage	40,00 Eur
Nettogehalt (Banküberweisung)	1 982,79 Eur

Bei der Buchung der (geänderten) Gehaltszahlung ist zu beachten, dass

- der Zuschuss zur vermögenswirksamen Anlage für die Heckmann KG Kosten darstellt, die auf dem Konto „(6320) Sonstige tarifliche oder vertragliche Aufwendungen" gebucht werden,
- der monatliche Sparbetrag des Arbeitnehmers in Höhe von 78 Eur noch nicht an die Bausparkasse weitergeleitet wurde; er stellt Verbindlichkeiten gegenüber der Bausparkasse dar, die auf dem Konto „(4860) Verbindlichkeiten aus vermögenswirksamen Leistungen" gebucht werden.

Die entsprechenden Buchungssätze lauten:

Gehaltszahlung

		Buchungsbetrag in Eur	
Soll	Haben	Soll	Haben
(6300) Gehälter		2 950,00	

Soll	Haben	Buchungsbetrag in Eur	
		Soll	Haben
(6320) Sonst. tarifl. o. vertr. Leistungen		26,50	
	(2800) Bank		1 982,79
	(4830) Verb. ggn. Finanzbehörden		298,87
	(4840) Verb.		654,84
	g. Sozialvers. trägern		
	(4860) Verb. a. Verm. Leistungen		40,00

Arbeitgeberanteil zur Sozialversicherung

Soll	Haben	Buchungsbetrag in Eur	
		Soll	Haben
(6400) Arbeit- geberanteil z. Sozialvers.		620,61	
	(4840) Verb. g. Sozialvers.- trägern		620,61

Überweisung der Abzüge

Soll	Haben	Buchungsbetrag in Eur	
		Soll	Haben
(4830) Verb. ggn. Finanzbehörden		298,87	
(4840) Verb. g. Sozialvers.- trägern		1 275,45	
(4860) Verb. a. Verm. Leistungen		40,00	
	(2800) Bank		1 614,32

6.4 Überblick über weitere Personalkostenbuchungen

Der Angestellte Reinhold Weber erhält am 10. Februar einen Gehalts-
vorschuss in Höhe von 800 Eur bar ausgezahlt. Der Vorschuss wird mit
der Gehaltszahlung im März verrechnet. Beide Vorgänge (Auszahlung
des Vorschusses und Verrechnung des Vorschusses mit der nächsten
Gehaltszahlung) müssen buchhalterisch erfasst werden:

- Durch die Zahlung von 800 Eur im Voraus am 10. Februar entsteht für
  die Heckmann KG gegenüber Weber eine Forderung. Die Heckmann
  KG hat eine Forderung im Hinblick auf die erst noch im März zu lei-
  stende Arbeit von Weber. Diese Forderung kann nicht auf dem Konto
  „(2400) Forderungen" gebucht werden, da es sich nicht um eine Forderung aufgrund einer betrieblichen Leistung handelt. Der Kontenrahmen sieht für das Buchen des Vorschusses das Konto „(2650) Forderungen an Mitarbeiter" vor. Die Zunahme unserer Forderung wird auf
  dem aktiven Bestandskonto im Soll gebucht.
- Bei der Gehaltszahlung im März werden die 800 Eur (die Weber ja bereits vorab erhalten hat) einbehalten. Folglich haben wir keine Forderung mehr, was durch eine Habenbuchung auf dem Konto „Forderungen an Mitarbeiter" dokumentiert wird.

Buchung am 10. 2.

		Buchungsbetrag in Eur	
Soll	Haben	Soll	Haben
(2650) Forderungen an Mitarbeiter		800,00	
	(2820) Kasse		800,00

Verrechnung mit der Gehaltszahlung im März d. J.

		Buchungsbetrag in Eur	
Soll	Haben	Soll	Haben
(6300) Gehälter		2 950,00	
(6320) Sonst. tarifl. o. vertr. Leistungen		26,50	
	(2800) Bank		1 182,79
	(4830) Verb. ggn. Finanzbehörden		298,87

| Soll | Haben | Buchungsbetrag in Eur | |
		Soll	Haben
	(4840) Verb. g. Sozialvers.-trägern		654,84
	(4860) Verb. a. Verm. Leistungen		40,00
	(2650) Ford. an Mitarbeiter		800,00

Auch entgeltliche Warenlieferungen an Mitarbeiter werden auf dem Konto „(2650) Forderungen an Mitarbeiter" erfasst. Die Warenlieferung wird zunächst als Warenverkauf gebucht[16] und dann mit der nächsten Gehaltsabrechnung verrechnet.

Weitere Buchungen im Personalbereich können für Sondervergütungen anfallen.[17] Sondervergütungen, die dem Mitarbeiter **direkt** zugute kommen, wie z. B.

- Jahresprämie,
- Urlaubsgeld,
- Weihnachtsgeld

werden auf einem Personalkostenkonto (6200 bis 6400) erfasst.[18]

Daneben gibt es Sondervergütungen, die der Belegschaft **gemeinsam** gewährt werden, also dem Mitarbeiter nur **indirekt** zugute kommen, wie z. B.

- Aufwendungen für ein Betriebsfest bzw.
- Aufwendungen für einen Betriebsausflug.

Diese werden auf dem Konto „(6330) Freiwillige Zuwendungen" erfasst.

---

16 Im Unterschied zur Buchung eines Warenverkaufs an Dritte erfolgt die Sollbuchung nicht auf dem Konto (2400) Forderungen, sondern auf dem Konto (2650) Ford. an Mitarbeiter.

17 Zu den direkten Sondervergütungen können auch die vermögenswirksamen Leistungen gerechnet werden, deren buchhalterische Behandlung bereits besprochen wurde.

18 Diese unterliegen grundsätzlich der Lohnsteuer. Vgl. hierzu aber auch z. B. S. 219 Anm. 3.

7. Abschlussarbeiten

7.1 Abschreibung und Absetzung für Abnutzung

Der Bilanzbuchhalter der Heckmann KG bereitet im letzten Quartal des Jahres den kommenden Jahresabschluss vor. Die organisatorischen Vorbereitungen für die Inventur werden grundsätzlich vom Vorjahr übernommen (vgl. Kap. 1.3). Die Bewertung des Vermögens kann bereits vor dem eigentlichen Abschluss vorbereitet werden. So bereitet er insbesondere die Abschreibung auf das bereits erworbene Anlagevermögen vor.

Die Heckmann KG hat am 2.1. des Jahres einen Personalcomputer erworben. Die Nutzungsdauer dieses Gerätes wird auf drei bis fünf Jahre geschätzt.

Wenn die Nutzungsdauer eines erworbenen Gutes über ein Geschäftsjahr hinausgeht, muss der Anschaffungswert auf die Jahre der Nutzung als Aufwand verteilt werden. Würde dies versäumt, wäre die Aussage über die Wirtschaftlichkeit der Geschäftsjahre während der Nutzung verzerrt. Auch eine sinnvolle Zurechnung der Kosten auf einzelne Produkte oder Kostenstellen erfordert eine nutzungszeitabhängige Verteilung der Kosten. Zunächst werden die Anschaffungsgegenstände mit ihren Anschaffungs- bzw. Herstellungskosten zum vollen Wert auf das Anlagenkonto gebucht (aktiviert). Dies lässt Höhe des Vermögens unverändert und zeigt nur dessen veränderte Zusammensetzung (vgl. Kap. 1).

Die im laufenden Geschäftsjahr festgestellte Wertminderung eines Vermögensgegenstandes wird vom gebuchten Wert, dem Buchwert, am Ende des Geschäftsjahres abgesetzt oder abgeschrieben.

Die Verteilung des Aufwandes durch Wertminderung von Gegenständen auf mehrere Jahre ist auch vom Gesetzgeber zwingend als zu den Grundsätzen einer ordnungsmäßigen Buchführung gehörend vorgeschrieben:

Für Kaufleute gilt der § 253, Abs. 2, Satz 1 u. 2 HGB:

Bei Vermögensgegenständen des Anlagevermögens, deren Nutzung zeitlich begrenzt ist, sind die Anschaffungs- oder Herstellungskosten um plan-

mäßige Abschreibungen zu vermindern. Der Plan muss die Anschaffungs-
oder Herstellungskosten auf die Geschäftsjahre verteilen, in denen der Vermögensgegenstand voraussichtlich genutzt werden kann.

Allgemein gilt für alle Buchführungspflichtigen § 7, Abs. 1, Satz 1 EStG:

Bei Wirtschaftsgütern, deren Verwendung oder Nutzung durch den Steuerpflichtigen zur Erzielung von Einkünften sich erfahrungsgemäß auf einen
Zeitraum von mehr als einem Jahr erstreckt, ist jeweils für ein Jahr der Teil
der Anschaffungs- oder Herstellungskosten abzusetzen, der bei gleichmäßiger Verteilung dieser Kosten auf die Gesamtdauer der Verwendung oder
Nutzung auf ein Jahr entfällt (Absetzung für Abnutzung in gleichen Jahresbeträgen).

Im Steuerrecht wird die handelsrechtliche Abschreibung also als
AfA = Absetzung für Abnutzung benannt. Wegen der Maßgeblichkeit
der handelsrechtlichen Vorschriften auch für die Steuerermittlung
sprechen wir im Folgenden nur von Abschreibung. Ebenso verwenden wir nicht mehr den steuerrechtlichen Begriff „Wirtschaftsgut",
sondern nur noch den handelsrechtlichen Begriff „Vermögensgegenstand".

7.1.1 Ursachen der Abschreibung

Welche Gegenstände können abgeschrieben werden?

Gegenstände des Anlagevermögens sind von ihrem Zweck her
nicht zur Veräußerung bestimmt, sondern sollen über längere Zeit
hinweg genutzt werden. Soweit sie dabei gebraucht, also abgenutzt
werden, können sie auch abgeschrieben werden.

Materielle, abnutzbare Wirtschaftsgüter des Anlagevermögens sind
beispielsweise: Geschäftsausstattung, Maschinen, Fahrzeuge und
Gebäude. Grundstücke sind nicht abnutzbar und damit auch nicht
abschreibungsfähig im eigentlichen Sinne; sie können unter Umständen aber niedriger bewertet werden (vgl. hierzu Kap. 7.2). **Immaterielle Anlagewerte** wie erworbene Patente, Lizenzen und Konzessionen können ebenfalls abgeschrieben werden.

Nach § 253 Abs. 3 HGB können auch Gegenstände des Umlaufvermögens abgeschrieben werden. Wirtschaftlich handelt es sich
dabei aber nicht um eine Abschreibung wegen einer Abnutzung,

sondern um eine entsprechende Bewertung der Gegenstände am Jahresende. Diese behandeln wir im nächsten Kapitel (7.2).

Welche Vorgänge können die Notwendigkeit der Abschreibung begründen?

Ein Computer wird durch Gebrauch relativ wenig abgenutzt, da er nur wenige bewegliche Teile enthält. Obwohl er rein technisch lange „haltbar" ist, wird er schon in kurzer Zeit abgeschrieben, da er durch den raschen technischen Fortschritt oft nach kurzer Zeit nicht mehr wirtschaftlich sinnvoll eingesetzt werden kann.

Die Begründungen für die Wertminderung der Anlagegegenstände liegen auf technischem, wirtschaftlichem und rechtlichem Gebiet.

(1) Die **technische** bzw. **verbrauchsbedingte** Abnutzung ist auf folgende Ursachen zurückzuführen:

- Gewöhnlicher Verschleiß durch **Gebrauch.**

Dieser Verschleiß ist in erster Linie bei mechanisch bewegten Teilen zu beobachten.

Beispiel: Die Teile eines Fahrzeugs, z. B. Reifen, Kupplung, Getriebe oder Motor werden nach einer gewissen Kilometerleistung unbrauchbar. Schließlich würden Reparaturen in wirtschaftlich nicht mehr zu vertretendem Umfang notwendig werden.

- Natürlicher Verschleiß auch im **Ruhezustand**.

Beispiel: Ein Gebäude ist der Witterung ausgesetzt. Durch auftretende Risse ist die Fassade immer mehr „wasserdurchlässig".
Metalle und Gummi „ermüden" aus physikalischen Gründen nach einer gewissen Zeit.

- **Substanzverringerung**
Beispielsweise durch Abbau eines Steinbruchs.
- **Höhere Gewalt** wie Feuer oder Orkan kann zu einem außergewöhnlichen und nicht im Voraus berechenbaren ganzen oder teilweisen Untergang des Vermögensgegenstandes führen.

(2) Wirtschaftliche Wertminderungen haben ihre Ursachen darin, dass eine Investition in dieser Form oder zu diesem Wert eigentlich nicht mehr vertretbar wäre, so durch

- **technischen Fortschritt**

Beispiel: Ein Personalcomputer aus der Anfangszeit mag noch immer die gleichen Dienste wie am Anfang leisten. Da moderne Computer aber nicht nur diese Dienste weit schneller, sondern auch in ganz anderer, effizienterer Kombination anbieten, wird ein Unternehmen gezwungen, die Geräte immer schneller auszutauschen, um seinerseits eine höherwertige Leistung erbringen zu können.

- **gesunkene Wiederbeschaffungs- oder Herstellungskosten**

  Beispiel: Ein Personalcomputer kostete mit vergleichbarer Leistung nach einem Jahr statt 2 000 nur noch 550 Eur.

- **Bedarfsverschiebung** bei den Kunden; die bisher mit der Anlage erstellten Leistungen werden nicht mehr nachgefragt.

(3) **Rechtliche** Ursachen für eine Abschreibung können der zeitliche Ablauf von Schutzrechten und Verträgen sein, aber auch steuerlich zulässige „Sonderabschreibungen".

7.1.2 Berechnung der Abschreibung

Ein betrieblich genutzter Gegenstand kann seinen Wert aufgrund zahlreicher Ursachen, die alle zugleich wirken, verlieren. In der Buchhaltung muss die Wertminderung aber zahlenmäßig geschätzt und festgelegt werden; man spricht dann von der **planmäßigen** Abschreibung. Eine **außerplanmäßige** Abschreibung wird nur dann vorgenommen, wenn eine außergewöhnliche und dauernde Wertminderung im Einzelfall festgestellt worden ist. Der Einfachheit halber verwendet man in der Praxis nur drei Methoden zur Berechnung der planmäßigen Abschreibung. Bei den ersten beiden und überwiegend angewendeten Methoden geht man grundsätzlich von der zu erwartenden „betriebsgewöhnlichen Nutzungsdauer" der Vermögensgegenstände aus. Da Grundstücke nicht abnutzbar sind, können sie allenfalls außerplanmäßig abgeschrieben werden.

Von der Finanzverwaltung festgelegte Richtwerte sind beispielsweise:

Nutzungswerttabelle (Auszug, Quelle: Bundesfinanzministerium)

Anlagegüter	Nutzungsdauer in Jahren
Unbewegliches Anlagevermögen	
Kühlhallen	20
Schornsteine aus Mauerwerk	33
Schornsteine aus Metall	10
Grundstückseinrichtungen	
Straßenbrücken aus Stahl und Beton	33
Umzäunungen aus Holz	5
Außenbeleuchtung	19
Grünanlagen	15
Betriebsanlagen allgemeiner Art	
Notstromaggregate	19
Windkraftanlagen	15
Solaranlagen	10
Gleisanlagen	33
Hochregallager	15
Fahrzeuge	
Personenkraftwagen und Kombiwagen	6
Motorräder, Motorroller, Fahrräder	7
Lastkraftwagen	9
Anhänger, Auflieger	11
Elektrokarren	8
Bearbeitungs- und Verarbeitungsmaschinen	
Drehbänke	16
Pressen und Stanzen	14
Sandstrahlgebläse	9
Abfüllanlagen	10
Betriebs- und Geschäftsausstattung	
Kühleinrichtungen	8
Fernsprechanlagen	10
Mobilfunkendgeräte	5
Faxgeräte	6
Großrechner	7
Personalcomputer, Notebooks mit Peripheriegeräten	3
Büromöbel	13
Tresoranlagen	25

Anlagegüter	Nutzungsdauer in Jahren
Sonstige Anlagegüter	
Hochdruckreiniger	8
Getränkeautomaten, Leergutautomaten	7
Kühlschränke	10

Bei Verwendung einer kürzeren Nutzungsdauer ist dies schlüssig nachzuweisen.

Die so genannten Anschaffungskosten bei gekauften Gütern und die Herstellungskosten bei selbst erstellten Gebäuden und Maschinen sind die Grundlage für die Berechnung der Abschreibung. Einzelheiten zu ihrer Ermittlung werden in Kap. 7.2.2 behandelt.

Die für die Berechnung der Abschreibung maßgeblichen Anschaffungs- oder Herstellungskosten enthalten bei umsatzsteuerpflichtigen Unternehmen grundsätzlich keine Umsatzsteuer. Es gilt jeweils nur der Nettobetrag.

Beispiel: Anschaffung eines Fahrzeugs zu 26 000,00 Eur zuzügl. 16 % Ust.: Anschaffungskosten 26 000,00 Eur.

Lineare Abschreibung

Bei der linearen Abschreibung werden die Anschaffungs- oder Herstellungskosten durch die Anzahl der Jahre der geschätzten Nut-

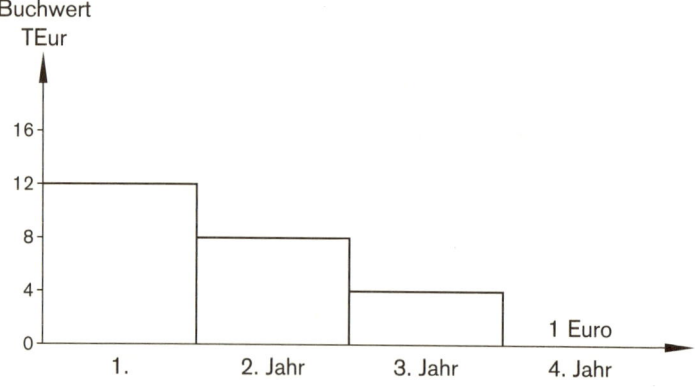

Entwicklung des Buchwerts bei linearer Abschreibung

zungsdauer dividiert. Für jedes Nutzungsjahr ergibt sich so der gleiche Abschreibungsbetrag.

Beispiel: Ein Personalcomputer wurde zu Anschaffungskosten von 12 000 Eur beschafft. Die Nutzungsdauer wird mit drei Jahren angenommen. Jährliche Abschreibung 12 000 : 3 = 4 000 Eur.

Der am **Jahresende** jeweils ausgewiesene Wert (Buchwert) entwickelt sich wie in Abb. S. 240 dargestellt (nach vollständiger Abschreibung und weiterer Nutzung verbleibt als Erinnerungswert 1 Eur).

Geometrisch-degressive Abschreibung

Am Anfang der Nutzungsdauer ist die technische und wirtschaftliche Wertminderung häufig höher als gegen Ende der Nutzungsdauer. Entspricht der Abschreibungsbetrag dieser Entwicklung, so kann sich durch die in späteren Jahren der Nutzung geringeren Abschreibungsbeträge und die dann meistens höheren Erhaltungsaufwendungen ein gleichmäßiger Aufwand für ein Anlagegut ergeben.

Bei planmäßiger Abschreibung wird zur Erreichung fallender (= degressiver) Abschreibungsbeträge ein vereinfachtes Verfahren angewandt: Die jährliche Abschreibung wird immer mit dem gleichen Prozentsatz vom Buchwert am Jahresanfang berechnet. Der steuerlich höchstens zulässige Prozentsatz für die degressive Abschreibung ist das Dreifache des linearen Abschreibungssatzes, höchstens 30 %. (Ab 2008 20 % bei 2-fachem linearen Satz). Bei einer Abschreibungsdauer von mehr als 10 Jahren ist der degressive Abschreibungssatz geringer als 30 %. Die geometrisch-degressive Abschreibung ist nur bei beweglichen abnutzbaren Anlagegütern zulässig; für Gebäude gibt es neben der linearen Abschreibung besondere steuerlich zulässige Abschreibungsmöglichkeiten.

Ist die steuerlich wirksame Abschreibung höher als die tatsächliche Abnutzung, ergibt sich eine „Stundung" der Steuern, da der Gewinn vermindert wird.

Beispiele: Der Lieferwagen der Heckmann KG hat Anschaffungskosten von 60 000 Eur und soll degressiv abgeschrieben werden. Die Buchwerte entwickeln sich dann wie folgt:

1. Jahr	Anschaffungswert	60 000,00
	Abschreibung 30 %	– 18 000,00
	= Buchwert am Jahresende	**42 000,00**
2. Jahr	Abschreibung (30 % aus 42 000)	– 12 600,00
	Buchwert am Jahresende	**29 400,00**
3. Jahr	Abschreibung 30 %	– 8 820,00
	Buchwert am Jahresende	**20 580,00**

usw.

Ein Laufkran im Außenlager der Heckmann KG hat einen Anschaffungswert von 120 000 Eur und eine Nutzungsdauer von 21 Jahren. Bei linearer Abschreibung wäre der jährliche Abschreibungsprozentsatz 100 : 21 = 4,76 %. Der Satz für die degressive Abschreibung darf jetzt nur noch 4,76 × 3 = 14,28 % betragen.

Grundsätzlich verlaufen die Abschreibungsbeträge bei degressiver Abschreibung wie eine Hyperbel.

Verlauf der AfA-Beiträge bei degressiver Abschreibung

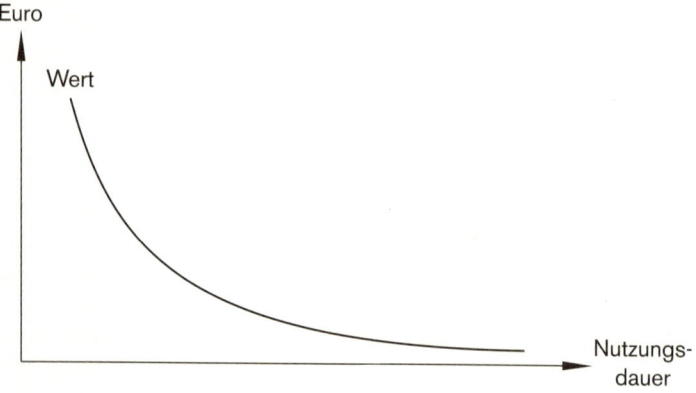

Abschreibung nach Leistung

Wenn ein Anlagegut intensiver als gewöhnlich oder in sehr stark schwankendem Maße genutzt wird, kann von der regelmäßigen Abschreibung abgewichen und die jährlich tatsächlich erbrachte Leistung für die Berechnung verwendet werden. Dies ist nach den EStR (Abschn. 43 Abs. 5) unter folgenden Voraussetzungen zulässig: Bei Wirtschaftsgütern, deren Leistung in der Regel erheblich schwankt, sind AfA nach Maßgabe der Leistung zulässig, wenn der Umfang der Leistung nachgewiesen wird. Dieser Nachweis kann z. B. bei einer Spezialmaschine durch ein Zählwerk oder bei einem Kraftfahrzeug durch den Kilometerzähler geführt werden.

Beispiel: Die Nutzungsleistung eines mit Spezialaufbauten versehenen Lastkraftwagens wird auf 250 000 km geschätzt. Aus organisatorischen Gründen ist die Fahrleistung im ersten Jahr 90 000 km. Im folgenden Jahr wird mit einem geringeren Einsatz gerechnet. Bei Anschaffungskosten von 120 000 Eur beträgt die AfA bei Berechnung nach Leistungseinheiten, hier km,

$$\frac{120\,000\ (\text{Eur}) \times 90\,000\ (\text{km})}{250\,000\ (\text{km})} = 43\,200\ (\text{Eur})$$

Bei linearer Abschreibung hätte sie bei einer Nutzungsdauer von 9 Jahren 13 334 Eur betragen.

Übergang von der degressiven zur linearen Abschreibung

Nach § 7, Abs. 3 EStG kann von der degressiven auf die lineare Abschreibung gewechselt werden, aber nicht umgekehrt. Dies empfiehlt sich dann, wenn die degressive Abschreibung geringer wäre als die für die restlichen Nutzungsjahre sich ergebende lineare Abschreibung.

Beispiel: Eine Poliermaschine im Anschaffungswert von 100 000 Eur wird bei einer Nutzungsdauer von 13 Jahren zunächst mit 23,08 % degressiv abgeschrieben. Der Buchwert nach 9 Jahren wäre dann:

$100\,000 \times 0{,}7692^9 = 9426$ Eur

Die Abschreibung im 10. Jahr wäre degressiv $9426 \times 0{,}2308 = 2175$. Die restliche lineare Abschreibung für vier Jahre wäre jährlich: $9426 : 4 = 2356$ Eur. Ein Übergang zur linearen Abschreibung wäre sinnvoll.

Der optimale Zeitpunkt für den Übergang von der degressiven auf die lineare Abschreibung ergibt sich nach der Formel:

$$\text{Restnutzungsdauer} = \frac{100}{\text{Abschreibungssatz degr.}} \ (\text{abgerundet}) = 4.\ \text{Jahr}$$

Im Beispiel bei 13 − 4 = nach dem 9. Jahr linear abschreiben, d. h. im 10. Jahr.

Bei einer Anschaffung während des Jahres wird die Abschreibung genau zeitanteilig berechnet.

Beispiel:
Anschaffung eines PKW zum Anschaffungswert von 40 000 Eur am 1.10.: Die degressive Abschreibung im ersten Jahr zum 31.12. ist dann 40 000 × 0,3 × 0,25 = 3000 Eur (3 Monate = 0,25 Jahre).

Vereinfachend kann auf volle Monate gerundet werden, d.h. auch bei Anschaffung am 31.10. wäre die Abschreibung für drei Monate möglich.

Ein Unternehmen wird das gewählte Abschreibungsverfahren von seinen längerfristigen Erwartungen abhängig machen: Werden in nächster Zeit Gewinne erwartet, wird der höchstmögliche Abschreibungssatz der geometrisch-degressiven Abschreibung gewählt, damit durch geringeren Gewinnausweis die Gewinnsteuern vermindert werden.

7.1.3 Buchung der Abschreibung

Direkte Abschreibung

In dem Wort „Abschreibung" selbst steckt bereits die Methode, nämlich den Wert eines Anlagegutes buchmäßig herabzusetzen. Bei der **direkten Abschreibung** wird die berechnete Abschreibung vom gebuchten, d.h. aktivierten, Anschaffungswert abgesetzt, indem man sie auf die Haben-Seite des Anlagenkontos bucht. Der neue Saldo ergibt den für den Abschluss des Geschäftsjahres angesetzten Wert.

Beispiel: Ein Lastkraftwagen wird degressiv abgeschrieben. Anschaffung am 30. 1. mit 120 000 Eur netto, Banküberweisung, Nutzungsdauer 9 Jahre.

Buchungssatz bei Anschaffung am 30. 1.:

| | | Buchungsbetrag in Eur | |
Soll	Haben	Soll	Haben
(0840) Fuhrpark		120 000,00	
(2600) Vorsteuer		19 200,00	
	(2800) Bank		139 200,00

Die Abschreibung im ersten Jahr ist 36 000,00 Eur. Der LKW wird am Jahresende also mit 84 000,00 Eur bewertet.

Soll	(0840) Fuhrpark		Haben
AB Anschaffungswert	120 000,00	Abschreibung Saldo = Buchwert am 31.12:	36 000,00 84 000,00

Die Abschreibung wird als Aufwand gebucht:

Soll	Haben	Buchungsbetrag in Eur
(6500) Abschreibung auf Sachanlagen	(0840) Fuhrpark	36 000,00

Im Inventar wird der LKW mit 84 000,00 Eur angesetzt. Mit diesem Wert geht er in die Bilanzposition „Fuhrpark" ein. Im nächsten Geschäftsjahr wird die degressive Abschreibung vom Buchwert berechnet (84 000 × 0,3 = 25 200,00 Eur) und in gleicher Weise gebucht. In der Bilanz erscheint der LKW dann mit einem Wert von 58 800,00 Eur.

Indirekte Abschreibung

Die direkte Abschreibung ist buchungsmäßig einfach. Die ursprünglichen Anschaffungskosten sind bei dieser Methode aus der Bilanz nicht mehr ersichtlich. Bei Kapitalgesellschaften muss deshalb eine gesonderte Übersicht, der „Anlagespiegel" erstellt werden. Grundsätzlich wird die Aussagefähigkeit einer Bilanz für Dritte verbessert, wenn die Anschaffungswerte und die Summe der Abschreibungen ersichtlich sind. Man kann so ungefähr das Alter der Anlagegüter abschätzen. Wird die Abschreibung nicht mit dem Anschaffungswert saldiert, spricht man von **indirekter Abschreibung**. Sie ist bei Kapitalgesellschaften **nicht** zulässig.

Der Buchungssatz für das obige Beispiel lautet dann:

Soll	Haben	Buchungsbetrag in Eur
(6500) Abschreibung auf Sachanlagen	(3610) Wertberichtigungen bei Sachanlagen	36 000,00

In der internen Bilanz wird das Fahrzeug dann nach einem Geschäftsjahr wie folgt ausgewiesen:

Aktiva		Bilanz zum 31.12.		Passiva
Fuhrpark	120 000,00	Wertberichtigungen bei Sachanlagen		36 000,00

Am Ende des zweiten Geschäftsjahres sieht die Bilanz nach Buchung der Abschreibung wie folgt aus:

Aktiva		Bilanz zum 31.12.		Passiva
Fuhrpark	120 000,00	Wertberichtigungen bei Sachanlagen		61 200,00

Der Wert des Anlagegutes muss jeweils als Saldo aus dem Aktivwert und der Wertberichtigung ermittelt werden:
120 000 – 61 200,00 = 58 800,00

7.1.4 Abgang von Anlagen

Die Heckmann KG verkauft Ende Januar den vor zwei Jahren beschafften LKW wegen Umstellung auf eine andere Verladeorganisation zum Preis von 80 000,00 Eur zuzüglich Umsatzsteuer gegen Banküberweisung.

Buchung nach direkter Abschreibung

Auf dem Konto Fuhrpark steht der LKW am Jahresanfang mit 58 800 Eur zu Buch. Die zeitanteilige Abschreibung für den Monat Januar beträgt bei 30 % degressiver Abschreibung 1470,00 Eur und ist zuerst vorzunehmen. Da 80 000 Eur netto erlöst worden sind, ist die Differenz des Buchwerts nach zeitanteiliger Abschreibung in Höhe von 22 670 Eur letzlich als Ertrag aus dem Abgang von Gegenständen des Sachanlagevermögens (5460) zu erfassen.

Der Verkaufserlös in Höhe von 80 000 Eur muss bei einer automatischen Berechnung und Abstimmung der Umsatzsteuer (vgl. Kap. 9) zuvor auf einem Sonderkonto „(5461) Erlöse aus dem Abgang von Gegenständen des Anlagevermögens" erfasst werden, damit für die Umsatzsteuerverprobung eine entsprechende Bemessungsgrundlage auf einem Erlöskonto gebucht worden ist. Die entsprechenden Konten bei einem Verlust aus dem Abgang von Gegenständen des Sachanlagevermögens sind im Kontenplan der Heckmann KG (6960) und als Erlöskonto zur Umsatzsteuerverprobung (6961).

Die Buchungen für das genannte Beispiel ergeben sich dann wie folgt:

		Buchungsbetrag in Eur	
Soll	Haben	Soll	Haben
(6500) Abschreibung auf Sachanlagen		1 470,00	
	(0840) Fuhrpark		1 470,00
(2800) Bank		92 800,00	
	(5461) Erlöse aus dem Abgang von Anlagen		80 000,00
	(4800) Umsatzsteuer		12 800,00
(5460) Erträge aus dem Abgang von Anlagen		57 330,00	
	(0840) Fuhrpark		57 330,00

Die Salden der Konten 5461 und 5460 wurden in der GuV jeweils in die Position „sonstige betriebliche Erträge" hineingesteuert. Per Saldo ergibt sich in der GuV ein Veräußerungsgewinn in Höhe von 22 670,00 Eur.

Auf den Hauptbuchkonten ergibt sich folgendes Bild:

Soll	(2800) Bank	Haben	Soll	(0840) Fuhrpark	Haben
	92 800		AB	58 800	57 330,00
					1 470,00

Soll	(4800) USt	Haben	Soll	(6500) Absch. a. Sachanl.	Haben
		12 800		1 470	

Soll	(5461) Erlöse a. d. Abgang v. Sachanl.	Haben	Soll	(5460) Ertrag a. d. Abgang v. Sachanl.	Haben
		80 000		53 330	

247

Buchung nach indirekter Abschreibung

Bei indirekter Abschreibung ist bei einem Abgang durch Verkauf oder aus anderen Gründen zunächst die Wertberichtigung auf das zugehörige Aktivkonto umzubuchen. Man macht damit aus der indirekten Abschreibung eine direkte. Die dann folgenden Buchungen entsprechen denen der direkten Abschreibung.

Buchungssatz für das auf S. 246 oben verwandte Beispiel:

| | | Buchungsbetrag in Eur | |
Soll	Haben	Soll	Haben
(3610) Wert-berichtigung bei Sachanlagen		61 200	
	(0840) Fuhrpark		61 200

Die folgenden Buchungen entsprechen denen bei direkter Abschreibung.

Auf Hauptbuchkonten ergibt sich für die Konten Fuhrpark und Wertberichtigungen folgendes Bild:

Soll	(3610) Werter. a. Sachanlagen	Haben	Soll	(0840) Fuhrpark	Haben
	43 200	AB 43 200	AB	120 000	61 200
					57 330
					1 470

7.1.5 Geringwertige Wirtschaftsgüter

Die Heckmann KG stattet ihr Büro mit neuen ergonomisch verbesserten Drehstühlen aus. Insgesamt werden Ende Januar 20 Stühle zum Einzelpreis von 350 Eur zuzüglich der Umsatzsteuer beschafft.

Nach § 6 Abs. 2 EStG können Wirtschaftsgüter des Anlagevermögens im Jahr der Anschaffung voll als Betriebsausgabe abgeschrieben werden, wenn die Anschaffungskosten nicht mehr als **410,00 Eur netto** ausmachen; dasselbe gilt für die Herstellungskosten bei selbst erstellten Anlagegütern. Dies ist ein Wahlrecht, von dem häufig Gebrauch gemacht wird. Anlagegegenstände, für die dieses **Wahlrecht** zutrifft, nennt man „geringwertige" Wirtschaftsgüter (GWG). Die geringwertigen Wirtschaftsgüter müssen

- beweglich,
- abnutzbar und
- selbständig bewertbar und nutzbar

sein. Einbauteile können also nicht wie geringwertige Wirtschaftsgüter behandelt werden.

(1) Sofortige Abschreibung

Obwohl die Wirtschaftsgüter im Endergebnis nicht mehr in der Bilanz erscheinen, müssen sie – auch wegen des Wahlrechts – zunächst bei den Anlagen aktiviert werden. Nur wenn ihr Wert bis zu netto 60,00 Eur beträgt, können sie sofort als Aufwand behandelt werden, z. B. über (6800) Büromaterial.

Für die 20 Bürostühle ergeben sich folgende Buchungen:

Bei Anschaffung:

Soll	Haben	Buchungsbetrag in Eur	
		Soll	Haben
(0890) Geringwertige Wirtschaftsgüter		7000,00	
(2600) Vorsteuer		1120,00	
	(2800) Bank		8120,00

Am Bilanzstichtag: Da der **einzelne** Stuhl nicht mehr als 410,00 Eur kostet, ist eine sofortige außerplanmäßige Abschreibung möglich:

Soll	Haben	Buchungsbetrag in Eur
(6500) Abschreibungen auf GWG	(0890) Geringwertige Wirtschaftsgüter	7 000,00

(2) Planmäßige Abschreibung

Der Buchhalter der Heckmann KG hat festgestellt, dass sich im laufenden Geschäftsjahr ein Verlust ergeben wird. Laut Weisung der Geschäftsleitung soll der Verlust so gering wie möglich ausgewiesen werden, geringwertige Wirtschaftsgüter werden deshalb nur planmäßig abgeschrieben.

Die Abschreibung wird bei einer Nutzungsdauer von 13 Jahren linear berechnet, um sie so gering wie möglich zu halten.

Soll	Haben	Buchungsbetrag in Eur
(6540) Abschreibungen auf GWG	(0890) Geringwertige Wirtschaftsgüter	539,00

7.2 Wertansätze in der Bilanz

Uli Heckmann, Geschäftsführer und Hauptgesellschafter bei der Heckmann KG, bespricht mit seinem Bilanzbuchhalter das voraussichtliche Ergebnis des letzten Geschäftsjahres, bevor die Bilanz fertig gemacht wird. Heckmann meint, das Jahr sei bestens gelaufen, dies würden die Umsatzzahlen deutlich zeigen. Der Bilanzbuchhalter ist etwas skeptisch und stimmt der guten Umsatzentwicklung zu, macht aber Vorbehalte geltend, weil die Bewertung des Vermögens noch nicht abgeschlossen worden sei. So seien beispielsweise noch folgende Vorgänge unberücksichtigt:

- Das Hauptlagergrundstück werde demnächst einen direkten Anschluss an die Autobahn erhalten, was seinen Wert steigern wird.
- Auf einem als Reserve zum weiteren Ausbau gekauften Grundstück wurden „Altlasten" im Boden entdeckt, Ansprüche an den Verkäufer können nicht mehr geltend gemacht werden.
- Durch die gute Konjunktur seien die Beschaffungspreise der im Lager befindlichen Rohstoffe gestiegen, der rechtzeitige Einkauf habe sich gelohnt.
- An einen Lieferanten sei eine relativ hohe Rechnung ausnahmsweise in Schweizer Franken zu zahlen. Der Kurs für Franken sei seit der Rechnungsstellung gestiegen.
- Für die im Dezember ausgeführte Reparatur des Flachdachs stehe die Rechnung noch ganz aus.

Der in der Finanzbuchhaltung ermittelte Erfolg eines Geschäftsjahres hängt unter anderem davon ab, wie am Bilanzstichtag das Vermögen und die Verbindlichkeiten bewertet werden.

7.2.1 Bewertungsziele und -grundsätze

Die Heckmann KG möchte wegen des sonst gut gelaufenen Geschäftsjahres in dem Jahresabschluss die Bewertung des vorhandenen Vermögens möglichst niedrig ansetzen, um den Gewinn insgesamt so gering wie möglich auszuweisen. Man befürchtet sonst hohe Steuernachzahlungen und Ansprüche der Mitgesellschafter. Der Bilanzbuchhalter meint, er werde bis an die gesetzlich zulässigen Grenzen gehen.

Auf der einen Seite möchte ein Unternehmen zur Vermeidung von Ertragsteuern seine Lage so schlecht wie möglich darstellen, auf der anderen Seite ist man in schlechten Zeiten geneigt, das Bild des Unternehmens so günstig wie möglich zu zeichnen, was aber unter Umständen die Gläubiger oder auch Gesellschafter schädigen könnte. Um dabei Missbrauch einzuschränken, hat der Gesetzgeber sowohl handels- wie steuerrechtliche Mindest- und Höchstgrenzen und Grundsätze für die Bewertung von Vermögen und Schulden festgelegt. Innerhalb dieser Grenzen bleibt dem Unternehmen aber ein relativ großer Bewertungsspielraum.

Handelsrechtlich sind die **allgemeinen Bewertungsgrundsätze** in § 252, Abs. 1 HGB beschrieben:

(1) Die Wertansätze in der Eröffnungsbilanz des Geschäftsjahres müssen mit denen der Schlussbilanz des vorhergehenden Geschäftsjahres übereinstimmen.

Diese Regel bezeichnet man als Grundsatz der **Bilanzkontinuität**. Von dieser formellen Bilanzkontinuität, auch **Bilanzidentität** genannt, darf nur in begründeten Ausnahmefällen abgewichen werden. Wenn dieser Grundsatz eingehalten wird, erübrigt sich die Aufstellung einer besonderen Anfangsbilanz, da sie sich inhaltlich sowohl hinsichtlich der einzelnen Wirtschaftsgüter als auch ihrer Bewertung genau mit der Schlussbilanz des Vorjahrs decken müsste. Für Kapitalgesellschaften wird der Grundsatz nach § 265 Abs. 1 HGB durch das Prinzip der **Darstellungsstetigkeit** ergänzt, nach dem insbesondere das Bilanzgliederungsschema beizubehalten ist. Damit soll eine Vergleichbarkeit der Bilanzen über einen längeren Zeitraum hinweg gewährleistet werden.

Die **materielle Bilanzkontinuität** ergänzt die formelle insofern, als die einmal gewählten Bewertungsmethoden grundsätzlich beibehalten werden müssen. Auch dieser Grundsatz soll die Vergleichbarkeit gewährleisten.

§ 252, Abs. 1 HGB: (2) Bei der Bewertung ist von der Fortführung der Unternehmenstätigkeit auszugehen, sofern dem nicht tatsächliche oder rechtliche Gegebenheiten entgegenstehen. (Grundsatz der **Unternehmensfortführung**)

> **Beispiel:** Eine speziell für ein Unternehmen konstruierte Maschine ist nur für das Unternehmen selbst bei der Produktion wertvoll, müsste man sie aber verkaufen, wäre sie eventuell nur noch zum Schrottwert abzusetzen.

§ 252, Abs. 1 HGB: (3) Die Vermögensgegenstände und Schulden sind zum Abschlussstichtag einzeln zu bewerten.

Der Grundsatz der **Einzelbewertung** und das **Stichtagsprinzip** kommen insbesondere bei der Erstellung des Inventars zur Anwendung. Ausnahmen hiervon gibt es z. B. bei der Bewertung von Vorräten des Umlaufvermögens.

Der Grundsatz der **Vorsicht** verlangt:

§ 252, Abs. 1 HGB: 4. Es ist vorsichtig zu bewerten, namentlich sind alle vorhersehbaren Risiken und Verluste, die bis zum Abschlussstichtag entstanden sind, zu berücksichtigen, selbst wenn diese erst zwischen dem Abschlussstichtag und dem Tag der Aufstellung des Jahresabschlusses bekannt geworden sind; Gewinne sind nur zu berücksichtigen, wenn sie am Abschlussstichtag realisiert sind.

> **Beispiel:** Die Wertsteigerung in den Vorräten und bei dem Lagergrundstück der Heckmann KG darf nicht berücksichtigt werden, wohl aber müssen die voraussichtliche Wertminderung des „verseuchten" Grundstücks und die Kursteigerung des Schweizer Frankens bei den Verbindlichkeiten „vorsichtshalber" bereits berücksichtigt werden, auch wenn sich ein Verlust letztlich geringer herausstellen würde.

Das Prinzip, zu erwartende Verluste zu berücksichtigen und noch nicht realisierte Gewinne unberücksichtigt zu lassen, wird auch als **Imparitätsprinzip** (Imparität = Ungleichheit) bezeichnet. Es kommt bei der Bewertung des Anlage- und Umlaufvermögens als strenges und gemildertes **Niederstwertprinzip** und bei der Bewertung der Verbindlichkeiten im **Höchstwertprinzip** zur Anwendung (vgl. Kap. 7.2.2 und 7.2.3). Mit **Realisationsprinzip** bezeichnet man die Vorschrift, Gewinne nur dann zu berücksichtigen, wenn sie realisiert worden sind.

§ 252, Abs. 1 HGB: 5. Aufwendungen und Erträge des Geschäftsjahres sind unabhängig von den Zeitpunkten der entsprechenden Zahlungen im Jahresabschluss zu berücksichtigen.

Der Grundsatz der **Periodenabgrenzung** erfordert die zeitliche Abgrenzung und die Bildung von Rückstellungen (vgl. Kap. 7.3).

Beispiel: Die Dachreparatur der Heckmann KG muss im laufenden Geschäftsjahr als Aufwand berücksichtigt werden, auch wenn noch keine Rechnung vorliegt.

§ 252, Abs. 1 HGB: 6. Die auf den vorhergehenden Jahresabschluss angewandten Bewertungsmethoden sollen beibehalten werden.

Nach dem Grundsatz der **Bewertungsstetigkeit** soll eine einmal gewählte Bewertungsmethode beibehalten werden.

Beispiel: Wurde ein Anlagegegenstand erst linear abgeschrieben, darf er im nächsten Jahr nicht degressiv abgeschrieben werden.

Die steuerrechtlichen Vorschriften sind überwiegend aus § 6 EStG zu entnehmen. Sie entsprechen von ihrer Systematik her etwa den handelsrechtlichen Vorschriften, allerdings werden andere Begriffe verwendet und schränken vor allem die Bewertung nach unten stärker ein.

Das Steuerrecht bezeichnet die Abschreibung als Absetzung für Abnutzung und den sich nach dem Grundsatz der Unternehmenskontinuität ergebenden Wert als **Teilwert**:

§ 6, Abs. 1 Nr. 1 S. 3 EStG: „Teilwert ist der Betrag, den ein Erwerber des ganzen Betriebs im Rahmen des Gesamtkaufpreises für das einzelne Wirtschaftsgut ansetzen würde; dabei ist davon auszugehen, dass der Erwerber den Betrieb fortführt."

Für das Steuerrecht gelten folgende Teilwertvermutungen:

- Im Zeitpunkt des Erwerbs oder der Fertigstellung eines Wirtschaftsguts entspricht der Teilwert den Anschaffungs- oder Herstellungskosten.
- Bei nichtabnutzbaren Wirtschaftsgütern des Anlagevermögens sind als Teilwert auch zu späteren, dem Zeitpunkt der Anschaffung oder Herstellung nachfolgenden Bewertungsstichtagen die Anschaffungs- oder Herstellungskosten anzusehen.

- Bei abnutzbaren Wirtschaftsgütern des Anlagevermögens entspricht der Teilwert zu späteren, den Zeitpunkt der Anschaffung oder Herstellung nachfolgenden Bewertungsstichtagen den um die lineare AfA verminderten Anschaffungs- oder Herstellungskosten.

- Bei Wirtschaftsgütern des Umlaufvermögens sind als Teilwert grundsätzlich die Wiederbeschaffungskosten anzusetzen.

Zu einer Teilwertabschreibung kommt es nur, wenn der Teilwert aufgrund einer voraussichtlich dauernden Wertminderung niedriger als der fortgeführte Buchwert ist.

Handels-, Steuer- und Einheitsbilanz

Die handelsrechtlichen Bewertungsvorschriften beinhalten das Vorsichtsprinzip zum Schutz der Gläubiger: Vermögenswerte sollen nicht zu hoch und Verbindlichkeiten nicht zu gering angesetzt werden. Die steuerrechtlichen Bewertungsvorschriften zielen darauf ab, die Vermögenswerte nicht zu gering und die Verbindlichkeiten nicht zu hoch auszuweisen, damit der Steuerpflichtige seinen Gewinn nicht zu niedrig ausweist.

Wenn diese Bewertungsvorschriften bis in ihre Grenzbereiche ausgenutzt werden, kann das handelsrechtlich ermittelte Jahresergebnis von dem steuerrechtlichen abweichen.

Eine **Handelsbilanz** entspricht den handelsrechtlichen Vorschriften, eine **Steuerbilanz** den steuerrechtlichen.

Trotz der unterschiedlichen Zielsetzungen der Bewertungsvorschriften gilt für die Steuerbilanz der **Maßgeblichkeitsgrundsatz**, nach dem grundsätzlich für die Ermittlung der steuerlichen Wertansätze die handelsrechtlichen Vorschriften gelten:

§ 5 EStG:

(1) Bei Gewerbetreibenden, die aufgrund gesetzlicher Vorschriften verpflichtet sind, Bücher zu führen und regelmäßig Abschlüsse zu machen, oder die ohne eine solche Verpflichtung Bücher führen und regelmäßig Abschlüsse machen, ist für den Schluss des Wirtschaftsjahrs das Betriebsvermögen anzusetzen, das nach den handelsrechtlichen Grundsätzen ordnungsmäßiger Buchführung auszuweisen ist. Steuerrechtliche Wahlrechte bei der Gewinnermittlung sind in Übereinstimmung mit der handelsrechtlichen Jahresbilanz auszuüben.

Von dem „umgekehrten" Maßgeblichkeitsprinzip spricht man, wenn eine steuerrechtliche Vorschrift in den handelsrechtlichen Abschluss hineinwirkt, zum Beispiel bei dem Grundsatz des § 254 HGB:

§ 254 HBG:

Abschreibungen können auch vorgenommen werden, um Vermögensgegenstände des Anlage- oder Umlaufvermögens mit dem niedrigeren Wert anzusetzen, der auf einer nur steuerrechtlich zulässigen Abschreibung beruht. § 253 Abs. 5 ist entsprechend anzuwenden.

Beispiel: Bei Betriebsgebäuden kann mit einer normalen Nutzungsdauer von 100 Jahren gerechnet werden. Gleichwohl kann derzeit aus steuerlichen Gründen eine Abschreibung von 3 % angesetzt werden.

Unternehmen, die keinen Jahresabschluss veröffentlichen, erstellen ihre Bilanz häufig so, dass sie sowohl den handelsrechtlichen wie den steuerrechtlichen Vorschriften entspricht. Man nennt eine solche Bilanz dann **Einheitsbilanz**. Wegen der insbesondere für Kapitalgesellschaften abweichenden Vorschriften in der Steuer- und Handelsbilanz erstellen diese keine Einheitsbilanz.

Eine wesentliche Einschränkung des Maßgeblichkeitsprinzips wurde durch das Steuerentlastungsgesetz 2002 eingeleitet. Diese Änderungen der steuerrechtlichen Bewertungsvorschriften umfassten im Wesentlichen die Einführung eines strengen Wertaufholungsgebots, eine Einschränkung der Möglichkeiten zur Vornahme von Teilwertabschreibungen sowie ein Abzinsungsgebot für unverzinsliche Verbindlichkeiten und Rückstellungen mit einer längeren Laufzeit. Kernelement war die Neuregelung der Wertaufholung im Einkommensteuergesetz (vgl. im Anhang § 6 EStG). Das strikte **Wertaufholungsgebot** verlangt, dass die Vermögenswerte des Anlage- und Umlaufvermögens, die am letzten Abschluss-Stichtag mit dem niedrigeren Teilwert angesetzt wurden, am darauf folgenden Bilanzstichtag grundsätzlich mit den fortgeführten Anschaffungs- oder Herstellungskosten angesetzt werden. Nur für den Fall, dass auch zum aktuellen Stichtag ein niedrigerer Teilwert nachgewiesen wird, kann dieser bilanziert werden. Der Teilwert kann für Vermögensgegenstände des Anlage- und des Umlaufvermögens nur dann angesetzt werden, wenn er auf einer voraussichtlich dauernden Wertminderung beruht. Dies gilt selbstverständlich nur für die Steuerbilanz. Im Folgenden stellen wir nur die Regelungen für die Erstellung der Handelsbilanz dar.

7.2.2 Bewertung des Anlagevermögens

Nach § 253, Abs. 1 HGB sind „Vermögensgegenstände höchstens mit den Anschaffungs- oder Herstellungskosten, vermindert um Abschreibungen anzusetzen".

Was sind Anschaffungskosten?

Anschaffungskosten sind die Aufwendungen für den Erwerb eines Vermögensgegenstandes. Neben dem Kaufpreis können sie um die Anschaffungsnebenkosten erhöht und um Rabatte und Skonti, die sog. Anschaffungspreisminderungen, vermindert werden.

Anschaffungsnebenkosten können sein:

Transportkosten, Einfuhrzölle, Provisionen, Montagekosten, bei Grundstücken Notariatskosten, Grunderwerbsteuer und Erschließungskosten, bei Fahrzeugen die Zulassungskosten. Im gewerblichen Bereich gehören Geldbeschaffungs- und Lagerkosten nicht zu den Anschaffungskosten.

Beispiel: Wir beziehen eine Poliermaschine von der Kurz GmbH, für die folgende Rechnung gestellt wird:

Listenpreis	43 000,00 Eur
Transportkosten	1 350,00 Eur
Montagekosten	1 900,00 Eur
	46 250,00 Eur
– Rabatt 8 %	3 700,00 Eur
	42 550,00 Eur
Umsatzsteuer 16 %	6 808,00 Eur
Rechnungsbetrag	49 358,00 Eur

Bei Zahlung innerhalb von 10 Tagen 2 % Skonto.

Die Anschaffungskosten entsprechen zunächst dem um den Rabatt verminderten Rechnungsbetrag ohne Umsatzsteuer.

Buchungssatz für die Anschaffung der Maschine:

| Soll | Haben | Buchungsbetrag in Eur | |
		Soll	Haben
(0710) Maschinen		42 550,00	
(2600) Vorsteuer		6 808,00	
	(44003) Kurz GmbH		49 358,00

Wird unter Abzug von Skonto bezahlt, so mindert dies die Anschaffungskosten und die Vorsteuer:

| Soll | Haben | Buchungsbetrag in Eur | |
		Soll	Haben
(44003) Kurz GmbH		49 358,00	
	(2800) Bank		48 370,84
	(0710) Maschinen		851,00
	(2600) Vorsteuer		136,16

Beispiel: Wir erwerben ein unbebautes Grundstück von der Gemeinde zum Preis von 120 000,00 Eur. Die Notariatskosten für den Kaufvertrag betragen 1 740,00 Eur einschließlich 16 % Umsatzsteuer, und die Gebühren des Grundbuchamtes für die Eintragung betragen 540,00 Eur. Von der Gemeinde werden später noch Anliegergebühren in Höhe von 35 000,00 Eur in Rechnung gestellt. Das Finanzamt berechnet 4 200,00 Eur Grunderwerbsteuer. Im ersten Jahr sind 950,00 Eur Grundsteuer zu zahlen. Berechnung der Anschaffungskosten:

Kaufpreis	120 000,00 Eur
Notariatskosten netto	1 500,00 Eur
Gebühren Grundbuchamt	540,00 Eur
Grunderwerbsteuer	4 200,00 Eur
Anliegergebühren	35 000,00 Eur
	161 240,00 Eur

Die Grundsteuer gehört zu den laufenden Aufwendungen und wird nicht bei den Anschaffungskosten berücksichtigt.

Was sind Herstellungskosten?

Herstellungskosten sind die Aufwendungen, die bei der Herstellung von Erzeugnissen und eigengenutzten Anlagen und Werkzeugen anfallen. Im Steuerrecht liegen die mindestens anzusetzenden Herstellungskosten über denen des Handelsrechts. Die Obergrenze ergibt sich nach dem Maßgeblichkeitsprinzip aus dem Handelsrecht. Die Ermittlung der Herstellungskosten ist in erster Linie für industrielle Betriebe ein wichtiges Ziel der Kostenrechnung. Schematisch ergeben sich die dargestellten Ober- und Untergrenzen:

Ober- und Untergrenzen für Herstellungskosten

Handelsrechtlich	Steuerrechtlich
Mindestansatz: Einzelkosten	Mindestansatz: Einzelkosten + Materialgemeinkosten + Fertigungsgemeinkosten
+ nach Wahl: • Materialgemeinkosten • Fertigungsgemeinkosten • Verwaltungsgemeinkosten	+ nach Wahl: Verwaltungsgemeinkosten

Zinsen für Fremdkapital bis zur Fertigstellung dürfen in die Herstellungskosten einbezogen werden, nicht aber Vertriebsgemeinkosten. Nach Ermittlung der Herstellungskosten werden sie buchhalterisch wie Anschaffungskosten behandelt.

Gemeinkosten sind Kosten, die nicht direkt bei der Erstellung einer Leistung von dieser verursacht werden und deshalb nicht direkt auf diese Leistung verrechnet werden können. Zu den Materialgemeinkosten zählt beispielsweise die Miete für Lagerraum, zu den Fertigungsgemeinkosten das Gehalt des Werkstattmeisters, zu den Verwaltungsgemeinkosten die Gehälter der kaufmännischen Abteilung.

Fortgeführte Anschaffungs- bzw. Herstellungskosten sind die um die Abschreibungen verminderten ursprünglichen Anschaffungs- und Herstellungskosten. Neben planmäßigen Abschreibungen können auch **außerplanmäßige** Abschreibungen berücksichtigt werden.

Die fortgeführten Anschaffungs- bzw. Herstellungskosten sind in allen Fällen die **absolute Obergrenze für den Wertansatz.**

Aus dem Vorsichtsprinzip folgt, dass im Zweifel der am Bilanzstichtag geringere Tageswert, der dem steuerlichen Begriff „Teilwert" entspricht, angesetzt werden muss.

Strenges Niederstwertprinzip

Von allen möglichen Wertansätzen muss stets der niedrigste Wert angesetzt werden. Bei einer **dauernden Wertminderung** gilt dieses Prinzip für alle Gegenstände des Anlagevermögens.

Beispiel: Ein nicht bebautes Grundstück wurde mit 159 440 Eur aktiviert. Durch eine Änderung des Bebauungsplanes wurde eine Baubeschränkung eingeführt, die den Wert des Grundstücks auf 100 000 Eur absinken ließ. Das Grundstück wird mit 100 000 Eur, dem Tageswert oder Teilwert, angesetzt. 59 440 Eur sind als außerplanmäßige Abschreibung zu buchen.

Gemildertes Niederstwertprinzip

Ist eine Wertminderung nur vorübergehend, besteht beim Anlagevermögen ein Wahlrecht insofern, als auf eine außerplanmäßige Abschreibung verzichtet werden kann. Bei Kapitalgesellschaften ist der Verzicht nur bei Finanzanlagen zulässig (nach § 279 HGB).

Beispiel: Eine Aktiengesellschaft hält eine Beteiligung bei einem Zulieferer. Es handelt sich um 100 000 Aktien, die zum Preis von 25 Eur erworben worden waren. Die Beteiligung steht also mit 2,5 Mio. Eur zu Buche. Nach einer Börseneinführung ergab sich, dass am Jahresende durch Verkäufe von spekulativ eingestellten Anlegern der Kurs auf 24 Eur gesunken war. Die Aktiengesellschaft kann dann 100 000 Eur außerplanmäßig abschreiben, ist aber nicht dazu gezwungen, wenn der Kurseinbruch nur als vorübergehend angesehen werden kann.

Steuerrechtlich ist eine Wertminderung nur zulässig, wenn sie voraussichtlich dauerhaft ist. Vorübergehende Wertminderungen reichen für eine Teilwertabschreibung nicht aus.

Wertaufholung

Ist eine durch außerplanmäßige Abschreibung berücksichtigte vorübergehende Wertminderung wieder weggefallen, so kann der Wert wieder bis zu den (fortgeführten) Anschaffungskosten heraufgesetzt werden; für Kapitalgesellschaften ist dies beim abnutzbaren Anlagevermögen zwingend, man spricht deshalb vom Wertaufholungsgebot. Bei der Wertaufholung werden stille Reserven aufgelöst, die zu entsprechenden sonstigen Erträgen führen.

Beispiel: Der Aktienkurs der im obigen Beispiel erwähnten Beteiligung steigt im nächsten Jahr auf 30 Eur. Die Aktiengesellschaft kann den Wert wieder auf 25 Eur (Anschaffungskosten als Höchstgrenze!) heraufsetzen und 100 000 Eur als (5440) Erträge (Zuschreibungen) buchen.

Das nach Handelsrecht geltende Wertbeibehaltungswahlrecht gilt nur für Nicht-Kapitalgesellschaften. Für Kapitalgesellschaften ist das handelsrechtliche Wertbeibehaltungswahlrecht durch Wegfall des steuerrrechtlichen Wertbeibehaltungswahlrechts gegenstandslos. Nach § 280 Abs. 2 HGB kann von der Wertaufholung nur abgesehen werden, „wenn der niedrigere Wertansatz bei der steuerlichen Gewinnermittlung beibehalten werden kann".

7.2.3 Bewertung des Umlaufvermögens

7.2.3.1 Bestände an Rohstoffen, Fremdbauteilen und Handelswaren

Für die Bewertung des Umlaufvermögens gilt das **strenge Niederstwertprinzip**. Rohstoffe, Fremdbauteile und Handelswaren werden zum Tageswert, steuerlich also dem Teilwert, höchstens aber zu Anschaffungskosten bewertet. Bei Wertminderungen braucht keine besondere Buchung gebildet zu werden, da der ermittelte Wert direkt in den Abschluss des Bestandskontos eingeht (vgl. Kap. 2.2).

Beispiel: Die Heckmann KG hat 20 Spezialrahmen der Serie 03 zum Einkaufspreis von 250,00 Eur je Stück auf Lager. Wegen der Änderung der Trendfarben gelten diese als Auslaufmodelle, denen nur noch ein Wert von höchstens 200 Eur beizulegen ist, auch wenn der mögliche Verkaufspreis über 250 Eur liegen würde. Zu diesem Wert müssen sie im Inventar angesetzt werden.

Der Inhalt des strengen Niederstwertprinzips kann am Beispiel der Bewertung von Handelswaren grafisch wie in Abb S. 261 dargestellt werden.

Ein verminderter Wertansatz darf handels- und steuerrechtlich grundsätzlich beibehalten werden.

Nach den allgemeinen Bilanzierungsgrundsätzen gilt der Grundsatz der Einzelbewertung. Sind viele gleichartige Waren in einem häufig wechselnden Bestand, kann nach § 256 HGB und nach § 6 EStG ein Vereinfachungsverfahren angewandt werden.

Bewertung von Waren nach dem Niederstwertprinzip

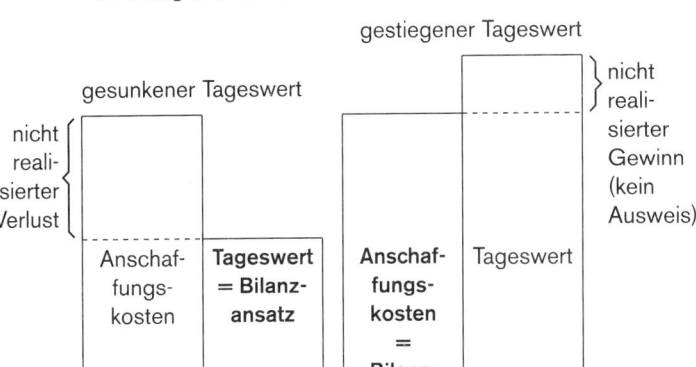

Durchschnittsbewertung

Die Heckmann KG hat im Laufe des Geschäftsjahres Spezialnaben in mehreren Lieferungen bezogen und laufend größere Posten für die Montage entnommen.

Käufe:

Tag	Stück	Einzelpreis Eur/St.	Gesamtpreis Eur
01.01.	50	15,00 (Inventarwert)	750,00
25.01.	150	15,50	2 325,00
25.03.	300	14,00	4 200,00
17.08.	150	16,00	2 400,00
25.10.	100	15,00	1 500,00
Summen	750		11 175,00

Es wurden 450 St. entnommen.

(Der Verkaufspreis spielt dabei keine Rolle, weil für die Bewertung nur die Anschaffungskosten maßgebend sind).

Wenn die Einkaufspreise schwanken, ist eine Durchschnittsbewertung sinnvoll. Dabei wird der gewogene Durchschnitt aller Einkäufe, ohne Berücksichtigung von Entnahmen, zugrunde gelegt. Ein Anfangsbestand gilt wie ein Einkauf zum Preis des letzten Bilanzansatzes.

$$\text{Durchschnittswert} = \frac{\text{Anfangsbestand} + \text{Anschaffungskosten aller Zugänge}}{\text{Gesamtmenge}}$$

Beispiel: Der Anfangsbestand und die Summe aller Anschaffungskosten bei den Naben der Heckmann KG war 11 175 Eur, bezogen auf die Gesamtmenge von 750 St. ergibt das 11 175 : 750 = 14,90 Eur als Durchschnittswert.

Da noch 300 St. im Bestand sind, ist dieser mit 300 × 14,90 = 4 470,00 Eur zu bewerten.

Lifo-Bewertung

Nach diesem Prinzip (**L**ast **in** – **f**irst **o**ut = zuletzt herein – zuerst hinaus) zu bewerten, ist dann aus Vorsichtsgründen sinnvoll, wenn die Einkaufspreise gestiegen sind.

Beispiel:

Tag	Käufe in Stück	Einzelpreis Eur/St.	Gesamtpreis Eur
01.01.	50	15,00 (Inventarwert)	750,00
25.01.	150	15,50	2 325,00
25.03.	300	16,00	4 800,00
17.08.	150	17,00	2 550,00
25.10.	100	17,50	1 750,00
Summen	750		12 175,00

Es darf unterstellt werden, dass die zuletzt gekauften Gegenstände als erste entnommen worden sind.

Nach Entnahme von 450 St. bleibt ein Bestand, bewertet nach Käufen vom:

	Stück	Eur/St.	Eur
01.01.	50	15,00 (Inventarwert)	750,00
25.01.	150	15,50	2 325,00
25.03.	100 (Rest)	16,00	1 600,00
Summen	300	Wertansatz:	4 675,00
ergibt pro Stück			15,58

Eine Durchschnittsbewertung hätte einen Wertansatz von 12 175 : 750 = 16,23 × 300 = 4 869,00 Eur ergeben. Mit dem Lifo-Prinzip wird zu den bei steigenden Preisen geringeren früheren Einstandspreisen bewertet.

Die Durchschnittsbewertung ist steuerrechtlich zulässig, die Lifo-Bewertung voraussichtlich demnächst nicht mehr.

Fifo-Bewertung

Handelsrechtlich ist auch die Bewertung nach dem Prinzip „First in – first out" zulässig, insbesondere bei fallenden Anschaffungskosten bzw. Einstandspreisen.

Beispiel: Die Einstandspreise sind laufend gefallen.

Tag	Käufe: in Stück	Einzelpreis Eur/St.	Gesamtpreis Eur
01.01.	50	15,00 (Inventarwert)	750,00
25.01.	150	14,50	2 175,00
25.03.	300	14,00	4 200,00
17.08.	150	13,00	1 950,00
25.10.	100	12,50	1 250,00
Summen	750		10 325,00

Nach Entnahme von 450 St. bleibt ein Bestand, bewertet nach Käufen vom

	Stück	Eur/St.	Eur
25.03.	50	14,00	700,00
17.08.	150	13,00	1 950,00
25.10.	100	12,50	1 250,00
Summe	300	Wertansatz:	3 900,00
	ergibt pro Stück		13,00

Eine Durchschnittsbewertung hätte einen Wertansatz von $10\,325 : 750 = 13{,}77 \times 300 = 4\,131{,}00$ Eur ergeben. Das Vorsichtsprinzip wurde eingehalten, weil schwerpunktmäßig zu den gefallenen Einstandspreisen bewertet worden ist.

Zu beachten ist, dass bei allen Sammelbewertungsverfahren die oberste Wertgrenze der Tageswert ist, wenn er unter den errechneten Anschaffungskosten liegt.

Wertpapiere des Umlaufvermögens werden nach den gleichen Prinzipien wie Waren und Rohstoffe bewertet.

7.2.3.2 Forderungen

Die Forderungen werden am Jahresende in drei Gruppen eingeteilt:

• Uneinbringliche Forderungen

- Zweifelhafte Forderungen
- Einwandfreie Forderungen.

Zur Schaffung einer besseren Übersicht kann zunächst zur internen Übersicht der Gesamtbestand der einwandfreien Forderungen von Forderungen, deren vollständiger Eingang nicht mehr ganz sicher erwartet wird, getrennt werden. Nach § 266 HGB ist in der veröffentlichten Bilanz eine solche Trennung nicht vorgesehen.

Beispiel: Bei mehreren Kunden der Heckmann KG sind schleppende Zahlungseingänge und zunehmende Bitten um Stundung zu beobachten. Die entsprechenden Forderungen in Höhe von 54000,00 Eur können zunächst intern statistisch erfasst oder in der Gesamtsumme umgebucht werden.

Buchung nach Forderungsgruppen (nicht bei Debitorenbuchführung)

Soll	Haben	Buchungsbetrag in Eur
(2410) zweifelhafte Forderungen	(2400) Forderungen-a.L.u.L.	54000,00

Steht ein Forderungsausfall endgültig fest, weil beispielsweise in einem außergerichtlichen Vergleich auf einen Teil der Forderung verzichtet worden ist oder weil ein Insolvenzverfahren mangels Masse abgelehnt worden ist, wird die Forderung ganz abgeschrieben. Der in der Forderung enthaltene Umsatzsteueranteil muss ebenfalls berichtigt werden.

Uneinbringliche Einzelforderungen

Beispiel: Der Kunde Schwalm der Heckmann KG hat Insolvenz angemeldet. Das Verfahren wurde mangels Masse abgelehnt, so dass die Heckmann KG ihre Forderung in Höhe von 14375,00 Eur als verloren ansieht.

Buchung:

Soll	Haben	Buchungsbetrag in Eur Soll	Haben
(6951) Abschreibung auf Forderungen		12500,00	

Soll	Haben	Buchungsbetrag in Eur	
		Soll	Haben
(4800) Umsatzsteuer		2 000,00	
	(24004) Schwalm		14 500,00

In der computergesteuerten Finanzbuchhaltung kann das Konto 6951 so verschlüsselt werden, dass automatisch die Umsatzsteuer entsprechend berichtigt wird. Aus Gründen der Übersichtlichkeit der Buchungsvorgänge wird hier die Umsatzsteuerkorrektur gesondert vorgenommen.

Sollten später wider Erwarten noch Beträge des Kunden eingehen, sind sie als Erträge auf Konto „(5470) Erträge aus direkt abgeschriebenen Forderungen" zu erfassen.

Wertberichtigung bei Forderungen

Steht ein Forderungsausfall noch nicht endgültig fest, kann zunächst indirekt abgeschrieben werden. Die bei der indirekten Abschreibung gebildete Wertberichtigung wird erst aufgelöst, wenn die Höhe eines Forderungsausfalles endgültig feststeht.

Beispiel: Der Kunde Schnell hat ein außergerichtliches Vergleichsverfahren beantragt. Wir rechnen mit einem Ausfall von 50 % auf unsere Forderung in Höhe von 14 375,00 Eur.

Bei der indirekten Abschreibung wird vom Nettowert der Forderung ausgegangen. Die Umsatzsteuer kann erst berichtigt werden, wenn der Ausfall endgültig feststeht.

Buchung bei Feststellung eines voraussichtlichen Ausfalls:

Soll	Haben	Buchungsbetrag in Eur
(6952) Einstellung in Einzelwert- berichtigung	(3670) Einzelwert- berichtigungen zu Forderungen	6 250,00

Buchung bei Eingang von 5 000 Eur:

Forderungsbestand	14 375,00 Eur
– Zahlungseingang	5 000,00 Eur
Ausfall brutto	9 375,00 Eur
– Umsatzsteueranteil 16 %	1 293,10 Eur

Ausfall netto	8 081,90 Eur
– geschätzter Ausfall netto	6 250,00 Eur
= nachzuholende Abschreibung	1 831,90 Eur

Zuerst wird der Geldeingang gebucht und die Umsatzsteuer berichtigt, dann die Wertberichtigung aufgelöst, dann die Abschreibung nachgeholt.

Buchungen:

Soll	Haben	Buchungsbetrag in Eur	
		Soll	Haben
(2800) Bank		5 000,00	
(4800) Umsatzsteuer		1 293,10	
(3670) Einzelwertb. zu F.		6 250,00	
(6950) Abschr. a. Forderungen		1 831,90	
	(24004) Schwalm (bzw. 2410 zweifelhafte Ford.)		14 375,00

Die Forderung an den Kunden muss insgesamt ausgebucht sein. Geht ein größerer Betrag als erwartet ein, ist der Überschuss als Ertrag zu erfassen.

Beispiel: Wir erhalten als Insolvenzquote 7 995,00 Eur von dem Kunden Schnell.

Forderungsbestand	14 375,00 Eur
– Zahlungseingang	7 995,00 Eur
Ausfall brutto	6 380,00 Eur
– Umsatzsteueranteil 16 %	880,00 Eur
Ausfall netto	5 500,00 Eur
– geschätzter Ausfall	6 250,00 Eur
= Ertrag aus Auflösung der Wertberichtigung	750,00 Eur

Zusammengesetzte Buchung:

Soll	Haben	Buchungsbetrag in Eur	
		Soll	Haben
(2400) Bank		7 995,00	
(4800) Umsatzsteuer		880,00	
(3670) Einzelwertber. a. Forderungen		6 250,00	
	(2470)Zweifel- hafte Forderungen		14 375,00
	(5450) Erträge a. Aufl. d. Wertber.		750,00

Pauschalwertberichtigung von Forderungen

Für das allgemeine Kreditrisiko, das auch in den als einwandfrei betrachteten Forderungen steckt, kann pauschal bis zu 1 % des Nettobetrages indirekt abgeschrieben werden. Bei der Ermittlung der notwendigen Werberichtigungen sind sämtliche wertbeeinflussenden Umstände zu erfassen, so das Ausfallwagnis selbst, aber auch der Zinsverlust bei unverzinslichen Forderungen sowie Beitreibungs- und Mahnkosten. In das pauschale Ausfallwagnis dürfen Forderungen an Beteiligungsfirmen und die öffentliche Hand nicht einbezogen werden. Während des Jahres festgestellte Ausfälle sind zunächst von der gebildeten Pauschalwertberichtigung zu entnehmen, die dann am Jahresende wieder auf den neuen Stand gebracht wird.

Beispiel: Die Heckmann KG berücksichtigt ein allgemeines Ausfallwagnis von 1 %, das den nachgewiesenen Erfahrungswerten entspricht. Der Forderungsbestand beträgt insgesamt 1,05 Mio. Eur, wobei 0,13 Mio. bereits als zweifelhaft erkannt worden sind.

Forderungsbestand	1 058 000,00 Eur
– zweifelhafte Forderungen	130 000,00 Eur
Forderungen brutto	928 000,00 Eur
Umsatzsteueranteil	128 000,00 Eur
Nettoforderungen	800 000,00 Eur
davon 1 % =	8 000,00 Eur

Ein Bestand der Pauschalwertberichtigung vom Vorjahr ist vor der Buchung von der errechneten Pauschalwertberichtigung abzusetzen. Ein Überschussbetrag gilt als Ertrag. Eine Auffüllung wird wie folgt erfasst:

Soll	Haben	Buchungsbetrag in Eur
(6953) Einstellung in Pauschalwert- berichtigungen	(3680) Pauschalwert- berichtigungen a. Ford	8 000,00

Bei einem konkreten Forderungsausfall wird zunächst immer über das Konto Abschreibungen auf Forderungen gebucht und die Wertberichtigung erst nachträglich korrigiert.

In der veröffentlichten Bilanz müssen Kapitalgesellschaften die Wertberichtigungen auf Forderungen vom Forderungsbestand absetzen.

7.2.4 Wertansatz der Verbindlichkeiten

Bei dem Ansatz der Verbindlichkeiten gilt nach dem Vorsichtsgrundsatz das **Höchstwertprinzip**.

Grundsätzlich werden Verbindlichkeiten mit ihrem Nennwert (Nominalwert) erfasst, auch wenn dieser erst in Zukunft zu entrichten ist. Bei Währungsverbindlichkeiten ist im Zweifel vom höheren Tageskurs auszugehen. Das steuerrechtliche strikte Wertaufholungsgebot gilt entsprechend auch für Verbindlichkeiten. Bei gesunkenem Kurs für Fremdwährungsverbindlichkeiten muss deshalb die Verbindlichkeit gewinnerhöhend niedriger angesetzt werden, sofern der Steuerpflichtige nicht nachweisen kann, dass es sich um eine voraussichtlich dauernde Erfüllungsbetragerhöhung handelt. Unverzinsliche Verbindlichkeiten mit mehr als einem Jahr Restlaufzeit oder die auf einer Anzahlung oder Vorausleistung beruhen, sind steuerrechtlich mit 5,5 % abzuzinsen.

Beispiel: Die Heckmann KG hat am 16.12. Waren eines schweizerischen Zulieferers mit einem Rechnungspreis von 12 000 SFr erhalten. Am 16.12. war der (geringere, da Mengennotierung) Geldkurs für den Erwerb von der Bank 1,6500 SFr/1 Eur. Am 31.12. war der Geldkurs 1,60. Die Verbindlichkeit ist dann mit 7 500,00 Eur zu bewerten.

Verbindlichkeiten aus langfristigen Darlehen, die mit einem Abschlag (Damnum, Disagio) ausgezahlt worden sind, müssen ebenfalls mit dem Rückzahlungsbetrag bilanziert werden. Das Disagio wird zunächst bei der aktiven Rechnungsabgrenzung (vgl. Kap. 7.3.3) „aktiviert" und dann auf die Laufzeitjahre als Aufwand verteilt.

Beispiel: Die Heckmann KG hat ein Darlehen in Höhe von 300 000 Eur mit einer Auszahlung von 95 % aufgenommen. Die Laufzeit ist 10 Jahre. Das Disagio in Höhe von 15 000 Eur wird dann auf Jahresbeträge von jeweils 1 500 Eur verteilt.

Buchung bei Auszahlung des Darlehens:

Soll	Haben	Buchungsbetrag in Eur	
		Soll	Haben
(2400) Bank		285 000,00	
(2910) Disagio		15 000,00	
	(4210) Hypothekendarlehen		300 000,00

Buchung am 31.12.:

Soll	Haben	Buchungsbetrag in Eur
(7500) Zinsen und ähnliche Aufwendungen	(2910) Disagio	1 500,00

Handelsrechtlich kann auf eine Verteilung des Disagios verzichtet werden.

7.2.5 Internationale Rechnungslegungsvorschriften

Die Finanzmärkte in Europa und der ganzen übrigen Welt wachsen mehr und mehr zusammen. Die Wertpapiere von deutschen Unternehmen werden an allen bedeutenden Börsenplätzen der Welt gehandelt. Der Wettbewerb um internationales Kapital erfordert vergleichbare Rechnungslegungen. Die meisten Unternehmen sind in unterschiedlicher Weise Bestandteile eines Konzerns. Deshalb kommt es weniger auf den Einzelabschluss einer Muttergesellschaft an, vielmehr wird der Konzern als wirtschaftliche Einheit betrachtet. Die Rechnungslegung nach HGB ist zwar Grundlage für die Besteuerung eines Unternehmens im Inland, genügt den international üblichen Anforderungen an eine schnelle und umfassende kapitalmarktorientierte Berichterstattung über die wirtschaftliche Lage nicht.

Derzeit gibt es zwei weltweit verbreitete Rechnungslegungsvorschriften, nämlich die

• US-GAAP (Generally Accepted Accounting Priniciples) und die
• IAS bzw. IFRS (International Accounting Standards bzw. International Financial Reporting Standards).

Beide Verfahren werden neben den HGB-Abschlüssen der Einzelunternehmen von deutschen Konzernen angewendet, so aus den DAX-Werten die US-GAAP von DaimlerChrysler, Deutsche Bank Infineon und SAP, IFRS von Adidas, HypoVereinsbank, Commerzbank, MAN, RWE und VW. Abschlüsse nach beiden Verfahren erstellen z. B. Allianz, Altana, Bayer, Telekom, Schering. Einen Konzernabschluss nach den HGB-Regeln erstellen nur noch BASF und Telekom. Unternehmen, deren Aktien an den US-Börsen gehandelt werden, müssen einen Abschluss nach US-GAPP vorlegen. Europa und die USA haben sich darauf geeinigt, dass ausländische Unternehmen spätestens ab 2009 keine US-GAAP-Bilanzen mehr vorlegen müssen.

Seit dem Geschäftsjahr 2005 wurde durch eine EU-Verordnung festgelegt, dass börsennotierte Mutter- bzw. Tochterunternehmen die Konzernabschlüsse nach IAS/IFRS aufzustellen haben. Durch diese Vereinheitlichung der Rechnungslegungsvorschriften soll die Entwicklung des europäischen Finanzmarkts im Interesse der Emittenten und Anleger gefördert werden. Nicht börsennotierte Konzerne haben das Wahlrecht, den Konzernabschluss nach HGB oder nach IAS/IFRS aufzustellen. Wegen der Maßgeblichkeit der Handels- für die Steuerbilanz bleibt es für Einzelabschlüsse bei den bisherigen HGB-Regelungen. Es gibt in Deutschland etwa 1000 Unternehmen, die von der Pflicht zum IAS/IFRS-Abschluss betroffen sind und etwa 200 000 Konzernunternehmen, die nicht kapitalmarktorientiert sind.

Die IAS wurden von dem 1973 in London von Berufsverbänden gegründeten International Accounting Standards Committee (IASC)[1] aufgestellt. Seit 2001 nennt sich diese Organisation International Accounting Standard Board (IASB). Seither wurden die ursprünglich als IAS-Regeln bezeichneten Grundsätze unter der Bezeichnung IFRS weiterentwickelt, wobei beide Regelwerke Bestand haben. So regeln z. B. die IAS 39 die Abbildung von Finanzinstrumenten in der Bilanz und die IFRS 5 die Bilanzierung von Vermögensgegenständen, die zum Verkauf stehen.

Die internationalen Regeln geben im Unterschied zu den HGB-Regeln weniger Wahlrechte und stellen ergebniswirksame Vorgänge zeitgemäßer dar. Das Prinzip, ergebniswirksame Ereignisse möglichst realitätsgetreu und zeitnah zu bilanzieren, führt vor allem in der Behandlung von immateriellen Werten, beispielsweise des Firmenwertes, sowie bei Rückstellungen zu teils großen Unterschieden.

Die Grundannahmen der IAS/IFRS sind

- Periodengerechte Erfolgsabgrenzung (Accrual Basis)
- Annahme der Unternehmensfortführung (Going Concern)
- Stetigkeit (Consistency), d. h. Beibehaltung der Bewertungsmethoden

Die Qualitätsanforderungen des IAS/IFRS-Abschlusses sind

- Verständlichkeit (Understandability)
- Relevanz (Relevance), d. h. alle für Investoren entscheidenden Informationen
- Verlässlichkeit (Reliability), d. h. keine irreführende Darstellung
- Vergleichbarkeit (Comparability)

Das gesamte Regelwerk der IAS/IFRS und der US-GAAP ist äußerst umfangreich. Deshalb kann hier nur eine kleine Übersicht für eine erste Information gegeben werden.

Beispiele für IAS-Regelungen:

IAS 1: Disclosure of Accounting Policies (Offenlegung der Rechnungslegungsgrundsätze)

---

1 Vgl. im Anhang IV Internetadressen die Website des Deutschen Rechnungslegungskommittees

Rechnungslegungssysteme im Vergleich

	HGB	US-GAAP	IAS/IFRS
A. Grundlagen			
Art und Intensität der Rechnungsregelungsvorschriften	gewachsenes, kodifiziertes Bilanzrecht (Änderungen nur durch politische Entscheidungsprozesse), detaillierte gesetzliche Vorschriften	keine einheitliche kodifizierte Rechtsquelle: Verlautbarungen, Vorschriften der Börsenaufsichtsbehörde, Einzelfallentscheidungen	Empfehlungen ohne Rechtskraft (Entwicklung zum „Soft Law" des internationalen Wirtschaftsrechts) Framework for the Preparation and Presentation of Financial Statements und 30 gültige International Accounting Standards (kein vollständiges, systematisch strukturiertes Regelungssystem)
Träger der Entwicklung der Rechnungslegungsvorschriften	Gesetzgeber	Wechselspiel zwischen wirtschaftsprüfenden Berufsverbänden, privaten Fachorganisationen, Bilanzerstellern und Börsenaufsichtskommission	International Accounting Standard Board (IASB) (auf privatrechtlicher Basis gegründete Vereinigung von Berufsorganisationen der Wirtschaftsprüfer und sonstiger Fachleute auf dem Gebiet des Rechnungswesens aus zahlreichen Ländern der Welt)
dominierendes Rechnungslegungsziel	Ermittlung des ausschüttbaren Gewinns	Vermittlung von Informationen als Hilfsmittel für Anlageentscheidungen	Vermittlung von Informationen als Hilfsmittel für wirtschaftliche Entscheidungen
Rechnungslegungszweck	Gläubigerschutz und Kapitalerhaltung	Schutz der Investoren	Schutz der Investoren (faktisch)
Adressaten der Rechnungslegung	Gesellschafter und schutzwürdige Dritte (besonders Gläubiger)	primär aktuelle und potentielle Investoren	Investoren, Arbeitnehmer, Kreditgeber, Lieferanten und andere Kreditoren, Kunden, der Staat und seine Behörden (allerdings nicht der Fiskus) sowie die Öffentlichkeit
Einfluss des Steuerrechts auf die Bilanzierung	Übernahme nach Steuerrecht zulässiger Vorschriften wegen der umgekehrten Maßgeblichkeit der Handels- für die Steuerbilanz	kein Einfluss	grundsätzliches Bestreben der Vermeidung von Auswirkungen einer umgekehrten Maßgeblichkeit
Rechnungslegungsbestandteile	Jahresabschluss im gesetzlichen Sinn: Bilanz, Gewinn- und Verlustrechnung, Anhang; Lagebericht zur sachlichen und zeitlichen Ergänzung	Bilanz, Gewinn- und Verlustrechnung, Anhang, Kapitalflussrechnung, Ergebnisverwendungsrechnung, Management Discussion and Analysis of Financial Condition and Results of Operation (für börsennotierte Unternehmen)	Bilanz (Balance Sheet) Gewinn- und Verlustrechnung (Income Statement) Eigenkapitalveränderungsrechnung (Changes in Equity) Cashflow Rechnung (Cash Flow Statement) Anhang (Notes to Financial Statement)
Form- und Gliederungsvorschriften	sehr detailliert	weniger detailliert, Geltung des Grundsatzes „Substance over Form"	keine detaillierten Gliederungsvorschriften geplant

B. Grundlegende, Abbildungsregeln, Konzeptionelle Grundlagen

Generalnorm	„True and Fair View"-Grundsatz (suosidäre Anwendung gegenüber Einzelvorschriften)	„Fair Presentation" als „Overriding Priciple"	„True and Fair View/Fair Presentation"-Grundsatz (subsidäre Anwendung gegenüber Einzelvorschriften)
dominierende Rechnungslegungsgrundsätze bei der Gewinnermittlung	Vorsichtsprinzip	„Accrual Principle" (Grundsatz der periodengerechten Gewinnermittlung)	„Accrual Principle" (Grundsatz der periodengerechten Gewinnermittlung)
Auslegung des Realisationsprinzips	Anleitung aus dem Vorsichtsprinzip: Umsatzvorgang als Voraussetzung für die Erfolgswirksamkeit	Ableitung aus dem Grundsatz der periodengerechten Gewinnermittlung: Realisierbarkeit am Bilanzstichtag und nicht die erfolgte Realisation als Voraussetzung für die Erfolgswirksamkeit	Ableitung aus dem Grundsatz der periodengerechten Gewinnermittlung: Realisierbarkeit am Bilanzstichtag und nicht die erfolgte Realisation als Voraussetzung für die Erfolgswirksamkeit
Bewertung			
Bewertungsobergrenzen	Anschaffungshöchstwertprinzip	grundsätzlich Anschaffungshöchstwertprinzip mit wenigen Ausnahmen	grundsätzlich Anschaffungshöchstwertprinzip mit zahlreichen Ausnahmen (i. d. R. Wahlrechte)
Umfang der Herstellungskosten	Wahlrecht zwischen Teil- und Vollkosten	(produktionsbezogene) Vollkosten	(produktionsbezogene) Vollkosten
Einbeziehung von Fremdkapitalzinsen in die Herstellungskosten	Aktivierungswahlrecht für Zinsen für Fremdkapital, das zur Finanzierung der Herstellung eines Vermögensgegenstands verwendet wurde	Aktivierungspflicht für Vermögensgegenstände, die im Unternehmen selbst genutzt werden oder im Rahmen von Großprojekten entstehen oder für den Verkauf oder die Vermietung bestimmt sind	Aktivierungswahlrecht für Vermögensgegenstände, deren Verkaufs- oder Nutzungsfähigkeit erst nach einer geraumen Zeit gegeben ist
Sachanlagevermögen	Anschaffungs- oder Herstellungskosten als absolute Bewertungscbergrenze	Anschaffungs- oder Herstellungskosten als absolute Bewertungsobergrenze	Benchmark Treatment: fortgeführte Anschaffungs- oder Herstellungskosten. Allowed Alternative Treatment: Neubewertung der Sachanlagen mit Bildung einer Neubewertungsrücklage
Wertpapiere	Anschaffungskostenˑ als Bewertungsobergrenze	je nach Wertpapierkategorie Bewertung zu fortgeführten Anschaffungskosten oder Pflicht zur Bewertung zum Börsen- oder Marktpreis (teilweise mit erfolgswirksamer Vereinnahmung „unrealisierter" Gewinne)	fortgeführte Anschaffungskosten oder Wahlrecht zur Bewertung zu Marktpreisen grundsätzlich mit erfolgswirksamer Vereinnahmung unrealisierter Gewinne (Wertpapiere des Umlaufvermögens) bzw. Neubewertung mit Bildung einer Neubewertungsrücklage (Wertpapiere des Anlagevermögens)

Vergleich der Bilanzierungsstandards HGB, US-GAAP und IAS/IFRS

Kriterien	HGB	US-GAAP	IAS/IFRS
Rechnungslegungszweck	Orientiert sich an der langfristigen Kapitalerhaltung und damit am Gläubigerschutz. Die Gewinnermittlung erfolgt nach dem Vorsichtsprinzip.	Schutz der Investoren, Hilfe für Anlageentscheidungen. Im Vordergrund steht die periodengerechte Gewinnermittlung.	Schutz der Investoren, liefert Informationen für wirtschaftliche Entscheidungen. Im Vordergrund steht die periodengerechte Gewinnermittlung.
Stille Reserven	Aufgrund des dominierenden Vorsichtsprinzips sowie der zahlreichen Wahlrechte besteht die Möglichkeit, in großem Umfang stille Reserven zu bilden.	Die Möglichkeit, stille Reserven zu bilden, ist stark eingeschränkt.	Durch die Reformierung der IAS wurde die Möglichkeit, stille Reserven zu bilden, erheblich eingeschränkt.
Auswirkungen auf die Bilanzierung			
Immaterielle Vermögensgegenstände	Wurden immaterielle Güter entgeltlich erworben, wie zum Beispiel Patente, besteht ein Wahlrecht, diese zu aktivieren. Dagegen besteht bei selbstgeschaffenen immateriellen Vermögensgegenständen ein absolutes Aktivierungsverbot.	Bei positiven Ertragsaussichten über mehrere Perioden besteht bei selbsterstellten immateriellen Vermögensgegenständen ein Aktivierungswahlrecht. F&E-Kosten sind unter enger Voraussetzung aktivierbar.	Bei Erfüllung der Voraussetzungen besteht eine Aktivierungspflicht auch für selbsterstellte immaterielle Vermögensgegenstände. F&E-Kosten sind unter engen Voraussetzungen zu aktivieren.
Geschäfts- oder Firmenwert	Bei originärem Firmenwert besteht Aktivierungsverbot, bei derivativem Wert (zum Beispiel durch Akquisition) ein Wahlrecht. Abschreibung über vier Jahre oder nach voraussichtlicher Nutzungsdauer (in der Praxis 15 Jahre).	Derivativer Firmenwert wird auf Konzerneinheiten verteilt und jährlich bewertet (Impairment Test). Abschreibung nur dann, wenn Wertminderung festgestellt wird.	Bei originärem Firmenwert besteht Aktivierungsverbot, bei derivativem Wert Aktivierungspflicht. Abschreibung bei Wertminderung.
Langfristige Fertigung (unfertige Erzeugnisse)	Gewinne dürfen erst ausgewiesen werden, wenn sie tatsächlich realisiert sind. So werden Gewinne aus e/nem langfristigen Auftrag dann gebucht, wenn das Produkt komplett ausgeliefert ist oder vertraglich festgelegte Teilleistungen erbracht sind (Completed Contract Method).	Der Gewinn kann anteilig über die Jahre der Auftragsabwicklung ausgewiesen werden (Percentage of Completion Method).	Der Gewinn kann anteilig über die Jahre der Auftragsabwicklung ausgewiesen werden (Percentage of Completion Method).
Rückstellungen	Neben Pflichtrückstellungen können Aufwandsrückstellungen gebildet werden. Im Falle mehrerer wahrscheinlicher Werte ist das Vorsichtsprinzip zu beachten (das heißt, eher ein höherer Betrag zurückstellen).	Rückstellungen dürfen nur gegenüber Dritten gebildet werden. Die Wahrscheinlichkeit der Inanspruchnahme muss über 70 Prozent liegen.	Rückstellungen dürfen nur für Verpflichtungen gegenüber Dritten gebildet werden. Es müssen mehr Gründe für eine Inanspruchnahme als dagegen sprechen. Der niedrigste wahrscheinliche Wert ist zurückzustellen.
Pensionsrückstellungen	Anwartschaftsdeckungsverfahren auf der Grundlage des Gehalts- und Rentenniveaus am Bilanzstichtag. Zinssatz gemäß EStG 6 Prozent; handelsrechtlich 3–6 %.	Anwartschaftsbarwertverfahren. Zukünftige Gehalts- und Rentenentwicklungen müssen berücksichtigt werden. Diskontierungssatz orientiert sich am Kapitalmarktzins.	Anwartschaftsbarwertverfahren empfohlen mit der Pflicht, die künftige Gehalts- und Rentenentwicklung zu berücksichtigen. Diskontierungssatz orientiert sich am Kapitalmarktzins. Auch andere Bewertungsmodelle sind zulässig.

IAS 4: Depreciation Accounting (Abschreibungen)
IAS 7: Cashflow Statements (Kapitalflussrechnung)
IAS 9: Research and Development Costs (Forschungs- und Entwick-
lungsaufwand)
IAS 10: Contingencies and Events Occurring After the Balance Sheet
Date (Erfolgsunsicherheiten und Ereignisse nach dem Bilanz-
stichtag)
IAS 11: Construction Contracts (Fertigungsaufträge)

Eine vergleichende Übersicht finden Sie in der Tabelle auf den vorhergehenden Seiten.

7.3 Abgrenzungsrechnung

Eines der Hauptziele des betrieblichen Rechnungswesens ist es, den Erfolg eines Jahres messen zu können. Das Jahresergebnis ist Grundlage der Wirtschaftlichkeitsberechnung und der Gewinnausschüttung und -besteuerung. Um Verzerrungen im Vergleich der Jahresergebnisse und in den gewinnbezogenen Auszahlungen zu vermeiden, müssen die Aufwendungen und Erträge einerseits der betrieblichen Tätigkeit und andererseits dem entsprechenden Geschäftsjahr wirtschaftlich genau zugerechnet werden. Diese Zuordnung ist Aufgabe der sachlichen und zeitlichen Abgrenzung.

7.3.1 Sachliche Abgrenzung

Ein Handelsunternehmen steht vor der Entscheidung, ob das Unternehmen wegen Unrentabilität geschlossen werden soll. Als Entscheidungsgrundlage liegt unter anderem folgende vereinfachte GuV-Rechnung vor:

GuV-Rechnung:

Erträge:		
Umsatzerlöse	240 000,00	
Mieterträge	40 000,00	
Summe Erträge		280 000,00
Aufwendungen:		
Warenaufwand	70 000,00	
Personalkosten	100 000,00	

Verluste aus Wertpapierverkäufen	200 000,00	
Summe der Aufwendungen		370 000,00
Ergebnis: Verlust		90 000,00

Das Gesamtergebnis, d. h. der Verlust in Höhe von 90 000 Eur, scheint die Auffassung zu stützen, dass es überlegenswert ist, das Unternehmen zu schließen. Ein Analyse im Rahmen der Kosten- und Leistungsrechnung liefert folgende Erkenntnisse:

- Es sind betriebliche Aufwendungen (= **Kosten**), d. h. Aufwendungen im Zusammenhang mit der Beschaffung, Lagerung und dem Absatz der Waren in Höhe von 170 000 Eur (Materialeinsatz 70 000 Eur + Personalkosten 100 000) entstanden.
- Es wurden Erträge aus der betrieblichen Tätigkeit (= **Leistungen**) in Höhe von 240 000 Eur erzielt.
- Die Verluste aus Wertpapierverkäufen haben mit dem eigentlichen Betriebszweck eines Handelsunternehmens (An- und Verkauf von Waren) nichts zu tun. Da diese Aufwendungen in keinem Zusammenhang zu betrieblichen Leistungen stehen, werden sie als **neutrale Aufwendungen** bezeichnet.
- Die Mieterträge sind Erträge, die in keinem Zusammenhang zu dem eigentlichen Betriebszweck eines Handelsunternehmens stehen. Sie werden folglich als **neutrale Erträge** bezeichnet.

Um beurteilen zu können, ob das Handelsunternehmen erfolgreich gearbeitet hat, ist nur das Verhältnis von Kosten und Leistungen – da beide in unmittelbarem Zusammenhang zu dem eigentlichen Betriebszweck stehen – entscheidend:

Leistungen – Kosten = 240 000 – 170 000 = + 70 000 Eur

Der Betrag in Höhe von 70 000 Eur stellt das Ergebnis der eigentlichen betrieblichen Tätigkeit des Handelsunternehmens dar und wird als **Betriebsergebnis** bezeichnet. Da die Leistungen (Erlöse) die Kosten übersteigen, wurde ein **Betriebsgewinn** erwirtschaftet. Der Verlust laut GuV-Rechnung in Höhe von 90 000 Eur resultiert folglich nicht aus der eigentlichen Betriebstätigkeit, sondern aus Vorgängen, die mit dem Betriebszweck nichts zu tun haben. Es wurde ein negatives **neutrales Ergebnis**, hier ein neutraler Verlust, in Höhe von 160 000 Eur (Mieterträge 40 000 Eur – Verluste aus Wertpapierverkäufen 200 000 Eur) erzielt. Der Gesamtverlust laut GuV resultiert also aus dem negativen neutralen Ergebnis. Das Beispiel hat folgenden Zusammenhang verdeutlicht:

Gesamtergebnis (laut GuV) = Betriebsergebnis + neutrales Ergebnis
 Für obiges Beispiel:
 – 90 000 = + 70 000 – 160 000

Die Analyse führt zu dem Endresultat – wobei Relationen zum Branchendurchschnitt in diesem Beispiel ebenso unberücksichtigt blieben wie die Ergebnisse eines Zeitvergleichs –, dass das Unternehmen **nicht** aufgelöst werden sollte, da mit dem eigentlichen Betriebszweck ein Gewinn in Höhe von 70 000 Eur erwirtschaftet wurde.

Die Verluste aus Wertpapierverkäufen sind natürlich nur ein Beispiel für einen neutralen Aufwand. Neutrale Aufwendungen können betriebsfremd, periodenfremd oder außerordentlich sein:

- **Betriebsfremde Aufwendungen** sind Aufwendungen, die mit dem eigentlichen Betriebszweck nichts zu tun haben. In unserem Beispielunternehmen waren dies Verluste aus Wertpapierverkäufen.
- **Periodenfremde Aufwendungen** sind Aufwendungen, die zwar betriebsbedingt sind, deren Verursachung aber in einem früheren Geschäftsjahr liegt. Als Beispiele sind hier Steuernachzahlungen oder die Inanspruchnahme aus Garantieverpflichtungen für Verkäufe des vergangenen Geschäftsjahres zu nennen.
- **Außerordentliche Aufwendungen** sind Aufwendungen, die ungewöhnlich hoch oder sehr selten sind. Hier ist beispielsweise an einen nicht versicherten Brandschaden zu denken.

Entsprechend lassen sich auch die neutralen Erträge weiter unterteilen:

- **Betriebsfremde Erträge** sind Erträge, die mit dem eigentlichen Betriebszweck nichts zu tun haben. In unserem Beispielunternehmen waren dies die Mieterträge.
- **Periodenfremde Erträge** sind Erträge, die zwar betriebsbedingt sind, deren Verursachung aber im vergangenen Geschäftsjahr oder früher liegt. Hierzu zählen beispielsweise Steuerrückerstattungen.
- **Außerordentliche Erträge** sind Erträge, die ungewöhnlich hoch oder selten – wie z. B. ein Steuernachlass – sind.

Wir haben in obigem Beispiel nach sachlichen Gesichtspunkten solche Aufwendungen und Erträge, die in unmittelbarem Zusammenhang zum eigentlichen Betriebszweck stehen, von solchen abgegrenzt, die im Hinblick auf den Zweck eines Industrieunternehmens als neutral bezeichnet werden können. Man spricht deshalb in diesem Zusammenhang von **sachlicher Abgrenzung**. Wir haben diese Abgrenzung auf der Grundlage einer GuV-Rechnung vorgenommen. In der betrieblichen Praxis sind aber darüber hinaus Daten zu berücksichtigen, die einer Gewinn- und Verlustrechnung nicht entnommen werden können. Es handelt sich dabei um Kosten, die zu keinem Geldabgang geführt haben. In der Buchhaltung und damit in der GuV-Rechnung sind ja solche Daten erfasst, die auch tatsächlich zu einem Geldabgang geführt haben. Die Kosten, die nicht in der GuV-Rechnung erfasst sind, folglich also keine Aufwendungen darstellen, bezeichnet man als **Zusatzkosten**.[2] Als Beispiel für solche Zusatzkosten ist der Unternehmerlohn zu nennen. Er wird im Rahmen der Kalkulation in die Verkaufspreise eingerechnet – man bezeichnet ihn deshalb auch als **kalkulatorischen Unternehmerlohn** –, aber nicht an den Unternehmer ausbezahlt, denn dieser erhält ja den Gewinn. Die Höhe des Unternehmerlohns orientiert sich am Gehalt eines leitenden Angestellten, der mit einer vergleichbaren Tätigkeit beauftragt ist.

Weitere Beispiele für kalkulatorische Kosten[3] sind:

(1) **Kalkulatorische Miete:** Wenn das Unternehmen Eigentümer der Betriebsgebäudes ist, würde der Gegenwert der Wertminderung des Gebäudes und der Nutzung des Grundstücks nicht in der Preiskalkulation erscheinen, da man an sich selbst keine Miete zahlt. Aus diesem Grunde muss eine „fiktive" Miete verrechnet werden.

(2) **Kalkulatorische Verzinsung:** Unabhängig davon, ob das Betriebsvermögen mit eigenen oder fremden Mitteln finanziert worden ist, muss in die Kalkulation die Verzinsung des be-

---

2 Entsprechend gibt es auf der Ertragsseite Leistungen, die nicht aus der GuV-Rechnung ersichtlich sind. Man spricht von **Zusatzleistungen**. Solche Zusatzleistungen spielen allerdings keine so große Rolle.

3 Auf den Begriff „Anderskosten" gehen wir im Rahmen dieses Bandes nicht ein.

triebsnotwendigen Kapitals eingehen. Die Zinsen an Gläubiger werden dann als neutral behandelt. Für das gesamte Vermögen wird dann der „landesübliche" Zins für längerfristige Kapitalmarktanlagen verrechnet. Bei einem betriebsnotwendigen Vermögen von beispielsweise 10 Mio. Eur und einem Verrechnungszins von 4 % werden also 400 000 Eur als Kosten verrechnet.

(3) **Kalkulatorische Abschreibungen:** In der Kalkulation soll nicht die steuerlich zulässige Abschreibung, sondern der tatsächliche Wertverlust verrechnet werden. Einerseits kann deshalb die Nutzungsdauer in vielen Fällen länger, in anderen Fällen kürzer sein. Während im Handels- und Steuerrecht höchstens von den Anschaffungs- bzw. Herstellungskosten abgeschrieben werden kann, ist in der Kalkulation die Berechnung der Abschreibung vom so genannten **Wiederbeschaffungswert** üblich. Hierzu können von Anfang an Preissteigerungen berücksichtigt werden.[4]

Kosten können also betriebsbedingte Aufwendungen wie z. B. der Warenaufwand oder die Personalkosten sein. Man spricht auch von **Grundkosten** oder Zusatzkosten. Damit ist aber noch nicht ausreichend erklärt, was man eigentlich unter Kosten versteht. Probleme bereitet hier, dass man in der Alltagssprache ein anderes Verständnis von Kosten als in der Betriebswirtschaftslehre bzw. Kostenrechnung hat.

Hierzu ein einfaches **Beispiel:** Wir kaufen einen LKW für 58 000 Eur. In der Alltagssprache sagt man, der LKW „hat 58 000 Eur gekostet". Nehmen wir an, die Heckmann KG habe diesen LKW auf Ziel gekauft. Wie hat Heckmann KG den Kauf gebucht? Der Buchungssatz lautet:

		Buchungsbetrag in Eur	
Soll	Haben	Soll	Haben
(0840) Fuhrpark		50 000,00	
(2600) Vorsteuer		8 000,00	
	(44008) Autohaus Karl		58 000,00

---

4 Vgl. hierzu auch S. 280.

Auf der Grundlage der in diesem Band erworbenen Buchführungskenntnisse wissen Sie, dass Fuhrpark und Vorsteuer aktive Bestandskonten sind. Außerdem wissen Sie aus dem Kapitel über die Umsatzsteuer (Kapitel 3), dass Vorsteuer eine Forderung an das Finanzamt darstellt. Bei Verbindlichkeiten handelt es sich um ein passives Bestandskonto. Das Konto „Autohaus Karl" ist ein Konto der Nebenbuchhltung. Der Buchungssatz enthält also nur Bestands- und Personenkonto, aber kein Aufwandskonto. Dies ist richtig, weil sich der Kauf ja nicht auf den Erfolg des Unternehmens auswirkt. Da betriebswirtschaftlich gesehen Kosten – genauer gesagt, Grundkosten – **betriebsbedingte Aufwendungen** sind, stellt der Kauf des LKW folglich für Heckmann KG **keine** Kosten dar, sondern führt nur zu einer Ausgabe; Heckmann KG erhält durch den Kauf einen Wert in Form des LKW. Was sind dann aber Kosten?

> Unter Kosten versteht man den durch die betriebliche Leistungserstellung entstandenen **Werteverzehr.**

Bezogen auf unseren LKW bedeutet dies, dass betriebswirtschaftlich gesehen der Kauf zwar keine Kosten verursacht, wohl aber die Benützung. Durch das Fahren mit diesem Fahrzeug verliert es im Laufe der Zeit an Wert. Diese Wertminderung erfassen wir in der Buchhaltung als Abschreibung (vgl. Kapitel 7.1). Da die Kostenrechnung Grundlage für die Kalkulation unserer Produkte ist, übernehmen wir aber nicht den Abschreibungsbetrag aus der Buchführung, sondern machen eine eigene Berechnung auf. Wir nehmen nicht den Anschaffungspreis als Grundlage – in der Buchhaltung sind wir durch gesetzliche Bestimmungen dazu gezwungen, die Kostenrechnung ist aber nur unternehmensintern und deshalb in dieser Hinsicht frei –, sondern den Wiederbeschaffungspreis. Für uns ist ja im Hinblick auf unsere Kalkulation von Verkaufspreisen nicht wichtig, was wir beim Kauf für das Fahrzeug ausgeben mussten, sondern vielmehr der Betrag, den wir ausgeben müssen, wenn wir dieses Fahrzeug in einigen Jahren durch ein neues ersetzen müssen. Hinsichtlich der Nutzungsdauer sind wir in der betriebsinternen Kalkulation nicht an die AfA-Tabellen des Finanzamtes gebunden, sondern können die Nutzungsdauer betriebsindividuell festlegen. In der Kostenrechnung schreibt man in der Regel linear ab, um die Kalkulation jährlich mit gleich großen Abschreibungsbeträgen zu belasten und damit eine Stetigkeit des Kostenansatzes zu erreichen. Die **kalkulatorische Abschreibung** (Abschreibungsbetrag = Wiederbeschaffungswert : Nutzungsdauer) stellt für uns Kosten dar, da sie den Werteverzehr des LKW erfasst.

Diesen nicht leicht verständlichen Zusammenhang wollen wir noch an einem anderen **Beispiel** verdeutlichen:

Heckmann KG hat ein Darlehen aufgenommen. Jährlich zahlt Heckmann KG dafür 4 000 Eur Zinsen. Außerdem werden jährlich 2 000 Eur der Darlehensschuld an die Bank zurückgezahlt. Diese Rückzahlung bezeichnet man auch als Tilgung. In welcher Höhe sind hier Kosten entstanden? Es ist hilfreich, für die Zinszahlung und für die Tilgung jeweils den Buchungssatz zu bilden:

Soll	Haben	Buchungsbetrag in Eur
(7510) Zinsaufwendungen	(2800) Bank	4 000,00

Tilgung:

Soll	Haben	Buchungsbetrag in Eur
(4210) Hypothekendarlehen	(2800) Bank	2 000,00

Wir wissen, dass Darlehen ein passives und Bank ein aktives Bestandskonto ist. Bei Zinsaufwendungen handelt es sich um ein Aufwandskonto. Dieses Wissen führt bereits zu der Erkenntnis, dass uns für das Darlehen Kosten – dies sind betriebsbedingte **Aufwendungen** – in Höhe von 4 000 Eur pro Jahr entstehen. Die Tilgung stellt keine Kosten dar, da wir ja nur Geld zurückzahlen, das wir bereits – als Kredit – bekommen haben.

Es gibt Ausgaben, die keinen Aufwand darstellen, zum Beispiel die Rückzahlung eines Bankdarlehens. Andere Ausgaben sind zugleich Aufwand, beispielsweise die auf das Darlehen gezahlten Zinsen. Es gibt Aufwendungen, die in der betrachteten Periode nicht zu Ausgaben führen, zum Beispiel Abschreibungen auf eine Maschine. Aufwendungen sind häufig mit Kosten identisch; die Abschreibungen können aber aus steuerlichen Gründen höher sein als die tatsächlichen „kalkulatorischen" Wertminderungen. Andererseits werden „kalkulatorische" Zinsen auf das Eigenkapital in die Kostenrechnung eingebracht, obwohl diese nicht zu Ausgaben führen. Ähnliche Abgrenzungen werden mit Einnahmen, Erträgen und Erlösen gemacht. Wer Daten des betrieblichen Rechnungswesens verwendet, muss diese auch richtig in den entsprechenden Rechnungskreis einordnen und benennen können. Die Grafik auf der nächsten Seite vermittelt hierzu einen Überblick.

Es folgen kurze Definitionen der wichtigsten in diesem Abschnitt erläuterten Begriffe:

Grundbegriffe der Kostenrechnung

- Kosten: Durch die betriebliche Leistungserstellung verursachter Werteverzehr
- Grundkosten: Betriebsbedingte Aufwendungen = Zweckaufwendungen
- Zusatzkosten: Kosten, die nicht in der GuV-Rechnung enthalten sind, also keine Aufwendungen darstellen, denn sie haben zu keinem Geldabgang geführt
- kalkulatorische Kosten: Kosten, die in der GuV-Rechnung überhaupt nicht (z. B. Unternehmerlohn) oder in anderer Höhe (z. B. kalkulatorische Abschreibung) berücksichtigt werden
- neutrale Aufwendungen: Aufwendungen, aber keine Kosten. Neutrale Aufwendungen können betriebsfremd, periodenfremd oder außerordentlich sein
- Leistungen: Erträge aus der betrieblichen Tätigkeit
- neutrale Erträge: Erträge, aber keine Leistungen. Neutrale Erträge können betriebsfremd, periodenfremd oder außerordentlich sein
- Betriebsergebnis: Leistungen – Kosten
  Falls Leistungen > Kosten: Betriebsgewinn
  Falls Kosten > Leistungen: Betriebsverlust
- Neutrales Ergebnis: Gesamtergebnis – Betriebsergebnis
- Gesamtergebnis: Ergebnis laut GuV
  Aufwendungen < Erträge: Gesamtgewinn
  Aufwendungen > Erträge:
  Gesamtverlust

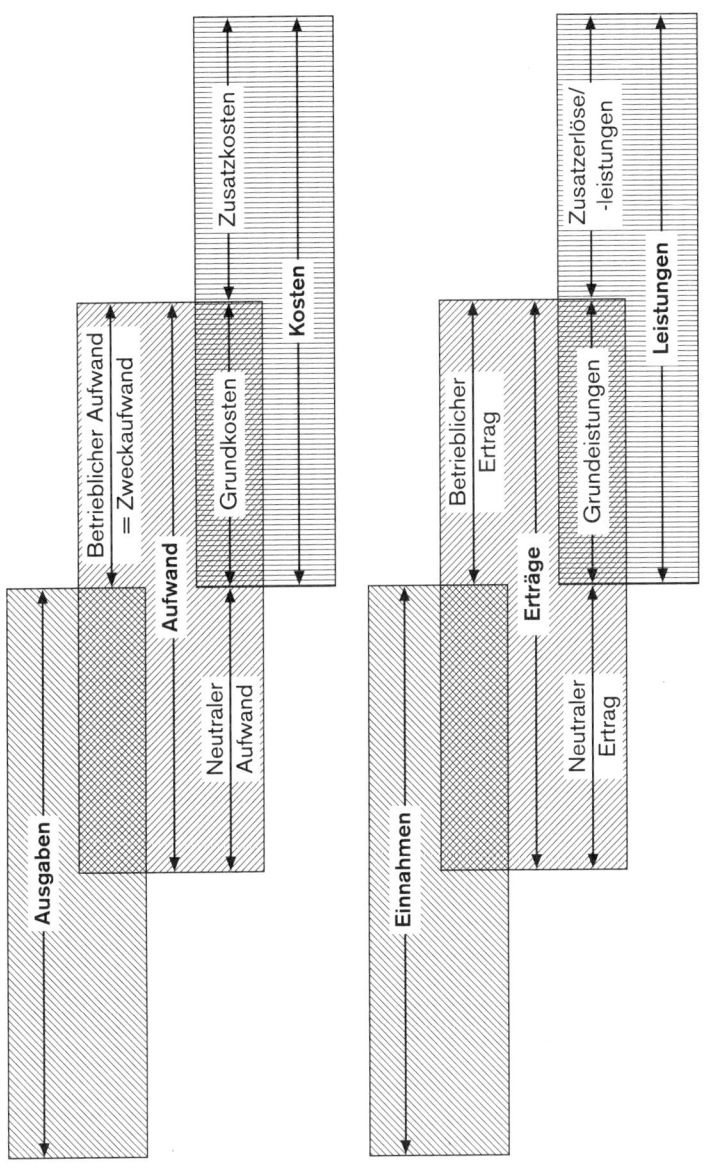

7.3.2 Antizipative Rechnungsabgrenzung

Beispiel: Die Heckmann KG bezahlt die Dezember-Miete für ein Außenlager in Höhe von 4 000 Eur erst im Januar des folgenden Geschäftsjahres.

Wäre die Miete noch im Dezember bezahlt worden, würde das Konto Gebäudemiete den entsprechenden Betrag ausweisen. Zur exakten Abgrenzung muss aber der Mietaufwand für Dezember auf dem Konto gebucht werden.

Buchung am 31.12.:

Soll	Haben	Buchungsbetrag in Eur
(6700) Mieten, Pachten	(4890) Sonstige Verbindlichkeiten	4 000,00

Wenn ein Aufwand gebucht wird, vermindert sich das Eigenkapital. Aus diesem Grunde muss ein anderer Bilanzposten entsprechend verändert werden. Da aus der Kasse oder vom Bankkonto tatsächlich noch nichts abgeflossen ist, kann der Gegenwert nur als Passivzunahme auf einem dafür geschaffenen Konto erfasst werden. Der auf diesem Konto gebuchte Betrag wird ausgeglichen, wenn die Zahlung im nächsten Geschäftsjahr tatsächlich erfolgt:

Buchung bei Bezahlung im nächsten Geschäftsjahr:

Soll	Haben	Buchungsbetrag in Eur
(4890) Sonstige Verbindlichkeiten	(2800) Bank	4 000,00

Auf diese Weise wird im nächsten Geschäftsjahr „erfolgsneutral" gebucht. Da gewissermaßen eine Zahlung in der Erfolgsrechnung vorweggenommen wird, nennt man solche Vorgänge **antizipativ** (= vorwegnehmend).

Wenn bei einer im nächsten Geschäftsjahr zu leistenden Zahlung Erfolgsbestandteile des laufenden Geschäftsjahres teilweise vorhanden sind, ist nur der auf das laufende Jahr entfallende Betrag als antizipativer Posten zu behandeln.

Beispiel: Zum 1. 4. des nächsten Jahres wird die Grundsteuer für das vergangene Halbjahr in Höhe von 2 400,00 Eur gezahlt. Auf dem Konto Grundsteuer sind dann zum 31.12. 1 200,00 Eur zu erfassen.

Entsprechend wird jeweils bei **antizipativen Erträgen** gebucht:

Beispiel: Ein am 30.11. für drei Monate angelegtes Festgeld in Höhe von 120 000,00 Eur wird von der Bank erst bei Fälligkeit mit 4 % p. a. einschließlich Zinsen abgerechnet.

Ende Februar werden insgesamt 1 200,00 Eur Zinsen gutgeschrieben. Für Dezember des laufenden Geschäftsjahres entfallen darauf anteilig 400,00 Eur. Dieser Betrag muss noch als Zinsertrag erfasst werden. Als Bilanzgegenkonto verwendet man das Konto „Sonstige Forderungen".
Buchung:

Soll	Haben	Buchungsbetrag in Eur
(2690) Sonstige Forderungen	(5710) Zinserträge	400,00

Bei Fälligkeit des Festgeldes wird gebucht:

		Buchungsbetrag in Eur	
Soll	Haben	Soll	Haben
(2800) Bank		1 200,00	
	(2690) Sonstige Forderungen		400,00
	(5710) Zinserträge		800,00

Allgemein kann man für die Buchung antizipativer Posten folgende Regel aufstellen:

- Zahlungszeitpunkt im nächsten Jahr, für
- Aufwand oder Ertrag betreffend das laufende Geschäftsjahr:

Aufwand Soll → Sonstige Verbindlichkeiten Haben
Sonstige Forderungen Soll → Ertrag Haben

7.3.3 Transitorische Rechnungsabgrenzung

Beispiel: Am 30. 9. zahlt die Heckmann KG die Kraftfahrzeugsteuer in Höhe von 600 Eur für ein Jahr im Voraus.
Im Schema ergibt sich zunächst das folgende Bild

Aufwand des laufenden Geschäftsjahres		31. 12.	Aufwand des folgenden Geschäftsjahres
Zahlung 600	150,00		450,00
Monate:	Okt.–Dez.		Jan.–Sept.

Transitorische Rechnungsabgrenzung

Zur Verdeutlichung verwenden wir für das Beispiel Hauptbuchkonten:

Soll	**(7030) Kfz-Steuer**	Haben		Soll	**(2800) Bank**	Haben
30.9.	600,00				30.9.	600,00

Am 30.9. wurde der gesamte Betrag auf dem Konto Kfz-Steuer und Bank gebucht. Aus obiger Abbildung ergibt sich aber, dass als Aufwand im laufenden Geschäftsjahr letztlich nur der vierte Teil ($\frac{3}{12}$) auf dem Konto stehen soll. Dies bedeutet, dass der das nächste Geschäftsjahr betreffende Teil, hier also 450 Eur, auf dem Konto storniert werden muss. Dies geschieht durch die Buchung im Haben. Da wegen der Übereinstimmung des Inventurergebnisses mit der Bilanz das Bankkonto nicht korrigiert werden darf, muss in der Bilanz ein Ausgleichsposten für die Stornierung des Aufwands in den Aktiva eingefügt werden. Diesen Posten nennt man Rechnungsabgrenzung; wenn er auf der Aktivseite steht „Aktive Rechnungsabgrenzung".

Auf den Hauptbuchkonten und in der Bilanz ergibt sich dann folgendes Bild:

Soll	**(7030) Kfz-Steuer**	Haben		Soll	**(2800) Bank**	Haben
30.9.	600,00				30.9.	600,00

Soll	(2900) Aktive Rechnungsabgrenzung	Haben
31.12.	**450,00**	

Akt. Rechnungsabgrenzung wird auf der Aktivseite der Bilanz ausgewiesen, die Kfz-Steuer mit 150 Eur als Aufwand in der GuV-Rechnung. Buchung am 31.12.:

Soll	Haben	Buchungsbetrag in Eur
(2900) Aktive Rechnungs- abgrenzung	(7030) Kfz-Steuer	450,00

Buchung im neuen Geschäftsjahr:

Soll	Haben	Buchungsbetrag in Eur
(7030) Kfz-Steuer	(2900) Aktive Rechnungs- abgrenzung	450,00

Damit wird deutlich, dass der Betrag von 600,00 Eur buchhalterisch korrekt auf die zwei Rechnungsperioden verteilt worden ist.

Bei einem bereits gebuchten Ertrag, der ganz oder teilweise wirtschaftlich in das neue Jahr hineinreicht, verfährt man entsprechend.

Beispiel: Die Heckmann KG hat einen Teil des Bürogebäudes an eine befreundete Firma vermietet. Die Miete für ein Vierteljahr in Höhe von 6 000,00 Eur wird am 30. 11. im Voraus entrichtet.

Es ist leicht ersichtlich, dass der bereits gebuchte Anteil des nächsten Geschäftsjahres in Höhe von $\frac{2}{3}$ = 4 000 Eur bei dem entsprechenden Ertragskonto ausgebucht werden muss.

Buchungssatz:

Soll	Haben	Buchungsbetrag in Eur
(5400) Mieterträge	(4900) Passive Rechnungsabgrenzung	4000,00

Da der abzugrenzende Betrag jetzt auf der Passivseite der Bilanz stehen muss, wird ein Konto „Passive Rechnungsabgrenzung" verwendet.

Um die gesamte zeitliche Abgrenzungsrechnung „in den Griff" zu bekommen, kann die auf der gegenüberliegenden Seite wiedergegebene „Checkliste" verwendet werden.

7.3.4 Rückstellungen

Beispiele: Die Reparatur des Flachdachs bei der Heckmann KG ist im Dezember durchgeführt worden. Der Kostenvoranschlag lautet über 15 000 Eur; eine endgültige Abrechnung liegt bis zum Jahresende noch nicht vor.

Ein Bauhandwerker hat einen Garantieanspruch wegen Materialfehlern in bereits eingebauten Abwasserrohren angemeldet. Ob der Anspruch berechtigt ist, hängt von einem in Auftrag gegebenen Gutachten ab. Sollte es zu einem Garantiefall kommen, muss mit einem Schadenersatz von mindestens 50 000 Eur gerechnet werden.

Eine Abgrenzungsrechnung ist auch erforderlich, wenn die zu berücksichtigenden Beträge ihrer Höhe oder ihrem Grund nach noch nicht endgültig feststehen. Wie bei transitorischen Posten wird

Zeitliche Rechnungsabgrenzung

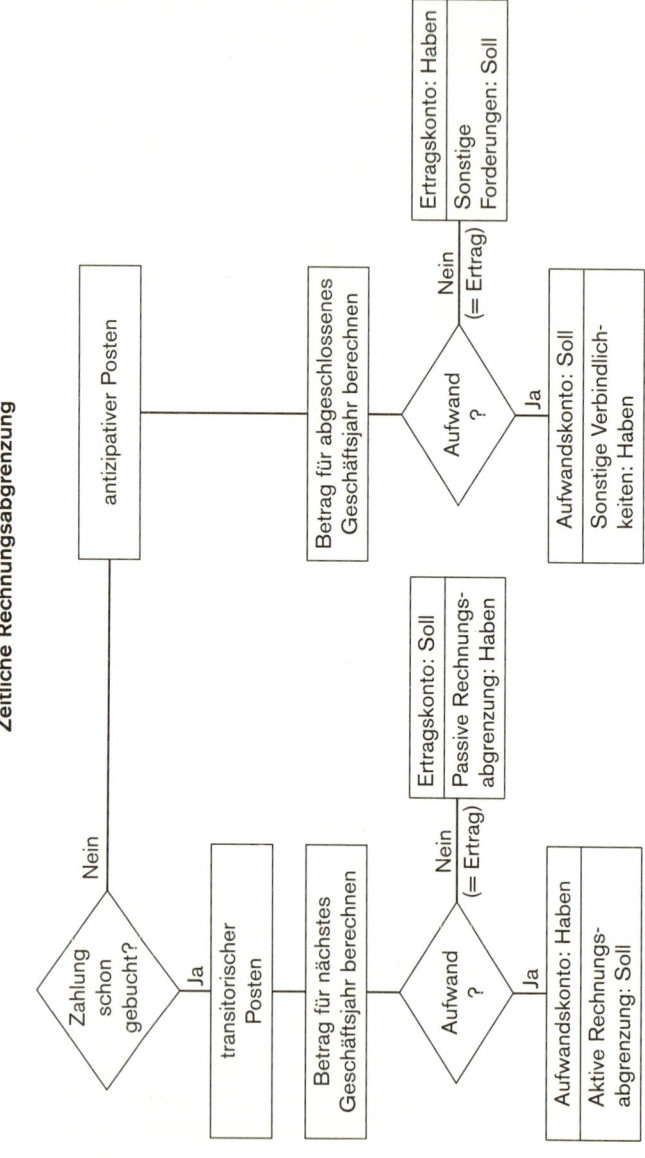

der geschätzte Aufwand im Soll des betreffenden Aufwandskontos gebucht. Für die Gegenbuchung in der Bilanz wird das Konto „Rückstellungen" angelegt. Umgekehrt kann man dann die Rückstellungen wie folgt kennzeichnen:

Rückstellungen sind ungewisse Verbindlichkeiten aus Aufwendungen, die dem laufenden Geschäftsjahr wirtschaftlich zuzurechnen sind. Rückstellungen rechnet man in der Bilanz zum Fremdkapital. Im eigentlichen Sinne wird nicht direkt Geldkapital für die spätere Begleichung der ungewissen Verbindlichkeit „zurückgestellt". Der Finanzierungseffekt einer Rückstellung liegt darin, dass durch die Aufwandsbuchung nicht ein wirtschaftlich falscher Gewinn ausgewiesen wird, der zu unberechtigter Gewinnbesteuerung und -ausschüttung führen könnte.

Buchung (erstes Beispiel): am 31.12.:

Soll	Haben	Buchungsbetrag in Eur
(6130) Instandhaltung	(3900) Sonstige Rückstellungen	15 000,00

Bei Bezahlung im nächsten Geschäftsjahr in Höhe von:
(a) 15 000 Eur

Soll	Haben	Buchungsbetrag in Eur
(3900) Rückstellungen	(2800) Bank	15 000,00

(b) 16 000 Eur

Soll	Haben	Buchungsbetrag in Eur Soll	Buchungsbetrag in Eur Haben
(3900) Rückstellungen		15 000,00	
(6990) Periodenfremde Aufwendungen		1 000,00	
	(2800) Bank		16 000,00

(c) 14 000 Eur

Soll	Haben	Buchungsbetrag in Eur	
		Soll	Haben
(3900) Rück- stellungen		15 000,00	
	(2800) Bank		14 000,00
	(5480) Erträge ausder Aufl. v. Rückstellg.		1 000,00

Der Gesetzgeber hat einerseits eine Rückstellungspflicht, andererseits aber auch eine Begrenzung der Möglichkeiten für die Bildung
von Rückstellungen festgelegt, die auch für das Steuerrecht gelten.
Nach § 249 HGB sind folgende Gründe für Rückstellungen zu
berücksichtigen:

Eine **Rückstellungspflicht** gilt für:
* ungewisse Verbindlichkeiten:
  z. B. Garantieverpflichtungen, zu erwartende Steuernachzahlungen, Urlaubsrückstände, Prozesskosten und Pensionsverpflich-
  tungen;
* drohende Verluste aus schwebenden Geschäften:
  z. B. drohende Kursverluste aus in ausländischer Währung lau-
  tenden Vertragsverpflichtungen oder zu erwartenden Zahlungseingängen; aus steuerrechtlicher Sicht sind diese Rückstellungen
  nicht zulässig.
* unterlassene Instandhaltungsverpflichtungen, die im folgenden
  Geschäftsjahr innerhalb von drei Monaten nachgeholt werden;
* Gewährleistungen ohne rechtliche Verpflichtung, z. B. aus Ku-
  lanz.

Ein **Wahlrecht** zur Bildung von Rückstellungen gilt bei:
* unterlassenen Instandhaltungsaufwendungen, die später als drei
  Monate, aber noch innerhalb des folgenden Geschäftsjahres
  nachgeholt werden;
* konkret bestimmten Aufwendungen, die dem Geschäftsjahr oder
  einem früheren Geschäftsjahr zugerechnet werden können und
  die am Abschlusstag wahrscheinlich oder sicher, aber hinsichtlich

ihrer Höhe oder des Zeitpunktes ihres Eintritts unbestimmt sind, z. B. für Großreparaturen.

Diese freiwillig zu bildenden Rückstellungen sind steuerlich nicht anrechenbar.

Handelsrechtlich sind Rückstellungen in Höhe des Betrags anzusetzen, der bei vernünftiger kaufmännischer Beurteilung nach den Verhältnissen am Bilanzstichtag wahrscheinlich zur Erfüllung der Verpflichtung notwendig ist: Da die vernünftige kaufmännische Beurteilung nur ein Schätzmaßstab ist, ist der eigentliche Bewertungsmaßstab für Rückstellungen für ungewisse Verbindlichkeiten der als Erfüllungsbetrag zu verstehende „Rückzahlungsbetrag" gemäß § 253 Abs. 1 Satz 2 HGB. Eine Abzinsung von Rückstellungen ist handelsrechtlich nur zulässig, soweit die ihnen zugrunde liegenden Verbindlichkeiten einen Zinsanteil enthalten, z. B. bei Pensionsrückstellungen.

Der § 6 Abs. 1 Nr. 3 a EstG enthält Grundsätze zur Bewertung von Rückstellungen im Steuerrecht. Danach sind Rückstellungen für Geld- als auch für Sachverpflichtungen mit einem Zinssatz von 5,5 % abzuzinsen, es sei denn, dass ihre Laufzeit unter einem Jahr liegt.

Die unterschiedliche Bewertung von Rückstellungen nach Handels- und Steuerrecht machen in der Handelsbilanz nach § 274 entsprechende Steuerabgrenzungen (latente Steuern) notwendig.

Beispiel: für die in einem Industriebetrieb für Spezialfahrzeuge gebildeten Rückstellungen.

A. Rückstellungen für Personal

B. Gewährleistungsrückstellungen

C. Rückstellungen für Rechts- und Beratungskosten

D. Rückstellungen für Wechsel-Obligo aus weiterverkauften Wechseln

E. Rückstellungen für Rücknahme-Risiken

F. Rückstellungen für ausstehende Reparaturen

G. Sonstige Rückstellungen
   darunter:
   • Wasser, Reinigung
   • Lieferantenbezogene Rückstellungen: noch ausstehende Rechnungen für Prospekte
   • Kundenbezogene Rückstellungen:

– noch nicht verprovisionierte Umsätze
– noch gutzuschreibende Nachlässe an Händler
– Verbandsbeiträge
– ausstehende Reparaturen
– Prozessrisiken

7.4 Formale Abschlussarbeiten

Im ersten Kapitel hatten wir mit der Ableitung Konten aus der Bilanz begonnen. Am Ende eines Geschäftsjahres steht ein neuer Abschluss bevor. Damit die Ergebnisse der Inventur mit denen der laufenden Buchhaltung zur Übereinstimmung gebracht werden können, sind noch einige Vorarbeiten als so genannte Abschlussbuchungen notwendig. Die Bestandskonten selbst werden heute nicht mehr von Hand formell abgeschlossen (vgl. Kap. 10).

In der Abschlusübersicht erfaßte Abschlussbuchungen:

Soll	Haben	Buchungsbetrag in Eur
(6500) Abschreibungen		16 000,00 Eur
	(0800) Geschäfts- ausstattung	16 000,00 Eur

Soll	Haben	Buchungsbetrag in Eur
(4800) Umsatzsteuer		5 830,00 Eur
	(2600) Vorsteuer	5 830,00 Eur

Soll	Haben	Buchungsbetrag in Eur
(6080) Aufw. f. Handelswaren		18 000,00 Eur
	(2210) Handelswaren	18 000,00 Eur

Der in der Inventurbilanz angegebene Handelswarenbestand wird mit 136 800,00 Eur aus der Inventur übernommen. Die Differenz wird in der Spalte Umbuchungen bereinigt. Hier liegt eine Bestandsminderung vor. Diese wird wie ein Wareneingang behandelt.

Kontenbezeichnung	Kontensummen		Kontensalden I		Korrekturen		Kontensalden II		Schlußb. lt. Inventur		Erfolgsrechnung	
	S	H	S	H	S	H	S	H	S	H	S	H
0800 Geschäftsausstattung	82000,00		82000,00			16000,00	66000,00		66000,00			
3000 Eigenkapital		122230,90		122230,90				122230,90		122230,90		
2400 Forderungen	46000,00	10500,00	35500,00				35500,00		35500,00			
2800 Bank	54000,00	32670,50	21329,50				21329,50		21329,50			
2600 Vorsteuer	6350,00	520,00	5830,00			5830,00						
2820 Kasse	9312,70	4630,50	4682,20				4682,20		4682,20			
4400 Verbindlichkeiten	11300,00	83240,40		71940,40				71940,40		71940,40		
4800 Umsatzsteuer	900,00	11370,40		10470,40	5830,00			4640,40		4640,40		
6080 Aufw. f. Handelswaren	84000,00		84000,00		18000,00		102000,00				102000,00	
2210 Handelswaren	154800,00		154800,00			18000,00	136800,00		136800,00			
6700 Mietaufwand	24000,00		24000,00				24000,00				24000,00	
6500 Abschreibungen					16000,00		16000,00				16000, 00	
5010 Umsatzerlöse f. Handelswaren	3000,00	210500,0C		207500,00				207500,00				207500,00
	475662,70	475662,70	412141,70	412141,70	39830,00	39830,00	406311,70	406311,70	264311,70	198811,70	142000,00	207500,00
Reingewinn										65500,00	65500,00	
									264311,70	264311,70	207500,00	207500,00

Abschlussübersicht (verkürzter Auszug mit Handelsware)

7.4.1 Abschlussübersicht

Den Grundsätzen ordnungsmäßiger Buchführung entspricht es, wenn die Salden aller Konten zusammengestellt und tabellarisch abgestimmt werden. Bei einer einfachen Buchführung können auf diese Weise Buchungsfehler schon vor der Erstellung des eigentlichen Abschlusses aufgedeckt werden. Häufig wird diese Übersicht in sechs Ziffernspalten eingeteilt (vgl. Tabelle auf S. 293 f.):

- **Spalte 1, Kontensummen:** Hier werden die Summen aller Konten, getrennt nach Soll- und Habenseite, zusammengestellt. Wurde jede Buchung „doppelt" richtig in die Konten eingetragen, müssen die Gesamtsummen auf der Soll- und Habenseite miteinander übereinstimmen. Bei einem EDV-gestützten Buchhaltungsprogramm wird formal laufend eine „Nullabstimmung" der jeweils gebuchten Kontenseiten vorgenommen, bei der Eingabefehler sofort erkannt bzw. ganz ausgeschlossen werden.

- **Spalte 2, Kontensalden I:** In dieser Spalte werden die Salden aus den Summen der Konten errechnet und jeweils auf der **wertmäßig größeren** Seite eingetragen. Die Summe der Soll- und Habensalden muss dabei wieder übereinstimmen.

- **Spalte 3, Korrekturen:** Hier können die den Abschluss vorbereitenden Buchungen erfasst werden wie beispielsweise Abschreibungen, Privatentnahmen, Abschluss des Warenkontos oder Verrechnung von Umsatz- und Vorsteuer. Die Summe der Soll- und Habeneintragungen muss übereinstimmen.

- **Spalte 4, Kontensalden II:** Als eine weitere Zwischenrechnung können nach Festlegung der Abschlussbuchungen nochmals die Salden abgestimmt werden.

- **Spalte 5, Schlussbilanz lt. Inventur:** Die Bestände auf den Konten müssen mit denen der Inventur übereinstimmen.

Spalte 6, Erfolgsrechnung: Hier handelt es sich eigentlich nicht um eine Bilanz, sondern um eine tabellarische Darstellung der Gewinn- und Verlustrechnung.

7.4.2 Jahresabschluss und Ergebnisverwendung

Wenn das Jahresergebnis errechnet worden ist, muss das Gewinn-
und Verlustkonto ausgeglichen werden. Die Form des Gewinn- oder
Verlustausgleichs ist dabei von der Rechtsform des Unternehmens
abhängig. Zusätzlich sind für einen etwa zu veröffentlichenden Jahresabschluss weitere gesetzliche formale Bestimmungen zu beachten.

Einzelunternehmung

Der Saldo aus dem Gewinn- und Verlustkonto eines Einzelunter-
nehmens wird direkt über das Konto Eigenkapital ausgeglichen; Privatentnahmen werden ebenfalls direkt über das Konto Eigenkapital
ausgebucht oder in den vorbereitenden Abschlussbuchungen der
Betriebsübersicht erfasst.

Buchung:
Gewinn: GuV-Konto an Eigenkapital
Verlust: Eigenkapital an GuV-Konto

Offene Handelsgesellschaft

Der Gewinn oder der Verlust einer OHG wird entsprechend dem
Gesellschaftsvertrag verteilt. Enthält dieser ausnahmsweise keine
Regelung, gelten ersatzweise die Bestimmungen des § 121 HGB. Die
Privatentnahmen werden vorweg auf den einzelnen Kapitalkonten
der Gesellschafter belastet. Ein Verlust wird ebenfalls nach dem
Aufteilungsplan auf dem Kapitalkonto belastet. Der Gesamtgewinn
kann zunächst auf ein Verteilungskonto und dann auf die Kapitalkonten gebucht werden. Dann ergeben sich folgende Buchungssätze:

Buchung:
GuV an Gewinnverteilungskonto
Gewinnverteilungskonto an Kapitalkonten

Kommanditgesellschaft

Grundsätzlich gelten für die Vollhafter (Komplementäre) der KG
die gleichen Regeln wie für die Gesellschafter der OHG. Für die Teilhafter wird ein Gewinn dann nicht dem Kapitalkonto zugeschrieben, wenn der Teilhafter seine übernommene Einlage bereits voll

eingezahlt hat. Dann ist der Gewinnanteil für die Gesellschaft eine Verbindlichkeit.

Buchung:
GuV an Gewinnverteilungskonto
Gewinnverteilungskonto
– an Kapitalkonten (Vollhafter)
– an sonstige Verbindlichkeiten(Teilhafter)

Kapitalgesellschaften (GmbH und AG)

Für die Kapitalgesellschaften gelten umfangreiche formale Bestimmungen für den Jahresabschluss. Sie gliedern sich in allgemeine Bestimmungen, die für alle Kapitalgesellschaften gelten, so z. B. für die Gliederung der Bilanz, und in Bestimmungen nur für kleine, mittelgroße und große Kapitalgesellschaften. Im Rahmen dieses Buches kann hier nicht auf Einzelheiten eingegangen werden.

Nach § 264 Abs. 1 HGB müssen Kapitalgesellschaften den aus Bilanz und Gewinn- und Verlustrechnung bestehenden Jahresabschluss um einen Anhang erweitern. Zusätzlich ist ein Lagebericht zu erstellen.

Der Anhang soll die einzelnen Positionen der Bilanz und der Gewinn- und Verlustrechnung erläutern. Dabei muss insbesondere auf die Bewertungs- und Abschreibungsmethoden, die Beteiligungen an anderen Unternehmen, die Struktur der Verbindlichkeiten und die Zahl der Arbeitnehmer eingegangen werden.

Der Lagebericht gibt zusätzliche Informationen über den Geschäftsverlauf im Abschlussjahr und die Lage am und nach dem Bilanzstichtag.

Das Anlagevermögen muss in einem besonderen „Anlagespiegel" näher erläutert werden. Dieser zeigt die Entwicklung der einzelnen Posten des Anlagevermögens und gibt Einblick in die Abschreibungs- und Investitionsentscheidungen des Unternehmens.

Er weist folgende Grundgliederung auf (Beispiel:):

	Mio. Eur
Anfangsbestand zu Anschaffungs- oder Herstellungskosten am 1. d. J	9029
+ Zugänge zu Anschaffungs-/Herstellungskosten im Geschäftsjahr (= Bruttoinvestitionen)	919

– Abgänge zu Anschaffungs-/Herstellungskosten (z. B. Verkäufe)	308
– Summe aller Abschreibungen seit Anschaffung (kumuliert)	6 829
+ Zuschreibungen (so genannte Wertaufholung)	0
= Buchwert für die Schlussbilanz	2 811
Abschreibungen des laufenden Jahres	936

Das **Eigenkapital** der Kapitalgesellschaften wird in den folgenden Hauptpositionen der Bilanz ausgewiesen:

Beispiel: Passivseite der Bilanz einer GmbH

Passiva	Berichtsjahr	Vorjahr
A. Eigenkapital		
I. Gezeichnetes Kapital	400 000,00	400 000,00
II. Kapitalrücklage	100 000,00	100 000,00
III. Gewinnrücklagen	200 000,00	200 000,00
IV. Gewinnvortrag	10 000,00	8 000,00
V. Jahresüberschuss	150 000,00	80 000,00
Summe	860 000,00	788 00,00

Das Eigenkapital einer Kapitalgesellschaft wird in einen länger-fristig festen Teil, das Gezeichnete Kapital und die Kapitalrück-lagen, und in einen „beweglichen" Teil getrennt ausgewiesen. Der feste Betrag wird nur durch Gesellschafterbeschluss verändert, wäh-rend der bewegliche Teil vom Beschluss des Geschäftsführers bzw. Vorstands, von den Gesellschaftern und vom erzielten Jahresergeb-nis abhängig ist.

Das Gezeichnete Kapital entspricht bei der GmbH dem Stamm-kapital, bei der AG dem Grundkapital. Ausstehende Einlagen wer-den meistens auf der Aktivseite ausgewiesen.

Rücklagen sind getrennt ausgewiesenes Eigenkapital. Sie werden nach ihrer wirtschaftlichen Herkunft gegliedert:

Kapitalrücklagen entstehen durch ein Aufgeld bei der Ausgabe von Anteilen gegenüber dem Nennbetrag der Anteile. Sie gehören zur Außenfinanzierung des Unternehmens, weil diese Rücklagen di-rekt von den Gesellschaftern eingebracht werden.

Beispiel: Eine Aktiengesellschaft gibt 1 000 000 Stück neue Aktien zum Nennwert von 5,00 Eur/Stück zu einem Ausgabekurs von 18,00 Eur aus. Der erhaltene Betrag aus der Übernahme durch die Aktionäre wird dann wie folgt auf die Eigenkapitalkonten gebucht:

Erhöhung des Grundkapitals	1 000 000	×	5	=	5 000 000,00 Eur
Erhöhung der Kapitalrücklage	1 000 000	×	13	=	13 000 000,00 Eur
Zufluss finanzieller Mittel	1 000 000	×	18	=	18 000 000,00 Eur

Gewinnrücklagen können gebildet werden, wenn der bereits versteuerte Jahresgewinn nicht ausgeschüttet wird. Die Bildung von Gewinnrücklagen wird auch als offene Selbstfinanzierung bezeichnet.

Stille Rücklagen oder Reserven sind nicht aus der Bilanz ersichtlich. Sie ergeben sich durch Überbewertung von Passiva und Unterbewertung von Aktiva.

Die Erfolgsrechnung der Kapitalgesellschaften wird meistens in Staffelform nach dem Schema des § 275 HGB veröffentlicht.

Ein Jahresüberschuss wird einschließlich eines Gewinnvortrages vom Vorjahr entsprechend der Satzung durch Gesellschafterbeschluss nach Feststellung des Jahresabschlusses verteilt.

Beispiel:

		Eur
Umsatzerlöse		12 473 560,53
− versch. Kosten		8 673 956,23
= Rohergebnis		**3 799 604,30**
− übrige betriebliche Aufwendungen		2 465 794,23
+ Erträge aus dem Finanzbereich		1 450,34
− Aufwendungen aus dem Finanzbereich		13 474,23
= Ergebnis der gewöhnlichen Geschäftstätigkeit		**1 321 786,18**
+ außerordentliche Erträge	6 790,00	
− außerordentliche Aufwendungen	1 500,00	
= außerordentliches Ergebnis	**+ 5 290,00**	**+ 5 290,00**
− Personen- und Betriebssteuern		212 450,00
= Jahresüberschuss		**1 114 626,18**

Die grundsätzliche Buchung lautet zum Bilanzstichtag:

GuV an Jahresüberschusskonto
und evtl. Jahresüberschusskonto
– an Gewinnrücklagen
– an Bilanzgewinn

Nach Beschluss der Gesellschafterversammlung und Bereitstellung des Bilanzgewinns zur Ausschüttung und Aufstockung der Gewinnrücklagen:

Bilanzgewinn
– an Gewinnrücklagen
– an sonstige Verbindlichkeiten

Weitere Zwischenkonten können eingerichtet werden.

8. Übungen mit Lösungen

8.1 Aufgaben

Verständnisfragen

(1) Die Elektrogroßhandlung Müller hat am Beginn des Geschäftsjahres ein Eigenkapital in Höhe von 500 000 Eur. Am Ende des Geschäftsjahres betragen laut Inventur die Vermögenswerte 990 000 Eur und die Schulden 310 000 Eur. Während des Geschäftsjahres hat der Unternehmer dieser Einzelunternehmung für private Zwecke 48 000 Eur entnommen. Privateinlagen erfolgten in Höhe von 25 000 Eur. Errechnen Sie den Erfolg des Unternehmens durch Eigenkapitalvergleich!

(2) Erläutern Sie kurz den Unterschied zwischen linearer und degressiver Abschreibung!

(3) Mit welchem Wert steht eine am Jahresanfang beschaffte Maschine am Ende des zweiten Jahres zu Buche, wenn das degressive Abschreibungsverfahren mit dem höchstmöglichen Abschreibungssatz gewählt wurde und die Anschaffungskosten 210 000 Eur betrugen?

(4) Nennen Sie drei Gründe, die dafür sprechen, eine Abschlussübersicht zu erstellen!

(5) Wodurch unterscheiden sich „sonstige Verbindlichkeiten" und „Rückstellungen"?

(6) Definieren Sie den Begriff „Geringwertige Wirtschaftsgüter", und erläutern Sie die Abschreibungsmöglichkeiten solcher Güter!

(7) Warum wird die zeitliche Abgrenzung durchgeführt?

(8) Erläutern Sie den Begriff „Zusatzkosten", und nennen Sie hierfür ein Beispiel!

(9) In einem Unternehmen wurde ein Gesamtgewinn laut GuV-Rechnung in Höhe von 170 000 Eur erzielt. Als neutrales Ergebnis wurde ein neutraler Gewinn in Höhe von 50 000 Eur ermittelt. Berechnen Sie das Betriebsergebnis!

(10) Ergänzen Sie folgende Tabelle:

altes Jahr	Einnahme	?
neues Jahr	Ertrag	?
Konto	?	sonstige Verbindl.

(11) Erklären Sie kurz das Prinzip der Umsatzsteuerverprobung

Buchung von Geschäftsvorfällen

Sie sind Buchhalter der Firma Heckmann KG. Geben Sie für folgende Geschäftsfälle die Buchung an (Konten s. S.84).

(1) Heckmann KG verkauft Fertigerzeugnisse auf Ziel im Wert von 15 000 Eur zuzüglich 16 % Umsatzsteuer an den Kunden Schnell.

(2) Schnell (siehe Fall 1) schickt mangelhafte Ware im Warenwert von 1 000 Eur zurück. Wir geben ihm eine Gutschrift über den entsprechenden Bruttobetrag.

(3) Heckmann KG zahlt eine Rechnung für Rohstoffe der Krämer KG über 12 560 Eur unter Abzug von 3 % Skonto durch Überweisung vom Bankkonto. Buchen Sie nach der Nettomethode!

(4) Heckmann KG kauft Handelswaren auf Ziel von der Sattler OHG ein und erhält folgende Rechnung:

Nettowert der Waren	100 000 Eur
– Mengenrabatt	8 000 Eur
+ Fracht	900 Eur
+ Leihverpackung	300 Eur
+ 16 % Umsatzsteuer	14 912 Eur

(5) Die Lieferung von Waren an die Huhn KG führt Heckmann KG vereinbarungsgemäß „frei Haus" durch. Die für den Transport beauftragte Spedition berechnet Heckmann KG 70 Eur zuzüglich 16 % Umsatzsteuer.

(6) Nach einer Wechseldiskontierung erhält Heckmann KG von ihrer Bank folgende Abrechnung:

Wechselsumme:	3 200 Eur
– Diskont	63 Eur
– Spesen	13 Eur
= Gutschrift	3 124 Eur

(7) Wir belasten die Birkle OHG mit Diskont in Höhe von 45,60 Eur. Wir hatten mit ihm bereits schon beim Abschluss des Warengeschäfts vereinbart, das mit einem Wechsel bezahlt wird.

Vorbereitende Abschlussbuchungen und Abschlussbuchungen

Bilden Sie als Buchhalter von Heckmann KG die am Jahresende notwendigen Buchungssätze für folgende Angaben:

(1) Abschreibung unseres LKWs mit 120 000 Eur Anschaffungskosten und einer voraussichtlichen Nutzungsdauer von 10 Jahren. Es wird linear abgeschrieben.

(2) Für unseren LKW ist die Kfz-Steuer im Laufe des Geschäftsjahres mit

insgesamt 1 800 Eur im Voraus bezahlt worden. Von diesem Betrag entfallen auf das alte Jahr 650 Eur.

(3) Die am 15. November fällige Gewerbesteuer in Höhe von 400 Eur ist Heckmann KG bis Anfang Februar des nächsten Jahres gestundet worden.

(4) Das Konto „Lieferantenskonti" weist am Jahresende 6 270 Eur einschließlich 16 % Umsatzsteuer aus (Bruttomethode). Die entsprechende Steuerkorrektur ist vorzunehmen.

(5) Die fälligen Hypothekenzinsen in Höhe von 6 000 Eur für den Zeitraum vom 1. November diesen Jahres bis zum 30. April des nächsten Jahres werden von uns erst am 30. April des nächsten Jahres bezahlt.

(6) Von unserer Forderung an Bike Müller e. K. sind 23 200 Eur uneinbringlich.

(7) Für einen schwebenden Prozess mit einem Kunden rechnen wir mit Prozesskosten in Höhe von 6 000 Eur.

8.2 Lösungen

Verständnisfragen

(1) Eigenkapital am Ende des Jahres: 990 000 – 310 000 =

	680 000 Eur
– Eigenkapital am Anfang	500 000 Eur
= Eigenkapitalmehrung	180 000 Eur
+ Privatentnahmen	48 000 Eur
– Privateinlagen	25 000 Eur
= Gewinn	203 000 Eur

(2) Bei der linearen Abschreibung wird ein gleich bleibender Betrag von den Anschaffungskosten abgeschrieben (Abschreibungsbetrag = Anschaffungskosten: Nutzungsdauer) und bei der degressiven Abschreibung wird ein bestimmter Prozentsatz vom jeweiligen Restwert (= Buchwert) abgeschrieben. Daraus ergeben sich fallende (= degressiv) Abschreibungsbeträge. Degressiv darf das Doppelte (Stand 2 005) des linearen Satzes, aber maximal 20 % abgeschrieben werden.

(3) Anschaffungswert:

	210 000 Eur
– AfA 1. Jahr (20 % vom Buchwert)	42 000 Eur
= Buchwert Ende 1. Jahr	168 000 Eur
– AfA 2. Jahr (20 % vom Buchwert)	36 600 Eur
= Buchwert Ende 2. Jahr	134 400 Eur

(4) Aufgaben einer Abschlussübersicht sind zum Beispiel: Erstellen von kurzfristigen Abschlüssen (z. B. Monatsabschluss); Überprüfung der

rechnerischen Richtigkeit von Buchungen und die Gewinnung einer Informations- und Entscheidungsgrundlage für die Unternehmensleitung (zusammenfassende Übersicht).

(5) Im Gegensatz zu „sonstigen Verbindlichkeiten" sind bei den „Rückstellungen" die Existenz, die Höhe und/oder die Fälligkeit der Aufwendungen unsicher. Rückstellungen dürfen nur für unterlassene Aufwendungen des abgeschlossenen Wirtschaftsjahres gebildet werden.

(6) Geringwertige Wirtschaftsgüter sind abnutzbare Wirtschaftsgüter mit Netto-Anschaffungskosten bis zu 410,00 Eur, die selbständig nutzbar sind. Es besteht ein Wahlrecht hinsichtlich der Abschreibung: Man kann sie entweder im Jahr der Anschaffung voll abschreiben oder man schreibt jährlich einen bestimmten Betrag ab, indem man die Anschaffungskosten auf die voraussichtliche Nutzungsdauer verteilt. Geringwertige Wirtschaftsgüter mit Anschaffungskosten bis zu 60,00 Eur netto (ohne Umsatzsteuer) können bereits bei der Anschaffung als Aufwand erfasst werden.

(7) Durch die zeitliche Abgrenzung wird das Ergebnis periodengerecht ausgewiesen; unabhängig von ihrem Zahlungsausgang oder Zahlungseingang.

(8) „Zusatzkosten" sind Kosten, aber keine Aufwendungen, da sie nicht in der GuV-Rechnung enthalten sind.
Als Beispiel ist der kalkulatorische Unternehmerlohn bei Einzelkaufleuten zu nennen.

(9) Durch Umstellung der Formel „Gesamtgewinn = Betriebsergebnis + neutrales Ergebnis" erhält man:
„Betriebsergebnis = Gesamtergebnis – neutrales Ergebnis"
$$= 170\,000 \text{ Eur} - 50\,000 \text{ Eur}$$
$$= 120\,000 \text{ Eur}.$$

(10)	altes Jahr	Einnahme	**Aufwand**
	neues Jahr	Ertrag	**Ausgabe**
	Konto	**Passive Rechnungs-abgrenzung**	sonstige Verbindlichkeiten

11) Die Nettoumsätze werden addiert. Diese Bemessungsgrundlage ist Ausgangspunkt für die Berechnung der USt. Dabei sind Erlösberichtigungen, z. B. Skonto, zu berücksichtigen. Der so berechnete Wert wird mit dem Saldo auf dem Konto „Umsatzsteuer" verglichen.

Buchung von Geschäftsfällen

(1)

Soll	Haben	Buchungsbetrag in Eur	
		Soll	Haben
(24005) Schnell		17 400,00	
	(5000) Umsatzerlöse		15 000,00
	(4800) Umsatzsteuer		24 00,00

(2)

Soll	Haben	Buchungsbetrag in Eur	
		Soll	Haben
(5000) Umsatzerllöse		1 000,00	
(4800) Umsatzsteuer		160,00	
	(24005) Schnell		1 160,00

(3)

Soll	Haben	Buchungsbetrag in Eur	
		Soll	Haben
(44005) Krämer		12 560,00	
	(2003) Lieferantenskonti		324,83
	(2600) Vorsteuer		51,97
	(2800) Bank		12 183,20

(4)

Soll	Haben	Buchungsbetrag in Eur	
		Soll	Haben
(2210) Handelswaren		92 000,00	
(2211) Bezugskosten		1 200,00	
(2600) Vorsteuer		14 912,00	
	(44003) Sattler		108 112,00

(5)

Soll	Haben	Buchungsbetrag in Eur	
		Soll	Haben
(6140) Frachten		70,00	
(2600) Vorsteuer		11,20	
	(44009) Huhn		81,20

(6)

Soll	Haben	Buchungsbetrag in Eur	
		Soll	Haben
(2800) Bank		3 124,00	
(7530) Diskont-aufwendungen		63,00	
(6750) Kosten des Geldverkehrs		13,00	
	(2450) Wechsel-forderungen		3 200,00

(7)

Soll	Haben	Buchungsbetrag in Eur
(24001) Birkle	(5730) Diskonterträge	45,60

> **Hinweis:** Da die Wechselzahlung bereits beim Abschluss des Kaufvertrages vereinbart wurde, ist das Wechselgeschäft als eigenständiges Kreditgeschäft zu betrachten, das nicht der Umsatzsteuer unterliegt. Vgl. hierzu Seite 216

Vorbereitende Abschlussbuchungen und Abschlussbuchungen

(1)

Soll	Haben	Buchungsbetrag in Eur
(6500) Abschreibungen	(0840) Fuhrpark	12 000,00

(2)

Soll	Haben	Buchungsbetrag in Eur
(2900) Aktive Rechnungsabgrenzung	(7030) Kfz-Steuer	1150,00

(3)

Soll	Haben	Buchungsbetrag in Eur
(7000) Gewerbe-steuer	(4890) sonstige Verbindlichkeiten	400,00

(4)

Soll	Haben	Buchungsbetrag in Eur
(2003) Lieferanten-skonti	(2600) Vorsteuer	864,83

(5)

Soll	Haben	Buchungsbetrag in Eur
(7510) Zinsauf-wendungen	(4890) sonstige Verbindlichkeiten	2 000,00

(6)

		Buchungsbetrag in Eur	
Soll	Haben	Soll	Haben
(6951) Abschreibungen auf Forderungen		20 000,00	
(4800) Umsatzsteuer		3 200,00	
	(24002) Bike Müller bzw. 2410 zweifelhafte Forderungen		23 200,00

(7)

Soll	Haben	Buchungsbetrag in Eur
(6770) Rechts- und-Beratungskosten	(3900) Rück-stellungen	6 000,00

9. Gewinnermittlung durch Einnahmenüberschussrechnung

Wer nicht zur kaufmännischen Buchführung im Sinne des Handelsgesetzbuchs und der Abgabenordnung verpflichtet ist, muss gleichwohl für steuerliche Zwecke ein Mindestmaß an Aufzeichnungen einhalten. Dies gilt zum Beispiel für alle Selbständigen der freien Berufe. Darüber hinaus können auch nachfolgend beschriebene gewerbliche und landwirtschaftliche Unternehmen auf kaufmännische Buchführung zugunsten einer Einnahme-Überschussrechnung verzichten.

Wer darf den Gewinn mit einer Einnahmenüberschussrechnung (EÜR) ermitteln?

- Gewerbetreibende mit Umsätze bis zu 500 000 Eur oder Gewinn von bis zu 30 000 Eur im Kalenderjahr,
- Land- und Forstwirte mit einem Wirtschaftswert bis zu 25 000 Eur oder Gewinn bis zu 30 000 Eur im Kalenderjahr
- Selbständig Tätige der freien Berufe, z. B. Journalist, Architekt, Anwalt, Arzt

Im Unterschied zur kaufmännischen Buchführung wird der Gewinn bei der EÜR nicht durch Bilanzierung und daraus folgendem Betriebsvermögensvergleich, sondern wie folgt ermittelt:

Betriebseinnahmen
– Betriebsausgaben
= Gewinn

Es handelt sich bei der EÜR also um die Aufzeichnung aller betrieblichen Einnahmen und Ausgaben. § 4 Abs. 3 EStG[1] lässt dies zu ohne genaue Bestimmungen über die Aufzeichnungspflicht zu enthalten.

Wer eine EÜR führt, sollte folgende Hinweise beachten:

- **Anzahlungen**, die geleistet worden sind, gelten als Betriebsausgabe, erhaltene Anzahlungen als Betriebseinnahme.

---

1 Vgl. Anhang

- **Betriebseinnahmen** entsprechen dem Entgelt im Umsatzsteuerrecht. Dazu gehören also auch Einnahmen aus Hilfs- und Nebengeschäften, soweit sie im Betrieb anfallen. Sofern der Unternehmer umsatzsteuerpflichtig ist, gilt der erhaltene Bruttobetrag als Betriebseinnahme. Für die Ermittlung der Umsätze im Sinne des Umsatzsteuerrechts sind zusätzlich jeweils die Nettobeträge aufzuzeichnen. Erstattete Vorsteuer gilt als Betriebseinnahme.

- **Betriebsausgaben** sind so aufzuzeichnen, dass ein sachverständiger Dritter sie leicht und einwandfrei überprüfen kann. Dazu müssen sie einzeln, fortlaufend und unter Angabe des Datums sowie des Verwendungszwecks aufgezeichnet werden. Am Schluss des Kalenderjahrs sind die Betriebsausgaben zusammenzurechnen. Für umsatzsteuerpflichtige Unternehmen gilt, dass als Betriebsausgaben die Bruttobeträge gelten. Die zu zahlende Umsatzsteuer gilt ihrerseits als Betriebsausgabe. Die Vorsteuerbeträge sind gesondert zu erfassen und aufzeichnen.

- **Abschreibungen** sind wie bei buchführungspflichtigen Unternehmen für die abnutzbaren Wirtschaftsgüter – für umsatzsteuerpflichtige Unternehmen aus dem Nettobetrag – zu ermitteln. Es gelten also die allgemeinen Abschreibungsvorschriften. Für die abzuschreibenden Anlagegüter und Geringwertige Wirtschaftsgüter muss ein Verzeichnis geführt werden (Anlagespiegel). Die nicht abnutzbaren Wirtschaftsgüter des Anlagevermögens, also beispielsweise ein Grundstück, sind ebenfalls unter Angabe des Tages der Anschaffung oder Herstellung und der Anschaffungs- oder Herstellungskosten in ein laufend zu führendes Verzeichnis (§ 4 Abs. 3 Satz 5 EStG) aufzunehmen.

- **Privatentnahmen und -einlagen** müssen nicht aufgezeichnet werden. Sachentnahmen sind aber den Betriebseinnahmen hinzuzurechnen. Die Umsatzsteuervorschriften für Sachentnahmen sind ebenfalls zu beachten. Soweit ein Kassenbericht erstellt wird, müssen in diesem zur korrekten Abstimmung auch die Privatentnahmen und -einlagen aufgenommen werden. Die Umsatzsteuer auf einen Eigenverbrauch (unentgeltliche Wertabgabe) wird als Betriebseinnahme erfasst.

- **Kassenaufzeichnungen** müssen grundsätzlich nicht in vollem Umfang geführt werden. Nur Bareinnahmen müssen täglich aufgezeichnet werden.

- **Aufzeichnungsvorschriften** sind weniger formell als bei der kaufmännischen Buchführung. Außer den oben bereits erwähnten besteht nach §4 Abs. 7 EStG eine gesonderte Aufzeichnungspflicht für die nichtabzugsfähigen Betriebsausgaben. Bewirtungsbelege müssen periodisch und zeitnah auf einem besonderen Konto oder einer besonderen Liste eingetragen werden. Für Arbeitgeber, die Lohnsteuer abführen, ergeben sich darüber hinaus Aufzeichnungspflichten aus §41 EStG.
  Ein bestimmtes System für die Form der Aufzeichnungen ist nicht vorgeschrieben. Prinzipiell genügt die geordnete Zusammenstellung der Betriebseinnahmen und -ausgaben, z. B. in Listen.

- **Aufbewahrungspflichten** gelten allgemein nach dem Steuerrecht, auch wenn die Rechtsgrundlagen dies nicht so klar wie bei der kaufmännischen Buchführung vorschreiben. Die Frist ist deshalb nach §147 Abgabenordnung zehn Jahre.

- **Sacheinnahmen** sind wie Geldeingänge in dem Zeitpunkt als Betriebseinnahme zu erfassen, in dem der Sachwert zufließt.

- Das **Zu- und Abflussprinzip** bezieht sich jeweils auf ein Kalenderjahr.
  Einnahmen gelten in dem Zeitpunkt als zugeflossen, wenn der Steuerpflichtige wirtschaftlich darüber verfügen kann. Wann dies ist, hängt von der Zahlungsform ab. Der Zufluss-Zeitpunkt bestimmt, in welches Kalenderjahr die Einnahme in die Gewinnermittlung gehört.
  Es gelten folgende Regeln für den Zufluss-Zeitpunkt:
  – Barzahlung: mit Übergabe bzw. Empfang
  – Scheck: mit Entgegennahme der Urkunde
  – Überweisung: mit vorbehaltloser Gutschrift durch die Empfängerbank
  – Wechsel: mit Einlösung oder Diskontierung
  Ausgaben sind in dem Kalenderjahr abzusetzen, in dem sie geleistet worden sind. Der Abfluss ist anzunehmen, wenn der Steuerpflichtige die wirtschaftliche Verfügungsmacht verloren hat. Dies ist wie folgt bei den einzelnen Zahlungsformen gegeben:
  – Barzahlung: mit Übergabe oder Einzahlung für den Empfänger

- Scheck: mit Überreichung des Schecks an den Empfänger oder mit brieflicher Absendung
- Überweisung: zum Zeitpunkt der Abgabe des Überweisungsauftrags bei der beauftragten Bank
- Wechsel: mit Einlösung des Wechsels
- **Regelmäßig wiederkehrende Einnahmen und Ausgaben**, z. B. Miete, sind in dem Jahr zu berücksichtigen, zu dem sie wirtschaftlich gehören, wenn die Fälligkeit und die Bezahlung innerhalb von zehn Tagen vor oder nach dem Kalenderjahrwechsel liegen.

Wer seinen Gewinn nach der EÜR ermittelt, hat ein **Wahlrecht**, den Gewinn durch Betriebsvermögensvergleich, also mit Hilfe der kaufmännischen Buchführung, zu ermitteln. Dieses Wahlrecht wird man beispielsweise ausüben, wenn aus anderen Gründen eine kaufmännische Buchführung betrieben wird, oder wenn die EÜR Nachteile mit sich bringt.

Da es bei der EÜR keine Rechnungsabgrenzung gibt, kann das Zu- und Abflussprinzip steuerlich in besonderen Situationen zum Nachteil, aber auch zum Vorteil führen. Ein Nachteil kann gerade bei Geschäfts- oder Praxiseröffnungen entstehen, wenn zwar schon Betriebsausgaben angefallen sind, aber noch keine oder geringe Betriebseinnahmen. Andererseits können gerade zum Jahresende hin Ausgaben und Einnahmen bewusst und legal vorgezogen oder hinausgeschoben werden. Wenn beispielsweise ein EÜR-Gewinn-Ermittler an einen anderen EÜR-Gewinn-Ermittler am letzten Tag des Jahres zur Bezahlung einer Rechnung einen Scheck absendet, kann er dies im ablaufenden Jahr als Betriebsausgabe verrechnen, der Empfänger rechnet den im neuen Jahr erhaltenen Scheck dann dem Gewinn dieses Jahres zu. Unter Umständen „lohnt" sich sogar eine Vorauszahlung.

Vordruck „Einnahmenüberschussrechnung – Anlage EÜR"

Der Steuererklärung ist seit 2004 eine Gewinnermittlung auf einem vorgeschriebenen Vordruck beizufügen. Dazu gehört auch ein Formblatt für das Verzeichnis der Anlagegüter. Beide Vordrucke können auch elektronisch übermittelt werden. Es empfiehlt sich, bei den eigenen Aufzeichnungen während des Jahres laufend die im Vordruck zu machenden Angaben zu berücksichtigen. So sind bei

				9915

11	Steuernummer	77	Zeitraum 05	Nr. des Betriebes (lfd. Nr.)

Zuordnung Anlage EÜR zu GSE/L	Gewerbekennzahl
105	110

Einnahmenüberschussrechnung – Anlage EÜR

(Gewinnermittlung nach § 4 Abs. 3 EStG) für das **Kalenderjahr 05** bzw. **Wirtschaftsjahr 05/06**

Bitte für jeden Betrieb eine gesonderte Anlage EÜR einreichen!

Steuernummer	Name
Art des Betriebs	100

Erläuterung zu den nachfolgenden Bereichen

1. Gewinnermittlung (Zeilen 1 – 57)	Diese Gewinnermittlung ist von Gewerbetreibenden, selbstständig Tätigen, Land- und Forstwirten sowie Körperschaften, Personenvereinigungen und Vermögensmassen auszufüllen.
2. Ergänzende Angaben (Zeilen 58 – 67)	Bitte **nur** ausfüllen, wenn
	- Rücklagen/Ansparabschreibungen gebildet oder aufgelöst werden.
	- Schuldzinsen als Betriebsausgaben geltend gemacht werden.

1. Gewinnermittlung

			9920

1	**Betriebseinnahmen**		Euro	Ct
	Betriebseinnahmen als umsatzsteuerlicher **Kleinunternehmer** *(weiter ab Zeile 8)*	111		
2	Davon aus Umsätzen, die in § 19 Abs. 3 Nr. 1 und Nr. 2 UStG bezeichnet sind	119		
3	Betriebseinnahmen als **Land- und Forstwirt**, soweit die Durchschnittssatzbesteuerung nach § 24 UStG angewandt wird	104		
4	Umsatzsteuerpflichtige Betriebseinnahmen	112		
5	Umsatzsteuerfreie, nicht umsatzsteuerbare Betriebseinnahmen sowie Betriebseinnahmen, für die der Leistungsempfänger die Umsatzsteuer nach § 13 b UStG schuldet	103		
6	Vereinnahmte Umsatzsteuer sowie Umsatzsteuer auf unentgeltliche Wertabgaben	140		
7	Vom Finanzamt erstattete und ggf. verrechnete Umsatzsteuer	141		
8	Veräußerung oder Entnahme von Anlagevermögen	102		
9	Private Kfz-Nutzung	106		
10	Sonstige Sach-, Nutzungs- und Leistungsentnahmen (z.B. private Telefonnutzung)	108		
11	Auflösung von Rücklagen und/oder Ansparabschreibungen (Übertrag von Zeile 63)			
12	**Summe Betriebseinnahmen**	159		

313

Steuernummer:

9925

13	**Betriebsausgaben**		Euro	Ct
14	Betriebsausgabenpauschale **für bestimmte Berufsgruppen** bzw. Freibetrag nach § 3 Nr. 26 EStG *(weiter ab Zeile 53)*	190		
15	Sachliche Bebauungskostenpauschale/Betriebsausgabenpauschale für **Land- und Forstwirte**	191		
16	Waren, Rohstoffe und Hilfsstoffe einschl. der Nebenkosten	100		
17	Bezogene Leistungen (z.B. Fremdleistungen)	110		
18	Ausgaben für eigenes Personal (z.B. Gehälter, Löhne und Versicherungsbeiträge)	120		
19	Absetzungen für Abnutzung (AfA) auf unbewegliche Wirtschaftsgüter (ohne AfA für das häusliche Arbeitszimmer)	136		
20	AfA auf immaterielle Wirtschaftsgüter (z.B. erworbene Firmen- oder Praxiswerte)	131		
21	AfA auf bewegliche Wirtschaftsgüter (z.B. Maschinen, Kfz)	130		
22	Sonderabschreibungen nach § 7g Abs. 1 und 2 EStG	134		
23	Aufwendungen für geringwertige Wirtschaftsgüter	132		
24	Restbuchwert der im Kalenderjahr/Wirtschaftsjahr ausgeschiedenen Anlagegüter	135		
25	Kraftfahrzeugkosten und andere Fahrtkosten			
26	Laufende und feste Kosten (ohne AfA und Zinsen)	140		
27	Enthaltene Kosten aus Zeilen 21, 26 und 37 für Wege zwischen Wohnung und Betriebsstätte −	142		
28	**Verbleibender Betrag** →	143		
29	Abziehbare Aufwendungen für Wege zwischen Wohnung und Betriebsstätte	176		
30	Raumkosten und sonstige Grundstücksaufwendungen			
31	Abziehbare Aufwendungen für ein häusliches Arbeitszimmer (einschl. AfA und Schuldzinsen)	172		
32	Miete/Pacht für Geschäftsräume und betrieblich genutzte Grundstücke	150		
33	Aufwendungen für betrieblich genutzte Grundstücke (ohne Schuldzinsen und AfA)	151		
34	**Übertrag (Summe Zeilen 14 – 33)**			

Steuernummer:

		nicht abziehbar		abziehbar			Euro	Ct
35	**Übertrag aus Zeile 34:**							
36	Schuldzinsen (§ 4 Abs. 4a EStG)		Euro Ct		Euro Ct			
37	Finanzierung von Anschaffungs-/Herstellungskosten von Wirtschaftsgütern des Anlagevermögens			178				
38	Übrige Schuldzinsen	167		179				
39	Übrige beschränkt abziehbare Betriebsausgaben (§ 4 Abs. 5 EStG)							
40	Geschenke	164		174				
41	Bewirtung	165		175				
42	Reisekosten, Aufwendungen für doppelte Haushaltsführung			173				
43	Sonstige (z.B. Geldbußen, Repräsentationskosten)	168		177				
44		Summe Zeilen 37 – 43 (abziehbar) →						
45	Sonstige unbeschränkt abziehbare Betriebsausgaben für							
46	Porto, Telefon, Büromaterial					192		
47	Fortbildung, Fachliteratur					193		
48	Rechts- und Steuerberatung, Buchführung					194		
49	Übrige Betriebsausgaben					183		
50	Gezahlte Vorsteuerbeträge					185		
51	An das Finanzamt gezahlte und ggf. verrechnete Umsatzsteuer					186		
52	Bildung von Rücklagen und/oder Ansparabschreibungen (Übertrag von Zeile 63)							
53	**Summe Betriebsausgaben**					199		
54	**Ermittlung des Gewinns**							
55	Summe der Betriebseinnahmen (Übertrag aus Zeile 12)							
56	abzüglich Summe der Betriebsausgaben (Übertrag aus Zeile 53)							
57	**Gewinn/Verlust**					119		

9. Gewinnermittlung durch Einnahmenüberschussrechnung

Steuernummer:

2. Ergänzende Angaben

		Bildung		Auflösung	
		Euro	Ct	Euro	Ct
58	**Rücklagen und Ansparabschreibungen**				
59	Rücklagen nach § 6c i.V.m. § 6b EStG, R 35 EStR	187		120	
60	Ansparabschreibungen nach § 7g Abs. 3 – 6 EStG	188		121	
61	Ansparabschreibungen nach § 7g Abs. 7 und 8 EStG	189		122	
62	Gewinnzuschlag nach § 6c i.V.m. § 6b Abs. 7 und 10, § 7g Abs. 5 und 6 EStG			123	
63	Summen	190		124	
64		Übertrag in Zeile 52		Übertrag in Zeile 11	

9927

9929

		Euro	Ct
65	**Entnahmen und Einlagen bei Schuldzinsenabzug**		
66	Entnahmen einschl. Sach-, Leistungs- und Nutzungsentnahmen	122	
67	Einlagen einschl. Sach-, Leistungs- und Nutzungseinlagen	123	

Verzeichnis der Anlagegüter (Muster) für das Jahr:

Um Rückfragen zu vermeiden, wird empfohlen, ein Verzeichnis nach diesem Muster ebenfalls einzureichen.

Bei nicht abnutzbaren Anlagegütern entfallen die Angaben zu Nutzungsdauer und AfA. Die Summe der AfA-Beträge ist in die Zeilen 19–22 zu übertragen.

Gruppe	Bezeichnung des Wirtschaftsguts	Nutzungsdauer	Anschaffungs-/Herstellungs- oder Einlagezeitpunkt	Anschaffungskosten/Teilwert	Buchwert zu Beginn des Gewinnermittlungszeitraums	Sonder-AfA nach § 7 g EStG	AfA	Buchwert am Ende des Gewinnermittlungszeitraums
Unbewegliche Wirtschaftsgüter								
Summe							(Übertrag in Zeile 19)	
Häusliches Arbeitszimmer	Gebäudeteil						vgl. Erläuterungen zu Z. 31	
	Anteil Grund und Boden							
Summe								
Immaterielle Wirtschaftsgüter								
Summe							(Übertrag in Zeile 20)	
Bewegliche Wirtschaftsgüter								
Summe						(Übertrag in Zeile 22)	(Übertrag in Zeile 21)	

Verwendung des Vordrucks Raumkosten und andere Grundstücks-
aufwendungen einzeln und getrennt aufzuzeichnen, ebenso Schuld-
zinsen, Ausgaben für Geschenke und Bewirtungen. Nachdem gegen
den ursprünglich sehr komplizierten Vordrucke Bedenken erhoben
worden sind, wurde er ab 2005 vereinfacht. Zusätzlich gilt, dass die
Steuerbehörde es nicht beanstandet, wenn Steuerpflichtige mit Betriebseinnahmen unter **17 500 Eur** den Vordruck nicht abgeben, sondern den Gewinn formlos – wie oben beschrieben – ermitteln. Der
Vordruck und die dazu gehörenden Erläuterungen können über die
Internetseite der Finanzministerien geladen werden.

10. EDV- Buchhaltung und Geschäftsprozessorientierung

In der Regel wird heute die Buchhaltung nicht mehr manuell, sondern mit Hilfe der EDV durchgeführt. Die am Markt erhältlichen Buchhaltungsprogramme zeichnen sich in der Regel durch eine komfortable Bedieneroberfläche aus, was den hohen Verbreitungsgrad beschleunigt haben dürfte. Auf dem Softwaremarkt gibt es inzwischen – angefangen von Shareware-Produkten bis hin zur professionellen Software – eine große Anzahl von Buchhaltungsprogrammen. Die Qualität ist jeweils auch vor dem Hintergrund der eigenen Bedürfnisse zu beurteilen. Kap. 10.1 soll einen Einblick in die Arbeitsweise von Buchhaltungsprogrammen geben. Unterschiede zwischen den einzelnen, am Markt erhältlichen Programmen, werden nicht dargestellt.

In den letzten Jahren sind funktionsübergreifende Prozesse immer mehr in den Mittelpunkt gerückt. Hier kommen speziell dafür entwickelte Softwarelösungen zum Einsatz. Es handelt sich um integrierte Komplettlösungen, so genannte **ERP**-Programme (**E** = Enterprise; **R** = Resource; **P** = Planning). In Kap. 10.2 soll der Geschäftsprozessgedanke in seinen Grundzügen erläutert werden. Diese auch als **IUS**-Programme (**I** = Integrierte; **U**= Unternehmens; **S**= Software) bezeichneten Softwarelösungen gehen weiter über die reine Finanzbuchhaltung hinaus.

10.1 Grundzüge einer EDV-Buchhaltung

Die Umstellung der Buchhaltung auf EDV ist mit nicht geringen Ausgaben verbunden. Neben dem Anschaffungspreis für das Programm fallen Ausgaben für die entsprechende Hardware[1] (Personal-Computer und Drucker) an. Aus diesem Grunde ist die Frage zu stellen, ob sich die entsprechenden Investitionen lohnen. Unab-

---

1 Sofern diese nicht bereits im Unternehmen ohnehin vorhanden ist.

hängig von unternehmensspezifischen Faktoren, wie z. B. der Größe des Unternehmens, bringt der EDV-Einsatz enorme Vorteile. Die wichtigsten sind:

- Bei der Erfassung von Geschäftsvorfällen werden Umsatzsteuer und Vorsteuer automatisch gebucht. Das Zahlenmaterial ist für eine Umsatzsteuerverprobung verfügbar. Mit „Umsatzsteuerverprobung" meint man eine Kontrolle des Saldos des Umsatzsteuerkontos mit der Summe der Salden aller Erlös- und Erlösberichtigungskonten.
- Alle gebuchten Geschäftsvorfälle werden vom Programm protokolliert. Das Buchungsjournal[2] ermöglicht jederzeit eine Kontrolle und dient als Buchungsnachweis.
- Automatische Berechnung der Skontobeträge. Einerseits wird eine optimale Skontoausnutzung durch den Nutzer (Eingangsrechnungen) und anderseits eine optimale Überprüfung der Berechtigung eines Skontoabzugs durch einen Kunden (Ausgangsrechnungen) ermöglicht.
- Automatischer Ausdruck von Fälligkeitslisten (Mahnwesen) und automatisches Erstellen von Mahnungen verschiedener Mahnstufen.
- Automatischer Ausdruck oder online-Übertragungen von Überweisungen.
- Kontenausdruck mit aktuellem Kontenstand ist jederzeit möglich.
- Automatische Erstellung der GuV-Rechnung und einer „vorläufigen" Bilanz.
- Automatische Erstellung der Umsatzsteuervoranmeldung.
- Vielfältige statistische Auswertungsmöglichkeiten.

Viele Computerprogramme sind nach einem „Baukastenprinzip" aufgebaut, d. h., neben dem Grundmodul („Kern" des Programms) können verschiedene Zusatzmodule (z. B. „Kostenrechnung", „Auftragsbearbeitung") erworben werden. Welche Vorteile im Einzelnen genutzt werden können, hängt u. U. also auch davon ab, welche Zusatzmodule erworben wurden.

---

2 Es enthält alle gebuchten Geschäftsfälle in zeitlicher Reihenfolge (= Grundbuch).

Nach der Programminstallation sind einige Grundeinstellungen vorzunehmen, bevor mit dem Buchen von Geschäftsfällen begonnen werden kann. Außer der Angabe der Firma, dem Land und der Währung, in der gebucht werden soll (z. B. Eur) ist auszuwählen, auf welche Weise der Gewinn ermittelt werden soll. Eine Programm-Hilfe, die jederzeit aufgerufen kann, gibt Erläuterungen. Außer der Angabe des Geschäftjahres ist ein Kontenrahmen auszuwählen. Es stehen verschiedene Kontenrahmen zur Auswahl,[3] u. a. auch Kontenrahmen der DATEV.[4] Sowohl bei der Auswahl des Kontenrahmens als auch bei der Entscheidung für die Gewinnermittlungsart („Einnahmenüberschussrechnung" bzw. „Betriebsvermögensvergleich") ist die Einholung des Rates eines Steuerberaters anzuraten. Die Unterschiede im Hinblick auf die Art der Gewinnermittlung können in Kap. 9 nachlesen werden.

Die Angabe des Finanzamtes sowie die Festlegung von Fristen für das Mahnwesen sind weitere Grundeinstellungen.

Befindet man sich im Buchhalter-Modul, dann kann der Kontenrahmen auf den Bildschirm geholt werden (entsprechendes Symbol anklicken oder Auswahl über *Ansicht - Kontenplan*). Der Kontenrahmen muss den Gegebenheiten im Unternehmen angepasst werden und wird damit zum Kontenplan. Alle „Werkzeuge", die man zur Anpassung benötigt, befinden sich in Form von Symbolen oberhalb des am Bildschirm angezeigten Kontenrahmens. Auf diese Weise können:

- Konten gelöscht werden, die man nicht benötigt.[5]
- Konten geändert werden, um sie den Gegebenheiten anzupassen. Dies wird z. B. beim Konto „Bank" der Fall sein. Die Bezeichnung „Bank" kann durch einen Bank-Namen ersetzt werden. Die entsprechenden Daten (z. B. Konto-Nr., BLZ) können bei Auswahl der entsprechenden Registerkarte eingegeben werden.
- Anlage neuer Konten: Dies wird z. B. der Fall sein, wenn Sie mehrere Bankkonten führen. Die zu vergebende Kontonummer sollte zweckmäßig in den Kontenrahmen eingefügt werden. Außerdem

---

3 Je nach ausgewähltem Kontenrahmen ergeben sich auch unterschiedliche Kontennummern.

4 Zu Kontenrahmen vgl. auch Kap. 1.5.6

5 Löschen sollte man ein Konto jedoch nur, wenn man ganz sicher ist, dass man es nicht benötigt bzw. nicht benötigen wird.

sind Ihre Debitoren und Kreditoren anzulegen, da diese natürlich nicht im Kontenrahmen vorhanden sein können. Die Kontenummern für Debitoren und Kreditoren sind grundsätzlich frei wählbar, sollten jedoch – im Gegensatz zu den Sachkonten –, die vierstellig sind, fünfstellig sein.

Soll z. B. ein neues aktives Bestandskonto angelegt werden, können die Eigenschaften eines anderen aktiven Bestandskontos relativ einfach übernommen werden, wenn man dem Tipp am Bildschirm folgt. Wichtig für die richtige Auswahl eines ähnlichen Kontos ist, dass man z. B. weiß, ob das Konto aus einer Bilanzposition abgeleitet wurde, die dem Anlage- oder Umlaufvermögen zugeordnet wird. Entsprechendes gilt für Aufwands- bzw. Ertragskonten.

Grundsätzlich besteht auch die Möglichkeit des Datenimports, wenn entsprechende Dateien (z. B. eine Kundendatei) bereits vorliegen.

Auf den Konten stehen bisher noch keine Zahlen. Bei Umstellung auf EDV-Buchführung müssen die Anfangsbestände auf den Konten gebucht werden. Dieser Vorgang ist von einmaligem Charakter, da in Folgejahren ein „automatischer Vortrag" möglich ist.

Grundsätzlich gibt es zwei Arten der Buchung von Buchungssätzen:

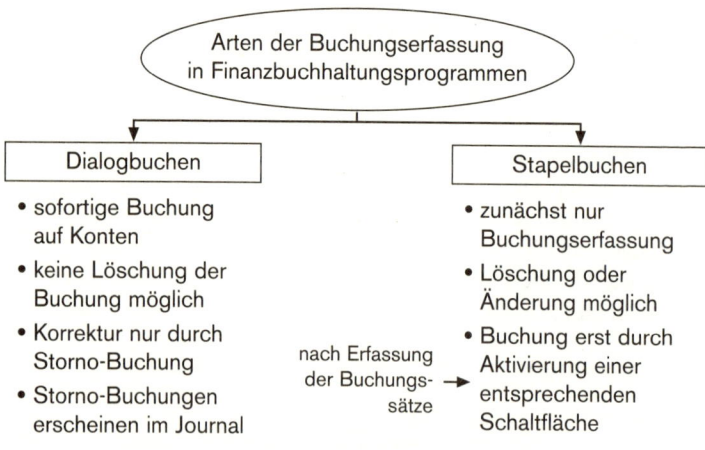

Buchungsmöglichkeiten

Auch laufende Geschäftsfälle können im Dialog oder als Stapel-buchung erfasst werden.

Betrachten wir exemplarisch die Buchung eines Handelswarenverkaufs an unseren Kunden Birkle OHG (Nr. 24001). Wir (Heckmann KG) haben an Birkle die Handelsware „Fahrradtaschen" für 150,00 Eur zuzüglich Umsatzsteuer auf Rechnung verkauft.
Wie lautet der Buchungssatz?

| Soll | Haben | Buchungsbetrag in Eur | |
		Soll	Haben
(24001) Birkle OHG		174,00	
	(5010) Umsatzerlöse Handelswaren		150,00
	(4800) Umsatzsteuer		24,00

Die Buchung auf Debitorenkonto „Birkle OHG" ist zweckmäßig, wie wir in Kapitel 1.5.8 dargestellt haben. Einige Buchhaltungspro-gramme erlauben aber auch eine Buchung auf dem Konto „Forde-rungen". Die Übersicht auf Seite 324 verdeutlicht den Hintergrund:
Wir gehen hier davon aus, dass die Heckmann KG auf Personen-konten bucht. Das Buchhaltungsprogramm bucht den Geschäftsfall in der oben dargestellten Art und Weise. Die Eingabe gestaltet sich aber einfacher: Eine Umsatzsteuerautomatik berechnet die Umsatz-steuer selbständig. Es ist möglich, bei der Anlage von Konten einen Steuerschlüssel zu hinterlegen. Ist das Konto „Umsatzerlöse für Handelswaren" bereits angelegt, können Sie den Steuerschlüssel ansehen.

Es können unterschiedliche Steuersätze (z. B. 7 %) ausgewählt werden. Da die Heckmann KG nur den Steuersatz mit 16 % benötigt, genügt der Regelfall 16 % Umsatzsteuer (hier nur mit USt bezeichnet). Dieser Steuerschlüssel bewirkt, dass bei einer Buchung auf dem Konto „Umsatzerlöse für Handelswaren" 16 % Umsatz-steuer automatisch berechnet und auf das Umsatzsteuerkonto ge-bucht werden. Man kann sich das so vorstellen: Immer wenn ein Buchungsbetrag auf das Konto „Umsatzerlöse für Handelswaren"

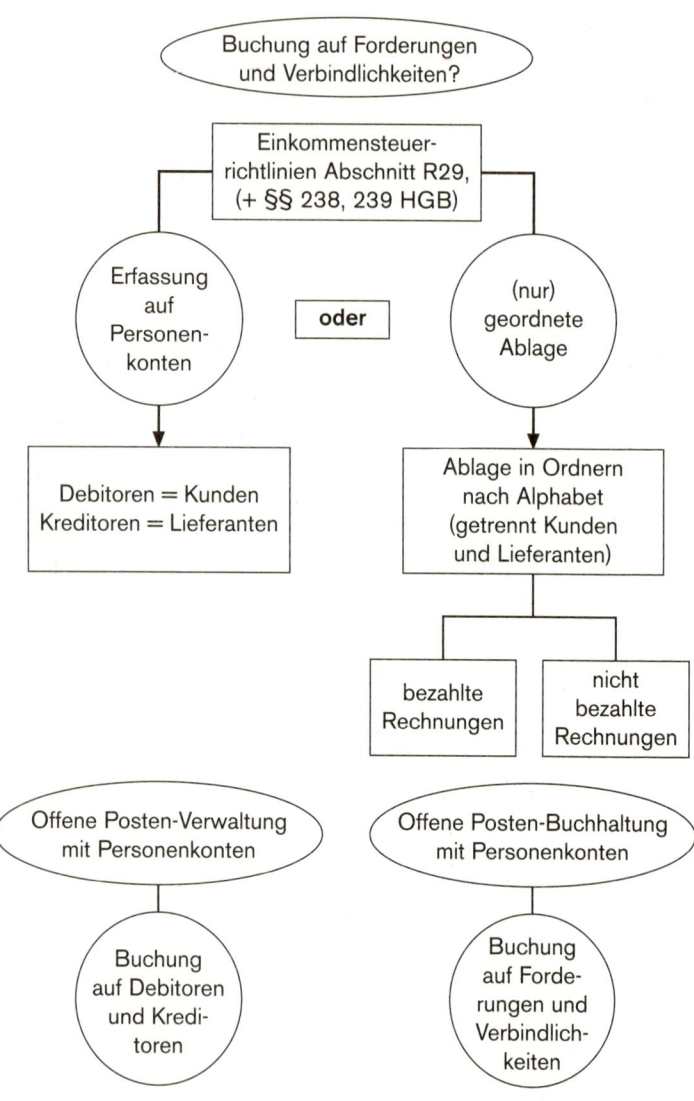

Offene Posten-Verwaltung und Offene Posten-Buchhaltung

gebucht wird „weiß" das Programm, dass es sich um einen Brutto-betrag handelt, aus dem die Umsatzsteuer herauszurechnen ist. Die-se Steuerautomatik kann manuell auch abgeschaltet werden. Auf-grund der Steuerautomatik ist folgende vereinfachte Eingabe mög-lich:

Vereinfachte Buchungseingabe bei einer Ausgangsrechnung

Soll	Haben	Buchungsbetrag in Eur
(24001) Birkle OHG	(5010) Umsatzerlöse für Handelswaren	174,00

Durch den Steuerschlüssel und die Steuerautomatik rechnet nun das Buchhaltungsprogramm quasi einen Dreisatz:

116 % 174,00 Eur
 16 %   X   Eur

X = (174,00 Eur × 16 %) : 116 %

X = 24,00 Eur (Betrag wird am Bildschirm eingeblendet)

174,00 Eur – 24,00 Eur = 150,00 Eur. Nettobetrag, der auf dem Konto „Umsatzerlöse" gebucht wird.

Das Programm bucht nun wie wir es bereits kennen:

		Buchungsbetrag in Eur	
Soll	Haben	Soll	Haben
(24001) Birkle OHG		174,00	
	(5010) Umsatz-erlöse für Handelswaren		150,00
	(4800) Umsatzsteuer		24,00

Die Übertragung auf „Forderungen a. L. u. L." erfolgt automatisch. Vgl. hierzu Kap. 1.5.8.

Noch komfortabler geht es, wenn Sie ein Programmpaket erwor-ben haben, das auch ein Fakturierungsmodul enthält. Dann können Sie mit dem Fakturierungsmodul die Rechnung am Bildschirm er-stellen und anschließend in den „Buchhalter" transferieren. Wird eine Rechnung (auf den Bildschirm oder über den Drucker) ausge-druckt, dann wird man gefragt, ob die Rechnung gleich gebucht werden soll. Bestätigt man dies, dann wird die Rechnung in den Buchhalter übergeben. Wechselt man nun in den „Buchhalter", dann findet man dort die übergebene Buchung in Form eines Buchungssatzes[6] im Buchungsstapel.

Nehmen wir an, die Heckmann KG hat einen PC für die Buchhaltung bei Computer Burk gekauft.

Übertragen wir die Ausführungen über das Buchen einer Ausgangsrechnung auf das Buchen einer Eingangsrechnung:

- Wir buchen die Eingangsrechnung u. a. auf dem Kreditorenkonto „Computer Burk". Eine direkte Buchung auf dem Konto „Verbindlichkeiten a. L. u. L." wäre aber grundsätzlich ebenfalls möglich.
- Es wird der Bruttobetrag eingegeben. Nach Eingabe des Rechnungsbetrages wird die Vorsteuer automatisch herausgerechnet („Vorsteuer-Automatik") und auf das Vorsteuerkonto gebucht. Das Programm bucht auf dem Konto „Geschäftsausstattung"[7] dann den Nettobetrag.

Die Übertragung auf „Verbindlichkeiten a. L. u. L." erfolgt automatisch. Vgl. hierzu Kap. 1.5.8 in diesem Band.

In der Regel hat man mehrere Eingangs- und Ausgangsrechnungen sowie weitere andere Belege wie z. B. Kontoauszüge. Eine Ordnung der Belege ermöglicht eine rationelle Eingabe. In kleineren Unternehmen bucht man die Belege nicht täglich, sondern lässt die Belege in einer bestimmten Zeitspanne (maximal ein Monat) zusammenkommen. Bevor die Belege in den Computer eingegeben werden[8], erfolgt eine Sortierung nach so genannten Belegkreisen[9] wie z. B.:

- Belegkreis 1: Ausgangsrechnungen und Gutschriften an Kunden
- Belegkreis 2: Eingangsrechnungen und Gutschriften von Lieferanten

---

6 Es ist natürlich auch möglich, anstelle einer einzelnen Rechnung mehrere Rechnungen in einem Arbeitsgang zu übergeben.

7 Wir buchen hier auf dem Konto „Geschäftsausstattung". Es könnte auch ein spezielles Konto angelegt werden, auf dem dann dieser PC gebucht wird.

8 Nach den Buchführungsrichtlinien darf keine Buchung ohne Beleg durchgeführt werden!

9 Zuvor werden sie auf Richtigkeit überprüft.

- Belegkreis 3: Bankkontoauszüge mit Belegen (z. B. Lastschriften)
- Belegkreis 4: Kassenabrechnungen mit Belegen
- Belegkreis 5: Sonstige Belege (z. B. für Lohnbuchungen)

Innerhalb eines Belegkreises wird nach Datum sortiert. Anschließend werden die Belege vorkontiert. Die Vorkontierung mit Hilfe eines entsprechenden Stempels erscheint nicht mehr zeitgemäß. Beim Übertragen von Daten in diesen Stempelabdruck besteht die Gefahr von Übertragungsfehlern. Aus diesem Grund erscheint es zweckmäßiger, die wichtigen Informationen auf dem Beleg anzustreichen und fehlende zu ergänzen.

Bilanz und GuV-Rechnung

Zum Geschäftsjahresende soll eine Bilanz und GuV-Rechnung ausgedruckt werden. Sowohl Bilanz als auch GuV-Rechnung stellen Auswertungen von vorhandenem Zahlenmaterial dar. In der in diesem Band verwandten Begrifflichkeit wurde Wert darauf gelegt, dass die Bilanz auf der Grundlage von Inventurwerten zu erstellen ist. Was in manchen Buchhaltungsprogrammen über das Symbol „Waage" gestartet wird, ist aber zunächst eine Auswertung der Zahlen aus den Konten. Aus diesem Grund erscheint es zweckmäßiger, von „vorläufiger Bilanz" zu sprechen, da noch eine Abstimmung mit den Inventurwerten (und u. U. Durchführung von Korrekturbuchungen bei Inventurdifferenzen) zu erfolgen hat und eine Bewertung des Vermögens und der Schulden (siehe hierzu Kap. 7.2) vorzunehmen ist.

In Buchhaltungsprogrammen ist in der Regel für die doppelte Buchführung der Auswertungsaufbau für die Gliederung der Bilanz und die GuV-Rechnung mit den entsprechenden Kontenzuordnungen bereits hinterlegt. Grundlage bilden die handelsrechtlichen Bestimmungen (§ 266, Abs. 2 u. 3 HGB und § 275, Abs. 2 HGB).[10] Die in Kapitel 1.3.4 bzw. 1.7.4 in diesem Band dargestellte Bilanz und GuV-Rechnung sind um einige Positionen erweitert, die Sie erst in späteren Kapiteln kennen gelernt haben. Im Hinblick auf die Bilanz seien beispielhaft die Rechnungsabgrenzungsposten genannt. In der

---

10 Die §§ sind im Wortlaut im Anhang abgedruckt.

GuV-Rechnung wird u. a. zwischen dem Ergebnis der gewöhnlichen Geschäftstätigkeit und dem außerordentlichen Ergebnis unterschieden. Im Programm kann der **Aufbau** von Bilanz und GuV angesehen werden. Der Aufbau kann dort ebenso wie die Kontenzuordnung geändert werden. Es ist auch möglich, einen „eigenen" Aufbau einzugeben.

Um das Prinzip zu verdeutlichen, nehmen wie an, es sei in der Bilanzstruktur keine Position „Flüssige Mittel" vorhanden. Die Position soll in den Bilanzaufbau eingefügt werden. Damit in der später auszudruckenden Bilanz die Position „Flüssige Mittel" mit einem entsprechenden Betrag erscheint, sind zwei Schritte zu tun, die bildhaft in der Abbildung auf dargestellt werden:

Die Bilanz: Beispiel „Flüssige Mittel"

Aufbau der Bilanz mitteilen = „Schubladen beschriften"   und   Sachkontenzuordnung = „Schubladen füllen"

Beispiel: Flüssige Mittel   Beispiel: Bank und Kasse

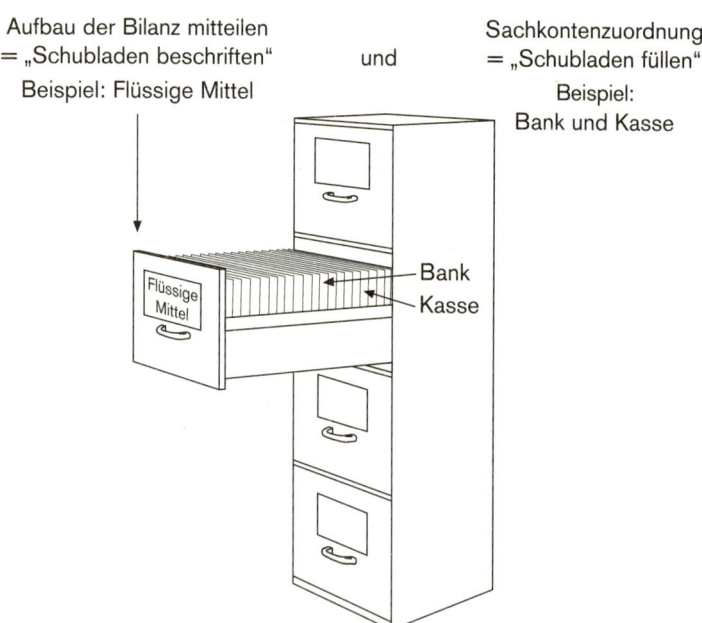

Bilanzposition „Flüssige Mittel" mit Kontenzuordnung

In ähnlicher Weise wird bei der GuV-Rechnung verfahren.

Über einen entsprechenden Menüpunkt kann ein Wirtschaftsjahr abgeschlossen werden und – sofern gewünscht – ein automatisches Vortragen der Salden der Bestandskonten veranlasst werden. Es ist allerdings zu beachten, dass nach diesem „endgültigen" Abschluss keine weiteren Buchungen für das abgeschlossene Geschäftsjahr vorgenommen werden können.

In die EDV-Buchführung konnte hier nur ein **erster Einblick** gegeben werden. Ein Programm kann weitaus mehr als es hier im Rahmen dieses Bandes aufgezeigt werden konnte. Beispielhaft seien hier nur genannt:

- Unterstützung einer Kostenstellenrechnung
- Kreditrechner und AfA-Rechner
- Grafische Auswertungen verschiedener Geschäftsdaten
- Kennzahlenanalyse
- Erstellung einer Umsatzsteuer-Voranmeldung

10.2 Grundgedanken einer Geschäftsprozessorientierung

Beim Geschäftsprozesskonzept wird versucht, die in Unternehmen anfallenden, typischen Aufgaben in zusammenhängende Abfolgen von Tätigkeiten zu gliedern. Nach einer Analyse des Ist-Zustandes

- Welche Abläufe erfolgen?
- Wer ist zuständig und verantwortlich?
- Welche Tätigkeiten werden konkret ausgeführt?
- Welche Unterlagen werden eingesetzt/benötigt?

kann über eine Optimierung zu einer Vereinheitlichung und damit Standardisierung von Abläufen übergeführt werden. Geschäftsprozesse werden nur für solche Abläufe modelliert (= beschrieben), die sich mit einer Regelmäßigkeit wiederholen. Neben der Optimierung betriebsinterner Abläufe spielt die Kundenorientierung im Sinne einer umfassenden Berücksichtigung der Belange der Kunden eine entscheidende Rolle. Eine tayloristische Aufspaltung in Einzeltätigkeiten tritt zugunsten eines ganzheitlichen, kundenorientierten Denkens zurück. Funktions- und abteilungsspezifische Tätigkeiten nehmen zugunsten bereichsübergreifender Tätigkeiten ab. Die verstärkte Vernetzung betrieblicher Teilbereiche verlangt in Unternehmen in der Regel auch nach einer alle Bereiche integrierenten Software. Man spricht von **IUS** (= **I**ntegrierte **U**nternehmens-**S**oftware) oder von **ERP** (= **E**nterprise **R**esource **P**lanning)-Programmen. Diese unterscheiden sich von reinen Finanzbuchhaltungsprogrammen dadurch, dass sie prozessorientiert aufgebaut sind und eine zentrale Datenbank verwenden. Dies ermöglicht eine komplette Integration der einzelnen Module und vermeidet eine mehrfache Erfassung von Daten. In Nicht-IUS gibt es zwar u. U. auch Module (z.B. Lager, Angebotserstellung, Finanzbuchhaltung etc.), diese sind aber nicht vernetzt und bestehen u. U. aus einzelnen Datenbanken. Dies bedeutet z. B., dass man in der Finanzbuchhaltung eine Ausgangsrechnung bucht, der Lagerbestand (Modul „Lager") aber dadurch nicht verändert wird. Hier müsste man den mengenmäßigen Abgang im Lager separat in diesem Modul erfassen. Bei einer IUS würde u. a. die wertmäßige Erfassung des Verkaufs automatisch zu einer mengenmäßigen Verminderung des Lagerbestandes führen. Umgekehrt würde die Erfassung eines Kundenauftrages automatisch zu einem Abgleich mit dem im Lager vorhandenen Bestand führen. Reicht dieser für die Ausführung des Auftrages nicht aus, würde bereits bei der Erfassung des Auftrages eine entsprechende Meldung des Lagers erscheinen, dass der vorhandene Bestand um x Stück zu niedrig ist. Am Bildschirm kann dann entschieden werden, ob der Auftrag dennoch angenommen werden soll. Dieses Beispiel macht bereits deutlich, dass die Bearbeitung des Kundenauftrages (Erfassung des Auftrages; Prüfung des Lagerbestands im Hinblick auf die Erfüllung des Auftrages) an die Stelle einer abteilungsbezogenen Betrachtungsweise (Abteilung „Verkauf"; Abteilung „Lager") tritt. Man könnte sagen, der Prozess „Kundenauftragsbearbeitung" läuft quer zu den betrieblichen Funktionen (Einkauf, Lager; Produktion; Verkauf).

Verdeutlichen wir den Zusammenhang weiter exemplarisch an dem Beispiel des Prozesses „Kundenauftragsbearbeitung". Betrachtet man die Finanzbuchhaltung isoliert, dann beginnt dort die Tätigkeit im Rahmen eines Verkaufes mit der Erfassung und Buchung der Rechnung. Diesem Vorgang gingen aber bereits Aktivitäten voraus.

Greifen wir ein einfaches Beispiel aus der Geschäftstätigkeit der Heckmann KG heraus:

1	08. Jan.200X	Kunde „Bike Müller e.Kfm." fragt schriftlich an, ob wir 300 Fahrräder des Modells „Run 2006" zum Preis von 300 Eur pro Stück am Lager haben. Er benötigt die Ware bis spätestens 28. Januar 200X
2	13. Januar 200X	Wir (Heckmann KG) erstellen ein Angebot über 300 Fahrräder für 300 EUR pro Stück. Da die entsprechende Anzahl im Absatzlager vorhanden ist, kann der gewünschte Liefertermin zugesagt werden.
3	20. Januar 200X	Bestellung (= Auftrag) des Kunden „Bike Müller e.Kfm" entsprechend unserem Angebot trifft ein
4	24. Januar 200X	Wie liefern die 300 Fahrräder an den Kunden mit Lieferschein und Ausgangsrechnung aus.
5	10. Februar 200X	Bike Müller e.Kfm überweist den Rechnungsbetrag für unsere Ausgangsrechnung vom 24. Januar 200X

Der Buchung der AR gingen die Aktivitäten 1 bis 3 voraus und es folgt die Aktivität 5. Dieser vereinfachte (ausreichend Lagerbestand vorhanden) Ablauf stellt einen Prozess dar. Verallgemeinert man diesen Vorgang, lässt er sich z. B. wie folgt darstellen:

Nun wird häufig der Fall auftreten, dass der vorhandene Lagerbestand an Fertigerzeugnissen nicht ausreicht, den Kundenauftrag zu erfüllen. Hier müsste der Prozess um die Produktion und ggf. Teilebeschaffung an entsprechender Stelle erweitert werden. Hat der Kunde Handelswaren bestellt (bei der Heckmann KG sind das z. B. Fahrradtaschen), wäre in obiger Darstellung nach Auftrag „Beschaffung" einzufügen. Unterhalb von Beschaffung könnte man einen Subprozess (= Unterprozess) „Beschaffung von Handelswaren" einfügen. Dieser könnte die Teile „Losbildung, Lieferantenauswahl, Bestellung, Lieferung und Zahlung der ER" beinhalten.

Um eine Standardisierung erreichen zu können, wäre zu präzisieren, was jeweils zu tun ist. So wäre z. B. beim Eintreffen der Anfrage mit Hilfe der Kundendatei zu prüfen, ob der Kunde bereits vorhanden (angelegt) ist. Ist der Kunde bereits angelegt, kann auf der Grundlage der Artikeldatei zur Prüfung übergangen werden, ob die Ware vorhanden ist. Ist der Kunde neu, ist er in der Kundendatei anzulegen. Bereits hier wird deutlich, wie wichtig eine präzise Ist-Analyse der Vorgänge ist.

Eine Möglichkeit einer differenzierten Darstellung von Geschäftsprozessen sind Ereignisgesteuerte Prozess-Ketten (**EPK**). In diesen Darstellungen finden sich die auf der gegenüberliegenden Seite abgebildeten Elemente.

Solche Darstellungen können sehr umfangreich ausfallen, wenn der Detaillierungsgrad hoch ist. Weitere Informationen und zahlreiche Beispiele finden Sie in der Fachliteratur zu EPK. Empfohlen sei u. a. das Standardwerk: Staud, J.: Geschäftsprozessanalyse, 2., überarb. u. erw. Aufl., Berlin, Heidelberg u. a. 2001.

Die EPK bilden letzlich auch die Grundlage für die Integrierte Unternehmenssoftware. Diese Programme sind prozessorientiert aufgebaut. So finden sich in einem Modul „Kunden/Verkauf" (die Bezeichung der Module hängt von der jeweiligen Software ab) Unterpunkte entsprechend der Prozesskette: Angebote, Aufträge, Rechnungen usw. Wurde z. B. das Angebot erfasst und der Kundenauftrag trifft ein, ist keine erneute Erfassung nötig. Das Angebot wird in einen Auftrag umgewandelt, d. h. die entsprechenden Daten an das nächste Element der Kette weitergereicht. Außerdem haben wir bereits ausgeführt, dass durch den Zugriff auf **eine** Datenbank u. a. ein Abgleich mit dem Lagerbestand bereits bei der Angebotserstellung programmgesteuert erfolgt. Wurde das Angebot in einen Auftrag umgewandelt, erfolgt in der Lagerverwaltung automatisch ein Vermerk der Menge in Auftrag

Wird der Auftrag ausgeführt, werden die Daten weitergereicht. Nach Ergänzung des Lieferdatums/Rechnungsdatums kann die Ausgangsrechnung ausgedruckt und – nach Ergänzung des Buchungsdatums – automatisch gebucht werden. Im Rahmen warenwirtschaftlicher Vorgänge ist die Eingabe eines Buchungssatzes nicht erforderlich. Vereinfacht ausgedrückt ermöglicht der modulare Aufbau (Modul „Kunden/Verkauf") dem Programm zu erken-

Symbol	Inhalt	Beispiele/Hinweise
	Organisationseinheit Eine Organisationseinheit ist für eine Funktion verantwortlich und kann eine Abteilung, eine Gruppe oder auch ein Prozessteam sein.	Auftragsbearbeitung
	Funktion Eine Funktion ist eine Tätigkeit, die von einer zugeordneten Organisationseinheit übernommen wird.	Prüfung ob Kunde angelegt
	Ereignis Ein Ereignis kann das Ergebnis einer Tätigkeit sein oder eine Tätigkeit auslösen	• Anfrage eingetroffen • Auftrag eingetroffen
	Informationsobjekt Ein Informationsobjekt wird zur Ausführung einer Tätigkeit benötigt	• Kundendatei • Artikeldatei (Lagerbestandsliste)
V	„oder" = „or"	Die eine Alternative schließt die andere nicht automatisch aus
∧	„und" = „and"	Ware eingetroffen und Ware prüfen (Beides trifft zu)
xor	„entweder oder"	• Kunde ist bereits in Kundendatei angelegt oder Kunde ist noch nicht angelegt • Warenbestand reicht aus oder Warenbestand reicht nicht aus.

Symbole und Operatoren für eine Darstellung ereignisgesteuerter Prozessketten

nen, dass es sich bei der AR um einen Verkauf handelt, der auf „Umsatzerlöse" zu buchen ist. Auf der Grundlage der in der Rechnung ausgewiesenen Artikel kann eine Zuordnung (Artikeldatenbank) zu Umsatzerlösen Handelswaren bzw. Umsatzerlöse eigene Erzeugnisse automatisch vorgenommen werden. Da die Ausgangsrechnung ja den Namen und die Adresse des Kunden enthält, kann bei der Buchung problemlos das entsprechende Debitorenkonto (Kundendatenbank) eingefügt werden. Durch die hinterlegte Kontenmatrix bzw. entsprechende Umsatzsteuerschlüssel erfolgte die korrekte Buchung auf dem Umsatzsteuerkonto ebenfalls programmgesteuert (Umsatzsteuerautomatik).

Hier wird deutlich, dass die Finanzbuchhaltung nicht mehr isoliert betrachtet werden kann, sondern eine ganzheitliche Betrachtung in den Mittelpunkt rückt. ERP Systeme unterschiedlicher Anbieter unterscheiden sich in ihrem Funktionsumfang. Neben Modulen, die den Kernbereich des Unternehmens abdecken, gibte es unterschiedliche Zusatzmodule. Die Software kann in der Regel auf die spezifischen Bedürfnisse des Kunden angepasst werden (= „customising").

Die Geschäftsprozessoptimierung bleibt eine permanente Aufgabe der Unternehmen. Eine Optimierung setzt eine fundierte Prozessanalyse voraus. Für die Analyse stehen u. a. folgende Methoden zur Verfügung:

Ausgewählte Methoden der Prozessanalyse
- **Benchmarking:** Erkundung von Verbesserungsmöglichkeiten durch Vergleich der eigenen Geschäftsprozesse mit denen von Spitzenunternehmen derselben Branche
- **Workflowanalyse:** Erkundung von Verbesserungsmöglichkeiten durch Untersuchung häufig auftretender Fehler im Prozessablauf
- **Referenzanalyse:** Erkennen von Verbesserungsmöglichkeiten durch Vergleich der eigenen Prozesse mit Prozessmodellen, die die IUS zur Verfügung stellt
- **Schwachstellenanalyse:** Ausgehend von konkreten Prozessmängeln (z. B. Bearbeitung der Kundenaufträge dauert zu lange) wird auf Mängel des Geschäftsprozesses (z. B. unklare Zuständigkeitsregelung) geschlossen und damit der Prozess optimiert.

11. Anhang

11.1 Industriekontenrahmen (IKR) (Auszug)

AKTIVA

Anlagevermögen

0 Immaterielle Vermögensgegenstände und Sachanlagen

00 Ausstehende Einlagen

    0000 Ausstehende Einlagen

01 Frei

Immaterielle Vermögensgegenstände

02 Konzessionen, gewerbliche Schutzrechte und ähnliche Rechte und Werte sowie Lizenzen an solchen Rechten und Werten

    0200 Konzessionen

03 Geschäfts- oder Firmenwert

    0300 Geschäfts- oder Firmenwert

04 Frei

Sachanlagen

05 Grundstücke, grundstücksgleiche Rechte und Bauten einschließlich der Bauten auf fremden Grundstücken

    0500 Unbebaute Grundstücke

    0510 Bebaute Grundstücke

    0520 Gebäude (Sammelkonto)

    0530 Betriebsgebäude

    0540 Verwaltungsgebäude

    0550 Andere Bauten

    0560 Grundstückseinrichtungen

    0570 Gebäudeeinrichtungen

    0590 Wohngebäude

06 Frei

07 Technische Anlagen und Maschinen

    0700 Anlagen und Maschinen der Energieversorgung

    0710 Anlagen der Materiallagerung und -bereitstellung

    0720 Anlagen und Maschinen der mechanischen Materialbearbeitung, -verarbeitung und -umwandlung

    0730 Anlagen für Wärme-, Kälte- und chemische Prozesse sowie ähnliche Anlagen

0740 Anlagen für Arbeitssicherheit und Umweltschutz
0750 Transportanlagen und ähnliche Betriebsvorrichtungen
0760 Verpackungsanlagen und -maschinen
0770 Sonstige Anlagen und Maschinen
0780 Reservemaschinen und -anlagenteile
0790 Geringwertige Anlagen und Maschinen
08 Andere Anlagen, Betriebs- und Geschäftsausstattung
    0800 Andere Anlagen
    0810 Werkstätteneinrichtung
    0820 Werkzeuge, Werksgeräte und Modelle, Prüf- und Messmittel
    0830 Lager- u. Transporteinrichtungen
    0840 Fuhrpark
    0850 Sonstige Betriebsausstattung
    0860 Büromaschinen, Organisationsmittel und Kommunikationsanlagen
    0870 Büromöbel und sonstige Geschäftsausstattung
    0880 Reserveteile für Betriebs- und Geschäftsausstattung
    0890 Geringwertige Vermögensgegenstände der Betriebs- und Geschäftsausstattung
09 Geleistete Anzahlungen und Anlagen im Bau
    0900 Geleistete Anzahlungen auf Sachanlagen
    0950 Anlagen im Bau

1 Finanzanlagen
10 bis 12 Frei
13 Beteiligungen
    1300 Beteiligungen
14 Frei
15 Wertpapiere d. Anlagevermögens
    1500 Wertpapiere d. Anlagevermögens
16 Sonstige Finanzanlagen
    1600 Sonstige Finanzanlagen
17 bis 19 Frei

Umlaufvermögen
2 Umlaufvermögen und aktive Rechnungsabgrenzung

Vorräte
20 Roh-, Hilfs- und Betriebsstoffe
    2000 Rohstoffe/Fertigungsmaterial
        2001 Bezugskosten
        2002 Nachlässe

2010 Vorprodukte/Fremdbauteile
    2011 Bezugskosten
    2012 Nachlässe
2020 Hilfsstoffe
    2021 Bezugskosten
    2022 Nachlässe
2030 Betriebsstoffe
    2031 Bezugskosten
    2032 Nachlässe
2070 Sonstiges Material
    2071 Bezugskosten
    2072 Nachlässe
21 Unfertige Erzeugnisse, unfertige Leistungen
    2100 Unfertige Erzeugnisse
    2190 Unfertige Leistungen
22 Fertige Erzeugnisse und Waren
    2200 Fertige Erzeugnisse
    2280 Waren (Handelswaren)
        2281 Bezugskosten
        2282 Nachlässe
23 Geleistete Anzahlungen auf Vorräte
    2300 Geleistete Anzahlungen auf Vorräte
Forderungen und sonstige Vermögensgegenstände (24–26)
24 Forderungen aus Lieferungen und Leistungen
    2400 Forderungen aus Lieferungen und Leistungen
    2450 Wechselforderungen aus Lieferungen und Leistungen
        (Besitzwechsel)
    2470 Zweifelhafte Forderungen
    2480 Protestwechsel
25 Frei
26 Sonstige Vermögensgegenstände
    2600 Vorsteuer
    2630 Sonstige Forderungen an Finanzbehörden
    2650 Forderungen an Mitarbeiter
    2690 Übrige sonstige Forderungen
27 Wertpapiere des Umlaufvermögens
    2700 Wertpapiere des Umlaufvermögens
28 Flüssige Mittel
    2800 Guthaben bei Kreditinstituten
        (Bank)

```
       2840
       2850  Postbank
       2860  Schecks
       2870  Bundesbank
       2880  Kasse
       2890  Nebenkassen
29  Aktive Rechnungsabgrenzung (und Bilanzfehlbetrag)
       2900  Aktive Jahresabgrenzung
       2920  Umsatzsteuer auf erhaltene Anzahlungen
       2990  (nicht durch Eigenkapital gedeckter Fehlbetrag)
```

PASSIVA

3 Eigenkapital und Rückstellungen

Eigenkapital

30 Eigenkapital/
          Gezeichnetes Kapital

Bei Einzelkaufleuten:
          3000 Eigenkapital
                  3001 Privatkonto

Bei Personengesellschaften:
          3000 Kapital Gesellschafter A
                  3001 Privatkonto A
          3010 Kapital Gesellschafter B
                  3011 Privatkonto B
          3070 Kommanditkapital Gesellschafter C
          3080 Kommanditkapital Gesellschafter D

Bei Kapitaggesellschaften:
          3000 Gezeichnetes Kapital
                  (Grundkapital/Stammkapital)
31 Kapitalrücklage
          3100 Kapitalrücklage
32 Gewinnrücklagen
          3210 Gesetzliche Rücklagen
          3230 Satzungsmäßige Rücklagen
          3240 Andere Gewinnrücklagen
33 Ergebnisverwendung
          3310 Jahresergebnis des Vorjahres
          3320 Ergebnisvortrag aus früheren Perioden
          3340 Veränderung der Rücklagen

3350 Bilanzgewinn/Bilanzverlust
3360 Ergebnisausschüttung
3390 Ergebnisvortrag auf neue Rechnung
34 Jahresüberschuss/Jahresfehlbetrag
3400 Jahresüberschuss/
Jahresfehlbetrag
35 Sonderposten mit Rücklageanteil
3500 Sonderposten mit Rücklageanteil
36 Wertberichtigungen
(Bei Kapitalgesellschaften als Passivposten der Bilanz nicht mehr zulässig)
3610 – zu Sachanlagen
3650 – zu Finanzanlagen
3670 Einzelwertberichtigung zu Forderungen
3680 Pauschalwertberichtigung zu Forderungen

Rückstellungen
37 Rückstellungen für Pensionen und ähnliche Verpflichtungen
3700 Rückstellungen für Pensionen und ähnliche Verpflichtungen
38 Steuerrückstellungen
3800 Steuerrückstellungen
39 Sonstige Rückstellungen
3910 – für Gewährleistung
3930 – für andere ungewisse Verbindlichkeiten
3970 – für drohende Verluste aus schwebenden Geschäften
3990 – für Aufwendungen

4 Verbindlichkeiten und passive Rechnungsabgrenzung
40 Frei
41 Anleihen
4100 Anleihen
42 Verbindlichkeiten gegenüber Kreditinstituten
4200 Kurzfristige Bankverbindlichkeiten
4250 Langfristige Bankverbindlichkeiten
43 Erhaltene Anzahlungen auf Bestellungen
4300 Erhaltene Anzahlungen
44 Verbindlichkeiten aus Lieferungen und Leistungen
4400 Verbindlichkeiten aus Lieferungen und Leistungen
45 Wechselverbindlichkeiten
4500 Schuldwechsel

46 und 47 Frei

48 Sonstige Verbindlichkeiten

    4800 Umsatzsteuer

    4830 Sonstige Verbindlichkeiten gegenüber Finanzbehörden

    4840 Verbindlichkeiten gegenüber Sozialversicherungsträgern

    4850 Verbindlichkeiten gegenüber Mitarbeitern

    4860 Verbindlichkeiten aus vermögenswirksamen Leistungen

    4870 Verbindlichkeiten gegenüber Gesellschaftern (Dividende)

    4890 Übrige sonstige Verbindlichkeiten

49 Passive Rechnungsabgrenzung

    4900 Passive Jahresabgrenzung

ERTRÄGE

5 Erträge

  (einschließlich Berichtigungen)

50 Umsatzerlöse für eigene Erzeugnisse u. andere eigene Leistungen

    5000 Umsatzerlöse für eigene Erzeugnisse

        5001 Erlösberichtigungen

    5050 Umsatzerlöse für andere eigene Leistungen

        5051 Erlösberichtigungen

51 Umsatzerlöse für Waren und sonstige Umsatzerlöse

    5100 Umsatzerlöse für Waren

        5101 Erlösberichtigungen

    5190 Sonstige Umsatzerlöse

        5191 Erlösberichtigungen

52 Erhöhung oder Verminderung des Bestandes an unfertigen und fertigen Erzeugnissen

    5200 Bestandsveränderungen

    5201 Bestandsveränderungen an unfertigen Erzeugnissen und nicht abgerechneten Leistungen

    5202 Bestandsveränderungen an fertigen Erzeugnissen

53 Andere aktivierte Eigenleistungen

    5300 Aktivierte Eigenleistungen

54 Sonstige betriebliche Erträge

    5400 Mieterträge

    5410 Sonstige Erlöse (z. B. aus Provisionen oder Anlagenabgängen)

    5420 Steuerpflichtiger Eigenverbrauch

    5421 Steuerfreier Eigenverbrauch

    5430 Andere sonstige betriebliche Erträge

5440 Erträge aus Werterhöhungen von Gegenständen des Anlagevermögens (Zuschreibungen)

5450 Erträge aus der Auflösung oder Herabsetzung von Wertberichtigungen auf Forderungen

5460 Erträge aus dem Abgang von Vermögensgegenständen

5480 Erträge aus der Herabsetzung von Rückstellungen

5490 Periodenfremde Erträge

55 Erträge aus Beteiligungen

5500 Erträge aus Beteiligungen

56 Erträge aus anderen Wertpapieren und Ausleihungen des Finanzanlagevermögens

5600 Erträge aus anderen Finanzanlagen

57 Sonstige Zinsen und ähnliche Erträge

5710 Zinserträge

5730 Diskonterträge

5780 Erträge aus Wertpapieren des Umlaufvermögens

5790 Sonstige zinsähnliche Erträge

58 Außerordentliche Erträge

5800 Außerordentliche Erträge

59 Frei

AUFWENDUNGEN

6 Betriebliche Aufwendungen
(einschließlich Berichtigungen)

Materialaufwand

60 Aufwendungen für Roh-, Hilfs- und Betriebsstoffe und für bezogene
Waren

6000 Aufwendungen für Rohstoffe/Fertigungsmaterial

6001 Bezugskosten

6002 Nachlässe

6010 Aufwendungen für Vorprodukte/Fremdbauteile

6020 Aufwendungen für Hilfsstoffe

6030 Aufwendungen für Betriebsstoffe/Verbrauchswerkzeuge

6040 Aufw. für Verpackungsmaterial

6050 Aufw. für Energie

6060 Aufw. für Reparaturmaterial

6070 Aufwendungen für sonstiges Material

6080 Aufwendungen für Waren

61 Aufwendungen für bezogene Leistungen

6100 Fremdleistungen für Erzeugnisse und andere Umsatzleistungen

6140 Frachten und Fremdlager
6150 Vertriebsprovisionen
6160 Fremdinstandhaltung
6170 Sonstige Aufwendungen für bezogene Leistungen

Personalaufwand
62 Löhne
    6200 Löhne einschl. tariflicher, vertraglicher oder arbeitsbedingter Zulagen
    6210 Urlaubs- und Weihnachtsgeld
    6220 Sonstige tarifliche oder vertragliche Aufwendungen für Lohnempfänger
    6230 Freiwillige Zuwendungen
    6250 Sachbezüge
    6260 Vergütungen an gewerbliche Auszubildende
63 Gehälter
    6300 Gehälter und Zulagen
    6310 Urlaubs- und Weihnachtsgeld
    6320 Sonstige tarifliche oder vertragliche Aufwendungen
    6330 Freiwillige Zuwendungen
    6350 Sachbezüge
    6360 Vergütungen an Auszubildende
64 Soziale Abgaben und Aufwendungen für Altersversorgung und für Unterstützung
    6400 Arbeitgeberanteil zur Sozialversicherung (Lohnbereich)
    6410 Arbeitgeberanteil zur Sozialversicherung (Gehaltsbereich)
    6420 Beiträge zur Berufsgenossenschaft
    6440 Aufwendungen für Altersversorgung
    6490 Aufwendungen für Unterstützung
    6495 Sonstige soziale Aufwendungen
65 Abschreibungen

Abschreibungen auf Anlagevermögen
    6510 Abschreibungen auf immaterielle Vermögensgegenstände des Anlagevermögens
    6520 Abschreibungen auf Sachanlagen
    6540 Abschreibungen auf geringwertige Wirtschaftsgüter
    6550 Außerplanmäßige Abschreibungen auf Sachanlagen
    6570 Unüblich hohe Abschreibungen auf Umlaufvermögen

Sonstige betriebliche Aufwendungen
(66–70)

66 Sonstige Personalaufwendungen

    6600 Aufwendungen für Personaleinstellung

    6610 Aufwendungen für übernommene Fahrtkosten

    6620 Aufwendungen für Werkarzt und Arbeitssicherheit

    6630 Personenbezogene Versicherungen

    6640 Aufwendungen für Fort- und Weiterbildung

    6650 Aufwendungen für Dienstjubiläen

    6660 Aufwendungen für Belegschaftsveranstaltungen

    6670 Aufwendungen für Werksküche und Sozialeinrichtungen

    6680 Ausgleichsabgabe nach dem Schwerbehindertengesetz

    6690 Übrige sonstige Personalaufwendungen

67 Aufwendungen für die Inanspruchnahme von Rechten und Diensten

    6700 Mieten, Pachten

    6710 Leasing

    6720 Lizenzen und Konzessionen

    6730 Gebühren

    6750 Kosten des Geldverkehrs

    6760 Provisionsaufwendungen (außer Vertriebsprovisionen)

    6770 Rechts- und Beratungskosten

68 Aufwendungen für Kommunikation (Dokumentation, Information, Reisen, Werbung)

    6800 Büromaterial

    6810 Zeitungen und Fachliteratur

    6820 Porto – Telefon – Telefax

    6850 Reisekosten

    6860 Bewirtung und Präsentation

    6870 Werbung

    6880 Spenden

69 Aufwendungen für Beiträge und Sonstiges sowie Wertkorrekturen und periodenfremde Aufwendungen

    6900 Versicherungsbeiträge

    6920 Beiträge zu Wirtschaftsverbänden und Berufsvertretungen

    6930 Verluste aus Schadensfällen

    6940 Sonstige Aufwendungen

    6950 Abschreibungen auf Forderungen

        6951 Abschreibungen auf Forderungen wegen Uneinbringlichkeit

        6952 Einstellung in Einzelwertberichtigung

        6953 Einstellung in Pauschalwertberichtigung

    6960 Verluste aus dem Abgang von Vermögensgegenständen

6980 Zuführungen zu Rückstellungen für Gewährleistung
6990 Periodenfremde Aufwendungen

7 Weitere Aufwendungen
70 Betriebliche Steuern
    7020 Grundsteuer
    7030 Kraftfahrzeugsteuer
    7070 Ausfuhrzölle
    7080 Verbrauchsteuern
    7090 Sonstige betriebliche Steuern
71 bis 73 Frei
74 Abschreibungen auf Finanzanlagen und auf Wertpapiere des Umlaufvermögens und Verluste aus entsprechenden Abgängen
    7400 Abschreibungen auf Finanzanlagen
    7420 Abschreibungen a. Wertpapiere des Umlaufvermögens
    7450 Verluste aus dem Abgang von Finanzanlagen
    7460 Verluste aus dem Abgang von Wertpapieren des Umlaufvermögens
75 Zinsen und ähnliche Aufwendungen
    7510 Zinsaufwendungen
    7530 Diskontaufwendungen
    7590 Sonstige zinsähnliche Aufwendungen
76 Außerordentliche Aufwendungen
    7600 Außerordentliche Aufwendungen
77 Steuern vom Einkommen und Ertrag
    7700 Gewerbesteuer
    7710 Körperschaftsteuer
    7720 Kapitalertragsteuer
78 Diverse Aufwendungen
79 Frei

ERGEBNISRECHNUNGEN
8 Ergebnisrechnungen
80 Eröffnung/Abschluss
    8000 Eröffnungsbilanzkonto
    8010 Schlussbilanzkonto
    8020 GuV Konto Gesamtkostenverfahren
    8030 GuV-Konto Umsatzkostenverfahren
    8050 Saldenvorträge (Sammelkonto)

Konten der Kostenbereiche für die GuV im Umsatzkostenverfahren

81 Herstellungskosten

82 Vertriebskosten

83 Allgemeine Verwaltungskosten

84 Sonstige betriebliche Aufwendungen

Konten der kurzfristigen Erfolgsrechnung (KER) für innerjährige Rechnungsperioden (Monat, Quartal oder Halbjahr)

85 Korrekturkonten zu den Erträgen der Kontenklasse 5

86 Korrekturkonten zu den Aufwendungen der Kontenklasse 6

87 Korrekturkonten zu den Aufwendungen der Kontenklasse 7

88 Kurzfristige Erfolgsrechnung (KER)

    8800 Gesamtkostenverfahren

    8810 Umsatzkostenverfahren

89 Innerjährige Rechnungsabgrenzung

    8900 Aktive Rechnungsabgrenzung

    8950 Passive Rechnungsabgrenzung

KOSTEN- UND LEISTUNGSRECHNUNG

9 Kosten- und Leistungsrechnung (KLR)

90 Unternehmensbezogene Abgrenzungen (neutrale Aufwendungen u. Erträge)

91 Kostenrechnerische Korrekturen

92 Kostenarten und Leistungsarten

93 Kostenstellen

94 Kostenträger

95 Fertige Erzeugnisse

96 Interne Lieferungen und Leistungen sowie deren Kosten

97 Umsatzkosten

98 Umsatzleistungen

99 Ergebnisausweise

In der Praxis wird die KLR gewöhnlich tabellarisch durchgeführt.

11.2 Glossar buchhalterischer Grundbegriffe

Abschreibung. Buchhalterische Erfassung der Wertminderung von Vermögensgegenständen. Gegenstände des Anlagevermögens mit be-
grenzter Nutzungsdauer müssen planmäßig abgeschrieben werden;
Grundstücke können nur außerplanmäßig abgeschrieben werden.
Gegenstände des Umlaufvermögens wie Warenvorräte oder Wertpa-

piere müssen auf einen etwaigen gegenüber den Anschaffungskosten geringeren Börsen- oder Marktpreis abgeschrieben werden. Die Abschreibung kann direkt gebucht werden, indem die Wertminderung abgesetzt wird, oder indirekt, indem bis zum Ausscheiden ein so genanntes Wertberichtigungskonto eingerichtet wird. (Vgl. S. 235 ff.) → Absetzung für Abnutzung

Absetzung für Abnutzung (AfA). Steuerrechtlicher Begriff für die → Abschreibung von Anlagegütern, die der Abnutzung unterliegen (§ 7 EStG). Die Absetzung bemisst sich nach der betriebsgewöhnlichen Nutzungsdauer der Wirtschaftsgüter, die aus Tabellen der Finanzverwaltung zu entnehmen sind. (Vgl. S. 236 ff.)

Aktivtausch. Geschäftsvorfälle, die den Bestand von mindestens zwei Bestandsangaben aus Konten verändern, die aus der Aktivseite der Bilanz und damit dem Vermögen abgeleitet worden sind. Sie bewirken die Abnahme des einen und die Zunahme des anderen Bestandes. Dadurch ändert sich nicht der Gesamtwert, sondern nur die Zusammensetzung des Vermögens. Beispiel: Bareinzahlung auf das Girokonto der Bank (Guthabenbasis) vermindert den Kassenbestand und erhöht das Bankguthaben. (Vgl. S. 36) → Passivtausch

Anschaffungskosten. Alle Aufwendungen, die der Bilanzierende trägt, um ein Wirtschaftsgut zu erlangen und in den Betriebsprozess einzugliedern. Außer dem Kaufpreis zählen dazu die Anschaffungskosten wie Maklergebühren, Notariatskosten, Bezugskosten, Zölle oder Frachten. Preisnachlässe mindern die Anschaffungskosten. Anschaffungskosten sind Grundlage und Obergrenze für die Bewertung und die Bemessung der → Abschreibung. (Vgl. S. 256 ff.)

Ansparabschreibung. Steuerpflichtige können nach § 7g Abs. 3–6 EStG für die künftige Anschaffung oder Herstellung eines neuen beweglichen Wirtschaftsgutes des Anlagevermögens eine den Gewinn mindernde Rücklage bilden (Ansparabschreibung). Für jedes Wirtschaftsgut ist eine gesonderte Rücklage zu bilden. Die Rücklage darf 40 % der voraussichtlichen Anschaffungs- oder Herstellungskosten des begünstigen Wirtschaftsgutes nicht überschreiten, das der Steuerpflichtige voraussichtlich bis zum Ende des zweiten auf die Bildung der Rücklage folgenden Wirtschaftsjahres anschaffen oder herstellen wird. Die Rücklage ist aufzulösen, sobald für das Wirtschaftsgut Abschreibungen vorgenommen werden.

Antizipative Posten. Aufwendungen und Erträge, die wirtschaftlich in das abgeschlossene Geschäftsjahr gehören, aber erst im nächsten Geschäftsjahr zu Ausgaben bzw. Einnahmen führen, werden auf dem entsprechenden Erfolgskonto und auf den Bilanzkonten Sonstige Forderungen bzw. Verbindlichkeiten „vorweggenommen". (Vgl. S. 284 ff.)

Aufwendungen. Der in der Finanzbuchhaltung als Minderung des Eigenkapitals erfasste Verbrauch von Gütern und Diensten für betriebliche Zwecke. Ein Aufwand kann identisch mit einer → Ausgabe sein, aber auch wie beispielsweise → Abschreibungen zu keiner Ausgabe im gleichen Rechnungsjahr führen. In der → GuV-Rechnung werden die Aufwendungen in erster Linie nach der Verursachung gegliedert, z. B. Material- und Personalaufwendungen. (Vgl. S. 98 ff.)

Ausgabe. Verminderung des Geldvermögensbestandes, die entweder nur die Vermögenszusammensetzung (→ Aktivtausch, → Passivtausch) ändert, oder als → Aufwendung gilt.

Ausgangsfrachten. Kosten, die dem Verkäufer für den Transport von Waren zum Kunden von Dritten (z. B. Bundesbahn, Spedition) in Rechnung gestellt werden. Sie werden auf dem Konto „Ausgangsfrachten" gebucht. Werden Zustellkosten und andere Nebenkosten wie z. B. Verpackungskosten dem Kunden gesondert in Rechnung gestellt, erhöhen diese die Verkaufserlöse.

Belastung. Ein Konto wird belastet, indem auf der Sollseite des Kontos gebucht wird. Insbesondere bei Kundenkonten verwendet. → Erkennen

Besitzwechsel. Erhält der Verkäufer von einem Kunden einen akzeptierten Wechsel, dann hat er gegenüber dem Kunden eine Wechselforderung (= Besitzwechsel). (Vgl. S. 209 ff.)

Bestandsmehrung. Eine Bestandsmehrung liegt vor, wenn in einem Geschäftsjahr mehr Fertigerzeugnisse oder Handelswaren eingekauft als verbraucht oder verkauft wurden. Der Bestand ist höher als der Anfangsbestand. Die Gegenbuchung für die Bestandsmehrung erfolgt auf dem entsprechenden Eingangskonto, um zu erreichen, dass der Gegenüberstellung von Verkaufserlösen und Einkaufskosten die gleichen Mengen zugrunde liegen. (Vgl. S. 135 ff.)

Bestandsminderung. Bei einer Bestandsminderung ist der Bestand an Fertigerzeugnissen oder der Bestand an Handelswaren kleiner als der Anfangsbestand. Es wurde mehr verkauft als eingekauft. Die Gegenbuchung für die Bestandsminderung erfolgt auf der Sollseite des entsprechenden Eingangskontos. Dies bedeutet, dass den Herstellungs- bzw. Einkaufskosten der Wert der Bestandsminderung (Lagerentnahme) hinzugerechnet wird. Dadurch liegen der Gegenüberstellung von Herstellungs- bzw. Einkaufskosten und Verkaufserlösen gleiche Mengen zugrunde. (Vgl. S. 135 ff.)

Bewertung. Festlegung eines Vermögens- oder Schuldpostens in der Bilanz in Geldeinheiten. Bewertungsspielraum im Handels- wie im Steuerrecht gibt es insbesondere bei abnutzbaren Anlagegütern, Forderungen, Vorräten und selbst erstellten Anlagen. Maßgeblich für die Bewertung im Steuerrecht sind grundsätzlich die handelsrechtlichen Vorschriften der §§ 252 ff. HGB. (Vgl. S. 250 ff.)

Bezugskosten. Es sind Kosten, die beim Waren- oder Materialeinkauf, z. B. für Fracht und Verpackung, anfallen. Sie erhöhen die Anschaffungskosten und werden zunächst auf einem Unterkonto des Waren- bzw. Materialeingangskontos erfasst. (Vgl. S. 177 ff.)

Bilanz. Gegenüberstellung von Vermögen und Kapital in Kontoform zum Abschluss des Rechnungsjahres eines Unternehmens. Nach § 242 HGB hat jeder Kaufmann am Schluss eines jeden Geschäftsjahres die Bilanz nebst der → GuV-Rechnung aufzustellen, zu unterzeichnen und 10 Jahre lang aufzubewahren. Die Bilanz ist klar, übersichtlich, in deutscher Sprache und in Euro aufzustellen. Das Anlage- und Umlaufvermögen, das → Eigenkapital, die Schulden und die → Rechnungsabgrenzungsposten sind gesondert auszuweisen und hinreichend aufzugliedern.

Bruttomethode. Bei der Bruttomethode wird zunächst der Bruttoskontobetrag ohne Steuerkorrektur auf dem Skontokonto (Lieferantenskonto bzw. Kundenskonto) gebucht. Die Steuerkorrektur (Vorsteuer bzw. Umsatzsteuer) wird in der Regel als Sammelkorrekturbuchung am Ende des Umsatzsteuervoranmeldezeitraumes vorgenommen. In der Praxis wird in der Regel nach der Bruttomethode gebucht. Die meisten computerunterstützten Finanzbuchhaltungsprogramme buchen nach der Bruttomethode. Die Steuerkorrektur wird automatisch vorgenommen. (Vgl. S. 197 ff.)

Bruttoverkaufspreis. Nettoverkaufspreis zuzüglich Umsatzsteuer.

Buchen im Dialog. In Finanzbuchhaltungsprogrammen werden meistens Eingangs- und Ausgangsrechnungen im Dialog gebucht. „Dialog" bedeutet, vereinfacht ausgedrückt, dass das Programm eine Buchungsmaske vorgibt, in die die buchungsrelevanten Eingaben eingetragen werden. Durch die Eingaben werden die Sach- und Personenkonten sofort aktualisiert. (Vgl. S. 312)

Buchungssatz. Kurzform einer Aussage darüber, wie und auf welchen Konten ein Geschäftsfall erfasst wird. Zuerst wird das Konto genannt, auf dem im Soll („per"), dann das Konto, auf dem im Haben („an") gebucht wird.

Controlling. Eine Entscheidungs- und Führungshilfe für ein Unternehmen durch ergebnisorientierte Planung, Steuerung und Überwachung des Unternehmens. (Vgl. S. 1 ff.)

Debitoren. In der Buchführung gebrauchter Begriff für die Kunden, die Waren auf Ziel bezogen haben. Bei Kreditinstituten auch für Kunden, die Kredit beansprucht haben. Die Debitorenbuchhaltung gehört zu den → Nebenbüchern.

Diskont. Beim Verkauf eines Wechsels an ein Kreditinstitut spricht man von Diskontierung. Vom Tag des Verkaufs bis zum Fälligkeitstag gewährt das Kreditinstitut dem Einreicher einen Kredit, für den es Diskont verlangt. Beim Diskont handelt es sich um Vorauszinsen. Diese subtrahiert die Bank von der Wechselsumme. Der Einreicher erhält dann den so genannten Barwert des Wechsels ausgezahlt. Der abgezogene Diskont wird beim Wechseleinreicher auf dem Konto „Diskontaufwendungen" gebucht. (Vgl. S. 212 f.)

Doppik. Kurzbezeichnung für das System der kaufmännischen doppelten Buchführung. Danach löst jeder Geschäftsvorfall eine Veränderung auf zwei Konten aus (→ Buchungssatz). Der Erfolg eines Unternehmens kann ebenfalls auf doppelte Weise ermittelt werden, einmal durch Vergleich des → Eigenkapitals zu Beginn und am Ende des Geschäftsjahres und zum anderen durch die Ergebnisrechnung (→ GuV).

Dreiecksgeschäfte: Ein innergemeinschaftliches Dreiecksgeschäft im Sinne des Umsatzsteuergesetzes liegt vor, wenn drei in verschiedenen EU-Mitgliedstaaten für Zwecke der Umsatzsteuer erfasste Unternehmer (erster Lieferer, erster Abnehmer, letzter Abnehmer) über einen Gegenstand Umsatzgeschäfte abschließen, dieser Gegenstand unmittelbar vom Ort der Lieferung des ersten Lieferers an den letzten Abnehmer befördert oder verwendet wird, der Liefergegenstand von dem Gebiet eines Mitgliedstaates in das Gebiet eines anderen Mitgliedstaates gelangt und der Liefergegenstand durch den ersten Lieferer oder den ersten Abnehmer befördert oder versendet wird.

Eigenkapital. Finanzierungsmittel eines Betriebes, die dem Inhaber oder den Gesellschaftern zuzurechnen sind. Das Eigenkapital ergibt sich aus der Differenz des Vermögens und der Schulden (→ Inventar).

Eigenverbrauch. Eigenverbrauch war die frühere Bezeichnung für Umsätze, die der Unternehmer mit sich selbst tätigt. Dazu zählen z. B. die Entnahme von Waren für Privatzwecke oder die Entnahme von Leistungen wie beispielsweise die private Nutzung des Geschäftstelefons oder des Geschäftswagens. Diese Umsätze sind nach § 3 Abs. 1b den Lieferungen gegen Entgelt gleichgestellt und deshalb auch heute umsatzsteuerpflichtig. (Vgl. S. 171 ff.)

Einheitsbilanz. Bilanz eines Unternehmens, die sowohl den handelsrechtlichen wie den steuerrechtlichen Vorschriften insbesondere in der → Bewertung entspricht. In erster Linie von nicht veröffentlichungspflichtigen Unternehmen aufgestellt. (Vgl. S. 254)

Einnahme. Erhöhung des Geldvermögensbestandes, die entweder nur die Vermögenszusammensetzung (→ Aktivtausch, → Passivtausch) ändert, oder als → Ertrag gilt.

Einnahmenüberschussrechnung. Verfahren der Gewinnermittlung ohne Bilanzierungspflicht für freie Berufe und nicht buchführungspflichtige gewerbliche oder land- und forstwirtschaftliche Betriebe. Der Gewinn wird nicht durch Betriebsvermögensvergleich, sondern durch Subtraktion der im Kalenderjahr gezahlten Betriebsausgaben von den vereinnahmten Betriebseinnahmen. (Vgl. S. 309 ff.)

Ereignisgesteuerte Prozessketten (EPK). Darstellungsform für Geschäftsprozesse (Vgl. S. 332)

Erinnerungswert. Ist ein Vermögensgegenstand gänzlich abgeschrieben, aber noch vorhanden, darf er in der Bilanz nicht völlig weggelassen werden, meistens wird der Vermögensgegenstand deshalb mit mindestens 1 Eur angesetzt.

Erkennen. Auf der Habenseite eines Kontos buchen. → Belastung

Erlös. Begriff aus der Kosten- und Leistungsrechnung. Ein Erlös ist der Wertzuwachs aus einer erstellten Betriebsleistung. Er wird häufig den → Kosten gegenübergestellt. Ein Erlös muss nicht unbedingt mit einem → Ertrag oder einer → Einnahme identisch sein.

ERP-Programme. Enterprise Resource Planning. Dies sind integrierte Komplettlösungen, die modular aufgebaut sind und prozessorientiert nahezu alle Unternehmensbereiche abdecken. (Vgl. S. 319)

Ertrag. Der in der Finanzbuchhaltung als Mehrung des Eigenkapitals durch Erstellung betrieblicher Leistungen erfasste Wert. Der Ertrag kann identisch mit → Einnahmen sein.

Fifo. First-in-first-out. Ein Verfahren zur Bewertung gleichartiger Gegenstände des Vorratsvermögens. Es wird unterstellt, dass die zuerst gekauften Waren auch zuerst verbraucht oder veräußert worden sind. Die Bewertungsgrundlage sind also die Preise der letzten Käufe. Nach dem Vorsichtsprinzip ist das Verfahren also bei fallenden Preisen anzuwenden. (Vgl. S. 263 f.)

Gemischtes Konto. Von einem „gemischten" Konto spricht man, wenn auf einem Konto sowohl Bestände als auch Erfolge erfasst werden. Das Konto „Waren" ist ein gemischtes Konto.

Geringwertige Wirtschaftsgüter (GWG). Bewegliche, abnutzbare und selbständig bewertbare Wirtschaftsgüter des Anlagevermögens mit einem Anschaffungswert von netto, d. h. ohne Umsatzsteuer, von nicht mehr als 410,00 Eur. Für diese Wirtschaftsgüter gibt es das Wahlrecht, sie im Jahr der Anschaffung voll abschreiben zu können.

Geschäftsprozess. Abfolge von Aktivitäten in einem Unternehmen. Kernprozesse tragen direkt zur Wertschöpfung bei. Unterstützende Prozesse sind erforderlich, um die Kernprozesse auszuführen. Ein typischer Kernprozess ist die Auftragsbearbeitung. (Vgl. S. 351)

Gewinn. Gewinn ist ein wertmäßig positives Ergebnis der unternehmerischen Tätigkeit. In der Buchhaltung wird er als Zunahme des → Eigenkapitals während eines Geschäftsjahres erfasst, wenn die → Erträge größer als die → Aufwendungen sind. (Vgl. S. 102 ff.) → GuV

Grundbuch. → Journal

Grundsätze ordnungsmäßiger Buchführung. Sammelbegriff für die teilweise gesetzlich festgeschriebenen, teilweise als Handelsbrauch üblichen Regeln für die Buchführung und Bilanzierung der Unternehmen. (Vgl. S. 3 ff.)

Gutschrift. Formal die Buchung auf der Habenseite eines Kontos. Inhaltlich verwendet für die Buchung einer Leistung zugunsten einer anderen Person oder Unternehmung. Die Buchung auf der Habenseite zeigt, dass eine Verbindlichkeit an diese Person begründet oder eine Forderung an sie vermindert wird.

GuV. Gewinn- und Verlustrechnung eines Unternehmens erfasst die → Aufwendungen und → Erträge eines Geschäftsjahres in Konto- oder Staffelform. Sind die Erträge größer als die Aufwendungen, wird ein → Gewinn, sind sie kleiner, ein → Verlust ausgewiesen. Die GuV gehört mit der Bilanz zum Jahresabschluss.

Haben. Die rechte Seite eines Kontos. → Soll

Handelsbilanz. Eine Bilanz, die in Aufbau und in der Bewertung den Vorschriften des HGB entspricht. Veröffentlichungspflichtige Unternehmen müssen die Handelsbilanz veröffentlichen. → Steuerbilanz → Einheitsbilanz

Hauptbuch. Die so genannten Sachkonten entstehen aus der Bilanz und nehmen die Geschäftsvorfälle einzeln oder meist gesammelt auf.

Aus den Salden der als Hauptbuch bezeichneten Sachkonten kann jederzeit eine vorläufige Bilanz zusammengestellt werden.

Hauptbuchkonto. → T-Konto

Herstellungskosten. Herstellungskosten sind die Aufwendungen, die durch den Verbrauch von Gütern und die Inanspruchnahme von Diensten für die Herstellung eines Vermögensgegenstandes, seine Erweiterung oder für eine über seinen ursprünglichen Zustand hinausgehende wesentliche Verbesserung entstehen.

Höchstwertprinzip. Verbindlichkeiten sind dem kaufmännischen → Vorsichtsprinzip entsprechend im Zweifel zum höchsten Wert anzusetzen, bei Währungsverbindlichkeit zum Briefkurs.

Imparitätsprinzip. Die aus dem → Vorsichtsprinzip abgeleitete Regel, dass noch nicht realisierte Gewinne beim Abschluss nicht, wohl aber nicht realisierte Verluste zu berücksichtigen sind.

Integrierte Unternehmenssoftware. (IUS) → ERP-Programme

Internationale Rechnungslegungsvorschriften. Weltweit sind drei Normengefüge für die Rechnungslegung maßgebend: die US-amerikanischen Generally Accepted Accounting Principles (GAAP), die International Financial Reporting Standards (IFRS, ursprünglich IAS) und die Richtlinien der EU. Die Hauptunterschiede liegen in erster Linie in den Wahlrechten, deren Zahl vom HGB über die IFRS zu den GAAP geringer wird. Die IFRS sind Empfehlungen ohne Rechtskraft. Sie lehnen sich stärker an die angloamerikanische Rechnungslegung als an die in der EU üblichen Standards an. → (Vgl. S. 269 ff.)

Inventar. Jeder Kaufmann hat zu Beginn seines Handelsgewerbes und zum Schluss jedes Geschäftsjahres seine Grundstücke, seine Forderungen und Schulden, den Betrag seines baren Geldes sowie seine sonstigen Vermögensgegenstände genau zu verzeichnen und dabei den Wert der einzelnen Vermögensgegenstände und Schulden anzugeben. (§ 240 HGB). (Vgl. S. 10 ff.)

Inventur. Körperliche Bestandsaufnahme des Vermögens und der Schulden eines Unternehmens zu einem Stichtag durch Zählen, Messen, Wiegen und Abstimmen der Forderungen und Verbindlichkeiten mit den Aufzeichnungen der Geschäftspartner. (Vgl. S. 7 ff.)

Journal. Aufzeichnung über die in zeitlicher Abfolge aufgezeichneten Geschäftsvorfälle, auch als „Grundbuch" bezeichnet.

Kontenplan. Systematische Gliederung aller Konten eines Unternehmens unter Berücksichtigung der betriebsindividuellen Verhältnisse auf der Grundlage eines → Kontenrahmens.

Kontenrahmen. Systematisch gegliedertes Ordnungsschema für die Einrichtung von Konten einer bestimmten Branche, z. B. Großhandel, Industrie oder Bankengruppe. Einteilung meistens nach dem dekadischen System in größere Bereiche, Kontenklassen und Unterbereiche, Kontengruppen bzw. Kontenarten. Grundlage des → Kontenplans eines Unternehmens. (Vgl. S. 72, 335 ff.)

Konto. Eine zur Aufnahme und wertmäßigen Erfassung von Geschäftsvorfällen bestimmte Rechnung in Form einer Gegenüberstellung. Die linke Seite wird als „Sollseite", die rechte Seite als „Habenseite" bezeichnet. Die Differenz aus den aufgezeichneten Bewegungen ist der Saldo.

Kosten. Bewerteter Verzehr (Verbrauch) von Gütern zur Erstellung und zum Absatz betrieblicher Leistungen. Kosten können einem → Aufwand entsprechen; ihre Höhe wird dann aus der Finanzbuchhaltung abgeleitet.

Kosten des Geldverkehrs. Provisionen, die z. B. von einer Bank für ein Wechselinkasso berechnet werden, bucht der Auftraggeber des Inkassos auf dem Konto „Kosten des Geldverkehrs".

Kostenrechnung. Zusammenstellung der in einem Unternehmen entstandenen → Kosten nach verschiedenen Gesichtspunkten: In der Kostenartenrechnung nach Art der verbrauchten Güter, in der Kostenstellenrechnung durch Zurechnung auf konkrete Betriebsstellen und in der Kostenträgerrechnung durch Zuordnung auf betriebliche Leistungen.

Kundenskonto. Der Verkäufer bezeichnet den seinen Kunden gewährten Skonto als „Kundenskonto" (Mehrzahl: Kundenskonti). Der reine Skonto stellt eine Erlösschmälerung dar. Diese wird auf einem Unterkonto des Warenverkaufskontos erfasst. Aufgrund der nachträglichen Erlösschmälerung ist eine Korrektur der beim Warenverkauf gebuchten Umsatzsteuer erforderlich. Wie diese Korrektur buchhalterisch vorgenommen wird, hängt davon ab, ob nach der → Bruttomethode oder nach der → Nettomethode gebucht wird. (Vgl. S. 194 ff.)

Lastschrift. Belastung eines Kontos auf der Sollseite. Meistens gebraucht im Zusammenhang mit Personenkonten bei der Begründung einer Forderung. → Debitoren

Lieferantenskonto. Skonto, den uns der Lieferant gewährt, bezeichnen wir als „Lieferantenskonto". Er stellt eine nachträgliche Preisminderung dar. Er wird auf einem Unterkonto des Wareneingangskontos erfasst. Die nachträgliche Preisminderung erfordert eine Korrektur der bereits beim Rechnungseingang gebuchten Vorsteuer. Diese Vorsteuerkorrektur kann nach der → Bruttomethode oder nach der → Nettomethode erfolgen. (Vgl. S. 194 ff.)

Lifo. Last-in-first-out. Ein Verfahren zur Bewertung gleichartiger Gegenstände des Vorratsvermögens. Es wird unterstellt, dass die zuletzt gekauften Waren auch zuerst verbraucht oder veräußert worden sind. Die Bewertungsgrundlage sind also die Preise der ersten Käufe. Nach dem Vorsichtsprinzip ist das Verfahren also bei steigenden Preisen anzuwenden. (Vgl. S. 262 f.) → Fifo

Methoden der Geschäftsprozessanalyse. Eine Optimierung von → Geschäftsprozessen ist auf der Grundlage von Geschäftsprozessanalysen mittels Benchmarking, Werkflowanalyse, Referenzanalyse oder Schwachstellenanalyse möglich. (vgl. S. 329 ff.)

Nebenbücher. Hilfsbücher der kaufmännischen Buchführung zur Ergänzung des → Hauptbuches. Nebenbücher werden hauptsächlich eingerichtet für die Erfassung der → Debitoren, Kreditoren, Wechsel, Rohstoff- und Warenbestände.

Nettomethode. Von Nettomethode spricht man, wenn auf dem Skontokonto der Nettobetrag gebucht wird. Die erforderliche Korrektur der Vorsteuer (Wareneinkauf) bzw. Umsatzsteuer (Warenverkauf) wird sofort vorgenommen. (Vgl. S. 195 ff.) → Bruttomethode

Nettoverkaufspreis. Verkaufspreis ohne Umsatzsteuer

Niederstwertprinzip. Nach dem Prinzip der kaufmännischen Vorsicht darf nach den Vorschriften des Handels- und Steuerrechts bei der → Bewertung von Gegenständen des Umlaufvermögens von zwei Werten, dem → Anschaffungswert (oder → Herstellungswert) und dem Tageswert (Börsen- oder Marktpreis) jeweils nur der niedrigere angesetzt werden („strenges Niederstwertprinzip"). Bei Gegenständen des Anlagevermögens braucht der niedrigere Tageswert nicht verwendet zu werden, es bleibt beim durch planmäßige → Abschreibung korrigierten Anschaffungswert als dem höchstmöglichen Wertansatz („gemildertes Niederstwertprinzip"). → Imparitätsprinzip → Höchstwertprinzip

Offene Postenbuchhaltung. Meistens für Kunden geführte Konten, die nicht als → Nebenbücher, sondern nur durch geordnete Aufbewahrung von Belegen geführt werden. Dabei wird nicht auf Personenkonten gebucht.

Offene Posten-Verwaltung. Buchung auf Personenkonten für Debitoren (Kunden) und Kreditoren (Lieferanten).

Passivtausch. Geschäftsvorfälle, die den Bestand von mindestens zwei aus der Passivseite der Bilanz abgeleiteten Konten berühren, bewirken immer die Abnahme des einen und die Zunahme des anderen Bestandes. Dadurch ändert sich nicht der Gesamtwert, sondern nur die Zusammensetzung der Schulden. Beispiel: Eine Lieferantenverbindlichkeit wird durch Inanspruchnahme eines Kontokorrentkredites bei einem Kreditinstitut ausgeglichen (Vgl. S. 37) → Aktivtausch

Primanota. Meistens bei Kreditinstituten geläufige Bezeichnung für das → Journal, in dem gleichartige Buchungen eines Tages zusammengefasst werden.

Rechnungsabgrenzung. Verfahren zur zeitlichen Zuordnung der in ein Rechnungsjahr gehörenden → Aufwendungen und → Erträge. Im engeren Sinne zählen dazu nur die → transitorischen Posten. (Vgl. S. 355 ff.)

Rücklage. Eine Rücklage ist bei Kapitalgesellschaften ein Unterkonto des → Eigenkapitals. Sie stammt aus nicht ausgeschütteten Gewinnen (Gewinnrücklagen) oder aus einer über den Nennwert hinausgehenden Einzahlung (Kapitalrücklage). Aktiengesellschaften müssen eine gesetzliche Rücklage von mindestens 10 % des Grundkapitals bilden.

Rücksendungen an uns oder von uns an Lieferanten aufgrund mangelhafter Lieferungen führen zu Korrekturbuchungen. Je nach Art des Sachverhaltes erfolgen direkte Korrekturbuchungen oder Korrekturbuchungen über Unterkonten. (Vgl. S. 183 ff.)

Rückstellungen. Verpflichtungen für Aufwendungen, die dem alten Rechnungsjahr zuzurechnen sind, deren Höhe und/oder Fälligkeit zum Zeitpunkt der Bilanzerstellung noch nicht genau feststehen. (Vgl. S. 287 ff.)

Saldo. → Konto

Schrottwert. Der nach Ablauf der voraussichtlichen Nutzungsdauer für eine dann veräußerte Anlage noch zu erzielende Wert. Hat der Schrottwert eine nennenswerte Höhe, wird er bei der Berechnung der planmäßigen → Abschreibung vom → Anschaffungswert abgesetzt.

Schuldwechsel. Zahlt der Bezogene (= Wechselschuldner) Warenverbindlichkeiten mit einem Wechsel, dann sind aus seinen Warenschulden Wechselverbindlichkeiten (= Schuldwechsel) geworden. (Vgl. S. 209 ff.)

Soll. Die linke Seite eines Kontos. → Haben

Sondervergütungen. Sondervergütungen an Mitarbeiter stellen zusätzliche Personalkosten dar. Sondervergütungen, die ein einzelner Mitarbeiter erhält (= direkte Sondervergütungen) sind lohnsteuer- und sozialabgabenpflichtig. Sondervergütungen, die der ganzen Belegschaft zugute kommen (z. B. Betriebsausflug), werden als indirekte Sondervergütungen bezeichnet. Da diese Aufwendungen im Gegensatz zum Arbeitgeberanteil bei der Sozialversicherung freiwillig erfolgen, werden diese indirekten Sondervergütungen auf dem Konto „Freiwillige soziale Aufwendungen" erfasst.

Soziale Aufwendungen. Der Unternehmer ist gesetzlich dazu verpflichtet, im Rahmen der Sozialversicherungspflicht der Arbeitnehmer die Hälfte der Beiträge zu zahlen. Der Arbeitgeberanteil wird auf dem Konto „gesetzliche soziale Aufwendungen" erfasst. Davon zu unterscheiden sind Aufwendungen, die der Unternehmer freiwillig erbringt, wie z. B. die Kosten eines Betriebsfestes. Diese werden auf einem eigenen Konto „Freiwillige soziale Aufwendungen" erfasst.

Steuerbilanz. Nach dem Grundsatz der Maßgeblichkeit der handelsrechtlichen Bilanzerstellungsvorschriften auch für die Besteuerung ist bei der dafür als Grundlage dienenden Vermögensübersicht von der Handelsbilanz auszugehen. Wurden die nach den steuerlichen Vorschriften geltenden Wertuntergrenzen handelsrechtlich unterschritten, muss eine gesonderte Steuerbilanz erstellt werden. → Einheitsbilanz

Stapelbuchen. Bei Verwendung eines Buchhaltungsprogramms kann dieses so gesteuert werden, dass zunächst nur die Buchung als solche erfasst wird. Löschungen oder Änderungen sind vor Ausführung der Buchung noch möglich.

Tageswert. Der Tageswert ist der Wert, der für ein Gut am Markt zu einem bestimmten Zeitpunkt zu erzielen wäre. Der Begriff ist identisch mit dem steuerlichen Begriff „gemeiner Wert" und dem handelsrechtlichen Begriff „Zeitwert".

Teilwert. Nach dem Steuerrecht ist der Teilwert der Betrag, den ein Erwerber des ganzen Unternehmens im Rahmen des Gesamtkaufpreises für das einzelne Wirtschaftsgut ansetzen würde, wobei davon ausgegangen werden muss, dass der Erwerber das Unternehmen weiterführt. Grundsätzlich wird im Steuerrecht nach dem Teilwert bewertet, mindestens aber zum gemeinen Wert. → Tageswert.

T-Konto. Wird ein Konto in herkömmlicher Form wie im ursprünglichen Hauptbuch eingerichtet, stehen beispielsweise bei Aktivkonten der Anfangsbestand und die Zugänge auf der Soll-Seite, Abgänge auf der Habenseite. Die beiden Seiten sind durch einen Mittelstrich getrennt, dies gibt dem Konto die Form eines großen „T".

Transitorische Posten. Beträge, die im alten Geschäftsjahr im Voraus geleistet oder empfangen und zunächst als Aufwand oder Ertrag erfasst wurden, die aber dem nächsten Geschäftsjahr zuzurechnen sind. → Rechnungsabgrenzung

Umsatzsteuer als durchlaufender Posten. Die Umsatzsteuerlast trägt der Endverbraucher. Für den Unternehmer stellt sie keine Kosten dar; sie ist ein durchlaufender Posten. Was das Unternehmen auf der einen Seite an Steuerbeträgen einnimmt, gibt es auf der anderen Seite in gleicher Höhe wieder aus. (Vgl. hierzu das Zahlenbeispiel auf S. 150)

Umsatzsteuerverprobung. Darunter versteht man die Kontrolle („Probe") des Saldos auf dem Umsatzsteuerkonto mit der Summe der Salden aller Erlös- und Erlösberichtigungskonten. (Vgl. S. 164 f.)

Unterbilanz. Das Vermögen ist geringer als die Verbindlichkeiten.

Verdichtung. Hierunter versteht man die automatische Übertragung der Salden aller Kundenkonten oder Lieferantenkonten (Nebenbücher) auf das jeweilige Sachkonto (Hauptbuchkonto). (Vgl. S. 90 ff.)

Verlust. Die → Aufwendungen eines Geschäftsjahres waren größer als die → Erträge. → GuV

Vermögenswirksame Leistungen. Nach dem Vermögensbildungsgesetz kann ein Arbeitnehmer 870 € jährlich vermögenswirksam sparen. Werden bestimmte Einkommensgrenzen nicht überschritten, gewährt der Staat eine Arbeitnehmersparzulage in Höhe von 9 % aus 470 € auf Anlagen in Bausparverträgen und 18 % (Ostdeutschland 25 %) aus höchstens 400 € auf Anlagen in Beteiligungswerten. Trägt der Arbeitgeber den monatlichen Sparbetrag ganz oder teilweise, dann sind diese vermögenswirksamen Leistungen des Arbeitgebers für den Arbeitnehmer arbeitsrechtlich Bestandteil des Gehalts (Lohns) und damit lohnsteuer- und sozialversicherungspflichtig. Die vermögenswirksame Anlage (monatlicher Sparbetrag) wird vom Arbeitgeber vom Gehalt einbehalten und dann entsprechend weitergeleitet. (Vgl. S. 229 ff.)

Vorsichtsprinzip. Nach § 252 HGB ist vorsichtig zu bewerten, insbesondere sind alle vorhersehbaren Risiken und Verluste, die bis zum Abschlusstag entstanden sind, zu berücksichtigen; Gewinne sind nur zu berücksichtigen, wenn sie am Abschlussstichtag realisiert sind.

Vorsteuerüberhang. Sind die Vorsteuerforderungen gegenüber dem Finanzamt höher als die Umsatzsteuerschulden, liegt ein „Vorsteuerüberhang" vor. Das Finanzamt erstattet diesen Überschuss bzw. verrechnet ihn gegebenenfalls mit Steuerschulden. Zu einem Vorsteuerüberhang kommt es, wenn im Umsatzsteuervoranmeldezeitraum mehr eingekauft als verkauft wurde. (Vgl. S. 170 f.)

Wareneinsatz. Der Wareneinsatz stellt die verkauften Waren bewertet zum Einkaufspreis dar. (Was haben uns die Waren, die wir verkauft haben, gekostet?)

Wertberichtigung. Gegenposten zu den Anschaffungskosten von Vermögensgegenständen als Summe aller seit Anschaffung gebuchten Abschreibungen. (Vgl. S. 345 f.)

Zahllast. Die Vorsteuerforderung und die Umsatzsteuerschuld werden gegeneinander verrechnet. Ein Überhang an Umsatzsteuerschulden gegenüber dem Finanzamt wird als „Zahllast" (= tatsächlich zu zahlen) bezeichnet. Ist die Zahllast am Ende des letzten Voranmeldezeitraumes noch nicht ans Finanzamt abgeführt, ist sie zu passivieren, d. h. auf die Passivseite der Schlussbilanz einzustellen. In der Praxis ist für die Ermittlung der Zahllast die Umsatzsteuerverprobung durchzuführen. Zur Ermittlung und Buchung der Zahllast vgl. S. 150 f. u. S. 155.

11.3 Gesetzestexte in Auszügen

11.3.1 Abgabenordnung (AO 1977)

§ 140 Buchführungs- und Aufzeichnungspflichten nach anderen Gesetzen. Wer nach anderen Gesetzen als den Steuergesetzen Bücher und Aufzeichnungen zu führen hat, die für die Besteuerung von Bedeutung sind, hat die Verpflichtungen, die ihm nach den anderen Gesetzen obliegen, auch für die Besteuerung zu erfüllen.

§143 Aufzeichnung des Wareneingangs. (1) Gewerbliche Unternehmer müssen den Wareneingang gesondert aufzeichnen.

(2) Aufzuzeichnen sind alle Waren einschließlich der Rohstoffe, unfertigen

Erzeugnisse, Hilfsstoffe und Zutaten, die der Unternehmer im Rahmen seines Gewerbebetriebes zur Weiterveräußerung oder zum Verbrauch entgeltlich oder unentgeltlich, für eigene oder für fremde Rechnung erwirbt; dies gilt auch dann, wenn die Waren vor der Weiterveräußerung oder dem Verbrauch be- oder verarbeitet werden sollen. Waren, die nach Art des Betriebes üblicherweise für den Betrieb zur Weiterveräußerung oder zum Verbrauch erworben werden, sind auch dann aufzuzeichnen, wenn sie für betriebsfremde Zwecke verwendet werden.

(3) Die Aufzeichnungen müssen die folgenden Angaben enthalten:

1. den Tag des Wareneingangs oder das Datum der Rechnung,

2. den Namen oder die Firma und die Anschrift des Lieferers,

3. die handelsübliche Bezeichnung der Ware,

4. den Preis der Ware,

5. einen Hinweis auf den Beleg.

§144 Aufzeichnung des Warenausgangs. (1) Gewerbliche Unternehmer, die nach der Art ihres Geschäftsbetriebes Waren regelmäßig an andere gewerbliche Unternehmer zur Weiterveräußerung oder zum Verbrauch als Hilfsstoffe liefern, müssen den erkennbar für diese Zwecke bestimmten Warenausgang gesondert aufzeichnen.

(2) Aufzuzeichnen sind auch alle Waren, die der Unternehmer

1. auf Rechnung (auf Ziel, Kredit, Abrechnung oder Gegenrechnung), durch Tausch oder unentgeltlich liefert, oder

2. gegen Barzahlung liefert, wenn die Ware wegen der abgenommenen Menge zu einem Preis veräußert wird, der niedriger ist als der übliche Preis für Verbraucher.

Dies gilt nicht, wenn die Ware erkennbar nicht zur gewerblichen Weiterverwendung bestimmt ist.

(3) Die Aufzeichnungen müssen die folgenden Angaben enthalten:

1. den Tag des Warenausgangs oder das Datum der Rechnung,

2. den Namen oder die Firma und die Anschrift des Abnehmers,

3. die handelsübliche Bezeichnung der Ware,

4. den Preis der Ware,

5. einen Hinweis auf den Beleg.

(4) Der Unternehmer muss über jeden Ausgang der in den Absätzen 1 und 2 genannten Waren einen Beleg erteilen, der die in Absatz 3 bezeichneten Angaben sowie seinen Namen oder die Firma und seine Anschrift enthält. Dies gilt insoweit nicht, als nach § 14 Abs. 2 des Umsatzsteuergesetze 1999 durch die dort bezeichneten Leistungsempfänger eine Gutschrift erteilt wird oder aufgrund des § 14 Abs. 6 des Umsatzsteuergesetzes 1999 Erleichterungen gewährt werden.

(5) Die Absätze 1 bis 4 gelten auch für Land- und Forstwirte, die nach § 141 buchführungspflichtig sind.

§ 145 Allgemeine Anforderung an Buchführung und Aufzeichnungen. (1) Die Buchführung muss so beschaffen sein, dass sie einem sachverständigen Dritten innerhalb angemessener Zeit einen Überblick über die Geschäftsvorfälle und über die Lage des Unternehmens vermitteln kann. Die Geschäftsvorfälle müssen sich in ihrer Entstehung und Abwicklung verfolgen lassen.

(2) Aufzeichnungen sind so vorzunehmen, dass der Zweck, den sie für die Besteuerung erfüllen sollen, erreicht wird.

§ 146 Ordnungsvorschriften für die Buchführung und für Aufzeichnungen. (1) Die Buchungen und die sonst erforderlichen Aufzeichnungen sind vollständig, richtig, zeitgerecht und geordnet vorzunehmen. Kasseneinnahmen und Kassenausgaben sollen täglich festgehalten werden.

(2) Bücher und die sonst erforderlichen Aufzeichnungen sind im Geltungsbereich dieses Gesetzes zu führen und aufzubewahren. Dies gilt nicht, soweit für Betriebstätten außerhalb des Geltungsbereichs dieses Gesetzes nach dortigem Recht eine Verpflichtung besteht, Bücher und Aufzeichnungen zu führen, und diese Verpflichtung erfüllt wird. In diesem Falle sowie bei Organgesellschaften außerhalb des Geltungsbereichs dieses Gesetzes müssen die Ergebnisse der dortigen Buchführung in die Buchführung des hiesigen Unternehmens übernommen werden, soweit sie für die Besteuerung von Bedeutung sind. Dabei sind die erforderlichen Anpassungen an die steuerrechtlichen Vorschriften im Geltungsbereich dieses Gesetzes vorzunehmen und kenntlich zu machen.

(3) Die Buchungen und die sonst erforderlichen Aufzeichnungen sind in einer lebenden Sprache vorzunehmen. Wird eine andere als die deutsche Sprache verwendet, so kann die Finanzbehörde Übersetzungen verlangen. Werden Abkürzungen, Ziffern, Buchstaben und Symbole verwendet, muss im Einzelfall deren Bedeutung eindeutig festliegen.

(4) Eine Buchung oder eine Aufzeichnung darf nicht in einer Weise verändert werden, dass der ursprüngliche Inhalt nicht mehr feststellbar ist. Auch solche Veränderungen dürfen nicht vorgenommen werden, deren Beschaffenheit es ungewiss lässt, ob sie ursprünglich oder erst später gemacht worden sind.

(5) Die Bücher und die sonst erforderlichen Aufzeichnungen können auch in der geordneten Ablage von Belegen bestehen oder auf Datenträgern geführt werden, soweit diese Formen der Buchführung einschließlich des dabei angewandten Verfahrens den Grundsätzen ordnungsmäßiger Buchführung entsprechen; bei Aufzeichnungen, die allein nach den Steuergesetzen vorzu-

nehmen sind, bestimmt sich die Zulässigkeit des angewendeten Verfahrens nach dem Zweck, den die Aufzeichnungen für die Besteuerung erfüllen sollen. Bei der Führung der Bücher und der sonst erforderlichen Aufzeichnungen auf Datenträgern muss insbesondere sichergestellt sein, dass während der Dauer der Aufbewahrungsfrist die Daten jederzeit verfügbar sind und unverzüglich lesbar gemacht werden können. Dies gilt auch für die Befugnisse der Finanzbehörde nach § 147 Abs. 6. Absätze 1 bis 4 gelten sinngemäß.

(6) Die Ordnungsvorschriften gelten auch dann, wenn der Unternehmer Bücher und Aufzeichnungen, die für die Besteuerung von Bedeutung sind, führt, ohne hierzu verpflichtet zu sein.

§ 147 Ordnungsvorschriften für die Aufbewahrung von Unterlagen.[1]

(1) Die folgenden Unterlagen sind geordnet aufzubewahren:

1. Bücher und Aufzeichnungen, Inventare, Jahresabschlüsse, Lageberichte, die Eröffnungsbilanz sowie die zu ihrem Verständnis erforderlichen Arbeitsanweisungen und sonstigen Organisationsunterlagen,

2. die empfangenen Handels- oder Geschäftsbriefe,

3. Wiedergaben der abgesandten Handels- oder Geschäftsbriefe,

4. Buchungsbelege,

4a. Unterlagen, die einer mit Mitteln der Datenverarbeitung abgegebenen Zollmeldung nach Artikel 77 Abs. 1 in Verbindung mit Artikel 62 Abs 2 Zollkodex beizufügen sind, sofern die Zollbehörden nach Artikel 77 Abs. 2 sarz 1 Zollkodex auf ihre Vorlage verzichtet oder sie nach erfolgter Vorlage zurückgegeben haben,

5. sonstige Unterlagen, soweit sie für die Besteuerung von Bedeutung sind.

(2) Mit Ausnahme der Jahresabschlüsse, der Eröffnungsbilanz und der Unterlagen nach Absatz 1 Nr. 4a können die in Absatz 1 aufgeführten Unterlagen auch als Wiedergabe auf einem Bildträger oder auf anderen Datenträgern aufbewahrt werden, wenn dies den Grundsätzen ordnungsmäßiger Buchführung entspricht und sichergestellt ist, dass die Wiedergabe oder die Daten

1. mit den empfangenen Handels- oder Geschäftsbriefen und den Buchungsbelegen bildlich und mit den anderen Unterlagen inhaltlich übereinstimmen, wenn sie lesbar gemacht werden,

2. während der Dauer der Aufbewahrungsfrist jederzeit verfügbar sind, unverzüglich lesbar gemacht und maschinell ausgewertet werden können.

(3) Die in Absatz 1 Nr. 1, 4 und 4a aufgeführten Unterlagen sind zehn Jahre, die sonstigen in Absatz 1 aufgeführtern Unterlagen sechs Jahre aufzubewah-

---

1 § 147 Abs. 2: Anzuwenden ab 1.1. 2002 gem. Art. 97 § 19b AOEG 1977; Abs. 3: Zur Anwendung vgl. Art. 97 § 19a AOEG 1977; Abs. 5 u. 6: Anzuwenden ab 1.1. 2002 gem. Art. 97 § 19b AOEG 1977.

ren, sofern nicht in anderen Steuergesetzen kürzere Aufbewahrungsfristen zugelassn sind. Kürzere Aufbewahrungsfristen nach außersteuerlichen Gesetzen lassen die in Satz 1 bestimmte Frist unberührt. Die Aufbewahrungsfrist läuft jedoch nicht ab, soweit und solange die Unterlagen für Steuern von Bedeutung sind, für welche die Festsetzungsfrist noch nicht abgelaufen ist; § 169 Abs. 2 Satz 2 gilt nicht.

(4) Die Auufbewahrungsfrist beginnt mit dem Schluss des Kalenderjahrs, in dem die letzte Eintragung in das Buch gemacht, das Inventar, die Eröffnungsbilanz, der Jahresabschluss oder der Lagebericht aufgestellt, der Handels- oder Geschäftsbrief empfangen oder abgesandt worden oder der Buchungsbeleg entstanden ist, ferner die Aufzeichnung vorgenommen worden ist oder die sonstigen Unterlagen entstanden sind.

(5) Wer aufzubewahrende Unterlagen in der Form einer Wiedergabe auf einem Bildträger oder auf anderen Datenträgern vorlegt, ist verpflichtet, auf seine Kosten diejenigen Hilfsmittel zur Verfügung zu stellen, die erforderlich sind, um die Unterlagen lesbar zu machen; auf Verlangen der Finanzbehörde hat er auf seine Kosten die Unterlagen unverzüglich ganz oder teilweise auszudrucken oder ohne Hilfsmittel lesbare Reproduktionen beizubringen.

(6) Sind die Unterlagen nach Absatz 1 mit Hilfe eines Datenverarbeitungssystems erstellt worden, hat die Finanzbehörde im Rahmen einer Außenprüfung das Recht, Einsicht in die gespeicherten Daten zu nehmen und das Datenverarbeitungssystem zur Prüfung dieser Unterlagen zu nutzen. Sie kann im Rahmen einer Außenprüfung auch verlangen, dass die Daten nach ihren Vorgaben maschinell ausgewertet oder ihr die gespeicherten Unterlagen und Aufzeichnungen auf einem maschinell verwertbaren Datenträger zur Verfügung gestellt werden. Die Kosten trägt der Steuerpflichtige.

11.3.2 Einkommensteuergesetz

§ 4 Gewinnbegriff im Allgemeinen. (1) Gewinn ist der Unterschiedsbetrag zwischen dem Betriebsvermögen am Schluss des Wirtschaftsfjahres und dem Betriebsvermögen am Schluss des vorangegangenen Wirtschaftsjahres, vermehrt um den Wert der Entnahmen und vermindert um den Wert der Einlagen. Entnahmen sind alle Wirtschaftsgüter (Barentnahmen, Waren, Erzeugnisse, Nutzungen und Leistungen), die der Steuerpflichtige dem Betrieb für sich, für seinen Haushalt oder für andere betriebsfremde Zwecke im Laufe des Wirtschaftsjahres entnommen hat. Ein Wirtschaftsgut wird nicht dadurch entnommen, dass der Steuerpflichtige zur Gewinnermittlung nach Absatz 3 oder nach § 13a übergeht. Eine Änderung der Nutzung eines Wirtschaftsguts, die bei Gewinnermittlung nach Satz 1 keine Entnahme ist, ist auch bei Gewinnermittlung nach Absatz 3 oder nach § 13a keine Entnahme.

Einlagen sind alle Wirtschaftsgüter (Bareinzahlungen und sonstige Wirtschaftsgüter), die der Steuerpflichtige dem Betrieb im Laufe des Wirtschaftsjahres zugeführt hat. Bei der Ermittlung des Gewinns sind die Vorschriften über die Betriebsausgaben, über die Bewertung und über die Absetzung für Abnutzung oder Substanzverringerung zu befolgen.

(2) Der Steuerpflichtige darf die Vermögensübersicht (Bilanz) auch nach ihrer Einreichung beim Finanzamt ändern, soweit sie den Grundsätzen ordnungsmäßiger Buchführung unter Befolgung der Vorschriften dieses Gesetzes nicht entspricht. Darüber hinaus ist eine Änderung der Vermögensübersicht (Bilanz) nur zulässig, wenn sie in einem engen zeitlichen und sachlichen Zusammenhang mit einer Änderung nach Satz 1 steht und soweit die Auswirkung der Änderung nach Satz 1 auf den Gewinn reicht.

(3) Steuerpflichtige, die nicht aufgrund gesetzlicher Vorschriften verpflichtet sind, Bücher zu führen und regelmäßig Abschlüsse zu machen, und die auch keine Bücher führen und keine Abschlüsse machen können als Gewinn den Überschuss der Betriebseinnahmen über die Betriebsausgaben ansetzen. Hierbei scheiden Betriebseinnahmen und Betriebsausgaben aus, die im Namen und für Rechnung eines anderen vereinnahmt und verausgabt werden (durchlaufende Posten). Die Vorschriften über die Absetzung für Abnutzung oder Substanzverringerung sind zu befolgen. Die Anschaffungs- oder Herstellungskosten für nicht abnutzbare Wirtschaftsgüter des Anlagevermögens sind erst im Zeitpunkt der Veräußerung oder Entnahme dieser Wirtschaftsgüter als Betriebsausgaben zu berücksichtigen. Die nicht abnutzbaren Wirtschaftsgüter des Anlagevermögens sind unter Angabe des Tages der Anschaffung oder Herstellung und der Anschaffungs oder Herstellungskosten oder des an deren Stelle getretenen Werts in besondere, laufend zu führende Verzeichnisse aufzunehmen.

§ 6 Bewertung. (1) Für die Bewertung der einzelnen Wirtschaftsgüter, die nach § 4 Abs. 1 oder nach § 5 als Betriebsvermögen anzusetzen sind, gilt das Folgende:

1. Wirtschaftsgüter des Anlagevermögens, die der Abnutzung unterliegen, sind mit den Anschaffungs- oder Herstellungskosten oder dem an deren Stelle tretenden Wert, vermindert um die Absetzungen für Abnutzung, erhöhte Absetzungen, Sonderabschreibungen, Abzüge nach § 6 b und ähnliche Abzüge, anzusetzen. Ist der Teilwert aufgrund einer voraussichtlich dauernden Wertminderung niedriger, so kann dieser angesetzt werden. Teilwert ist der Betrag, den ein Erwerber des ganzen Betriebs im Rahmen des Gesamtkaufpreises für das einzelne Wirtschaftsgut ansetzen würde; dabei ist davon auszugehen, dass der Erwerber den Betrieb fortführt. Wirtschaftsgüter, die bereits am Schluss des vorangegangenen Wirt-

schaftsjahrs zum Anlagevermögen des Steuerpflichtigen gehört haben, sind in den folgenden Wirtschaftsjahren gemäß Satz 1 anzusetzen, es sei denn, der Steuerpflichtige weist nach, dass ein niedrigerer Teilwert nach Satz 2 angesetzt werden kann.

1a. Zu den Herstellungskosten eines Gebäudes gehören auch Aufwendungen für Instandsetzungs- und Modernisierungsmaßnahmen, die innerhalb von drei Jahren nach der Anschaffung des Gebäudes durchgeführt werden, wenn die Aufwendungen ohne die Umsatzsteuer 15 vom Hundert der Anschaffungskosten des Gebäudes übersteigen (anschaffungsnahe Herstellunskosten). Zu diesen Aufwendungen gehören nicht die Aufwendungen für Erweiterungen im Sinne des § 255 Abs. 2 Satz 1 des Handelsgesetzbuchs sowie Aufwendungen für Erhaltungsarbeiten, die jährlich üblicherweise anfallen.

2. Andere als die in Nummer 1 bezeichneten Wirtschaftsgüter des Betriebs (Grund und Boden, Beteiligungen, Umlaufvermögen) sind mit den Anschaffungs- oder Herstellungskosten oder dem an anderer Stelle tretenden Wert, vermindert um die Abzüge nach § 6 b und ähnliche Abzüge, anzusetzen. Ist der Teilwert (Nummer 1 Satz 3) aufgrund einer voraussichtlichen dauernden Wertminderung niedriger, so kann dieser angesetzt werden. Nummer 1 Satz 4 gilt entsprechend

2a. Steuerpflichtige, die den Gewinn nach § 5 ermitteln, können für den Wertansatz gleichartiger Wirtschaftsgüter des Vorratsvermögens unterstellen, dass die zuletzt angeschafften oder hergestellten Wirtschaftsgüter zuerst verbraucht oder veräußert worden sind, soweit dies den handelsrechtlichen Grundsätzen ordnungsmäßiger Buchführung entspricht. Der Vorratsbestand am Schluss des Wirtschaftsjahrs, das der erstmaligen Anwendung der Bewertung nach Satz 1 vorangeht, gilt mit seinem Bilanzansatz als erster Zugang des neuen Wirtschaftsjahrs. Von der Verbrauchs- oder Veräußerungsfolge nach Satz 1 kann in den folgenden Wirtschaftsjahren nur mit Zustimmung des Finanzamts abgewichen werden.

3. Verbindlichkeiten sind unter sinngemäßer Anwendung der Vorschriften der Nummer 2 anzusetzen und mit einem Zinssatz von 5,5 vom Hundert abzuzinsen. Ausgenommen von der Abzinsung sind Verbindlichkeiten, deren Laufzeit am Bilanzstichtag weniger als 12 Monate beträgt, und Verbindlichkeiten, die verzinslich sind oder auf einer Anzahlung oder Vorausleistung beruhen.

3.1 Rückstellungen sind höchstens insbesondere unter Berücksichtigung folgender Grundsätze anzusetzen;
   a) bei Rückstellungen für gleichartige Verpflichtungen ist auf der Grundlage der Erfahrungen in der Vergangenheit aus der Abwicklung solcher

Verpflichtungen die Wahrscheinlichkeit zu berücksichtigen, dass der Steuerpflichtige nur zu einem Teil der Summe dieser Verpflichtungen in Anspruch genommen wird;

b) Rückstellungen für Sachdienstleistungsverpflichtungen sind mit den Einzelkosten und den angemessenen Teilen der notwendigen Gemeinkosten zu bewerten;

c) künftige Vorteile, die mit der Erfüllung der Verpflichtung voraussichtlich verbunden sein werden, sind, soweit sie nicht als Forderung zu aktivieren sind, bei ihrer Bewertung wertmindernd zu berücksichtigen;

d) Rückstellungen für Verpflichtungen, für deren Entstehen im wirtschaftlichen Sinne der laufende Betrieb ursächlich ist, sind zeitanteilig in gleichen Raten anzusammeln. …

e) Rückstellungen für Verpflichtungen sind mit einem Zinssatz von 5,5 vom Hundert abzuzinsen; Nummer 3 Satz 2 ist entsprechend anzuwenden. Für die Abzinsung von Rückstellungen für Sachleistungsverpflichtungen ist der Zeitraum bis zum Beginn der Erfüllung maßgebend. …

4. Entnahmen des Steuerpflichtigen für sich, für seinen Haushalt oder für andere betriebsfremde Zwecke sind mit dem Teilwert anzusetzen. Die private Nutzung eines Kraftfahrzeugs ist für jeden Kalendermonat mit 1 vom Hundert des inländischen Listenpreises im Zeitpunkt der Erstzulassung zuzüglich der Kosten für Sonderausstattungen einschließlich der Umsatzsteuer anzusetzen. Die private Nutzung kann abweichend von Satz 2 mit den auf die Privatfahrten entfallenden Aufwendungen angesetzt werden, wenn die für das Kraftfahrzeug insgesamt entstehenden Aufwendungen durch Belege und das Verhältnis der privaten zu den übrigen Fahrten durch ein ordnungsgemäßes Fahrtenbuch nachgewiesen werden. Wird ein Wirtschaftsgut unmittelbar nach seiner Entnahme einer nach § 5 Abs. 1 Nr. 9 des Körperschaftsteuergesetzes von der Körperschaftsteuer befreiten Körperschaft, Personenvereinigung oder Vermögensmasse oder einer juristischen Person des öffentlichen Rechts zur Verwendung für steuerbegünstigte Zwecke im Sinne des § 10b Abs. 1 Satz 1 unentgeltlich überlassen, so kann die Entnahme mit dem Buchwert angesetzt werden. Dies gilt für Zuwendungen im Sinne des § 10b Abs. 1 Satz 3 entsprechend. Die Sätze 4 und 5 gelten nicht für die Entnahme von Nutzungen und Leistungen.

5. Einlagen sind mit dem Teilwert für den Zeitpunkt der Zuführung anzusetzen; sie sind jedoch höchstens mit den Anschaffungs- oder Herstellungskosten anzusetzen, wenn das zugeführte Wirtschaftsgut

a) innerhalb der letzten drei Jahre vor dem Zeitpunkt der Zuführung angeschafft oder hergestellt worden ist oder

b) ein Anteil an einer Kapitalgesellschaft ist und der Steuerpflichtige an der Gesellschaft im Sinne des § 17 Abs. 1 beteiligt ist; § 17 Abs. 2 Satz 3 gilt entsprechend.

Ist die Einlage ein abnutzbares Wirtschaftsgut, so sind die Anschaffungs- oder Herstellungskosten um Absetzungen für Abnutzung zu kürzen, die auf den Zeitraum zwischen der Anschaffung oder Herstellung des Wirtschaftsguts und der Einlage entfallen. Ist die Einlage ein Wirtschaftsgut, das vor der Zuführung aus einem Betriebsvermögen des Steuerpflichtigen entnommen worden ist, so tritt an die Stelle der Anschaffungs- oder Herstellungskosten der Wert, mit dem die Entnahme angesetzt worden ist, und an die Stelle des Zeitpunkts der Anschaffung oder Herstellung der Zeitpunkt der Entnahme.

6. Bei Eröffnung eines Betriebs ist Nummer 5 entsprechend anzuwenden.

7. Bei entgeltlichem Erwerb eines Betriebs sind die Wirtschaftsgüter mit dem Teilwert, höchstens jedoch mit den Anschaffungs- oder Herstellungskosten anzusetzen.

(2) Die Anschaffungs- oder Herstellungskosten oder der nach Absatz 1 Nr. 5 oder 6 an deren Stelle tretende Wert von abnutzbaren beweglichen Wirtschaftsgütern des Anlagevermögens, die einer selbständigen Nutzung fähig sind, können im Wirtschaftsjahr der Anschaffung, Herstellung oder Einlage des Wirtschaftsguts oder der Eröffnung des Betriebs in voller Höhe als Betriebsausgaben abgesetzt werden, wenn die Anschaffungs- oder Herstellungskosten, vermindert um einen darin enthaltenen Vorsteuerbetrag (§ 9b Abs. 1), oder der nach Absatz 1 Nr. 5 oder 6 an deren Stelle tretende Wert für das einzelne Wirtschaftsgut 410,00 € nicht übersteigen. Ein Wirtschaftsgut ist einer selbständigen Nutzung nicht fähig, wenn es nach seiner betrieblichen Zweckbestimmung nur zusammen mit anderen Wirtschaftsgütern des Anlagevermögens genutzt werden kann und die in den Nutzungszusammenhang eingefügten Wirtschaftsgüter technisch aufeinander abgestimmt sind. Das gilt auch, wenn das Wirtschaftsgut aus dem betrieblichen Nutzungszusammenhang gelöst und in einen anderen betrieblichen Nutzungszusammenhang eingefügt werden kann. Satz 1 ist nur bei Wirtschaftsgütern anzuwenden, die unter Angabe des Tages der Anschaffung, Herstellung oder Einlage des Wirtschaftsguts oder der Eröffnung des Betriebs und der Anschaffungs- oder Herstellungskosten oder des nach Absatz 1 Nr. 5 oder 6 an deren Stelle tretenden Wertes in einem besonderen, laufend zu führenden Verzeichnis aufgeführt sind. Das Verzeichnis braucht nicht geführt zu werden, wenn diese Angaben aus der Buchführung ersichtlich sind.

§ 7 Absetzung für Abnutzung oder Substanzverringerung (1) Bei Wirtschaftsgütern, deren Verwendung oder Nutzung durch den Steuerpflichtigen zur Erzielung von Einkünften sich erfahrungsgemäß auf einen Zeitraum von mehr als einem Jahr erstreckt, ist jeweils für ein Jahr der Teil der Anschaffungs- oder Herstellungskosten abzusetzen, der bei gleichmäßiger Verteilung dieser Kosten auf die Gesamtdauer der Verwendung oder Nutzung auf ein Jahr entfällt (Absetzung für Abnutzung in gleichen Jahresbeträgen). Die Absetzung bemisst sich hierbei nach der betriebsgewöhnlichen Nutzungsdauer des Wirtschaftsguts. Als betriebsgewöhnliche Nutzungsdauer des Geschäfts- oder Firmenwerts eines Gewerbebetriebs oder eines Betriebs der Land- und Forstwirtschaft gilt ein Zeitraum von 15 Jahren. Im Jahr der Anschaffung oder Herstellung des Wirtschaftsguts vermindert sich für dieses Jahr der Absetzungsbetrag nach Satz 1 um jeweils ein Zwölftel für jeden vollen Monat, der dem Monat der Anschaffung oder Herstellung vorangeht. Bei Wirtschaftsgütern, die nach einer Verwendung zur Erzielung von Einkünften im Sinne des § 2 Abs. 1 Nr. 4 bis 7 in ein Betriebsvermögen eingelegt worden sind, mindern sich die Anschaffungs- oder Herstellungskosten um die Absetzungen für Abnutzung oder Substanzverringerung, Sonderabschreibungen oder erhöhte Absetzungen, die bis zum Zeitpunkt der Einlage vorgenommen worden sind. Bei beweglichen Wirtschaftsgütern des Anlagevermögens, bei denen es wirtschaftlich begründet ist, die Absetzung für Abnutzung nach Maßgabe der Leistung des Wirtschaftsguts vorzunehmen, kann der Steuerpflichtige dieses Verfahren statt der Absetzung für Abnutzung in gleichen Jahresbeträgen anwenden, wenn er den auf das einzelne Jahr entfallenden Umfang der Leistung nachweist. Absetzungen für außergewöhnliche technische oder wirtschaftliche Abnutzung sind zulässig; soweit der Grund hierfür in späteren Wirtschaftsjahren entfällt, ist in den Fällen der Gewinnermittlung nach § 4 Abs. 1 oder nach § 5 eine entsprechende Zuschreibung vorzunehmen.

(2) Bei beweglichen Wirtschaftsgütern des Anlagevermögens kann der Steuerpflichtige statt der Absetzung für Abnutzung in gleichen Jahresbeträgen die Absetzung für Abnutzung in fallenden Jahresbeträgen bemessen. Die Absetzung für Abnutzung in fallenden Jahresbeträgen kann nach einem unveränderlichen Hundertsatz vom jeweiligen Buchwert (Restwert) vorgenommen werden; der dabei anzuwendende Hundertsatz darf höchstens das Dreifache des bei der Absetzung für Abnutzung in gleichen Jahresbeträgen in Betracht kommenden Hundertsatzes betragen und 30 vom Hundert nicht übersteigen. Absatz 1 Satz 4 und § 7a Abs. 8 gelten entsprechend. Bei Wirtschaftsgütern, bei denen die Absetzung für Abnutzung in fallenden Jahresbeträgen bemessen wird, sind Absetzungen für außergewöhnliche technische oder wirtschaftliche Abnutzung nicht zulässig.

(3) Der Übergang von der Absetzung für Abnutzung in fallenden Jahresbeträgen zur Absetzung für Abnutzung in gleichen Jahresbeträgen ist zulässig.

In diesem Fall bemisst sich die Absetzung für Abnutzung vom Zeitpunkt des Übergangs an nach dem dann noch vorhandenen Restwert und der Restnutzungsdauer des einzelnen Wirtschaftsguts. Der Übergang von der Absetzung für Abnutzung in gleichen Jahresbeträgen zur Absetzung für Abnutzung in fallenden Jahresbeträgen ist nicht zulässig.

(4) Bei Gebäuden sind abweichend von Absatz 1 als Absetzung für Abnutzung die folgenden Beträge bis zur vollen Absetzung abzuziehen:

1. bei Gebäuden, soweit sie zu einem Betriebsvermögen gehören und nicht Wohnzwecken dienen und für die der Bauantrag nach dem 31. März 1985 gestellt worden ist, jährlich 3 vom Hundert,

2. bei Gebäuden, soweit sie die Voraussetzungen der Nummer 1 nicht erfüllen und die

   a) nach dem 31. Dezember 1924 fertig gestellt worden sind, jährlich 2 vom Hundert,

   b) vor dem 1. Januar 1925 fertig gestellt worden sind, jährlich 2,5 vom Hundert

der Anschaffungs- oder Herstellungskosten; Absatz 1 Satz 5 gilt entsprechend. Beträgt die tatsächliche Nutzungsdauer eines Gebäudes in den Fällen der Nummer 1 weniger als 33 Jahre, in den Fällen der Nummer 2 Buchstabe a weniger als 50 Jahre, in den Fällen der Nummer 2 Buchstabe b weniger als 40 Jahre, so können an Stelle der Absetzungen nach Satz 1 die der tatsächlichen Nutzungsdauer entsprechenden Absetzungen für Abnutzung vorgenommen werden. Absatz 1 letzter Satz bleibt unberührt. Bei Gebäuden im Sinne der Nummer 2 rechtfertigt die für Gebäude im Sinne der Nummer 1 geltende Regelung weder die Anwendung des Absatzes 1 letzter Satz noch den Ansatz des niedrigeren Teilwerts (§ 6 Abs. 1 Nr. 1 Satz 2).

(5) Bei im Inland belegenen Gebäuden, die vom Steuerpflichtigen hergestellt oder bis zum Ende des Jahres der Fertigstellung angeschafft worden sind, können abweichend von Absatz 4 als Absetzung für Abnutzung die folgenden Beträge abgezogen werden:

1. bei Gebäuden im Sinne des Absatzes 4 Satz 1 Nr. 1, die vom Steuerpflichtigen aufgrund eines vor dem 1. Januar 1994 gestellten Bauantrags hergestellt oder aufgrund eines vor diesem Zeitpunkt rechtswirksam abgeschlossenen obligatorischen Vertrags angeschafft worden sind,

   im Jahr der Fertigstellung
   und in den folgenden

3 Jahren	jeweils 10 vom Hundert,
in den darauf folgenden 3 Jahren	jeweils 5 vom Hundert,
in den darauf folgenden 18 Jahren	jeweils 2,5 vom Hundert,

2. bei Gebäuden im Sinne des Absatzes 4 Satz 1 Nr. 2, die vom Steuer-

pflichtigen aufgrund eines vor dem 1. Januar 1995 gestellten Bauantrags hergestellt oder aufgrund eines vor diesem Zeitpunkt rechtswirksam abgeschlossenen obligatorischen Vertrags angeschafft worden sind,

im Jahr der Fertigstellung

und in den folgenden 7 Jahren	jeweils	5 vom Hundert,
in den darauf folgenden 6 Jahren	jeweils	2,5 vom Hundert,
in den darauf folgenden 36 Jahren	jeweils	1,25 vom Hundert,

3. bei Gebäuden im Sinne des Absatzes 4 Satz 1 Nr. 2, soweit sie Wohnzwecken dienen, die vom Steuerpflichtigen

a) aufgrund eines nach dem 28. Februar 1989 und vor dem 1. Januar 1996 gestellten Bauantrags hergestellt oder nach dem 28. Februar 1989 aufgrund eines nach dem 28. Februar 1989 und vor dem 1. Januar 1996 rechtswirksam abgeschlossenen obligatorischen Vertrags angeschafft worden sind,

im Jahr der Fertigstellung und

in den folgenden 3 Jahren	jeweils	7 vom Hundert,
in den darauf folgenden 6 Jahren	jeweils	5 vom Hundert,
in den darauf folgenden 6 Jahren	jeweils	2 vom Hundert,
in den darauf folgenden 24 Jahren	jeweils	1,25 vom Hundert

b) aufgrund eines nach dem 31. Dezember 1995 gestellten Bauantrags hergestellt oder aufgrund eines nach diesem Zeitpunkt rechtswirksam abgeschlossenen obligatorischen Vertrags angeschafft worden sind,

– im Jahr der Fertigstellung und in den folgenden 7 Jahren jeweils 5 vom Hundert,

– in den darauf folgenden 6 Jahren jeweils 2,5 vom Hundert,

– in den darauf folgenden 36 Jahren jeweils 1,25 vom Hundert

c) aufgrund eines nach dem 31. Dezember 2003 gestellten Bauantrags hergestellt oder aufgrund eines nach dem 31. Dezember 2003 rechtswirksam abgeschlossenen obligatorischen Vertrags angeschafft worden sind,

im Jahr der Fertigstellung und

in den folgenden 9 Jahren	jeweils	4 vom Hundert,
in den darauf folgenden 8 Jahren	jeweils	2,5 vom Hundert,
in den darauf folgenden 32 Jahren	jeweils	1,25 vom Hundert,

der Anschaffungs- oder Herstellungskosten. Im Fall der Anschaffung kann Satz 1 nur angewendet werden, wenn der Hersteller für das veräußerte Gebäude weder Absetzungen für Abnutzung nach Satz 1 vorgenommen noch erhöhte Absetzungen oder Sonderabschreibungen in Anspruch genommen hat. Absatz 1 Satz 4 gilt nicht

(5a) Die Absätze 4 und 5 sind auf Gebäudeteile, die selbständige unbewegliche Wirtschaftsgüter sind, sowie auf Eigentumswohnungen und auf im Teileigentum stehende Räume entsprechend anzuwenden.

(6) Bei Bergbauunternehmen, Steinbrüchen und anderen Betrieben, die einen Verbrauch der Substanz mit sich bringen, ist Absatz 1 entsprechend anzuwenden; dabei sind Absetzungen nach Maßgabe des Substanzverzehrs zulässig (Absetzung für Substanzverringerung).

11.3.3 Umsatzsteuergesetz

§ 1 Steuerbare Umsätze. (1) Der Umsatzsteuer unterliegen folgende Umsätze:

1. die Lieferungen und sonstigen Leistungen, die ein Unternehmer im Inland gegen Entgelt im Rahmen seines Unternehmens ausführt. Die Steuerbarkeit entfällt nicht, wenn der Umsatz aufgrund gesetzlicher oder behördlicher Anordnung ausgeführt wird oder nach gesetzlicher Vorschrift als ausgeführt gilt;

...

5. der innergemeinschafltiche Erwerb im Inland gegen Entgelt.

§ 3 Lieferung, sonstige Leistung. (1) Lieferungen eines Unternehmers sind Leistungen, durch die er oder in seinem Auftrag ein Dritter den Abnehmer oder in dessen Auftrag einen Dritten befähigt, im eigenen Namen über einen Gegenstand zu verfügen (Verschaffung der Verfügungsmacht).

(1 a) Als Lieferung gegen Entgelt gilt das Verbringen eines Gegenstandes des Unternehmens aus dem Inland in das übrige Gemeinschaftsgebiet durch einen Unternehmer zu seiner Verfügung, ausgenommen zu einer nur vorübergehenden Verwendung, auch wenn der Unternehmer den Gegenstand in das Inland eingeführt hat. Der Unternehmer gilt als Lieferer.

(1 b) Einer Lieferung gegen Entgelt werden gleichgestellt

1. die Entnahme eines Gegenstandes durch einen Unternehmer aus seinem Unternehmen für Zwecke, die außerhalb des Unternehmens liegen;

2. die unentgeltliche Zuwendung eines Gegenstandes durch einen Unternehmer an sein Personal für dessen privaten Bedarf, sofern keine Aufmerksamkeiten vorliegen;

3. jede andere unentgeltliche Zuwendung eines Gegenstandes, ausgenommen Geschenke von geringem Wert und Warenmuster für Zwecke des Unternehmens.

Voraussetzung ist, dass der Gegenstand oder seine Bestandteile zum vollen oder teilweisen Vorsteuerabzug berechtigt haben.

§ 10 Bemessungsgrundlage für Lieferungen, sonstige Leistungen und innergemeinschaftliche Erwerbe. (1) Der Umsatz wird bei Lieferungen und sonstigen Leistungen (§ 1 Abs. 1 Nr. 1 Satz 1) und bei dem innergemeinschaftlichen Erwerb (§ 1 Abs. 1 Nr. 5) nach dem Entgelt bemessen. Entgelt ist alles, was der Leistungsempfänger aufwendet, um die Leistung zu erhalten, jedoch abzüglich der Umsatzsteuer. Zum Entgelt gehört auch, was ein anderer als der Leistungsempfänger dem Unternehmer für die Leistung gewährt. Bei dem innergemeinschaftlichen Erwerb sind Verbrauchsteuern, die vom Erwerber geschuldet oder entrichtet werden, in die Bemessungsgrundlage einzubeziehen. Die Beträge, die der Unternehmer im Namen und für Rechnung eines anderen vereinnahmt und verausgabt (durchlaufende Posten), gehören nicht zum Entgelt. ...

(4) Der Umsatz wird bemessen

1. bei dem Verbringen eines Gegenstandes im Sinne des § 1 a Abs. 2 und des § 3 Abs. 1 a sowie bei Lieferungen im Sinne des § 3 Abs. 1 b nach dem Einkaufspreis zuzüglich der Nebenkosten für den Gegenstand oder für einen gleichartigen Gegenstand oder mangels eines Einkaufspreises nach den Selbstkosten, jeweils zum Zeitpunkt des Umsatzes.

...

§ 13 Entstehung der Steuer und Steuerschuldner. (1) Die Steuer entsteht

1. für Lieferungen und sonstige Leistungen

   a) bei der Berechnung der Steuer nach vereinbarten Entgelten (§ 16 Abs. 1 Satz 1) mit Ablauf des Voranmeldungszeitraums, in dem die Leistungen ausgeführt worden sind. Das gilt auch für Teilleistungen. Sie liegen vor, wenn für bestimmte Teile einer wirtschaftlich teilbaren Leistung das Entgelt gesondert vereinbart wird. Wird das Entgelt oder ein Teil des Entgelts vereinnahmt, bevor die Leistung oder die Teilleistung ausgeführt worden ist, so entsteht insoweit die Steuer mit Ablauf des Voranmeldungszeitraums, in dem das Entgelt oder das Teilentgelt vereinnahmt worden ist;

   b) bei der Berechnung der Steuer nach vereinnahmten Entgelten (§ 20) mit Ablauf des Voranmeldungszeitraums, in dem die Entgelte vereinnahmt worden sind;

   c) in den Fällen der Beförderungseinzelbesteuerung nach § 16 Abs. 5 in dem Zeitpunkt, in dem der Kraftomnibus in das Inland gelangt;

   d) in den Fällen des § 18 Abs. 4 c mit Ablauf des Besteuerungszeitraums nach § 16 Abs. 1 a Satz 1, in dem die Leistungen ausgeführt worden sind;

2. für Leistungen im Sinne des § 3 Abs. 1 b und 9 a mit Ablauf des Voranmeldungszeitraums, in dem diese Leistungen ausgeführt worden sind;

§ 14 Ausstellung von Rechnungen. (1) Rechnung ist jedes Dokument, mit dem über eine Lieferung oder sonstige Leistung abgerechnet wird, gleichgültig, wie dieses Dokument im Geschäftsverkehr bezeichnet wird. Rechnungen sind auf Papier oder vorbehaltlich der Zustimmung des Empfängers auf elektronischem Weg zu übermitteln.

(2) Führt der Unternehmer eine Lieferung oder eine sonstige Leistung nach § 1 Abs. 1 Nr. 1 aus, gilt Folgendes:

1. führt der Unternehmer eine steuerpflichtige Werklieferung (§ 3 Abs. 4 Satz 1) oder sonstige Leistung im Zusammenhang mit einem Grundstück aus, ist er verpflichtet, innerhalb von sechs Monaten nach Ausführung der Leistung eine Rechnung auszustellen,

2. führt der Unternehmer eine andere als die in Nummer 1 genannte Leistung aus, ist er berechtigt, eine Rechnung auszustellen. Soweit er einen Umsatz an einen anderen Unternehmer für dessen Unternehmen oder an eine juristische Person ausführt, ist er verpflichtet, innerhalb von sechs Monaten nach Ausführung der Leistung eine Rechnung auszustellen.

Unbeschadet der Verpflichtungen nach Satz 1 Nr. 1 und 2 Satz 2 kann eine Rechnung von einem in Satz 1 Nr. 2 bezeichneten Leistungsempfänger für eine Lieferung oder sonstige Leistung des Unternehmers ausgestellt werden, sofern dies vorher vereinbart wurde (Gutschrift). Die Gutschrift verliert die Wirkung einer Rechnung, sobald der Empfänger der Gutschrift dem ihm übermittelten Dokument widerspricht. Eine Rechnung kann im Namen und für Rechnung des Unternehmers oder eines in Satz 1 Nr. 2 bezeichneten Leistungsempfängers von einem Dritten ausgestellt werden.

(3) Bei einer auf elektronischem Weg übermittelten Rechnung müssen die Echtheit der Herkunft und die Unversehrtheit des Inhalts gewährleistet sein durch

1. eine qualifizierte elektronische Signatur oder eine qualifizierte elektronische Signatur mit Anbieter-Akkreditierung nach dem Signaturgesetz vom 16. Mai 2001 (BGBl. I S. 876), das durch Artikel 2 des Gesetzes vom 16. Mai 2001 (BGBl. I S. 876) geändert worden ist, in der jeweils geltenden Fassung, oder

2. elektronischen Datenaustausch (EDI) nach Artikel 2 der Empfehlung 94/820/EG der Kommission vom 19. Oktober 1994 über die rechtlichen Aspekte des elektronischen Datenaustausches (API EG Nr. L 338 S. 98), wenn in der Vereinbarung über diesen Datenaustausch der Einsatz von Verfahren vorgesehen ist, die die Echtheit der Herkunft und die Unversehrtheit der Daten gewährleisten, und zusätzlich eine zusammenfassende Rechnung auf Papier oder unter den Voraussetzungen der Nummer 1 auf elektronischem Weg übermittelt wird.

(4) Eine Rechnung muss folgende Angaben enthalten:

1. den vollständigen Namen und die vollständige Anschrift des leistenden Unternehmers und des Leistungsempfängers,

2. die dem leistenden Unternehmer vom Finanzamt erteilte Steuernummer oder die ihm vom Bundesamt für Finanzen erteilte Umsatzsteuer-Identifikationsnummer,

3. das Ausstellungsdatum,

4. eine fortlaufende Nummer mit einer oder mehreren Zahlenreihen, die zur Identifizierung der Rechnung vom Rechnungsaussteller einmalig vergeben wird (Rechnungsnummer),

5. die Menge und die Art (handelsübliche Bezeichnung) der gelieferten Gegenstände oder den Umfang und die Art der sonstigen Leistung,

6. den Zeitpunkt der Lieferung oder sonstigen Leistung oder der Vereinnahmung des Entgelts oder eines Teils des Entgelts in den Fällen des Absatzes 5 Satz 1, sofern dieser Zeitpunkt feststeht und nicht mit dem Ausstellungsdatum der Rechnung identisch ist,

7. das nach Steuersätzen und einzelnen Steuerbefreiungen aufgeschlüsselte Entgelt für die Lieferung oder sonstige Leistung (§ 10) sowie jede im Voraus vereinbarte Minderung des Entgelts, sofern sie nicht bereits im Entgelt berücksichtigt ist,

8. den anzuwendenden Steuersatz sowie den auf das Entgelt entfallenden Steuerbetrag oder im Fall einer Steuerbefreiung einen Hinweis darauf, dass für die Lieferung oder sonstige Leistung eine Steuerbefreiung gilt und

9. in den Fällen des § 14 b Abs. 1 Satz 5 einen Hinweis auf die Aufbewahrungspflicht des Leistungsempfängers.

In den Fällen des § 10 Abs. 5 sind die Nummern 7 und 8 mit der Maßgabe anzuwenden, dass die Bemessungsgrundlage für die Leistung (§ 10 Abs. 4) und der darauf entfallende Steuerbetrag anzugeben sind. Unternehmer, die § 24 Abs. 1 bis 3 anwenden, sind jedoch auch in diesen Fällen nur zur Angabe des Entgelts und des darauf entfallenden Steuerbetrags berechtigt.

(5) Vereinnahmt der Unternehmer das Entgelt oder einen Teil des Entgelts für eine noch nicht ausgeführte Lieferung oder sonstige Leistung, gelten die Absätze 1 bis 4 sinngemäß. Wird eine Endrechnung erteilt, sind in ihr die vor Ausführung der Lieferung oder sonstigen Leistung vereinnahmten Teilentgelte und die auf sie entfallenden Steuerbeträge abzusetzen, wenn über die Teilentgelte Rechnungen im Sinne der Absätze 1 bis 4 ausgestellt worden sind.

(6) Das Bundesministerium der Finanzen kann mit Zustimmung des Bundesrates zur Vereinfachung des Besteuerungsverfahrens durch Rechtsverordnung bestimmen, in welchen Fällen und unter welchen Voraussetzungen

1. Dokumente als Rechnungen anerkannt werden können,

2. die nach Absatz 4 erforderlichen Angaben in mehreren Dokumenten enthalten sein können,
3. Rechnungen bestimmte Angaben nach Absatz 4 nicht enthalten müssen,
4. eine Verpflichtung des Unternehmers zur Ausstellung von Rechnungen mit gesondertem Steuerausweis (Absatz 4) entfällt oder
5. Rechnungen berichtigt werden können.

§ 14 a Zusätzliche Pflichten bei der Ausstellung von Rechnungen in besonderen Fällen. (1) Führt der Unternehmer eine sonstige Leistung im Sinne des § 3a Abs. 2 Nr. 3 Buchstabe c Satz 2 und Nr. 4 Satz 2 oder des § 3b Abs. 3 Satz 2, Abs. 4, 5 Satz 2 und Abs. 6 Satz 1 im Inland aus, ist er zur Ausstellung einer Rechnung verpflichtet, in der auch die Umsatzsteuer-Identifikationsnummer des Unternehmers und die des Leistungsempfängers anzugeben sind.

(2) Führt der Unternehmer eine Lieferung im Sinne des § 3c im Inland aus, ist er zur Ausstellung einer Rechnung verpflichtet.

(3) Führt der Unternehmer eine innergemeinschaftliche Lieferung aus, ist er zur Ausstellung einer Rechnung verpflichtet. Darin sind auch die Umsatzsteuer-Identifikationsnummer des Unternehmers und die des Leistungsempfängers anzugeben. Satz l gilt auch für Fahrzeuglieferer (2a). Satz 2 gilt nicht in den Fällen der § 1b und 2a.

(4) Eine Rechnung über die innergemeinschaftliche Lieferung eines neuen Fahrzeugs muss auch die in § 1b Abs. 2 und 3 bezeichneten Merkmale enthalten. Das gilt auch in den Fällen des § 2a.

(5) Führt der Unternehmer eine Leistung im Sinne des § 13b Abs. 1 aus, für die der Leistungsempfänger nach § 13b Abs. 2 die Steuer schuldet, ist er zur Ausstellung einer Rechnung verpflichtet. In der Rechnung ist auch auf die Steuerschuldnerschaft des Leistungsempfängers hinzuweisen. Die Vorschrift über den gesonderten Steuerausweis in einer Rechnung (§ 14 Abs. 4 Satz 1 Nr. 8) findet keine Anwendung.

(6) In den Fällen der Besteuerung von Reiseleistungen (§ 25) und der Differenzbesteuerung (§ 25a) ist in der Rechnung auch auf die Anwendung dieser Sonderregelungen hinzuweisen. In den Fällen des § 25 Abs. 3 und des § 25a Abs. 3 und 4 findet die Vorschrift über den gesonderten Steuerausweis in einer Rechnung (§ 14 Abs. 4 Satz 1 Nr. 8) keine Anwendung.

(7) Wird in einer Rechnung über eine Lieferung im Sinne des § 25b Abs. 2 abgerechnet, ist auch auf das Vorliegen eines innergemeinschaftlichen Dreiecksgeschäfts und die Steuerschuldnerschaft des letzten Abnehmers hinzuweisen. Dabei sind die Umsatzsteuer-Identifikationsnummer des Unternehmers und die des Leistungsempfängers anzugeben. Die Vorschrift über den gesonderten Steuerausweis in einer Rechnung (§ 14 Abs. 4 Satz 1 Nr. 8) findet keine Anwendung.

§ 14 b Aufbewahrung von Rechnungen. (1) Der Unternehmer hat ein Doppel der Rechnung, die er selbst oder ein Dritter in seinem Namen und für seine Rechnung ausgestellt hat, sowie alle Rechnungen, die er erhalten oder die ein Leistungsempfänger oder in dessen Namen und für dessen Rechnung ein Dritter ausgestellt hat, zehn Jahre aufzubewahren. Die Rechnungen müssen für den gesamten Zeitraum lesbar sein. Die Aufbewahrungsfrist beginnt mit dem Schluss des Kalenderjahres, in dem die Rechnung ausgestellt worden ist; § 147 Abs. 3 der Abgabenordnung bleibt unberührt. Die Sätze 1 bis 3 gelten auch:

1. für Fahrzeuglieferer (§ 2 a);
2. in den Fällen, in denen der letzte Abnehmer die Steuer nach § 13 a Abs. 1 Nr. 5 schuldet, für den letzten Abnehmer;
3. in den Fällen, in denen der Leistungsempfänger die Steuer nach § 113 b Abs. 2 schuldet, für den Leistungsempfänger.

In den Fällen des § 14 Abs. 2 Satz 1 Nr. 1 hat der Leistungsempfänger die Rechnung, einen Zahlungsbeleg oder eine andere beweiskräftige Unterlage zwei Jahre gemäß den Sätzen 2 und 3 aufzubewahren, soweit er

1. nicht Unternehmer ist oder
2. Unternehmer ist, aber die Leistung für seinen nichtunternehmerischen Bereich verwendet.

(2) Der im Inland oder in einem der in § 1 Abs. 3 bezeichneten Gebiete ansässige Unternehmer, hat alle Rechnungen im Inland oder in einem der in § 1 Abs. 3 bezeichneten Gebiete aufzubewahren. Handelt es sich um eine elektronische Aufbewahrung, die eine vollständige Fernabfrage (Online-Zugriff) der betreffenden Daten und deren Herunterladen und Verwendung gewährleistet, darf der Unternehmer die Rechnungen auch im übrigen Gemeinschaftsgebiet, in einem der in § 1 Abs. 3 bezeichneten Gebiete, im Gebiet von Büsingen oder auf der Insel Helgoland aufbewahren. Der Unternehmer hat dem Finanzamt den Aufwahrungsort mitzuteilen, wenn er die Rechnungen nicht im Inland oder in einem der in § 1 Abs. 3 bezeichneten Gebiete aufbewahrt. Der nicht im Inland oder in einem der in § 1 Abs. 3 bezeichneten Gebiete ansässige Unternehmer hat den Aufbewahrungsort der nach Absatz 1 aufzubewahrenden Rechnungen im Gemeinschaftsgebiet, in den in § 1 Abs. 3 bezeichneten Gebieten, im Gebiet von Büsingen oder auf der Insel Helgoland zu bestimmten. In diesem Fall ist er verpflichtet, dem Finanzamt auf dessen Verlangen alle aufzubewahrenden Rechnungen und Daten oder die an deren Stelle tretenden Bild- und Datenträger unverzüglich zur Verfügung zu stellen. Kommt er dieser Verpflichtung nicht oder nicht rechtzeitig nach, kann das Finanzamt verlangen, dass er die Rechnungen im Inland oder in einem der in § 1 Abs. 3 bezeichneten Gebiete aufbewahrt.

(3) Ein im Inland oder in einem der in § 1 Abs. 3 bezeichneten Gebiete ansässiger Unternehmer ist ein Unternehmer, der in einem dieser Gebiete einen Wohnsitz, seinen Sitz, seine Geschäftsleitung oder eine Zweigniederlassung hat.

(4) Bewahrt ein Unternehmer die Rechnungen im übrigen Gemeinschaftsgebiet elektronisch auf, können die zuständigen Finanzbehörden die Rechnungen für Zwecke der Umsatzsteuerkontrolle über Online-Zugiff einsehen, herunterladen und verwenden. Es muss sichergestellt sein, dass die zuständigen Finanzbehörden die Rechnungen unverzüglich über Online-Zugriff einsehen, herunterladen und verwenden können.

§ 14 c Unrichtiger oder unberechtigter Steuerausweis. (1) Hat der Unternehmer in einer Rechnung für eine Lieferung oder sonstige Leistung einen höheren Steuerbetrag, als er nach diesem Gesetz für den Umsatz schuldet, gesondert ausgewiesen (unrichtiger Steuerausweis), schuldet er auch den Mehrbetrag. Berichtigt er den Steuerbetrag gegenüber dem Leistungsempfänger, ist § 17 Abs. 1 entsprechend anzuwenden. In den Fällen des § 1 Abs. 1a und in den Fällen der Rückgängigmachung des Verzichts auf die Steuerbefreiung nach § 9 gilt Absatz 1 Satz 3 bis 5 entsprechend.

(2) Wer in einer Rechnung einen Steuerbetrag gesondert ausweist, obwohl er zum gesonderten Ausweis der Steuer nicht berechtigt ist (unberechtigter Steuerausweis), schuldet den ausgewiesenen Betrag. Das Gleiche gilt, wenn jemand wie ein leistender Unternehmer abrechnet und einen Steuerbetrag gesondert ausweist, obwohl er nicht Unternehmer ist oder eine Lieferung oder sonstige Leistung nicht ausführt. Der nach den Sätzen 1 und 2 geschuldete Steuerbetrag kann berichtigt werden, soweit die Gefährdung des Steueraufkommens beseitigt worden ist. Die Gefährdung des Steueraufkommens ist beseitigt, wenn ein Vorsteuerabzug beim Empfänger der Rechnung nicht durchgeführt oder die geltend gemachte Vorsteuer an die Finanzbehörde zurückgezahlt worden ist. Die Berichtigung des geschuldeten Steuerbetrages ist beim Finanzamt gesondert schriftlich zu beantragen und nach dessen Zustimmung in entsprechender Anwendung des § 17 Abs. 1 für den Besteuerungszeitraum vorzunehmen, in dem die Voraussetzungen des Satzes 4 eingetreten sind.

§ 15 Vorsteuerabzug. (1) Der Unternehmer kann die folgenden Vorsteuerbeträge abziehen:

1. die gesetzlich geschuldete Steuer für Lieferungen und sonstige Leistungen, die von einem anderen Unternehmer für sein Unternehmen ausgeführt worden sind. Die Ausübung des Vorsteuerabzugs setzt voraus, dass der Unternehmer eine nach den §§ 14, 14a ausgestellte Rechnung besitzt. Soweit der gesondert ausgewiesene Steuerbetrag auf eine Zahlung vor Aus-

führung dieser Umsätze entfällt, ist er bereits abziehbar, wenn die Rechnung vorliegt und die Zahlung geleistet worden ist;

2. die entrichtete Einfuhrumsatzsteuer für Gegenstände, die für sein Unternehmen nach § 1 Abs. 1 Nr. 4 eingeführt worden sind;

3. die Steuer für den innergemeinschaftlichen Erwerb von Gegenständen für sein Unternehmen;

4. die Steuer für Leistungen im Sinne des § 13b Abs. 1, die für sein Unternehmen ausgeführt worden sind. Soweit die Steuer auf eine Zahlung vor Ausführung dieser Leistungen entfällt, ist sie abziehbar, wenn die Zahlung geleistet worden ist;

5. die nach § 13a Abs. 1 Nr. 6 geschuldete Steuer für Umsätze, die für sein Unternehmen ausgeführt worden sind.

Nicht als für das Unternehmen ausgeführt gilt die Lieferung, die Einfuhr oder der innergemeinschaftliche Erwerb eines Gegenstandes, den der Unternehmer zu weniger als 10 vom Hundert für sein Unternehmen nutzt.

(1a) Nicht abziehbar sind Vorsteuerbeträge, die auf

1. Aufwendungen, für die das Abzugsverbot des § 4 Abs. 5 Satz 1 Nr. 1 bis 4, 7, Abs. 7 oder des § 12 Nr. 1 des Einkommensteuergesetzes gilt, oder

2. *(aufgehoben)*

3. Umzugskosten für einen Wohnungswechsel

entfallen

(1b) *(aufgehoben)*

(2) Vom Vorsteuerabzug ausgeschlossen ist die Steuer für die Lieferungen, die Einfuhr und den innergemeinschaftlichen Erwerb von Gegenständen sowie für die sonstigen Leistungen, die der Unternehmer zur Ausführung folgender Umsätze verwendet:

1. steuerfreie Umsätze;

2. Umsätze im Ausland, die steuerfrei wären, wenn sie im Inland ausgeführt würden;

3. unentgeltliche Lieferungen und sonstige Leistungen, die steuerfrei wären, wenn sie gegen Entgelt ausgeführt würden.

Gegenstände oder sonstige Leistungen, die der Unternehmer zur Ausführung einer Einfuhr oder eines innergemeinschaftlichen Erwerbs verwendet, sind den Umsätzen zuzurechnen, für die der eingeführte oder innergemeinschaftlich erworbene Gegenstand verwendet wird.

§ 18 Besteuerungsverfahren. (1) Der Unternehmer hat bis zum 10. Tag nach Ablauf jedes Voranmeldungszeitraums eine Voranmeldung nach amtlich vorgeschriebenem Vordruck auf elektronischem Weg nach Maßgabe der Steuerdaten-Übermittlungsverordnung zu übermitteln, in der er die Steuer für den Voranmeldungszeitraum (Vorauszahlung) selbst zu berechnen hat; auf Antrag kann das Finanzamt zur Vermeidung von unbilligen Härten auf eine elektronische Übermittlung verzichten. § 16 Abs. 1 und 2 und § 17 sind entsprechend anzuwenden. Die Vorauszahlung ist am 10. Tag nach Ablauf des Voranmeldungszeitraums fällig.

(2) Voranmeldungszeitraum ist das Kalendervierteljahr. Beträgt die Steuer für das vorangegangene Kalenderjahr mehr als 6136 Euro, ist der Kalendermonat Voranmeldungszeitraum. Beträgt die Steuer für das vorangegangene Kalenderjahr nicht mehr als 512 Euro, kann das Finanzamt den Unternehmer von der Verpflichtung zur Abgabe der Voranmeldungen und Entrichtung der Vorauszahlungen befreien. Nimmt der Unternehmer seine berufliche oder gewerbliche Tätigkeit auf, ist im laufenden und folgenden Kalenderjahr Voranmeldungszeitraum der Kalendermonat.

(2 a) Der Unternehmer kann anstelle des Kalendervierteljahres den Kalendermonat als Voranmeldungszeitraum wählen, wenn sich für das vorangegangene Kalenderjahr ein Überschuss zu seinen Gunsten von mehr als 6136 Euro ergibt. In diesem Fall hat der Unternehmer bis zum 10. Februar des laufenden Kalenderjahres eine Voranmeldung für den ersten Kalendermonat abzugeben. Die Ausübung des Wahlrechts bindet den Unternehmer für dieses Kalenderjahr.

(3) Der Unternehmer hat für das Kalenderjahr oder für den kürzeren Besteuerungszeitraum eine Steuererklärung nach amtlich vorgeschriebenem Vordruck abzugeben, in der er die zu entrichtende Steuer oder den Überschuss, der sich zu seinen Gunsten ergibt, nach § 16 Abs. 1 bis 4 und § 17 selbst zu berechnen hat (Steueranmeldung). In den Fällen des § 16 Abs. 3 und 4 ist die Steueranmeldung binnen einem Monat nach Ablauf des kürzeren Besteuerungszeitraums abzugeben. Die Steueranmeldung muss vom Unternehmer eigenhändig unterschrieben sein.

(4) Berechnet der Unternehmer die zu entrichtende Steuer oder den Überschuss in der Steueranmeldung für das Kalenderjahr abweichend von der Summe der Vorauszahlungen, so ist der Unterschiedsbetrag zugunsten des Finanzamts einen Monat nach dem Eingang der Steueranmeldung fällig. Setzt das Finanzamt die zu entrichtende Steuer oder den Überschuss abweichend von der Steueranmeldung für das Kalenderjahr fest, so ist der Unterschiedsbetrag zugunsten des Finanzamts einen Monat nach der Bekanntgabe des Steuerbescheids fällig. Die Fälligkeit rückständiger Vorauszahlungen (Absatz 1) bleibt von den Sätzen 1 und 2 unberührt.

(4 a) Voranmeldungen (Absätze 1 und 2) und eine Steuererklärung (Absätze 3 und 4) haben auch die Unternehmer und juristischen Personen abzugeben, die ausschließlich Steuer für Umsätze nach § 1 Abs. 1 Nr. 5, § 13 b Abs. 2 oder § 25 b Abs. 2 zu entrichten haben, sowie Fahrzeuglieferer (§ 2 a). Vor-

anmeldungen sind nur für die Voranmeldungszeiträume abzugeben, in denen die Steuer für diese Umsätze zu erklären ist. Die Anwendung des Absatzes 2a ist ausgeschlossen.

(4b) Für Personen, die keine Unternehmer sind und Steuerbeträge nach §6a Abs. 4 Satz 2 oder § 14c Abs. 2i) schulden, gilt Absatz 4a entsprechend.

...

§ 22a Fiskalvertretung. (1) Ein Unternehmer, der weder im Inland noch in einem der in § 1 Abs. 3 genannten Gebiete seinen Wohnsitz, seinen Sitz, seine Geschäftsleitung oder eine Zweigniederlassung hat und im Inland ausschließlich steuerfreie Umsätze ausführt und keine Vorsteuerbeträge abziehen kann, kann sich im Inland durch einen Fiskalvertreter vertreten lassen.

(2) Zur Fiskalvertretung sind die in den §§3 und 4 Nr. 9 Buchstabe c des Steuerberatungsgesetzes genannten Personen befugt.

(3) Der Fiskalvertreter bedarf der Vollmacht des im Ausland ansässigen Unternehmers.

11.3.4 Umsatzsteuerdurchführungsverordnung 1999

§ 33 Rechnung über Kleinbeträge. Eine Rechnung, deren Gesamtbetrag 100 Euro nicht übersteigt, muss mindestens folgende Angaben enthalten:

1. den vollständigen Namen und die vollständige Anschrift des leistenden Unternehmers,
2. das Austellungsdatum,
3. die Menge und die Art der gelieferten Gegenstände oder den Umfang und die Art der sonstigen Leistung und
4. das Entgelt und den darauf entfallenden Steuerbetrag für die Lieferung oder sonstige Leistung in einer Summe sowie den anzuwendenden Steuersatz oder im Fall einer Steuerbefreiung einen Hinweis darauf, dass für die Lieferung oder sonstige Leistungen eine Steuerbefreiung gilt. Die §§31 und 32 sind entsprechend anzuwenden. Die Sätze 1 und 2 gelten nicht für Rechnungen über Leistungen im Sinne der §§ 3c, 6a und 13b des Gesetzes.

11.3.5 Handelsgesetzbuch
Erstes Buch. Handelsstand – Dritter Abschnitt. Handelsfirma

§ 18 Firma des Einzelkaufmanns. (1) Die Firma muss zur Kennzeichnung des Kaufmanns geeignet sein und Untescheidungskraft besitzen.

(2) Die Firma darf keine Angaben enthalten, die geeignet sind, über ge-

schäftliche Verhältnisse, die für die angesprochenen Verkehrskreise wesentlich sind, irrezuführen. Im Verfahren vor dem Registergericht wird die Eignung der Irreführung nur berücksichtigt, wenn sie ersichtlich ist.

§ 37 a Angaben auf Geschäftsbriefen. (1) Auf allen Geschäftsbriefen des Kaufmanns, die an einen bestimmten Empfänger gerichtet werden, müssen seine Firma, die Bezeichnung nach § 19 Abs. 1 Nr. 1, der Ort seiner Handelsniederlassung, das Registergericht und die Nummer, unter der die Firma in das Handelsregister eingetragen ist, angegeben werden.

(2) Der Angaben nach Absatz 1 bedarf es nicht bei Mitteilungen oder Berichten, die im Rahmen einer bestehenden Geschäftsverbindung ergehen und für die üblicherweise Vordrucke verwendet werden, in denen lediglich die im Einzelfall erforderlichen besonderen Angaben eingefügt zu werden brauchen.

(3) Bestellscheine gelten als Geschäftsbriefe im Sinne des Absatzes 1. Absatz 2 ist auf sie nicht anzuwenden.

(4) Wer seiner Pflicht nach Absatz 1 nicht nachkommt, ist hierzu von dem Registergericht durch Festsetzung von Zwangsgeld anzuhalten. § 14 Satz 2 gilt entsprechend.

Drittes Buch. Handelsbücher – Erster Abschnitt. Vorschriften für alle Kaufleute – Erster Unterabschnitt. Buchführung. Inventar

§ 238 Buchführungspflicht. (1) Jeder Kaufmann ist verpflichtet, Bücher zu führen und in diesen seine Handelsgeschäfte und die Lage seines Vermögens nach den Grundsätzen ordnungsmäßiger Buchführung ersichtlich zu machen. Die Buchführung muss so beschaffen sein, dass sie einem sachverständigen Dritten innerhalb angemessener Zeit einen Überblick über die Geschäftsvorfälle und über die Lage des Unternehmens vermitteln kann. Die Geschäftsvorfälle müssen sich in ihrer Entstehung und Abwicklung verfolgen lassen.

(2) Der Kaufmann ist verpflichtet, eine mit der Urschrift übereinstimmende Wiedergabe der abgesandten Handelsbriefe (Kopie, Abdruck, Abschrift oder sonstige Wiedergabe des Wortlauts auf einem Schrift-, Bild- oder anderen Datenträger) zurückzubehalten.

§ 239 Führung der Handelsbücher. (1) Bei der Führung der Handelsbücher und bei den sonst erforderlichen Aufzeichnungen hat sich der Kaufmann einer lebenden Sprache zu bedienen. Werden Abkürzungen, Ziffern, Buchstaben oder Symbole verwendet, muss im Einzelfall deren Bedeutung eindeutig festliegen.

(2) Die Eintragungen in Büchern und die sonst erforderlichen Aufzeichnungen müssen vollständig, richtig, zeitgerecht und geordnet vorgenommen werden.

(3) Eine Eintragung oder eine Aufzeichnung darf nicht in einer Weise ver-

ändert werden, dass der ursprüngliche Inhalt nicht mehr feststellbar ist. Auch solche Veränderungen dürfen nicht vorgenommen werden, deren Beschaffenheit es ungewiss lässt, ob sie ursprünglich oder erst später gemacht worden sind.

(4) Die Handelsbücher und die sonst erforderlichen Aufzeichnungen können auch in der geordneten Ablage von Belegen bestehen oder auf Datenträgern geführt werden, soweit diese Formen der Buchführung einschließlich des dabei angewandten Verfahrens den Grundsätzen ordnungsmäßiger Buchführung entsprechen. Bei der Führung der Handelsbücher und der sonst erforderlichen Aufzeichnungen auf Datenträgern muss insbesondere sichergestellt sein, dass die Daten während der Dauer der Aufbewahrungsfrist verfügbar sind und jederzeit innerhalb angemessener Frist lesbar gemacht werden können. Absätze 1 bis 3 gelten sinngemäß.

§ 240 Inventar. (1) Jeder Kaufmann hat zu Beginn seines Handelsgewerbes seine Grundstücke, seine Forderungen und Schulden, den Betrag seines baren Geldes sowie seine sonstigen Vermögensgegenstände genau zu verzeichnen und dabei den Wert der einzelnen Vermögensgegenstände und Schulden anzugeben.

(2) Er hat demnächst für den Schluss eines jeden Geschäftsjahrs ein solches Inventar aufzustellen. Die Dauer des Geschäftsjahres darf zwölf Monate nicht überschreiten. Die Aufstellung des Inventars ist innerhalb der einem ordnungsmäßigen Geschäftsgang entsprechenden Zeit zu bewirken.

(3) Vermögensgegenstände des Sachanlagevermögens sowie Roh-, Hilfs- und Betriebsstoffe können, wenn sie regelmäßig ersetzt werden und ihr Gesamtwert für das Unternehmen von nachrangiger Bedeutung ist, mit einer gleich bleibenden Menge und einem gleich bleibenden Wert angesetzt werden, sofern ihr Bestand in seiner Größe, seinem Wert und seiner Zusammensetzung nur geringen Veränderungen unterliegt. Jedoch ist in der Regel alle drei Jahre eine körperliche Bestandsaufnahme durchzuführen.

(4) Gleichartige Vermögensgegenstände des Vorratsvermögens sowie andere gleichartige oder annähernd gleichwertige bewegliche Vermögensgegenstände können jeweils zu einer Gruppe zusammengefasst und mit dem gewogenen Durchschnittswert angesetzt werden.

§ 241 Inventurvereinfachungsverfahren. (1) Bei der Aufstellung des Inventars darf der Bestand der Vermögensgegenstände nach Art, Menge und Wert auch mit Hilfe anerkannter mathematisch-statistischer Methoden aufgrund von Stichproben ermittelt werden. Das Verfahren muss den Grundsätzen ordnungsmäßiger Buchführung entsprechen. Der Aussagewert des auf diese Weise aufgestellten Inventars muss dem Aussagewert eines aufgrund einer körperlichen Bestandsaufnahme aufgestellten Inventars gleichkommen.

(2) Bei der Aufstellung des Inventars für den Schluss eines Geschäftsjahrs bedarf es einer körperlichen Bestandsaufnahme der Vermögensgegenstände für diesen Zeitpunkt nicht, soweit durch Anwendung eines den Grundsätzen ordnungsmäßiger Buchführung entsprechenden anderen Verfahrens gesichert ist, dass der Bestand der Vermögensgegenstände nach Art, Menge und Wert auch ohne die körperliche Bestandsaufnahme für diesen Zeitpunkt festgestellt werden kann.

(3) In dem Inventar für den Schluss eines Geschäftsjahrs brauchen Vermögensgegenstände nicht verzeichnet zu werden, wenn

1. der Kaufmann ihren Bestand aufgrund einer körperlichen Bestandsaufnahme oder aufgrund eines nach Absatz 2 zulässigen anderen Verfahrens nach Art, Menge und Wert in einem besonderen Inventar verzeichnet hat, das für einen Tag innerhalb der letzten drei Monate vor oder der ersten beiden Monate nach dem Schluss des Geschäftsjahrs aufgestellt ist, und

2. aufgrund des besonderen Inventars durch Anwendung eines den Grundsätzen ordnungsmäßiger Buchführung entsprechenden Fortschreibungs- oder Rückrechnungsverfahrens gesichert ist, dass der am Schluss des Geschäftsjahrs vorhandene Bestand der Vermögensgegenstände für diesen Zeitpunkt ordnungsgemäß bewertet werden kann.

Zweiter Unterabschnitt. Eröffnungsbilanz. Jahresabschluss – Erster Titel. Allgemeine Vorschriften

§ 242 Pflicht zur Aufstellung. (1) Der Kaufmann hat zu Beginn seines Handelsgewerbes und für den Schluss eines jeden Geschäftsjahrs einen das Verhältnis seines Vermögens und seiner Schulden darstellenden Abschluss (Eröffnungsbilanz, Bilanz) aufzustellen. Auf die Eröffnungsbilanz sind die für den Jahresabschluss geltenden Vorschriften entsprechend anzuwenden, soweit sie sich auf die Bilanz beziehen.

(2) Er hat für den Schluss eines jeden Geschäftsjahrs eine Gegenüberstellung der Aufwendungen und Erträge des Geschäftsjahrs (Gewinn- und Verlustrechnung) aufzustellen.

(3) Die Bilanz und die Gewinn- und Verlustrechnung bilden den Jahresabschluss.

§ 243 Aufstellungsgrundsatz. (1) Der Jahresabschluss ist nach den Grundsätzen ordnungsmäßiger Buchführung aufzustellen.

(2) Er muss klar und übersichtlich sein.

(3) Der Jahresabschluss ist innerhalb der einem ordnungsmäßigen Geschäftsgang entsprechenden Zeit aufzustellen.

§ 244 Sprache. Währungseinheit. Der Jahresabschluss ist in deutscher Sprache und in Euro aufzustellen.

§ 245 Unterzeichnung. Der Jahresabschluss ist vom Kaufmann unter Angabe des Datums zu unterzeichnen. Sind mehrere persönlich haftende Gesellschafter vorhanden, so haben sie alle zu unterzeichnen.

Zweiter Titel. Ansatzvorschriften

§ 246 Vollständigkeit. Verrechnungsverbot. (1) Der Jahresabschluss hat sämtliche Vermögensgegenstände, Schulden, Rechnungsabgrenzungsposten, Aufwendungen und Erträge zu enthalten, soweit gesetzlich nichts anderes bestimmt ist. Vermögensgegenstände, die unter Eigentumsvorbehalt erworben oder an Dritte für eigene oder fremde Verbindlichkeiten verpfändet oder in anderer Weise als Sicherheit übertragen worden sind, sind in die Bilanz des Sicherungsgebers aufzunehmen. In die Bilanz des Sicherungsnehmers sind sie nur aufzunehmen, wenn es sich um Bareinlagen handelt.

(2) Posten der Aktivseite dürfen nicht mit Posten der Passivseite, Aufwendungen nicht mit Erträgen, Grundstücksrechte nicht mit Grundstückslasten verrechnet werden.

§ 247 Inhalt der Bilanz. (1) In der Bilanz sind das Anlage- und das Umlaufvermögen, das Eigenkapital, die Schulden sowie die Rechnungsabgrenzungsposten gesondert auszuweisen und hinreichend aufzugliedern.

(2) Beim Anlagevermögen sind nur die Gegenstände auszuweisen, die bestimmt sind, dauernd dem Geschäftsbetrieb zu dienen.

(3) Passivposten, die für Zwecke der Steuern vom Einkommen und vom Ertrag zulässig sind, dürfen in der Bilanz gebildet werden. Sie sind als Sonderposten mit Rücklageanteil auszuweisen und nach Maßgabe des Steuerrechts aufzulösen. Einer Rückstellung bedarf es insoweit nicht.

§ 248 Bilanzierungsverbote. (1) Aufwendungen für die Gründung des Unternehmens und für die Beschaffung des Eigenkapitals dürfen in die Bilanz nicht als Aktivposten aufgenommen werden.

(2) Für immaterielle Vermögensgegenstände des Anlagevermögens, die nicht entgeltlich erworben wurden, darf ein Aktivposten nicht angesetzt werden.

(3) Aufwendungen für den Abschluss von Versicherungsverträgen dürfen nicht aktiviert werden.

§ 249 Rückstellungen. (1) Rückstellungen sind für ungewisse Verbindlichkeiten und für drohende Verluste aus schwebenden Geschäften zu bilden. Ferner sind Rückstellungen zu bilden für

1. im Geschäftsjahr unterlassene Aufwendungen für Instandhaltung, die im folgenden Geschäftsjahr innerhalb von drei Monaten, oder für Abraumbeseitigung, die im folgenden Geschäftsjahr nachgeholt werden,

2. Gewährleistungen, die ohne rechtliche Verpflichtung erbracht werden.

Rückstellungen dürfen für unterlassene Aufwendungen für Instandhaltung auch gebildet werden, wenn die Instandhaltung nach Ablauf der Frist nach Satz 2 Nr. 1 innerhalb des Geschäftsjahrs nachgeholt wird.

(2) Rückstellungen dürfen außerdem für ihrer Eigenart nach genau umschriebene, dem Geschäftsjahr oder einem früheren Geschäftsjahr zuzuordnende Aufwendungen gebildet werden, die am Abschlussstichtag wahrscheinlich oder sicher, aber hinsichtlich ihrer Höhe oder des Zeitpunkts ihres Eintritts unbestimmt sind.

(3) Für andere als die in den Absätzen 1 und 2 bezeichneten Zwecke dürfen Rückstellungen nicht gebildet werden. Rückstellungen dürfen nur aufgelöst werden, soweit der Grund hierfür entfallen ist.

§ 250 Rechnungsabgrenzungsposten. (1) Als Rechnungsabgrenzungsposten sind auf der Aktivseite Ausgaben vor dem Abschlussstichtag auszuweisen, soweit sie Aufwand für eine bestimmte Zeit nach diesem Tag darstellen. Ferner dürfen ausgewiesen werden

1. als Aufwand berücksichtigte Zölle und Verbrauchsteuern, soweit sie auf am Abschlussstichtag auszuweisende Vermögensgegenstände des Vorratsvermögens entfallen,

2. als Aufwand berücksichtigte Umsatzsteuer auf am Abschlussstichtag auszuweisende oder von den Vorräten offen abgesetzte Anzahlungen.

(2) Auf der Passivseite sind als Rechnungsabgrenzungsposten Einnahmen vor dem Abschlussstichtag auszuweisen, soweit sie Ertrag für eine bestimmte Zeit nach diesem Tag darstellen.

(3) Ist der Rückzahlungsbetrag einer Verbindlichkeit höher als der Ausgabebetrag, so darf der Unterschiedsbetrag in den Rechnungsabgrenzungsposten auf der Aktivseite aufgenommen werden. Der Unterschiedsbetrag ist durch planmäßige jährliche Abschreibungen zu tilgen, die auf die gesamte Laufzeit der Verbindlichkeit verteilt werden können.

§ 251 Haftungsverhältnisse. Unter der Bilanz sind, sofern sie nicht auf der Passivseite auszuweisen sind, Verbindlichkeiten aus der Begebung und Übertragung von Wechseln, aus Bürgschaften, Wechsel- und Scheckbürgschaften und aus Gewährleistungsverträgen sowie Haftungsverhältnisse aus der Bestellung von Sicherheiten für fremde Verbindlichkeiten zu vermerken; sie dürfen in einem Betrag angegeben werden. Haftungsverhältnisse sind auch anzugeben, wenn ihnen gleichwertige Rückgriffsforderungen gegenüberstehen.

Dritter Titel. Bewertungsvorschriften

§ 252 Allgemeine Bewertungsgrundsätze. (1) Bei der Bewertung der im Jahresabschluss ausgewiesenen Vermögensgegenstände und Schulden gilt insbesondere Folgendes:

1. Die Wertansätze in der Eröffnungsbilanz des Geschäftsjahrs müssen mit denen der Schlussbilanz des vorhergehenden Geschäftsjahrs übereinstimmen.

2. Bei der Bewertung ist von der Fortführung der Unternehmenstätigkeit auszugehen, sofern dem nicht tatsächliche oder rechtliche Gegebenheiten entgegenstehen.

3. Die Vermögensgegenstände und Schulden sind zum Abschlussstichtag einzeln zu bewerten.

4. Es ist vorsichtig zu bewerten, namentlich sind alle vorhersehbaren Risiken und Verluste, die bis zum Abschlussstichtag entstanden sind, zu berücksichtigen, selbst wenn diese erst zwischen dem Abschlussstichtag und dem Tag der Aufstellung des Jahresabschlusses bekannt geworden sind; Gewinne sind nur zu berücksichtigen, wenn sie am Abschlussstichtag realisiert sind.

5. Aufwendungen und Erträge des Geschäftsjahrs sind unabhängig von den Zeitpunkten der entsprechenden Zahlungen im Jahresabschluss zu berücksichtigen.

6. Die auf den vorhergehenden Jahresabschluss angewandten Bewertungsmethoden sollen beibehalten werden.

(2) Von den Grundsätzen des Absatzes 1 darf nur in begründeten Ausnahmefällen abgewichen werden.

§ 253 Wertansätze der Vermögensgegenstände und Schulden. (1) Vermögensgegenstände sind höchstens mit den Anschaffungs- oder Herstellungskosten, vermindert um Abschreibungen nach den Absätzen 2 und 3 anzusetzen. Verbindlichkeiten sind zu ihrem Rückzahlungsbetrag, Rentenverpflichtungen, für die eine Gegenleistung nicht mehr zu erwarten ist, zu ihrem Barwert und Rückstellungen nur in Höhe des Betrags anzusetzen, der nach vernünftiger kaufmännischer Beurteilung notwendig ist

(2) Bei Vermögensgegenständen des Anlagevermögens, deren Nutzung zeitlich begrenzt ist, sind die Anschaffungs- oder Herstellungskosten um planmäßige Abschreibungen zu vermindern. Der Plan muss die Anschaffungs- oder Herstellungskosten auf die Geschäftsjahre verteilen, in denen der Vermögensgegenstand voraussichtlich genutzt werden kann. Ohne Rücksicht darauf, ob ihre Nutzung zeitlich begrenzt ist, können bei Vermögensgegenständen des Anlagevermögens außerplanmäßige Abschreibungen vorgenommen werden, um die Vermögensgegenstände mit dem niedrigeren Wert

anzusetzen, der ihnen am Abschlussstichtag beizulegen ist; sie sind vorzunehmen bei einer voraussichtlich dauernden Wertminderung.

(3) Bei Vermögensgegenständen des Umlaufvermögens sind Abschreibungen vorzunehmen, um diese mit einem niedrigeren Wert anzusetzen, der sich aus einem Börsen- oder Marktpreis am Abschlussstichtag ergibt. Ist ein Börsen- oder Marktpreis nicht festzustellen und übersteigen die Anschaffungs- oder Herstellungskosten den Wert, der den Vermögensgegenständen am Abschlussstichtag beizulegen ist, so ist auf diesen Wert abzuschreiben. Außerdem dürfen Abschreibungen vorgenommen werden, soweit diese nach vernünftiger kaufmännischer Beurteilung notwendig sind, um zu verhindern, dass in der nächsten Zukunft der Wertansatz dieser Vermögensgegenstände aufgrund von Wertschwankungen geändert werden muss.

(4) Abschreibungen sind außerdem im Rahmen vernünftiger kaufmännischer Beurteilung zulässig.

(5) Ein niedrigerer Wertansatz nach Absatz 2 Satz 3, Absatz 3 oder 4 darf beibehalten werden, auch wenn die Gründe dafür nicht mehr bestehen.

§ 254 Steuerrechtliche Abschreibungen. Abschreibungen können auch vorgenommen werden, um Vermögensgegenstände des Anlage- oder Umlaufvermögens mit dem niedrigeren Wert anzusetzen, der auf einer nur steuerrechtlich zulässigen Abschreibung beruht. § 253 Abs. 5 ist entsprechend anzuwenden.

§ 255 Anschaffungs- und Herstellungskosten. (1) Anschaffungskosten sind die Aufwendungen, die geleistet werden, um einen Vermögensgegenstand zu erwerben und ihn in einen betriebsbereiten Zustand zu versetzen, soweit sie dem Vermögensgegenstand einzeln zugeordnet werden können. Zu den Anschaffungskosten gehören auch die Nebenkosten sowie die nachträglichen Anschaffungskosten. Anschaffungspreisminderungen sind abzusetzen.

(2) Herstellungskosten sind die Aufwendungen, die durch den Verbrauch von Gütern und die Inanspruchnahme von Diensten für die Herstellung eines Vermögensgegenstands, seine Erweiterung oder für eine über seinen ursprünglichen Zustand hinausgehende wesentliche Verbesserung entstehen. Dazu gehören die Materialkosten, die Fertigungskosten und die Sonderkosten der Fertigung. Bei der Berechnung der Herstellungskosten dürfen auch angemessene Teile der notwendigen Materialgemeinkosten, der notwendigen Fertigungsgemeinkosten und des Wertverzehrs des Anlagevermögens, soweit er durch die Fertigung veranlasst ist, eingerechnet werden. Kosten der allgemeinen Verwaltung sowie Aufwendungen für soziale Einrichtungen des Betriebs, für freiwillige soziale Leistungen und für betriebliche Altersversorgung brauchen nicht eingerechnet zu werden. Aufwendungen im Sinne der

Sätze 3 und 4 dürfen nur insoweit berücksichtigt werden, als sie auf den Zeitraum der Herstellung entfallen. Vertriebskosten dürfen nicht in die Herstellungskosten einbezogen werden.

(3) Zinsen für Fremdkapital gehören nicht zu den Herstellungskosten. Zinsen für Fremdkapital, das zur Finanzierung der Herstellung eines Vermögensgegenstands verwendet wird, dürfen angesetzt werden, soweit sie auf den Zeitraum der Herstellung entfallen; in diesem Falle gelten sie als Herstellungskosten des Vermögensgegenstands.

(4) Als Geschäfts- oder Firmenwert darf der Unterschiedsbetrag angesetzt werden, um den die für die Übernahme eines Unternehmens bewirkte Gegenleistung den Wert der einzelnen Vermögensgegenstände des Unternehmens abzüglich der Schulden im Zeitpunkt der Übernahme übersteigt. Der Betrag ist in jedem folgenden Geschäftsjahr zu mindestens einem Viertel durch Abschreibungen zu tilgen. Die Abschreibung des Geschäfts- oder Firmenwerts kann aber auch planmäßig auf die Geschäftsjahre verteilt werden, in denen er voraussichtlich genutzt wird.

§ 256 Bewertungsvereinfachungsverfahren. Soweit es den Grundsätzen ordnungsmäßiger Buchführung entspricht, kann für den Wertansatz gleichartiger Vermögensgegenstände des Vorratsvermögens unterstellt werden, dass die zuerst oder dass die zuletzt angeschafften oder hergestellten Vermögensgegenstände zuerst oder in einer sonstigen bestimmten Folge verbraucht oder veräußert worden sind. § 240 Abs. 3 und 4 ist auch auf den Jahresabschluss anwendbar.

Dritter Unterabschnitt. Aufbewahrung und Vorlage

§ 257 Aufbewahrung von Unterlagen. Aufbewahrungsfristen. (1) Jeder Kaufmann ist verpflichtet, die folgenden Unterlagen geordnet aufzubewahren:
1. Handelsbücher, Inventare, Eröffnungsbilanzen, Jahresabschlüsse, Lageberichte, Konzernabschlüsse, Konzernlageberichte sowie die zu ihrem Verständnis erforderlichen Arbeitsanweisungen und sonstigen Organisationsunterlagen,
2. die empfangenen Handelsbriefe,
3. Wiedergaben der abgesandten Handelsbriefe,
4. Belege für Buchungen in den von ihm nach § 238 Abs. 1 zu führenden Büchern (Buchungsbelege).

(2) Handelsbriefe sind nur Schriftstücke, die ein Handelsgeschäft betreffen.

(3) Mit Ausnahme der Eröffnungsbilanzen, Jahresabschlüsse und der Konzernabschlüsse können die in Absatz 1 aufgeführten Unterlagen auch als Wiedergabe auf einem Bildträger oder auf anderen Datenträgern aufbewahrt wer-

den, wenn dies den Grundsätzen ordnungsmäßiger Buchführung entspricht und sichergestellt ist, dass die Wiedergabe oder die Daten

1. mit den empfangenen Handelsbriefen und den Buchungsbelegen bildlich und mit den anderen Unterlagen inhaltlich übereinstimmen, wenn sie lesbar gemacht werden,

2. während der Dauer der Aufbewahrungsfrist verfügbar sind und jederzeit innerhalb angemessener Frist lesbar gemacht werden können.

Sind Unterlagen aufgrund des § 239 Abs. 4 Satz 1 auf Datenträgern hergestellt worden, können statt des Datenträgers die Daten auch ausgedruckt aufbewahrt werden; die ausgedruckten Unterlagen können auch nach Satz 1 aufbewahrt werden.

(4) Die in Absatz 1 Nr. 1 aufgeführten Unterlagen sind zehn Jahre und die sonstigen in Absatz 1 aufgeführten Unterlagen sechs Jahre aufzubewahren.

(5) Die Aufbewahrungsfrist beginnt mit dem Schluss des Kalenderjahrs, in dem die letzte Eintragung in das Handelsbuch gemacht, das Inventar aufgestellt, die Eröffnungsbilanz oder der Jahresabschluss festgestellt der Einzelabschluß nach § 325 Abs. 2a oder der Konzernabschluss aufgestellt, der Handelsbrief empfangen oder abgesandt worden oder der Buchungsbeleg entstanden ist.

Zweiter Abschnitt. Ergänzende Vorschriften für Kapitalgesellschaften – Erster Unterabschnitt. Jahresabschluss der Kapitalgesellschaft und Lagebericht – Erster Titel. Allgemeine Vorschriften

§ 264 Pflicht zur Aufstellung. (1) Die gesetzlichen Vertreter einer Kapitalgesellschaft haben den Jahresabschluss (§ 242) um einen Anhang zu erweitern, der mit der Bilanz und der Gewinn- und Verlustrechnung eine Einheit bildet, sowie einen Lagebericht aufzustellen. Der Jahresabschluss und der Lagebericht sind von den gesetzlichen Vertretern in den ersten drei Monaten des Geschäftsjahrs für das vergangene Geschäftsjahr aufzustellen. Kleine Kapitalgesellschaften (§ 267 Abs. 1) dürfen den Jahresabschluss und den Lagebericht auch später aufstellen, wenn dies einem ordnungsmäßigen Geschäftsgang entspricht; diese Unterlagen sind jedoch innerhalb der ersten sechs Monate des Geschäftsjahrs aufzustellen.

(2) Der Jahresabschluss der Kapitalgesellschaft hat unter Beachtung der Grundsätze ordnungsmäßiger Buchführung ein den tatsächlichen Verhältnissen entsprechendes Bild der Vermögens-, Finanz- und Ertragslage der Kapitalgesellschaft zu vermitteln. Führen besondere Umstände dazu, dass der Jahresabschluss ein den tatsächlichen Verhältnissen entsprechendes Bild im

Sinne des Satzes 1 nicht vermittelt, so sind im Anhang zusätzliche Angaben zu machen.

(3) Eine Kapitalgesellschaft, die Tochterunternehmen eines nach § 290 zur Aufstelung eines Konzernabschlusses verpflichtenden Mutterunternehmens ist, braucht die Vorschriften dieses Unterabschnits und des Dritten und Vierten Unterabschnitts dieses Abschnitts nicht anzuwenden, wenn

1. alle Gesellschafter des Tochterunternehmens der Befreiung für das jeweilige Geschäftsjahr zugestimmt haben und der Beschluss nach § 325 offen gelegt worden ist

2. das Mutterunternehmen zur Verlustübernahme nach § 302 des Aktiengesetzes verpflichtet ist oder eine solche Verpflichtung freiwillig übernommen hat und diese Erklärung nach § 325 offen gelegt worden ist,

3. das Tochterunternehmen in den Konzernabschluss nach den Vorschriften dieses Abschnitts einbezogen worden ist,

4. die Befreiung des Tochterunternehmens im Anhang des von dem Mutterunternehmen aufgestellten Konzernabschlusses angegeben wird und

5. die von dem Mutterunternehmen nach den Vorschriften über die Konzernrechnungslegung gemäß § 325 offen zu legende Unterlagen auch zum Handelsregister des Sitzes der die Befreiung in Anspruch nehmenden Kapitalgesellschaft eingereicht worden sind.

(4) Anteile an Komplementärgesellschaften sind in der Bilanz auf der Aktivseite unter den Posten A.III.1 oder A.III.3 auszuweisen. § 272 Abs. 4 ist mit der Maßgabe anzuwenden, dass für diese Anteile in Höhe des aktivierten Betrags nach dem Posten „Eigenkapital" ein Sonderposten unter der Bezeichnung „Ausgleichsposten für aktivierte eigene Anteile" zu bilden ist. §§ 269, 274 Abs. 2 sind mit der Maßgabe anzuwenden, dass nach dem Posten „Eigenkapital" ein Sonderposten in Höhe der aktivierten Bilanzierungshilfen anzusetzen ist.

§ 264 a. Anwendung auf bestimmte offene Handelsgesellschaften und Kommanditgesellschaften. (1) Die Vorschriften des Ersten bis Fünften Unterabschnitts des Zweiten Abschnitts sind auch anzuwenden auf offene Handelsgesellschaften und Kommanditgesellschaften, bei denen nicht wenigstens ein persönlich haftender Gesellschafter eine natürliche Person oder eine offene Handelsgesellschaft, Kommanditgesellschaft oder andere Personengesellschaft mit einer natürlichen Person als persönlich haftendem Gesellschafter ist oder sich die Verbindung von Gesellschaften in dieser Art fortsetzt.

(2) In den Vorschriften dieses Abschnitts gelten als gesetzliche Vertreter einer offenen Handelsgesellschaft und Kommanditgesellschaft nach Absatz 1 die Mitglieder des vertretungsberechtigten Organs der vertretungsberechtigten Gesellschaften.

§ 264 b. Befreiung von der Pflicht zur Aufstellung eines Jahresabschlusses nach den für Kapitalgesellschaften geltenden Vorschriften. Eine Personenhandelsgesellschaft im Sinne des § 264 a Abs. 1 ist von der Verpflichtung befreit, einen Jahresabschluss und einen Lagebericht nach den Vorschriften dieses Abschnitts aufzustellen, prüfen zu lassen und offen zu legen, wenn

1. sie in den Konzernabschluss eines Mutterunternehmens mit Sitz in einem Mitgliedstaat der Europäischen Union oder einem anderen Vertragsstaat des Abkommens über den Europäischen Wirtschaftsraum oder in den Konzernabschluss eines anderen Unternehmens, das persönlich haftender Gesellschafter dieser Personenhandelsgesellschaft ist, einbezogen ist;

2. der Konzernabschluss sowie der Konzernlagebericht im Einklang mit der Richtlinie 83/349/EWG des Rates vom 13. Juni 1983 aufgrund von Artikel 54 Abs. 3 Buchstabe g des Vertrages über den konsolidierten Abschluss (ABl. EG Nr. L 193 S. 1) und der Richtlinie 84/253/EWG des Rates vom 10. April 1984 über die Zulassung der mit der Pflichtprüfung der Rechnungslegungsunterlagen beauftragten Personen (ABl. EG Nr. L 126 S. 20) in ihren jeweils geltenden Fassungen nach dem für das den Konzernabschluss aufstellende Unternehmen maßgeblichen Recht aufgestellt, von einem zugelassenen Abschlussprüfer geprüft und offen gelegt worden ist;

3. das den Konzernabschluss aufstellende Unternehmen die offen zu legenden Unterlagen in deutscher Sprache auch zum Handelsregister des Sitzes der Personenhandelsgesellschaft eingereicht hat und

4. die Befreiung der Personenhandelsgesellschaft im Anhang des Konzernabschlusses angegeben ist.

§ 264 c Besondere Bestimmungen für offene Handelsgesellschaften und Kommanditgesellschaften im Sinne des § 264 a. (1) Ausleihungen, Forderungen und Verbindlichkeiten gegenüber Gesellschaftern sind in der Regel als solche jeweils gesondert auszuweisen oder im Anhang anzugeben. Werden sie unter anderen Posten ausgewiesen, so muss diese Eigenschaft vermerkt werden.

(2) § 266 Abs. 3 Buchstabe A ist mit der Maßgabe anzuwenden, dass als Eigenkapital die folgenden Posten gesondert auszuweisen sind:

I. Kapitalanteile

II. Rücklagen

III. Gewinnvortrag/Verlustvortrag

IV. Jahresüberschuss/Jahresfehlbetrag.

Anstelle des Postens „Gezeichnetes Kapital" sind die Kapitalanteile der persönlich haftenden Gesellschafter auszuweisen; sie dürfen auch zusammengefasst ausgewiesen werden. Der auf den Kapitalanteil eines persönlich haftenden Gesellschafters für das Geschäftsjahr entfallende Verlust ist von dem Kapitalanteil abzuschreiben. Soweit der Verlust den Kapitalanteil übersteigt, ist er auf der Aktivseite unter der Bezeichnung „Einzahlungsverpflichtungen persönlich haftender Gesellschafter" unter den Forderungen gesondert auszuweisen, soweit eine Zahlungsverpflichtung besteht. Besteht keine Zahlungsverpflichtung, so ist der Betrag als „Nicht durch Vermögenseinlagen gedeckter Verlustanteil persönlich haftender Gesellschafter" zu bezeichnen und gemäß § 268 Abs. 3 auszuweisen. Die Sätze 2 bis 5 sind auf die Einlagen von Kornmanditisten entsprechend anzuwenden, wobei diese insgesamt gesondert gegenüber den Kapitalanteilen der persönlich haftenden Gesellschafter auszuweisen sind. Eine Forderung darf jedoch nur ausgewiesen werden, soweit eine Einzahlungsverpflichtung besteht; dasselbe gilt, wenn ein Kommanditist Gewinnanteile entnimmt, während sein Kapitalanteil durch Verlust unter den Betrag der geleisteten Einlage herabgemindert ist, oder soweit durch die Entnahme der Kapitalanteil unter den bezeichneten Betrag herabgemindert wird. Als Rücklagen sind nur solche Beträge auszuweisen, die aufgrund einer gesellschaftsrechtlichen Vereinbarung gebildet worden sind. Im Anhang ist der Betrag der im Handelsregister gemäß § 172 Abs. 1 eingetragenen Einlagen anzugeben, soweit diese nicht geleistet sind.

(3) Das sonstige Vermögen der Gesellschafter (Privatvermögen) darf nicht in die Bilanz und die auf das Privatvermögen entfallenden Aufwendungen und Erträge dürfen nicht in die Gewinn- und Verlustrechnung aufgenommen werden. In der Gewinn- und Verlustrechnung darf jedoch nach dem Posten ‚Jahresüberschuss/Jahresfehlbetrag" ein dem Steuersatz der Komplementärgesellschaft entsprechender Steueraufwand der Gesellschafter offen abgesetzt oder hinzugerechnet werden.

(4) Anteile an Komplementärgesellschaften sind in der Bilanz auf der Aktivseite unter den Posten A.III.1 oder A.III.3 auszuweisen. § 272 Abs. 4 ist mit der Maßgabe anzuwenden, dass für diese Anteile in Höhe des aktivierten Betrags nach dem Posten „Eigenkapital" ein Sonderposten unter der Bezeichnung „Ausgleichsposten für aktivierte eigene Anteile" zu bilden ist. §§ 269, 274 Abs. 2 sind mit der Maßgabe anzuwenden, dass nach dem Posten „Eigenkapital" ein Sonderposten in Höhe der aktivierten Bilanzierungshilfen anzusetzen ist.

§ 265 Allgemeine Grundsätze für die Gliederung. (1) Die Form der Darstellung, insbesondere die Gliederung der aufeinander folgenden Bilanzen und Gewinn- und Verlustrechnungen, ist beizubehalten, soweit nicht in Ausnahmefällen wegen besonderer Umstände Abweichungen erforderlich sind. Die Abweichungen sind im Anhang anzugeben und zu begründen.

(2) In der Bilanz sowie in der Gewinn- und Verlustrechnung ist zu jedem Posten der entsprechende Betrag des vorhergehenden Geschäftsjahrs anzugeben. Sind die Beträge nicht vergleichbar, so ist dies im Anhang anzugeben und zu erläutern. Wird der Vorjahresbetrag angepasst, so ist auch dies im Anhang anzugeben und zu erläutern.

(3) Fällt ein Vermögensgegenstand oder eine Schuld unter mehrere Posten der Bilanz, so ist die Mitzugehörigkeit zu anderen Posten bei dem Posten, unter dem der Ausweis erfolgt ist, zu vermerken oder im Anhang anzugeben, wenn dies zur Aufstellung eines klaren und übersichtlichen Jahresabschlusses erforderlich ist. Eigene Anteile dürfen unabhängig von ihrer Zweckbestimmung nur unter den dafür vorgesehenen Posten im Umlaufvermögen ausgewiesen werden.

(4) Sind mehrere Geschäftszweige vorhanden und bedingt dies die Gliederung des Jahresabschlusses nach verschiedenen Gliederungsvorschriften, so ist der Jahresabschluss nach der für einen Geschäftszweig vorgeschriebenen Gliederung aufzustellen und nach der für die anderen Geschäftszweige vorgeschriebenen Gliederung zu ergänzen. Die Ergänzung ist im Anhang anzugeben und zu begründen.

(5) Eine weitere Untergliederung der Posten ist zulässig; dabei ist jedoch die vorgeschriebene Gliederung zu beachten. Neue Posten dürfen hinzugefügt werden, wenn ihr Inhalt nicht von einem vorgeschriebenen Posten gedeckt wird.

(6) Gliederung und Bezeichnung der mit arabischen Zahlen versehenen Posten der Bilanz und der Gewinn- und Verlustrechnung sind zu ändern, wenn dies wegen Besonderheiten der Kapitalgesellschaft zur Aufstellung eines klaren und übersichtlichen Jahresabschlusses erforderlich ist.

(7) Die mit arabischen Zahlen versehenen Posten der Bilanz und der Gewinn- und Verlustrechnung können, wenn nicht besondere Formblätter vorgeschrieben sind, zusammengefasst ausgewiesen werden, wenn

1. sie einen Betrag enthalten, der für die Vermittlung eines den tatsächlichen Verhältnissen entsprechenden Bildes im Sinne des § 264 Abs. 2 nicht erheblich ist, oder

2. dadurch die Klarheit der Darstellung vergrößert wird; in diesem Falle müssen die zusammengefassten Posten jedoch im Anhang gesondert ausgewiesen werden.

(8) Ein Posten der Bilanz oder der Gewinn- und Verlustrechnung, der keinen Betrag ausweist, braucht nicht aufgeführt zu werden, es sei denn, dass im vorhergehenden Geschäftsjahr unter diesem Posten ein Betrag ausgewiesen wurde.

Zweiter Titel. Bilanz

§ 266 Gliederung der Bilanz. (1) Die Bilanz ist in Kontoform aufzustellen. Dabei haben große und mittelgroße Kapitalgesellschaften (§ 267 Abs. 3, 2) auf der Aktivseite die in Absatz 2 und auf der Passivseite die in Absatz 3 bezeichneten Posten gesondert und in der vorgeschriebenen Reihenfolge auszuweisen. Kleine Kapitalgesellschaften (§ 267 Abs. 1) brauchen nur eine verkürzte Bilanz aufzustellen, in die nur die in den Absätzen 2 und 3 mit Buchstaben und römischen Zahlen bezeichneten Posten gesondert und in der vorgeschriebenen Reihenfolge aufgenommen werden.

(2) Aktivseite

A. Anlagevermögen:
  I. Immaterielle Vermögensgegenstände:
    1. Konzessionen, gewerbliche Schutzrechte und ähnliche Rechte und Werte sowie Lizenzen an solchen Rechten und Werten;
    2. Geschäfts- oder Firmenwert;
    3. geleistete Anzahlungen;
  II. Sachanlagen:
    1. Grundstücke, grundstücksgleiche Rechte und Bauten einschließlich der Bauten auf fremden Grundstücken;
    2. technische Anlagen und Maschinen;
    3. andere Anlagen, Betriebs- und Geschäftsausstattung;
    4. geleistete Anzahlungen und Anlagen im Bau;
  III. Finanzanlagen:
    1. Anteile an verbundenen Unternehmen;
    2. Ausleihungen an verbundene Unternehmen;
    3. Beteiligungen;
    4. Ausleihungen an Unternehmen, mit denen ein Beteiligungsverhältnis besteht;
    5. Wertpapiere des Anlagevermögens;
    6. sonstige Ausleihungen.
B. Umlaufvermögen:
  I. Vorräte:
    1. Roh-, Hilfs- und Betriebsstoffe;
    2. unfertige Erzeugnisse, unfertige Leistungen;
    3. fertige Erzeugnisse und Waren;
    4. geleistete Anzahlungen;
  II. Forderungen und sonstige Vermögensgegenstände:
    1. Forderungen aus Lieferungen und Leistungen;
    2. Forderungen gegen verbundene Unternehmen;

3. Forderungen gegen Unternehmen, mit denen ein Beteiligungsver-
hältnis besteht;
4. sonstige Vermögensgegenstände;
III. Wertpapiere:
1. Anteile an verbundenen Unternehmen;
2. eigene Anteile;
3. sonstige Wertpapiere;
IV. Kassenbestand, Bundesbankguthaben, Guthaben bei Kreditinstituten
und Schecks.
C. Rechnungsabgrenzungsposten:
(3) Passivseite
A. Eigenkapital
I. Gezeichnetes Kapital;
II. Kapitalrücklage;
III. Gewinnrücklagen:
1. gesetzliche Rücklage;
2. Rücklage für eigene Anteile;
3. satzungsmäßige Rücklagen;
4. andere Gewinnrücklagen;
IV. Gewinnvortrag/Verlustvortrag;
V. Jahresüberschuss/Jahresfehlbetrag;
B. Rückstellungen:
1. Rückstellungen für Pensionen und ähnliche Verpflichtungen;
2. Steuerrückstellungen;
3. sonstige Rückstellungen.
C. Verbindlichkeiten:
1. Anleihen, davon konvertibel;
2. Verbindlichkeiten gegenüber Kreditinstituten;
3. erhaltene Anzahlungen auf Bestellungen;
4. Verbindlichkeiten aus Lieferungen und Leistungen;
5. Verbindlichkeiten aus der Annahme gezogener Wechsel und der
Ausstellung eigener Wechsel;
6. Verbindlichkeiten gegenüber verbundenen Unternehmen;
7. Verbindlichkeiten gegenüber Unternehmen, mit denen ein Beteili-
gungsverhältnis besteht;
8. sonstige Verbindlichkeiten,
davon aus Steuern,
davon im Rahmen der sozialen Sicherheit.
D. Rechnungsabgrenzungsposten.

Dritter Titel. Gewinn- und Verlustrechnung

§ 275 Gliederung. (1) Die Gewinn- und Verlustrechnung ist in Staffelform nach dem Gesamtkostenverfahren oder dem Umsatzkostenverfahren aufzustellen. Dabei sind die in Absatz 2 oder 3 bezeichneten Posten in der angegebenen Reihenfolge gesondert auszuweisen.

(2) Bei Anwendung des Gesamtkostenverfahrens sind auszuweisen:

1. Umsatzerlöse
2. Erhöhung oder Verminderung des Bestands an fertigen und unfertigen Erzeugnissen
3. andere aktivierte Eigenleistungen
4. sonstige betriebliche Erträge
5. Materialaufwand:
   a) Aufwendungen für Roh-, Hilfs- und Betriebsstoffe und für bezogene Waren
   b) Aufwendungen für bezogene Leistungen
6. Personalaufwand:
   a) Löhne und Gehälter
   b) soziale Abgaben und Aufwendungen für Altersversorgung und für Unterstützung,
   davon für Altersversorgung
7. Abschreibungen:
   a) auf immaterielle Vermögensgegenstände des Anlagevermögens und Sachanlagen sowie auf aktivierte Aufwendungen für die Ingangsetzung und Erweiterung des Geschäftsbetriebs
   b) auf Vermögensgegenstände des Umlaufvermögens, soweit diese die in der Kapitalgesellschaft üblichen Abschreibungen überschreiten
8. sonstige betriebliche Aufwendungen
9. Erträge aus Beteiligungen,
   davon aus verbundenen Unternehmen
10. Erträge aus anderen Wertpapieren und Ausleihungen des Finanzanlagevermögens,
    davon aus verbundenen Unternehmen
11. sonstige Zinsen und ähnliche Erträge,
    davon aus verbundenen Unternehmen
12. Abschreibungen auf Finanzanlagen und auf Wertpapiere des Umlaufvermögens
13. Zinsen und ähnliche Aufwendungen,
    davon an verbundene Unternehmen
14. Ergebnis der gewöhnlichen Geschäftstätigkeit
15. außerordentliche Erträge

16. außerordentliche Aufwendungen
17. außerordentliches Ergebnis
18. Steuern vom Einkommen und vom Ertrag
19. sonstige Steuern
20. Jahresüberschuss/Jahresfehlbetrag.
    (3) Bei Anwendung des Umsatzkostenverfahrens sind auszuweisen:
1. Umsatzerlöse
2. Herstellungskosten der zur Erzielung der Umsatzerlöse erbrachten Leistungen
3. Bruttoergebnis vom Umsatz
4. Vertriebskosten
5. allgemeine Verwaltungskosten
6. sonstige betriebliche Erträge
7. sonstige betriebliche Aufwendungen
8. Erträge aus Beteiligungen,
   davon aus verbundenen Unternehmen
9. Erträge aus anderen Wertpapieren und Ausleihungen des Finanzanlagevermögens,
   davon aus verbundenen Unternehmen
10. sonstige Zinsen und ähnliche Erträge,
    davon aus verbundenen Unternehmen
11. Abschreibungen auf Finanzanlagen und auf Wertpapiere des Umlaufvermögens
12. Zinsen und ähnliche Aufwendungen,
    davon an verbundene Unternehmen
13. Ergebnis der gewöhnlichen Geschäftstätigkeit
14. außerordentliche Erträge
15. außerordentliche Aufwendungen
16. außerordentliches Ergebnis
17. Steuern vom Einkommen und vom Ertrag
18. sonstige Steuern
19. Jahresüberschuss/Jahresfehlbetrag.
    (4) Veränderungen der Kapital- und Gewinnrücklagen dürfen in der Gewinn- und Verlustrechnung erst nach dem Posten „Jahresüberschuss/ Jahresfehlbetrag" ausgewiesen werden.

§ 276 Größenabhängige Erleichterungen. Kleine und mittelgroße Kapitalgesellschaften (§ 267 Abs. 1, 2) dürfen die Posten § 275 Abs. 2 Nr. 1 bis 5 oder Abs. 3 Nr. 1 bis 3 und 6 zu einem Posten unter der Bezeichnung „Rohergebnis" zusammenfassen. Kleine Kapitalgesellschaften brauchen außerdem die in § 277 Abs. 4 Satz 2 und 3 verlangten Erläuterungen zu den

Posten „außerordentliche Erträge" und „außerordentliche Aufwendungen" nicht zu machen.

§ 277 Vorschriften zu einzelnen Posten der Gewinn- und Verlustrechnung. (1) Als Umsatzerlöse sind die Erlöse aus dem Verkauf und der Vermietung oder Verpachtung von für die gewöhnliche Geschäftstätigkeit der Kapitalgesellschaft typischen Erzeugnissen und Waren sowie aus von für die gewöhnliche Geschäftstätigkeit der Kapitalgesellschaft typischen Dienstleistungen nach Abzug von Erlösschmälerungen und der Umsatzsteuer auszuweisen.

(2) Als Bestandsveränderungen sind sowohl Änderungen der Menge als auch solche des Wertes zu berücksichtigen; Abschreibungen jedoch nur, soweit diese die in der Kapitalgesellschaft sonst üblichen Abschreibungen nicht überschreiten.

(3) Außerplanmäßige Abschreibungen nach § 253 Abs. 2 Satz 3 sowie Abschreibungen nach § 253 Abs. 3 Satz 3 sind jeweils gesondert auszuweisen oder im Anhang anzugeben. Erträge und Aufwendungen aus Verlustübernahme und aufgrund einer Gewinngemeinschaft, eines Gewinnabführungs- oder eines Teilgewinnabführungsvertrags erhaltene oder abgeführte Gewinne sind jeweils gesondert unter entsprechender Bezeichnung auszuweisen.

(4) Unter den Posten „außerordentliche Erträge" und „außerordentliche Aufwendungen" sind Erträge und Aufwendungen auszuweisen, die außerhalb der gewöhnlichen Geschäftstätigkeit der Kapitalgesellschaften anfallen. Die Posten sind hinsichtlich ihres Betrags und ihrer Art im Anhang zu erläutern, soweit die ausgewiesenen Beträge für die Beurteilung der Ertagslage nicht von untergeordneter Bedeutung sind. Satz 2 gilt auch für Erträge und Aufwendungen, die einem anderen Geschäftsjahr zuzurechnen sind.

11.4 Ausgewählte Internet-Adressen zum Rechnungswesen

Bitte beachten Sie folgende Hinweise:
- Prüfen Sie bei allen Adressen, ob für Sie Kosten entstehen!
- Beachten Sie die Urheberrechte!
- Mit Urteil vom 12. Mai 1998 hat das Landgericht Hamburg entschieden, dass man durch die Ausbringung eines Links die Inhalte der gelinkten Seite ggf. mit zu verantworten hat. Dies kann, so das LG, nur dadurch verhindert werden, dass man sich ausdrücklich von diesen Inhalten distanziert.

Wir haben auf diesen Seiten Links zu Seiten im Internet angegeben. Für alle diese Links gilt: Wir erklären ausdrücklich, dass wir keinerlei Einfluss auf die Gestaltung und die Inhalte der gelinkten Seiten haben. Deshalb distanzieren wir uns hiermit ausdrücklich von allen Inhalten aller gelinkten Seiten und machen uns diese Inhalte nicht zu Eigen. Diese Erklärung gilt für alle genannten Links und für alle Inhalte der Seiten, zu denen die bei uns angegebenen Banner und Links führen.

Buchführung (diverse Themen)
www.steuernetz.de
> (u. a. über „Online-Rechner": AfA-Rechner; Nettolohn-Rechner; Steuerklassen-Rechner; Mini-Job-Rechner)

Buchführung (Urteile)
www.jura.uni-sb.de
> (über „Rechtsanwälte" gelangt man über „Deutsche Gerichte" und dann „B. Bundesgerichte" zu aktuellen Urteilen des Bundesfinanzhofes)

Buchführung (diverse Themen)
www.existenzgruendernetzwerk.de/Informationen/page23898.html
> (Grundlagen der Buchführung)

Buchführung (diverse Themen)
www.rechnungswesenforum.de/forum/index.php
> (Austauschmöglichkeiten im Online-Forum; geordnet nach Themenfeldern, z. B. Buchführung, Jahresabschluss, Steuern; Übungsaufgaben; Glossar)

Jahresabschluss
www.steuernetz.de/fachinfos/x/hbb/j0100/free.html
> (Checklisten; diverse Infos)

Jahresabschluss
www.kontonet.de/ifu/menu/ja_erstellung.html
> (Checklisten; Muster)

Internationale Rechnungslegung
www.ifrs-portal.com/
> (Infos zu IFRS/IAS; u. a. Musterabschluss; Beispiele)

Internationale Rechnungslegung
www.fasb.org
> (Grundlagen für internationale Abschlüsse in englischer Sprache)

Internationale Rechnungslegung
www.iasplus.com/index.htm
> (aktuelle Informationen in englischer Sprache)

Steuern

www.bundesfinanzministerium.de

   (aktuelle Informationen)

Steuern

www.lexware.de

   (über Registrierkarte „News" und dann „Rechnungswesen" aktuelle Informationen)

Steuern

www.steuertips.de

   (über Registerkarte „Service" zu aktuellen Informationen und in „dokuthek" umfangreiches Material)

Steuern

www.elster.de/index.php

   (Informationen und Unterlagen zur Online-Übertragung von Umsatzsteuervoranmeldung und Lohnsteuer-Anmeldung)

Steuern

www.recht.de

   (über Registrierkarte „Rechtsgebiete" zu „Steuerrecht")

Controlling

www.controllingportal.de

   (über Registerkarten „Grundlagen" und „Fachartikel" umfassende Informationen)

Stichwortverzeichnis

Zahlen = Seiten

Buchanzeigen

Rechtliche Grundlagen

HGB ·
Handelsgesetzbuch

ohne SeehandelsR, mit
EinführungsG, PublizitätsG,
Wechsel- und ScheckG,
WertpapierhandelsG.
Stand: 1.9.2005.

Textausgabe.
43. Aufl. 2005. 325 S.
€ 3,50. dtv 5002
Neu im November 2005

HandelsR · Handelsrecht

u.a. mit Handelsgesetzbuch,
Bürgerlichem Gesetzbuch
(Auszug), UN-Kaufrecht,
Allg. Geschäftsbedingungen
der Banken, Allg. Deutsche
Spediteurbedingungen so-
wie verfahrensrechtliche
Vorschriften.

Textausgabe.
3. Aufl. 2003. 741 S.
€ 13,–. dtv 5599

GesR ·
Gesellschaftsrecht

mit AktienG, GmbH-Gesetz,
GenossenschaftsG, Handelsgesetzbuch (Auszug), Part-
nerschaftsgesellschaftsG,
EWIV-VO mit EWIV-Ausfüh-
rungsG, Wertpapiererwerbs-
und ÜbernahmeG, Deut-
scher Corporate Governance
Kodex u.a. sowie den wichtigsten Vorschriften aus
den Bereichen Rechnungs-
legung, Umwandlungs-,
Mitbestimmungs- und Ver-
fahrensrecht.

Textausgabe.
7. Aufl. 2005. 711 S.
€ 10,50. dtv 5585

GenR ·
Genossenschaftsrecht

u.a. mit GenossenschaftsG,
GenossenschaftsregisterVO,
UmwandlungsG (Auszug),
KreditwesenG, Landwirt-
schaftsanpassungsG.

Textausgabe.
3. Aufl. 2003. 448 S.
€ 12,50. dtv 5584

AktG, GmbHG ·
Aktiengesetz, GmbH-
Gesetz

mit UmwandlungsG,
Wertpapiererwerbs- und
ÜbernahmeG, Mitbestim-
mungsgesetzen.
Stand: 1.2.2006.

Textausgabe.
39. Aufl. 2006. 473 S.
€ 5,50. dtv 5010
Neu im April 2006

Ek

Aktiengesellschaften

Gründung, Leitung, Börsen-
gang.
Ratgeber für alle, die eine
AG gründen, sich an einer
bestehenden AG beteiligen,
als Vorstand eine AG leiten
oder ein Aufsichtsrats-
mandat übernehmen
möchten.

1. Aufl. 2002. 271 S. §
€ 10,50. dtv 5684

Zeichenerklärung: § Rechtsberater € Wirtschaftsberater

Starthilfen für Unternehmer

Wiester
Die GmbH in der Unternehmenskrise

Lösungswege für den Geschäftsführer.
Ein fundierter Überblick über alle relevanten Handlungs- und Sanierungsoptionen, Pflichten und Haftungsrisiken.

1. Aufl. 2006. Rd. 250 S. §
Ca. € 11,–. dtv 50638
In Vorbereitung für
Frühjahr 2006

Bombita/Maier/Steindl
Steuerwissen für Existenzgründer

Praktische Tipps zu Steuern, Recht und Sozialversicherung.
Die Autoren zeigen Gefahren und Tücken des komplizierten Steuerrechts auf und helfen mit verständlichen Anregungen, Beispielen und Checklisten, häufige Fehler in der Startphase zu vermeiden.

3. Aufl. 2004. 303 S. €
€ 13,–. dtv 50831

Buchhaltung, Rechnungswesen, Controlling

Herrling/Mathes
Der Buchführungs-Ratgeber

Grundlagen und Beispiele. Schritt für Schritt vom Controlling über Beschaffungs-, Umsatzsteuer-, Wechsel- und Personalkostenbuchungen bis hin zu den notwendigen Jahresabschlussarbeiten. Mit Übungsaufgaben und Lösungen.

5. Aufl. 2006. 419 S. €
€ 12,50. dtv 5836
Neu im April 2006

Schöne
Bilanzierung in Fallbeispielen

Grundlagen, Fälle und Lösungen zur Handels- und Steuerbilanz.

1. Aufl. 1998. 182 S. €
€ 7,62. dtv 50818

Zeichenerklärung: § Rechtsberater € Wirtschaftsberater

Schultz

Basiswissen Rechnungswesen

Buchführung, Bilanzierung, Kostenrechnung, Controlling. Grundlagen der Unternehmensführung.
Dieser Überblick über das gesamte betriebliche Rechnungswesen zeigt mit Beispielen und Übersichten die Verzahnung von Buchführung, Bilanzierung, Kostenrechnung und Controlling.

4. Aufl. 2006. 292 S.   €
€ 10,–. dtv 50815
Neu im April 2006

Scheffler

Lexikon der Rechnungslegung

Begriffe zu Buchführung, Finanzen, Jahres- und Konzernabschluss.
Dieses Lexikon ist Nachschlagewerk und Ratgeber für alle Fragen zur Darstellung und Beurteilung der Vermögens-, Finanz- und Ertragslage von Unternehmen und Konzernen.

1. Aufl. 1999. 411 S.   €
€ 12,73. dtv 50814

Tanski

Internationale Rechnungslegungsstandards

IFRS/IAS Schritt für Schritt. Viele Beispiele und grafische Übersichten machen das Verständnis der IAS (International Accounting Standards) leicht und zeigen die markanten Unterschiede zur HGB-Bilanzierung.

2. Aufl. 2005. 393 S.   €
€ 14,–. dtv 50852

Thomas

Praxis der Betriebsorganisation

U.a. zur Leitungsspanne, Stellenbeschreibung, Linie, Stab- und Matrixorganisation.

2. Aufl. 1996. 247 S.   €
€ 8,64. dtv 5839

Scheffler

Bilanzen richtig lesen

Rechnungslegung nach HGB und IAS/IFRS. Bilanz, Bewertung, Gewinn- und Verlustrechnung, Bilanzanalyse, Bilanzpolitik.

6. Aufl. 2004. 404 S.   €
€ 11,–. dtv 5827

Jossé

Basiswissen Kostenrechnung

Kostenarten, Kostenstellen, Kostenträger, Kostenmanagement.
Die bewährten Systeme der Kostenrechnung.

4. Aufl. 2005. 266 S.   €
€ 9,50. dtv 50811
Neu im November 2005

**Buchhaltung,
Rechnungswesen,
Controlling**

*Schneck/Morgenthaler/
Yesilhark*

Rating

Wie Sie sich effizient auf
Basel II vorbereiten.
Wie läuft ein Rating ab, wie
lauten die Fragen an das
Unternehmen, welche Krite-
rien sind maßgeblich, und
wie kann man sich als Unter-
nehmen darauf vorbereiten?
Mit Beispielen, Fällen und
Anwendungsberichten.

1. Aufl. 2004. 232 S.   €
€ 10,–. dtv 50871

Füser/Gleißner

Rating-Lexikon

800 Stichwörter mit
Fakten und Checklisten
rund um Basel II.

1. Aufl. 2005. 567 S.   €
€ 17,50. dtv 50882

Toptitel

Horváth & Partners

Das Controllingkonzept

Der Weg zu einem wir-
kungsvollen Controlling-
system.
Wie setzt man Controlling in
die Praxis um? Arbeits-
schritte und Fallbeispiele.

5. Aufl. 2003. 324 S.   €
€ 10,–. dtv 5812

Witt

Controlling-Lexikon

Von ABC-Analyse bis
Zwischenbericht.
Das Controlling-Lexikon
zeigt, wie schlankes,
modernes und effizientes
Controlling aussieht.

1. Aufl. 2002. 907 S.   €
€ 24,–. dtv 50851

Witt/Witt

Controlling für Mittel-
und Kleinbetriebe

Bausteine und Handwerks-
zeug für Ihren Controlling-
leitstand.

2. Aufl. 1996. 488 S.   €
€ 12,73. dtv 5858

Management und Marketing

Toptitel

Rittershofer

Wirtschafts-Lexikon

Über 4000 Stichwörter für Studium und Praxis.

3. Aufl. 2005. 1214 S.   €
€ 20,–. dtv 50844
Neu im Oktober 2005

Toptitel

Schneck

Lexikon der Betriebswirtschaft

3500 grundlegende und aktuelle Begriffe für Studium und Beruf.

6. Aufl. 2005. 1200 S.   €
€ 19,50. dtv 5810

Toptitel

Schultz

Basiswissen Betriebswirtschaft

Management, Finanzen, Produktion, Marketing.
Das Buch bietet einen Überblick über die gesamte Betriebswirtschaft und ist gleichermaßen Nachschlagewerk wie Handbuch für Studium und Praxis.

2. Aufl. 2006. 335 S.   €
€ 10,–. dtv 50863
Neu im Januar 2006

Pepels

Marketing-Lexikon

Über 3000 grundlegende und aktuelle Begriffe für Studium und Beruf.

2. Aufl. 2002. 969 S.   €
€ 22,–. dtv 5884

Pepels

Praxiswissen Marketing

Märkte, Informationen und das Instrumentarium des Marketing.

1. Aufl. 1996. 349 S.   €
€ 10,17. dtv 5893

Schäfer

Management & Marketing Dictionary

Englisch – Deutsch /
Deutsch – Englisch.
Die vollständig überarbeitete Neuauflage enthält in nun einem Band mehr als 26 000 Stichwörter.

3. Aufl. 2004. 768 S.   €
€ 19,50. dtv 50887

Dichtl

Strategische Optionen im Marketing

Durch Kompetenz und Kundennähe zu Konkurrenzvorteilen.

3. Aufl. 1994. 303 S.   €
€ 8,64. dtv 5821

P139661-543.4

Becker

Das Marketingkonzept

Zielstrebig zum Markterfolg!
Die notwendigen Schritte
für schlüssige Marketing-
konzepte, systematisch
und mit Fallbeispielen.

3. Aufl. 2005. 292 S.   €
€ 10,-. dtv 50806

Becker

**Lexikon des
Personalmanagements**

Über 1000 Begriffe zu
Instrumenten, Methoden
und rechtlichen Grundlagen
betrieblicher Personalarbeit.

2. Aufl. 2002. 677 S.   €
€ 19,-. dtv 5872

Dichtl/Issing

**Vahlens Großes
Wirtschaftslexikon**

4 Bände in Kassette.

2. Aufl. 1994. 2505 S.   €
€ 70,56. dtv 59006

Neumann/Nagel

**Professionelles
Direktmarketing**

Das Praxisbuch mit einem
Angebot zu interaktivem
Training.

1. Aufl. 2001. 316 S.   €
€ 12,50. dtv 5886

*Kleine-Doepke/Standop/
Wirth*

**Management-
Basiswissen**

Konzepte und Methoden
zur Unternehmens-
steuerung.

3. Aufl. 2006. Rd. 350 S.   €
Ca. € 12,50. dtv 5861
In Vorbereitung für
Frühjahr 2006

Hörner

Marketing im Internet

Der neue Band bietet eine
Fülle von Tipps und Anre-
gungen und unterstützt
sowohl Unternehmer und
Marketing-Mitarbeiter wie
auch Freiberufler optimal
im Online-Marketing.

1. Aufl. 2006. 308 S.   €
€ 10,-. dtv 50895
Neu im März 2006

Füser

Modernes Management

Lean Management,
Business Reengineering,
Benchmarking und viele
andere Methoden.

4. Aufl. 2006. Rd. 250 S.   €
Ca. € 10,-. dtv 50809
In Vorbereitung

Diller

**Vahlens Großes
Marketinglexikon**

2 Bände im Schuber.

2. Aufl. 2003. 1966 S.   €
€ 49,-. dtv 50861

Bruhn
Kundenorientierung

Bausteine für ein exzellentes Customer Relationship Management (CRM). Innovationsmanagement, Qualitätsmanagement, Servicemanagement, Kundenbindungsmanagement, Beschwerdemanagement, Integrierte Kommunikation sowie Internes Marketing.

2. Aufl. 2003. 369 S.   €
€ 14,–. dtv 50808

Hoffmann/Schoper/ Fitzsimons
Internationales Projektmanagement

Interkulturelle Zusammenarbeit in der Praxis. Kommunikation und Information, Führung im Projekt, Entscheidungsfindung, Konflikt-, Risiko- und Lieferantenmanagement, Projektorganisation und -steuerung u.v.m.

1. Aufl. 2004. 373 S.   €
€ 14,–. dtv 50883

Hofstede
Lokales Denken, globales Handeln

Interkulturelle Zusammenarbeit und globales Management.
Wer international tätig ist, Verhandlungen führt oder Niederlassungen aufbaut, muss wissen, wie er mit kulturellen Unterschieden umgeht. Wertvolle Hinweise in diesem Standardwerk helfen, andere besser zu verstehen und selbst besser verstanden zu werden.

3. Aufl. 2006. 571 S.   €
€ 19,50. dtv 50807
Neu im März 2006

Schelle
Projekte zum Erfolg führen

Projektmanagement systematisch und kompakt.

4. Aufl. 2004. 329 S.   €
€ 11,–. dtv 5888

Röthlingshöfer
Werbung mit kleinem Budget

Der Ratgeber für Existenzgründer, kleine und mittlere Unternehmen. Ganz ohne Werbedeutsch zeigt der Ratgeber, was man für erfolgreiche Werbung braucht.

1. Aufl. 2004. 255 S.   €
€ 10,–. dtv 50876

Pepels
**Lexikon
der Marktforschung**

Über 1000 Begriffe zur
Informationsgewinnung im
Marketing.

1. Aufl. 1997. 358 S.   €
€ 12,73. dtv 50803

Kastin
**Marktforschung
mit einfachen Mitteln**

Daten und Informationen
beschaffen, auswerten und
interpretieren.

2. Aufl. 1999. 409 S.   €
€ 15,29. dtv 5846

Aberle/Baumert
Öffentlichkeitsarbeit

Ein Ratgeber für Klein-
und Mittelunternehmen.
»Wer nichts sagt, wird
übersehen« – praktische
Hilfe, wie gerade kleinere
Unternehmen einen er-
folgreichen Auftritt in der
Öffentlichkeit und Presse
schaffen, bietet dieser
Ratgeber mit vielen Checklisten.

1. Aufl. 2002. 210 S.   €
€ 10,–. dtv 50857

Rota
**Public Relations
und Medienarbeit**

Effektive Öffentlichkeitsarbeit der Unternehmen im
Informationszeitalter.

3. Aufl. 2002. 360 S.   €
€ 12,50. dtv 5814

Pauli
**Leitfaden für die
Pressearbeit**

Anregungen, Beispiele,
Checklisten.
Das Buch beschreibt, mit
welchem Konzept man
erfolgreiche Pressearbeit
betreibt und welche Tipps
und Trends man kennen
muss, um Fehler zu ver-
meiden.

3. Aufl. 2005. 217 S.   €
€ 9,50. dtv 5868

Bölke
**Presserecht für
Journalisten**

Freiheit und Grenzen der
Wort- und Bildbericht-
erstattung.
Was ist Journalisten erlaubt
und was verboten? Mit Auswertung von Gerichts-
urteilen, Tipps zur Fehler-
vermeidung und zur
Schadensbegrenzung,
Checkliste für eine ein-
wandfreie Verdachts-
berichterstattung.

1. Aufl. 2005. 265 S.   §
€ 12,50. dtv 50627

Heinrichs/Klein
**Kulturmanagement
von A–Z**

600 Begriffe für Studium
und Praxis.

2. Aufl. 2001. 427 S.   €
€ 12,50. dtv 5877

Mehrmann/Plaetrich

**Der Veranstaltungs-
manager**

Aktives Marketing bei Aus-
stellungen, Kongressen und
Tagungen.

2. Aufl. 2003. 247 S.   €
€ 12,50. dtv 5867

Klein

Kultur-Marketing

Das Marketingkonzept für
Kulturbetriebe.
Viele praktische Beispiele
stellen den Aufbau eines
Kultur-Marketing-Konzepts
dar und beschreiben seine
Umsetzung.

2. Aufl. 2005. 544 S.   €
€ 15,–. dtv 50848

*Hohlstein/Pflugmann/
Sperber/Sprink*

**Lexikon der
Volkswirtschaft**

Über 2200 Begriffe für
Studium und Beruf.
Kompetent, präzise und
verständlich das Wichtigste
aus Geld- und Fiskalpolitik,
Ordnungs- und Wettbewerbspolitik, Steuer- und Arbeitsmarktpolitik, Außenwirt-
schafts- und Entwicklungspolitik, Sozialpolitik und
empirischer Wirtschaftsforschung.

2. Aufl. 2003. 885 S.   €
€ 19,50. dtv 5898

Wagner

**Volkswirtschaft
für jedermann**

Die marktwirtschaftliche
Demokratie.

2. Aufl. 1994. 160 S.   €
€ 7,11. dtv 5822

Sinn

Mut zu Reformen

50 Denkanstöße für die
Wirtschaftspolitik.
Ein spannender Einstieg
in aktuelle wirtschafts-
politische Themen mit
vielen nützlichen, wenn
auch nicht immer an-
genehmen Denkanstößen.

1. Aufl. 2004. 169 S.
€ 9,50. dtv 50888

Sinn/Sinn

Kaltstart

Volkswirtschaftliche Aspekte
der deutschen Vereinigung.

1. Aufl. 1993. 332 S.   €
€ 6,54. dtv 5856

Thieme

Soziale Marktwirtschaft

Hintergrundwissen zu Zielen
und Instrumenten: Ord-
nungskonzeption und wirt-
schaftspolitische Gestaltung.

2. Aufl. 1994. 153 S.   €
€ 6,60. dtv 5817

Michael Hohlstein, Barbara Pflugmann, Herbert Sperber und Joachim Sprink

Lexikon der Volkswirtschaft

Über 2200 Begriffe
mit wichtigen Wirtschaftsgesetzen

Verlag **Vahlen**

Von Prof. Dr. Michael Hohlstein, Dr. Barbara Pflugmann-Hohlstein,
Prof. Dr. Herbert Sperber und Prof. Dr. Joachim Sprink
Version 1.0. CD-ROM in Jewelbox € 25,–
ISBN 3-8006-2952-6

Jeder gesellschaftlich und politisch Interessierte stößt regelmäßig auf ökonomische Begriffe. Bei Arbeitslosigkeit, Steuerreform, Globalisierung oder
internationalen Währungsfragen – man verständigt sich mit Fachbegriffen
aus der Volkswirtschaftslehre.

Dieses aktuelle Lexikon mit über 2.200 Begriffen und vielen Abbildungen
erklärt kompetent, präzise und verständlich das Wichtigste aus
- Geld- und Fiskalpolitik
- Ordnungs- und Wettbewerbspolitik
- Steuer- und Arbeitsmarktpolitik
- Außenwirtschafts- und Entwicklungspolitik
- Sozialpolitik
- Empirische Wirtschaftsforschung

Wichtige Wirtschaftsgesetze sind über zahlreiche Verweise mit dem Lexikon verknüpft und schaffen damit
eine komfortable Wirtschaftsdatenbank für Studium
und Beruf.

VERLAG VAHLEN
80791 MÜNCHEN
Fax: (089) 3 81 89-402
Internet: www.vahlen.de
E-Mail: bestellung@vahlen.de